A Méh: Elméteti És Gyakorlati Útmutató A Méhészet Terén

Báró Ambrózy Béla

W. WEISE · X · A · BRAUNSCHWEIG.

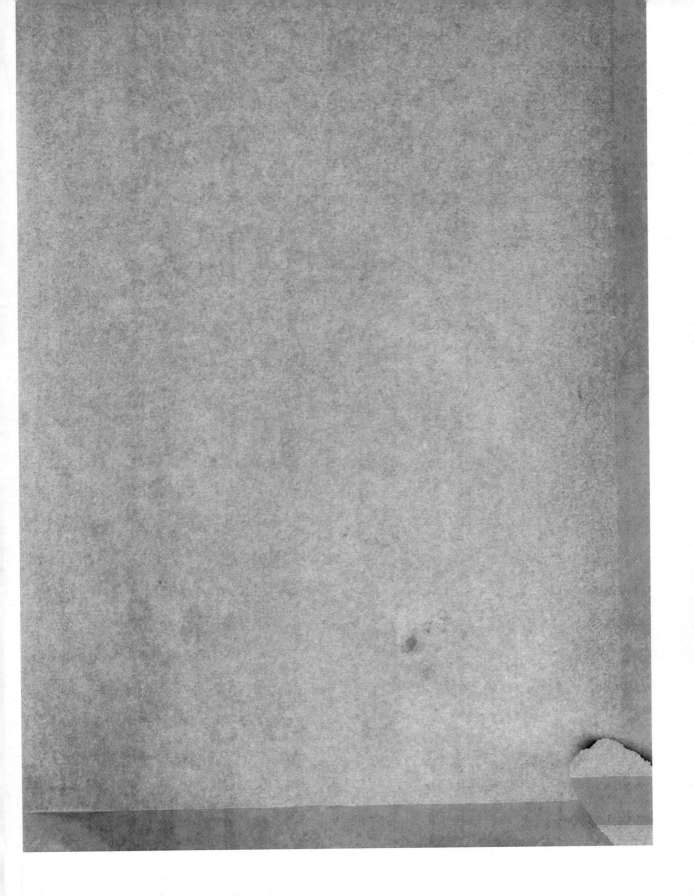

A MÉH.

ELMÉLETI ÉS GYAKORLATI ÚTMUTATÓ A MÉHÉSZET TERÉN.

—

IRTA

BÁRÓ AMBRÓZY BÉLA.

TEMESVÁR.
NYOMATOTT A CSANÁD-EGYHÁZMEGYEI KÖNYVSAJTÓN.
1896.

MÉLY TISZTELETTEL

MAGYARORSZÁG MÉHÉSZEINEK

AJÁNLVA.

ELŐSZÓ.

A z elvbarátok és hazám számos méhészeti tekintélyének buzditása folytán már régóta él bennem azon forró vágy, hogy egy méhészeti munkát irjak, mely hazánk szűkebb viszonyaiból meritve, az elmélet és gyakorlat alapeszméit tartalmazva, a méhtenyésztés terén sok tekintetben támaszpontul fogna szolgálni.

Nagy és sok irányú elfoglaltságom következtén, mindeddig képtelen valék kivánságomat megvalósitni; csak most szánhatok arra időt, hogy munkámat megirva, a nyilvánosság elé tárjam.

Nem idegen könyvekből, hanem Magyarország méhészeti életéből — a természetet használván egyedüli kútforrásul — meritettem elméleteimet, méhészeti irodalmunkat egy önálló eredeti munkával iparkodván gyarapitni, melynek irányeszméje az okszerü méhészkedés.

Elismerem, hogy hazánk sok jeles méhészeti szakmunkája mellett nem csekély föladatra vállalkoztam; de hosszu évek menetén át szerzett tapasztalataim, a számos és lelkiismeretes kisérlet, különösen pedig az ügy iránt buzduló lelkesedés bátoritnak e lépésre, azon reménynyel kecsegtetve magamat, hogy tisztelt méhésztársaim elnéző birálatával fogok találkozni.

Hogy gazdasági életünkben a méhtenyésztés mily fontos tényezőt képvisel, azt a tisztelt olvasó azon mozgalomból észlelheti, mely a méhek érdekében Európában, ujabban pedig Amerikában is megindult. Ha a kedvező helyi viszonyok tekintetbe vételével valamely nemzet jogositva érzi magát, hogy e kis rovart teljes odaadással pártolja, szeretettel nevelje, buzgalommal terjessze: ugy ezt hazánk népe tehetné a legtöbb jogosultsággal; mert az elért eredmények után itélve kimondhatjuk, hogy a Teremtő a méhet Magyarország számára alkotta. Dacára ennek, koránt sincs a méh nálunk oly mértékben méltányolva, mint amennyire azt megérdemelné. Ha a Rajna-vidék, Szászország, Nassau és Lünneburg méhészeti statisztikáját végig pillantjuk, meggyőződhetünk azon körülményről, hogy nálunk a jelenlegi arányhoz képest 8-szor több méhet lehetne tenyészteni.

Pedig a szép példák egész sorával bizonyitható a méhészet jövedelmezősége. Hogy messze el ne térjek, magamon kezdem azt, őszintén elismervén, miképp a hetvenes években, gazdasági életünk példátlan küzködései közt, egyedül a méhészetnek köszönhettem, hogy Izrael népe föl nem vonta nálam sátrait. Igenis, a kis méhnek nagy hálával tartozom; és hogy tartozásomnak egy kis részét lerójam, hangosan terjesztem az igét: „tartsatok méheket!"

A méhekkel Olaszország Conegliano nevü kis városában, 1859-ben, mint lovastiszt, Pietro Gardini házigazdámnál ismerkedtem meg először. 1866-ban már egy kis méhesem volt Vasmegyében, hol Sághi Mihály, kámoni birtokos és lelkes méhész gyakorlati utmutatásainak igen sokat köszönhettem. 1867-ben lejöttem Temesmegyébe s itt 1870-ben már 300 kaptár méhem volt, melyeket 1872-ben 1280-ra szaporitottam föl. Ezen időtől kezdve évről évre hanyatlott állományom, mivel az 1876-ik és 1880-ik éveket kivéve, méheim nem igen rajoztak. Számitva annak tényét, hogy minden esztendőben sok száz rajt és királynét szállitottam külföldre, továbbá, hogy az évek a méhészetre nem is voltak kedvezők: csak a legnagyobb erőfeszitéssel és a méhészeti tudomány minden fortélyának alkalmazásával tudtam csak 7—800 méhcsaláddal föntartani magamat. Méhészetemet egyuttal a dinnyetermeléssel kapcsoltam össze, melynek dus tartalmu virágaival iparkodtam a mézelés viszonyaira hatni; de másrészt a dinnye értékesitésével is szaporodtak jövedelmeim.

Minthogy a méhészetben is épugy, mint a gazdálkodás egyéb irányaiban, különbözők az elvek, melyeket az éghajlati, talaj- és

más viszonyok korlátoznak: ennélfogva kijelentem, hogy munkámat különös tekintettel enyhébb éghajlatra irom; ami azonban nem zárja ki, hogy elméleteim. fővonásokban átalános értéküek.

Végül, be fogom bizonyitni, hogy a méhtenyésztést, nagyobb befektetési és forgalmi tőkével, a vagyonosabb osztály is szép haszonnal üzheti; — habár főcélom lesz a szegényebb sorsut oktatni, vezetni, neki a helyes utat és módot megmutatni, hogy a méhészetet megkezdve, belőle szép hasznot élvezhessen.

Temes-Gyarmatha.

Báró Ambrózy Béla.

1*

Első Szakasz.

A MÉH TERMÉSZETRAJZA.

A méh a rovarok negyedik osztályához, t. i. a hártya-röpüekhez (hymenoptera) tartozik. Teste három szembe-ötlő részből, u. m. fej (caput), tor (torax) és potrohból (abdomen) áll. Ezen testrészek mély bevágásu összefüg-gésben levén egymással, könnyen fölismerhetők. (4. ábra.)

A méh feje szívalaku (5. ábra). A homlok és a fej oldalai a rágókig finom szőrnemű pehelylyel vannak benőve.

A méhnek 3 szeme van és pedig: a fej két oldalán a két recés szem a—a, melyek mindenike 3500 egyszerű, egyenként

1. ábra. Az anya.   2. ábra. A here.   3. ábra. A dolgozó méh.

hatszögű szemből alkotvák; s ezeken kivül a homlokon helyez-kedik el a harmadik szem: h. Szemeinek segitségével a méh — anélkül, hogy testét mozditaná — mindenfelé egyaránt láthat. A szemecskék minden szögletéből apró szőrök nőttek ki, melyek a szemet a nap sugaraitól védik. A szemek között, mint függelék, foglalnak helyet a tapintásra szolgáló, dús idegzetű, 13 izecskés csápok: b—b, melyek a legcsekélyebb benyomásra is nagyon

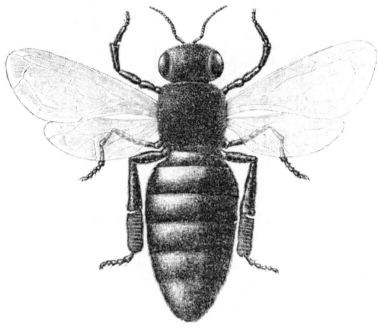

4. ábra.

érzékenyek. Nevezetes körülmény, hogy a méh — kitünő szaglási érzékeinek és rendkivüli éles látásának daczára — csápjaival a legcsekélyebb tárgyakat is megtapogatja, ami a csápok fontosságát eléggé bizonyitja.

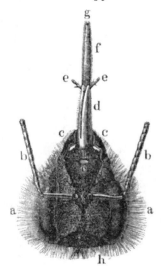

Erichson, Blainville, Burmeister stb. a csápokban vélték a méh szaglási, hallási és izlési szerveit rejleni, amit azonban dr. Wolf „Das Riechorgan der Biene"*) czimű remek munkájában helytelennek állitott. Wolf ugyanis górcsövi vizsgálódásainak eredményeként megerősitette Kirby és Spence kutatásait, hogy t. i. hogy a szaglási érzékek nyákhártya alakban az iny-vitorla hátsó és eltakart részében találhatók s melyekbe a szaglási idegek végső rostjai vezetnek. (Das Riechorgan der Biene, dr. Wolf, 61. l.)

Közvetlenül a csápok alatt van a fej-pajzs (clypeus) és ezzel szoros összefüggés-

5. ábra.

*) Das Riechorgan der Biene, nebst einer Beschreibung des Respirationswerkes der Hymenopteren stb. (Dresden, 1875, in Commission Fr. Fromann, Jena.)

ben a száj a rágókkal: c—c—c, melyek kemény, szarunemű anyagból állanak. Részei: a felső ajak (labrum), a felső állkapocs vagy rágó (mandibulae), az alsó állkapocs (lonima) d, a két mellék-nyelv (paraglossae) e—e, a nyelv (lingua) f és a végső ajak (labium inferius) g.

A méhek nyelve rövidebb a darázsokénál; miért is némely virág kelyheiből nem képesek a nektáriákat kiszívni.

A nyelv (6. ábra) a két szarunemű állkapocspár között foglal helyet. Részei a következők: *a nyelv* (lingua) a, *az alsó nyelvajak* (labium inferius) b, *a mellék-nyelvek* (paraglossae) c—c, *a falók* (palpi) d—d, *állkapocs* (mentua) e, *felső állkapocs* (Kirby által fulcomm-nak nevezve) f, *alsó állkapocspár* (maximile) g—g, *zsinegek* vagy *inszálak* (Kirby szerint cordines) h—h, *horgok* (Kirby után lora) i—i és *rágók* (mandilae) o—o.

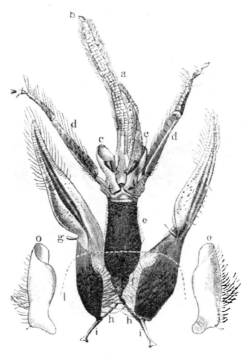

6. ábra.

A mézet kereső méh már röpülés közben kinyujtja nyelvét (7. ábra) s éles szaglási érzéke segitségével könnyen tájékozódván, csak azon virágokra száll, melyeken nektáriákra találhat. Nyelvét a virágkehelybe bocsátva, az alsó ajak finom érzékénél fogva az ott levő édes nedvet azonnal fölleli, mely a nyelv pelyheire tapad. Ha a pelyhek nektárral telvék, nyelvét a nyelvzsinegek segitségével a melléknyelvek magasságáig behuzza a méh; ekkor a melléknyelvek és falámok összecsapódván, lég-mentes cső keletkezik, melyen át a méh a nedvet a nyelv hajlékony, a kutya nyelvéhez hasonló működése folytán, a melléknyelvektől kezdve a szájüregig emeli, ahol is az ott található szőrök a nyelvet lekefélik. A szájüregben fölhalmozódott nektáriákat a méh a nyel-deklőn át a mézhólyagba szívja, mely alkalommal a potroh föl-duzzadván, a fölszivás folyamata szemmel látható.

A szájüregben a nektáriákhoz a száj-, nyelv- és torokmirigyek nyálváladékai vegyülnek, melyek a nektárban található növénycukrot

szöllöcukorrá változtatják vagy invertálják. Ekként lesz csak a nektá-
riáknak mézjellege, amennyiben a méz nem a virág kelyheiben, hanem
a méhek laboratoriumában, a szájüregben fejlődik, alakul át mézzé.
Ezen eljárást pótolják azonban a kaptárban a fiatal méhek is,
melyek erősebbek és a himpornak étkezése folytán e müveletre
képesebbek.

A fejjel összefügg a tor, mely szintén pelyhes, szőrös és
melynek felső részéből a 4 szárny, alul pedig a 3 lábpár nőtt ki.
Alkotásukra nézve a lábak egymástól különböznek. Az első lábpár
a legrövidebb; kampós végüek és viaszlemezek idomitására, virág-
kelyhek kitágitására, a virágpor összehorzsolására stb. alkalmasak.
Mint az emberi kéz, ugy a méhek lábvégei is, 5 izületből állanak
s szintén hajlékonyak.

A középső lábpár hosszabb az elsőknél, de alakra egyébként
szintolyan. Ezek a munkánál leginkább mint az első és hátulsó
lábak között szereplő közvetitők, tesznek jelentékeny szolgálatokat.

Legfontosabb szerepre hivat-
vák a hátulsó lábak, melyek a
virágpor gyüjtését végzik. Eze-
ken kosárkák, szőrrel szegélyezett
mélyedések vannak, melyek izzadó
mirigyekkel birnak, hogy a pol-
len könnyebben oda tapadhasson.
Ezekbe gyüjtik a méhek a him-
port; itt képződnek az apró virág-

7. ábra.

por-gomolyagok, melyek a méhek táplálkozására szolgáló nélkülöz-
hetetlen anyagot képeznek.

A láb utolsó izülete meggörbitett hegyes köromben végződik,
mely a méhek munkájában, de kivált a rajzáskor és viaszizzadás
alkalmával — amikor a méhek fürtben csüngve, láncolatot képez-
nek — fontos szolgálatot tesz.

A méh hátsó része vagy potroha szintén pelyhes; egymásba
tolódható 6 kemény gyűrűből áll s szintén 6 sárgás, keskeny öv
diszíti. A potroh foglalja magában az emésztő, vagy chylus-
gyomrot, a szivet, légtartót, beleket, fulánkot, azonkivül az ivar-
szerveket.

Az anya potrohának átmetszetét vázoló rajzot (8. ábra)
mutatok be, mely ennek belső szervezetét tünteti föl.

A potroh részei: 1. *A hát- és hasfalazat :* a—a—a—a—a, hat
bevágással, a gyűrűzet mélyedéseivel. Ez képezi a külső bőrvázat
a légtömlővel; itt találhatók a légcsövek s ezek nyilásai, melyeken
át a méhek a levegőt magukba szívják. Ugyancsak a légző csöveken
át hallatják a méhek a hangot, pl. a zsongást, tütölést, kvákogást stb.

2. *Emésztési szervek.* Nyeldeklő: B, az étgyomor: C, a bél: F, a végbélcsatorna: A, a gyomor: E.

3. *A sziv:* H.

4. *Nemi szervek.* Petefészek: D, petevezető: G, ondótáska a ragasztó mirigyekkel: N, hüvely L.

5. *A fulánk.* Méreghólyag: M, a fulánk izmai: J, fulánk-hüvely: K—K.

A méh fulánkjáról is kivánok röviden értekezni s rajzát (9. ábra) bemutatni. Hangyasavmirigyek: 1, méreghólyag: 2, a fulánk és hólyag összeköttetése: 3, a két fulánk a sertékkel: 4—4, a fulánkhegy: 5, burkoló pikkelyek: 6—6, külső és belső támaszcsontok és izmok: 7—7, mozgató izmok: 8—8.

Amikor a méh szurni akar, izmai a fulánkot emeltyühöz hasonlólag kitolják, s minthogy ez lehajló szöget képez, meggörbülve jön ki a tokból és az ezt fedő pikkelyekből, melyek ruganyosságuknál fogva a nyomásnak engednek. Amint a fulánk a megszurt testbe hatol, minthogy csövet képez, egyuttal a méreghólyagból belé toluló hangyasavat is közvetiti, mely az égető fájdalmat okozza. Mivel pedig a fulánk hegye horogalaku, a méhek nem huzhatják ki a megszurt testből, hanem a sebbe szakad.

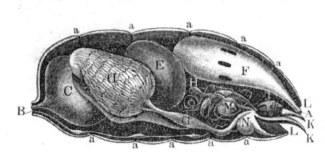

8. ábra.

A méhállam, vagy méhcsalád három egyedet képvisel, u. m.: az anyát, a dolgozót és a herét.

A királyné.

A királyné, vagy anya a raj egyetlen kifejlődött női ivadéka és mint ilyen, a család létföntartója, éltető ereje.

Amely méhcsaládban hiányzik az anya, az képtelen magát föntartani, elvesz, elpusztul, tönkre megy. Ellenben ahol az anya ép, erőveltes, fiatal, ott élet és öröm honol, minden méh szeretettel és erélyes munkássággal lát dolga után.

A királyné annyiban különbözik a többi méhtől, hogy potroha hosszabb és hegyesebb, hasa és lábai világosabb szinüek; szárnyai pedig — habár tényleg hosszabbak — mégis rövidebbeknek tünnek föl, mivel a potrohot csak félig födik be. Mig a királyné nincs megtermékenyülve, rövidebb, vékonyabb, karcsubb és oly fürge, hogy sokszor igen nehéz a dolgozóktól megkülönböztetni. Megtörténik néha, hogy a fiatal királyné a lépről, vagy a kézből elröpül és a rajt árván hagyja.

A királyné megtermékenyülése a kaptáron kivül, a szabadban, 3 napos korától kezdve, 6 hetes koráig történik. Ha 6 héten belül meg nem termékenyülne, párosodási hajlama megszünik és többé ki nem röpül, hanem a szüznemzés (parthenogenesis) elméleténél fogva herepeték rakásához fog. Az ilyen anyák hasznavehetetlenek. A három éves királynékat is már szükséges fiatalokkal kicserélni, mert az idősebb anyák a petézésben gyöngék, hiányosak, később egészen beszüntetik a dolgozópete rakást s csupán herepetéket tojnak.

Az anya ivarszerveit és a szüznemzés elméletét dr. Leukard Rudolf, giesseni tanár, nagyszabásu müvében: „Zur Kenntniss des Generationswechsels und der Parthenogenesis bei den Insecten" érdekesen irja le. Rövid s a legszükségesebbet jelző kivonatot közlök itt ebből.

9. ábra.

„Az anya ivarszerve (10. ábra a—a) a potrohban föllelhető és a két oldalán Y alaku, határozottan izomtermészetü csatornának (b—b) a végén foglal helyet. Az alsó, páratlan vezeték: c, melynek alakja a here himszervének megfelel, a hüvelyhez (e) vezet, alsó végén pedig kicsinyke szalagon függő hólyagocskával (d), az ugynevezett ondótartóval áll összeköttetésben. E hólyagocska a megtermékenyitett anyáknál telve van hig, tejszinü s ondószálacskákat tartalmazó folyadékkal, a spermával; terméketlen állapotban ezen nedv átlátszó, viztiszta. Függelék mirigyek nincsenek; ellenben az ondócsatorna hátsó falazatával két rövid águ, körtealaku és zsiranyagot tartalmazó sejtes mirigyvezeték függ össze, mely a rovarok nőstényeinél szokott előfordulni. Ezen mirigyvezeték dr. Siebold szerint petézéskor a peték enyves bevonására szolgáló folyadékot adja. A peték fehérek, hosszukásak és félholdszerüen görbültek; egyik végük, amely előbb jön napvilágra, kissé lapitott, melyet a királyné a sejt fenekéhez ragaszt; másik, vékonyabb végükön pedig kis nyilás, mikropyle van, melyen át a pete — amint az ondótartó mellett elvonul — az ondószálacskákat fölveszi s a sejtben kissé fölemelkedik.

Hogy a peték az anyaméhben mily természetüek: ezideig még nincs földeritve.

Dr. Dzierzon a Rationelle Bienenzucht 1861-iki 15-ik lapján azt mondja, hogy a herepeték a megtermékenyülést nem szükségelik, mert azoknak élet-, vagy csiraképessége már az anya petefészkéből származik. Ha pedig a petézendő tojás az ondótáskában levő ondóval megtermékenyül, akkor a csiraképesség egy más méhegyednek ad életet, s dolgozóméh, vagy királyné lesz belőle. Schönfeld véleménye szerint minden petében meg van a képesség, hogy belőle bármely nemü ivadék fejlődjék. (Bienenzeitung 1866. 12. l.)

Báró Berlepsch mind a kettőt tagadván, az anyaméhben levő petét herepetének hiszi, melyek a megtermékenyülés folytán átváltoznak (methamorphosirt) s a belőlük fejlődő méhek női ivadékok lesznek. (Die Biene und ihre Zucht. Második kiadás, 84. l.)

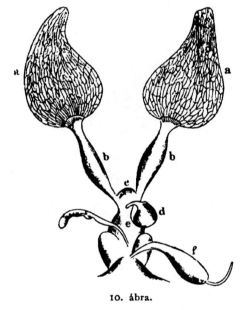

10. ábra.

A valóság felől nem hiszem, hogy egyhamar tisztába jöjjünk. Az utóbbi időben azonban Metzger Ede, hazánk fia, ki hirneves méhész és természetbuvár, a peték leszármazására vonatkozólag érdekes észleléseket közölt, melyek Németországban nagy mozgalmat, de egyuttal küzdelmeket is keltettek. Metzger ugyanis nem tagadja a szüznemzést, de a petéket semlegeseknek tartja; s amig az anya meg nem termékenyül, a peték himjellegüek lesznek azáltal, hogy az ondótáskában levő ondóval (sperma) megtermékenyittetnek. *Ezáltal az anyák a saját megtermékenyités, t. i. a himnő (hermaphrodita) jellegét is birják.* A szüz anyák ondótáskáinak belső alkatát pedig olyannak észlelte hazánk fia, hogy azok sejtfalazata sejtmagokat tartalmaz, melyek lapos és szabálytalan formában mutatkoznak és saját természetü nedvet, ondót szivárognak, mely a táskát megtöltvén, a herepeték megtermékenyitésére szolgál.

Metzger szerint ezen ondó a pete lapos végén levő nyiláson

(mikrophile) behatol, s az ott található képző anyagban (proto-plasma) fejlődését folytatja.

Ha ellenben az anya a here által megtermékenyül, akkor a fönt emlitett sejtmagok az ondótáskában, mint vékony szálacskák kinyúlnak és lengő helyzetbe jutva, a sejtfalazattól végre meg-szabadulnak, s az ondótáska nedvében usznak.

Metzger elméletében sok a valószinüség; a nevezetes, hogy halomra dönti a herepetékre vonatkozó ama furcsa elméletet, mely szerint azok akkor, amidőn a megtermékenyült anya ondószálacs-káit fölveszik, átváltoznak (methamorphosis).

Metzger észlelései Németországban átalános elismerésben részesülnek, ámbár Dzierzon, Siebold, Schönfeld stb. a régi elvek-hez ragaszkodnak. Még inkább fognak azonban azok elterjedni, ha modern méhészetünk megalapitója, dr. Dzierzon nincs többé, ki iránt való ragaszkodásból, sze-retetből és tiszteletből hallgatnak méhészetünk zászlósai.

Azon kérdés is homályban fog egyelőre maradni, hogy: vajjon ön-tudatosan és szándékosan tojja-e az anya a him, vagy nőstény petéket, avagy nem. Tény, hogy a megtermékenyült királyné az anya- és dolgozó-sejtekbe nős-tény, a heresejtekbe himnemü pe-téket rak; ami az én véleményem szerint csak ösztönileg történhet, minthogy az embert kivéve, sem-miféle élőlénynél sem észleltünk még öntudatosságot.

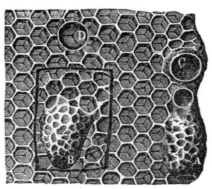

11. ábra.

Az idősebb királynék megújitását többnyire maga a természet szokta elintézni. A rajzási időszakban az erős családok sok, a gyöngébbek néhány anyabölcsőt (11. ábra) épitnek, melyeknek feneke kazánszerü (C) és melyeket a királyné már az épités kez-detén be szokott petézni. Az ilyen bölcsők rendesen erősebb viaszból készülnek s a heresejteknél $3^1\vert_2$-szer, a dolgozósejteknél 4-szer nagyobbak. Hogy a királyné az anyabölcsőben kellőleg kifejlődhessék, a dolgozóméhek az emésztő gyomrukban különös módon előkészitett etető nedvvel, ugynevezett királyi péppel tartják az álcát. E királyi táplálék tejszinü és savanyus, mely ízt való-szinüleg a nyál és gyomornedv hozzákeveredésétől kapja. A méz, himpor és viz keverékének a dolgozók által való teljes meg-emésztéséből eredő táplálékkal a méhek nemcsak az anyaálcákat látják el, hanem az anyákat is etetik. De egyideig anélkül is képesek a méhek hivatásuknak megfelelni; ami azt bizonyitja, hogy ők is élnek ezen táplálékkal, mely szervezetükbe átmegy, honnét szükség esetén el is távolithatják. Mielőtt a dolgozók az anyabölcsőt bezárnák, a fedőig megtöltik ilyen péppel, ugy, hogy az álca uszik benne. E táplálék folytán s különösen a bölcső hosszukás alakjánál fogva tökéletesen kifejlődik a királyné ivarszerve, miáltal a megtermékenyülés és petézés lehetősége biztos.

A királyné fejlődésének folyamata a rajzási (primär) anyabölcsőkben a következő: 3 napig pete, 5—6 napon át álca, 8—9 nap tartamáig pedig báb; a királyné kifejlése tehát, a pete rakásától kezdve addig, amikor bölcsőjének födelét körben átrágja (A) s kibuvik, 17—18 napig tart. Az 1 napi különbözet a kaptár belső hőfokátol függ, — erősebb családokban rendesen hamarább fejlődvén az anya, mint a gyöngébbekben.

Azon esetben, ha a királyné elpusztult, vagy a méhész maga távolitotta el a kaptárból és a méhek a dolgozósejtekbe rakott petét kénytelenek fölhasználni, hogy abból másodalkotásu (secundär) bölcsőben — mely három sejt fenekének érintkezési pontja fölött épül (11. ábra D) — neveljenek anyát: a királyné fejlődési időtartama bizonytalan; attól függ ez, hogy mily koru a fiasitás, melyet a nép e célra kiszemelvén, különös gonddal ápol. Minthogy a báb mindig 8—9 napig szokott fejlődni, ennélfogva az anya fejlődési időtartamát a királyné megjelenése után igen könnyü kiszámitni. Anyanevelésre a méhek — báró Berlepsch szerint — csakis álcákat szoktak használni. Én azonban már sok esetben tapasztaltam, hogy petéből is nevelnek másodalkotásu bölcsőből kelt anyákat. Másodalkotásu bölcsőkben az anyák rendesen 12—14 nap mulva érnek meg.

Ezeket aként készitik a méhek, hogy a dolgozósejtek oldalfalait lerombolják, s szélesebbé alakitva megnyujtják.

Rajzás és az utolsó anyabölcső elpusztitása után 2—3 nap mulva nászutra készülnek a fiatal királynék. A megtermékenyülés a nap legmelegebb szakán, 11 és 3 óra között történik, amikor a legcsekélyebb friss légáramlattól félő herék leginkább röpdösnek. Az anyák életük egész folyamán csak egyszer párosulnak.

Az első kiröpülést csak tájékozás szempontjából teszi a királyné, mely alkalommal a kaptárt eleintén kisebb, majd nagyobb ivekben környezi. Ez csak 1—2 percig tart. Rövid idő mulva ismét kijön és ekkor hosszabb ideig elmarad. Ha a megtermékenyülés ez alkalommal meg nem történnék, másnap ujból megkisérli azt. A megtermékenyülés folyamatáról nincsenek biztos adataink. Tekintve azonban a here természetét, mely — különösen amikor jól tele szívta magát mézzel — ha kézbe vesszük, potrohát meggörbiti és a himvesszőt kiterjeszti: e jelenségből következtethetőleg nagyon valószinü, hogy a here a királynéra száll s potrohát az anya hüvelye felé meggörbitvén, a himtag behatol és a megtermékenyitést eszközli. A párosulást életével fizeti meg a here, mivel a penis a legtöbb esetben elszakad a herétől és a hüvelyben marad; vagy vannak ugyan példák, amikor a here ivarszerve nem válik el, de azért a közösülés életébe került a herének. Ilyenkor a királyné holt férjével a földre esik és csak itt igyekszik hátulsó lábaival, vagy a rágókkal magától a herét elválasztani. 15—20 perc mulva, de esetleg — kivált, ha hirtelen eső lepi meg — csak másnap tér haza, vagy el is vesz. A nászrepülés sikere a megtermékenyült állapot külső jeleiben mutatkozik, t. i. a himvessző maradványa, kis fehér foltocska, a vaginában fölismerhető. A him ezen visszamaradt ivarszervét az anya nem sokáig türi a hüvelyben, hanem hátulsó lábaival, vagy a rágókkal eltávolitja; vannak azonban esetek, amikor ezt a dolgozók végzik. A petézést csak ezután kezdheti meg az anya, ami rendesen a megtermékenyülést követő harmadik napon történik.

Egy erős család anyja — ha egészséges, nem nagyon öreg és elég sejt áll rendelkezésére — jó időben képes naponta 2000 petét is tojni, vagyis mintegy 40 négyszög-centiméternyi lépet bepetézni. Gyakran tettem ily irányu kisérletet, de nagyobb eredményről soha sem győződhettem meg. Az anya — rendes viszonyok között — 5—600 tojásnál azonban nem igen szokott naponta többet rakni; ennyit is csak május—juniusban.

Ha a királyné ép és erős, de a raj gyönge volta miatt petézési vágyainak meg nem felelhet, egy-egy sejtbe 8—10 tojást is rak; ezeket azonban egynek kivételével a méhek mind eltávolitják, kiszívják.

Mielőtt az anya a petét lerakná, megvizsgálja a sejtet, hogy ki van-e csiszolva és csak azután bocsátja bele potrohának a végét, első lábaival a sejt széleihez kapaszkodva. A pete helyzetét a fulánkjával kormányozza és tojásfehérjenemü anyaggal oldalvást a sejt fenekére, egyik végével kissé fölfelé irányitva, ragasztja.

A peterakás a királyné tökéletes megtermékenyülésétől, korától, testalkatától, a lépek mennyiségétől és minőségétől, a bővebb tápláléktól és a raj erejétől függ. Különösen a család népessége van döntő befolyással a királyné petézésére, melynek mérvét egyedül a dolgozó méhek irányitják, ami a mézelés viszonyaival szoros összefüggésben áll.

A petézés sokszor már február hóban kezdődik, május és junius hónapokban legerősebb; ezen túl már csökken, ugy, hogy

szeptember, esetleg október hó végén egészen megszünik. Dr.
Dzierzon szerint minél később kezdi meg a nép a szaporitást,
annál hamarább fejlődik erőben.

Minél erősebb valamely raj, annál fokozottabb a vágya a here-
peték után, mely a fejlődő rajzási kedv bizonyitéka. A herefiasitás
eleintén korlátolt ugyan, de később sokszor a szükség határát is
tullépi s a méhészt óvó intézkedésekre kényszeriti.

Alkatra és szinre nézve vannak nagy, középszerü, kicsiny,
világos és sötét királynék. Elfogadott nézet (ámbár mindeddig
még nem tapasztaltam), hogy minél nagyobb az anya, annál ter-
mékenyebb is. Tény azonban, hogy a rajzási (primär) bölcsőkből
nagyobb anyák kelnek ki, mint az ugynevezett másodalkotásuakból
(secundär bölcsők).

Fulánkját a királyné külső ellenséggel szemben ritkán hasz-
nálja. (Hosszu méhészkedésem ideje óta csak egyszer szurt meg
egy fiatal anya, de fulánkja akkor sem maradt a testemben.)
Egymás ellen azonban élet-halálra küzdenek az anyák, mely — ter-
mészetesen — az erősebb diadalával végződik.

A királyné a többi méhekhez képest a legszivósabb, legki-
tartóbb életü, amiről kivált a raj kiéhezése alkalmával lehet meg-
győződni, mert legtovább marad életben. Akár hányszor tapasz-
taltam már, hogy a kiéhezett dolgozók között az anya még élt.

Amint a királyné a bölcsőből kikel, azonnal képes röpülni.
Ezt, azon ellenkező állitással szemben, hogy csak 2—3 napos
korán volna képes a röpülésre, számtalan példával bizonyithatnám.
Az anya ápolását és etetését a dolgozók végzik. Naponta tizszer-
huszszor is etetik a királynét, mely alkalommal nyelveiket kinyujtják
és azt az anya nyaldossa. Fogságban, vagy kiéhezett állapotban
a királyné egyedül is táplálja magát, nyalogat a mézből.

Az anya 5 éves kort is érhet; ezt dr. Dzierzon és báró
Berlepsch többszöri kisérleteik igazolják. Átlagos életkora azonban
3 évig is alig terjed. Minél idősebb az anya, annál könnyebben
fölismerhetők rajta az aggkor jelei. Szárnyai tépettek lesznek, sőt
sok esetben a tövig kitörnek; testéről a szőr lekopik, miáltal sötét
szinü, fekete lesz; lábai elbénulnak, mozgásai lankadtak.

Évek során vezetett följegyzéseim a királyné elhalálozásának
statisztikáját a következőleg tüntetik föl: télen $2 \cdot 5^\circ|_o$, tavaszszal
$8 \cdot 5^\circ|_o$, nyáron $21^\circ|_o$ és őszszel $5^\circ|_o$.

A királyné — báró Berlepsch szerint — előre érzi vesztének
közeledtét; ilyenkor a dolgozópeték rakását beszünteti és here-
petéket tojik oly időben is, amikor ezt különben nem tette volna,
okvetetlenül azért, — ámbár öntudatlanul — hogy az utána föl-
nevelt királyné megtermékenyülhessen.

Eltérések, abnormitások az anya életében — habár ritkán — mégis előfordulnak. Engster, svájci méhész a Bienenzeitung 1862-iki évfolyamában him-nőstény méhekről tett jelentést, melyeket dr. Siebold is elismert. Nekem pedig 1873-ban egy kiválóan szép, nagy, megtermékenyitett királyném volt, mely a dolgozósejteket sürün, naponta 3—400 tojást rakva, herepetékkel tojta be. Természetes, hogy az ezekből származott herék feltünően aprók voltak. Prüfach, oszterni földmüves méhesén egy anya ellenkezőleg, a heresejtekbe dolgozópetéket tojt.

A dolgozó méh.

A dolgozó, vagy mézelő méh nőnemü ivadék. Hivatásához azonban nem a petézés és ennélfogva fajának további nemzése tartozik, hanem teherhordója, munkása a méhállamnak. Az egész család összes szükségletéről ő gondoskodik. Egyszersmind azonban kormányzója is a méhállamnak, irányitván és korlátozván a petézést, rajzást, herepusztitást, épitést, egyátalán a méhek családi életének minden mozzanatát. Miután a himek gyáva, a dolgozóktól függő, alárendelt szerepre hivatvák és csak rövid időre jelennek meg, hogy a királyné megtermékenyitése után ismét eltünjenek, ennélfogva a természet — ha megvonta is a dolgozóktól a fiasitási képességet — ámde a himet megillető erélylyel ruházta fel őket, hogy a méhcsaládot föntartani, kártékony bel- és külbefolyásokkal szemben megóvni képesek legyenek. E női korcsivadékok a kisebb, apróbb, t. i. a dolgozósejtekben fejlődnek. A peték, melyekből a dolgozók kelnek, a megtermékenyitett anya ondótáskájában levő ondószálacskák fölvételével lesznek női jellegüek.

A dolgozópete fejlődési folyamata a következő: 3 napig tojás, 5 napig álca, mialatt beszövi magát, 12 napon át pedig báb; összesen tehát 20 nap alatt fejlődik ki. Hüvös időben 21—22 napig is tart, mig a dolgozópetéből méh kel ki.

Azon okoknál fogva, hogy a dolgozópete kisebb sejtben fejlődik; az álca és báb pedig az utolsó időszakban csak méz- és himporkeverékből készült táplálékot kap, tehát nem oly finomat, fejedelmit, mint a királynévá fejlődő álca, továbbá a dolgozófiasitás vizszintesen födetvén be, a dolgozó ivarszervei nem fejlődhetnek ki tökéletesen, hanem satnyák maradnak; minek következtén ezen ivadék sem a párosulásra, sem a költésre nem alkalmas. Megvizsgálva a dolgozó potrohát, föltalálhatjuk ott a nemi szerveket (12. ábra), ámde csenevész állapotban. A hüvely — keskeny, szük volta miatt, be sem fogadhatná a terjedelmes himvesszőt. Ilyen fejletlen az egyágu csatorna is, melynek oldalán az ondótáska szabad szemmel alig látható. A kétágu vezeték: b—b végén leljük föl az anyaméhet: a—a, mely a királynéknál mintegy 200 petecsövet, a dolgozóknál csak 5—20-at tartalmaz. Végül található a függelék: c, szintén satnya állapotban.

Rendes viszonyok között a királynén kivül más méh nem petézik. Az anyátlan családoknál gyakran előfordul azonban, hogy — amikor nincs módjukban az elveszitett királyné helyett másikat nevelni — a nemzedék utáni vágy, a faj föntartásának .ösztöne arra készteti a méheket, hogy egy, vagy több dolgozót, melyeknek ivarszerve a többiénél fejlettebb, királyi péppel tartanak; miáltal ezek a peteképzésre ingereltetvén, tojni képesek. Ezen jelenség azonos a szüznemzéssel; de abnormális és rögtön fölismerhető. A peték ugyanis a sejtekben nem zártsorokban, hanem elszórva vannak, némely sejtben több tojás is látható, s habár terméketlen peték, mégis a dolgozólépekbe lettek rakva és bebábozva domborodottak, puposak. Néha előfordul azon kivételes eset is, hogy a hereköltő nép anyabölcsőt épit, melyet a hiányos anya be is petéz; ámde ebből — természetesen — mi sem lesz.

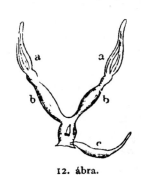

12. ábra.

Az ilyen dolgozóméhet hereköltőnek, vagy álanyának nevezzük. A tőle eredő herék valamivel apróbbak ugyan, de azért a nemzésre alkalmasak.

Külsőleg nem ismerhető föl az álanya. Egy vizsgáló kaptárban több izben huzamosabb ideig ellenőriztem ilyen népet, de nem voltam képes az álanyát a petézésnél meglepni. Belsőleg a duzzadtabb anyaméhen tünik föl a változás, némely álanyánál több, másnál kevesebb pete lévén található.

Az ilyen álanyás, hereköltő nép nehezen fogadja el a megtermékenyült, valódi királynét, mivel azon tévedésben él, hogy rendes, megfelelő anyja van. A baj gyógyitását még azon körülmény is megnehezíti, hogy a jelzett okoknál fogva az álanya eltávolitása lehetetlen. A más rajokkal való egyesités szintén hátrány s, mely ha nagy elővigyázattal nem történik, dühös öldöklés az eredménye.

Amely családnak ép és egészséges királynéja van, ott nem petéznek a dolgozók; hanem az ivadék fölnevelésével foglalkoznak, mézet és himport gyüjtenek, vizet hordanak a kaptárba s ezekből királyi pépet készitnek, vagy táplálékot kevernek, melylyel az anyaálcákat s a többi fiasitást etetik; azonkivül a sejteket befödik, a költést melengetik, a fiatal méheket tisztogatják, etetik,

2

a királynéról és herékről sem feledkezvén meg; továbbá — mint
mindenekelőtt teljesitett munkát — palotájukat épitik és azt rend-
ben is tartják; végre: a holt méheket, viaszhulladékot és tisztá-
talanságot távolitják el a lakásból. A gondos előrelátásban annyira
mennek, hogy a kaptár repedéseit és fölösleges nyilásait ragasz-
szal, néha ragasz- és viaszkeverékkel betömik, a falakat és kere-
teket is itt-ott bevonván azzal. Egyátalán oda iparkodnak, hogy
lakásuk. jó melegtartó legyen.

A sejtből kikelt fiatal méh világos szürke szinü, teste puha;
az első két napon tehetetlen, miértis az idősebbek táplálják. Később
a kaptárban levő belső munka után lát és csak életének 8-ik
napján teszi meg az első kiröpülést, mely alkalommal kiüriti
magát. A legelőre azonban hazai fajtánk 17—18 napos korán —
mig az olasz méh már a 15—16-ik napon röpül ki. Meggyőződést
szerzendő e felől, többszöri kisérletet tettem aként, hogy olasz
néphez magyar és viszont: magyar faju családhoz olasz királyné
petéit adtam, a legegyszerübb módon ellenőrizhetvén igy a dolog
fejleményét.

A méh fejlődése tehát a pete rakásától kezdve, azon időig,
amikor méz-, himporgyüjtés és vizhordás után lát, a magyar fajnál
37—39, az olasznál 35—37 napig tart.

A méhek életkorának tartama a viszonyoktól függ. Munkás-
ságuk folytán rendesen idő előtt elpusztulnak. Alkalmas időben,
amikor reggeltől estig kijárnak, gyüjtenek, hordanak, röpködnek,
a beszedett élelmek terhe alatt csakhamar elkopnak. A pusztulás
ilyenkor a legnagyobb szokott lenni köztük, s 8—10 hétnél alig
élnek tovább szegénykék. De vannak rendkivüli esetek is, melyeket
a méhész fájdalommal kénytelen gyakran tapasztalni; pl. amikor
zivataros időben, vagy hirtelen bekövetkezett záporeső folytán,
a kiröpült méhek legtöbbje odavesz. Nedves időjárásu nyáron
legtovább élnek a méhek; a tétlen rajok egyedei szintén öreg kort
érnek el, ami főleg a hereköltő és anyátlan népeknél föltünő,
melyek rendszerint a legmagasabb kort érik meg.

Kételkedem azon állitás lehetőségén, hogy a méh 6—7
hónapnál tovább élne. Gondos kisérleteim daczára az ellenkezőről
győződtem meg.

A méhek koruk szerint osztják föl egymás között a munkát.
Mig az idősebbek eleséget keresnek, addig a fiatalok a költést
dajkálják s a kaptár belső rendben tartásával foglalkoznak. A
fiatalok egyideig nem járnak külső munkára; holott az idősebb
méhek — ha a szükség ugy hozza magával — otthon is marad-
nak, hogy a fiatalok munkáját végezzék. Kivált a fiatal méhek
elkülönitése esetén tapasztalható e jelenség; pl. a mürajok készi-

tésének azon módjánál, amikor a kaptárt egész tartalmával távolabb tesszük, helyére pedig a királynéval és néhány fiasitásos kerettel ellátott más kaptárt állitunk, melyben a visszarepülő kijáró méhek új háztartást kezdenek. Ugyanaz történik olyankor is, ha a gyönge népességü családnak sok födetlen fiasitást adunk és az öregebb méhek a költés ápolásában a fiataloknak segitni kénytelenek.

A méheknek ugy a saját életük föntartásához, mint a fiasitás fölneveléséhez széneny-, légeny-, élenyre és vizre van szükségük, melyből emésztő gyomrukban kétféle eleséget készitnek. Az egyik táplálék méz-, himpor- és vizkeverékből áll, mely — minthogy a méhek által teljesen fölemésztve nincsen — himpormaradványokat tartalmaz. Ezen eledellel táplálják a dolgozófiasitást, s maguk is ezzel élnek. A másik táplálék ugyanazon anyagból készül, de teljes emésztésen ment át, melylyel a királynét, heréket és kezdetben a dolgozóálcákat etetik. Hogy ezen alkalommal a nyálkamirigyek elválasztó, vagy csak közremüködő szerepet fejtenek-e ki: arról nincsenek hiteles adataink. Ha a méhek ezen anyagból csak annyit vesznek magukba, amennyi életük föntartására szükséges, ez esetben *tápláló eleségnek* mondjuk; ellenben, amikor nem csupán táplálkozás czéljából, hanem azért is kénytelenek étkezni, hogy a fiasitás részére készitsenek eledelt, vagy hogy épitsenek: *termelő eleségnek* lehet mondani. Az eleség és viasz készitését rendesen a fiatal méhek szokták végezni, mert az öregeket más felé foglalkoztatja az ő hivatásuk, de mirigyeik sem oly alkalmasak többé e munkára. Az anyák és hérék táplálását is a dolgozók végzik, még pedig királyi péppel, amit abból következtetünk, hogy légeny nélkül semmiféle állati egyed nem fejlődik, nem létezhet és habár az anyák és herék maguktól is élvezik a mézet, a himport nem képesek megemészteni.

A királyi pépnek a méhek által való elkészitését Schönfeld után a következőkben közölhetem. Mindenekelőtt azonban ki kell emelnem a méhek nyeldeklőjének és gyomrának azon sajátos szervezetét, hogy az utóbbi erős idegzete és csigaszerü mozgása következtén az eledel a nyeldeklőn át egyik gyomorból a másikba, de az ellentétes müködtetés lehetőségénél fogva ugyanezen uton vissza felé is, minden nehézség nélkül közvetithető. Nyelvük segitségével a méhek mézet és vizet szívnak föl, melyet a szájüregben fölvett szilárd táplálékanyaggal, a himporral, vagy liszttel és nyállal keverve, a nyeldeklőn át a mézhólyagba és innen egy keskeny csatornán át az emésztő-, vagyis chylus-gyomorba nyomják. E csatorna csapója a nyeldeklő és gyomor csigaalaku és rendarányos mozgásánál fogva nyitva áll és a táplálékok átszállitására szolgál. De, hogy a méhek a fölösleges mézet kiadni is képesek legyenek, ezen csapó — a gyomor ellentétes és könnyü összehuzódása következtén — bezáródik s a mézhólyag és emésztési gyomor között a közlekedés megszünik. Ha tehát az eleség a tápláló gyomorba jut, az emésztés a nedvek bő fogyasztása folytán azonnal emv képződésbe megy át. Az emv az emésztés első terméke; csak később s a nyál és gyomornedv közvetitésével lesz belőle a tejnye (chylus), melyet mi királyi pépnek is nevezünk. Ezen, tökéletesen megemésztett termékben van tehát a méhek életének kutforrása. Mert amidőn Vogt szerint az embernél a vér a föloldott emberi szervezet, joggal mondhatjuk, hogy a chylus (tejnye, királyi méhtáplálék) szintén föloldott szervezete a méhnek; — ezen anyagok mindkét lénynél ugyanazon eredményt eszközlő szerepet: a létföntartást teljesitvén.

Ezen életnedv a méhek testének táplálására, a gyomor belső falazatán elfekvő nyeles sejtecskéken át, szivárog azok szervezetébe. Mint kész anyag, hatol át a gyomron, s megkerülvén az elterjedt légcsövezetet, tele szívja magát élenynyel, hogy azután a potroh ágyékhártyái által fölvétetvén, a szív felé vegye utját, melynek lüktetése további keringését eszközli.

Amikor a méhek a fiasitásnak szükséges táplálékot kiválasztani, magukból kiadni akarják, rövid időre beszüntetik a mézgyomor csigaszerü mozgásait, s ezen szünetelés, vagy tétlenség idején a mézgyomorba vezető csatornának a csapója — Burmeister állitásai szerint — tárva van. Ha most a méh az emésztő gyomrát összehuzza, ennek tartalma részben a mézgyomorba nyomódik; ezen továbbitást a mézgyomor is folytatván, az összeköttetés az emésztő gyomorral megszünik és a pép egyuttal a nyeldeklőn át a szájüregbe, innét a sejtekbe jut. Ennek folyamata lüktetve és oly nagy sebességgel történik, hogy a mézhólyagban mindeddig nem sikerült a kutatóknak tápnyát találni.

A viasz a méh testének legérdekesebb terméke. Sajnos, hogy a méh azon szervi müködése, melylyel ezt előállitja, még ismeretlen előttünk. A méhek e képességét összehasonlitják ugyan az emlősök tejelő, a csiga és selyemhernyó kagylót és selymet előállitó képességével; de tekintve, hogy a nevezett állatoknál az ily irányban müködő szervek határozottan megvannak, a viasz készitésére pedig a méheknél hiányoznak: az összehasonlitás nem állja meg helyét. Arról azonban biztosak lehetünk, hogy a táplálék készitése a viasz előállitásával természetszerü összefüggésben áll. Ez is ugyanazon jelenségek és föltételek mellett szokott történni, mint amelyek a fiasitás táplálékának készitésénél mutatkoznak. Mert a chylus-gyomorban levő anyagok nagyobb mérvü fölszaporodása szolgáltatja a viaszépitéshez szükséges anyagot is, azzal a különbséggel, hogy amidőn a méhek az eledelnek szánt királyi pépet a sejtekbe ömlesztik, ezzel ellentétben a viaszépitésre szolgáló nedvek a gyomorizmok görcsös mozgásai folytán a gyomor falazatát áthatva, az altest falazata és a lágy testrészek között levő légcsöves üregbe tolulnak. Itt pedig a fölszaporodásból bekövetkezett fokozottabb lélegzés folytán a dr. Wolf által először fölismert ágyékhártyák által fölvétetnek. Innét egy rész a hátfalazat alatt rejlő szív felé veszi utját, mig a nagyobb tömeg az ágyékhártyák és altestgyűrüzetek közötti térbe ömlik. A következetes fölszaporodás és ennélfogva a fokozott nyomás miatt — mely a földuzzadt méhtesten azonnal fölismerhető — e nedvek innét egy finom légcsöves, gyöngéd, sejtes hártyán — melyet Treviranus viaszhártyának nevezett — áthatnak. A tápanyag átalakulásának is ezen alkalommal kell történnie.

Ezen közlés, melyet Schönfeld a Bienenzeitung-ban tárt föl s dr. Wolftól személyes, szóbeli értekezés utján vett át, kétségtelenül megvilágitja nekünk a viaszkészitési szervek működését. (13. ábra.)

Hogy azonban mikép történik a viasz átalakulása, arról nincs biztos tudomásunk; a méhészeti elméletnek azon pontjához jutottunk tehát, melyet még áthatatlan homály borit.

A viasztermelés alkalmával a méhek lábaikkal egymásba kapcsolódva, láncolatot képeznek s potrohuk 5 első gyűrüje közt, apró, kerekded lemezkék alakjában izzadják a viaszt. A lemezkéket lábaik segitségével a rágókhoz viszik, hogy itt a fejmirigyekből elválasztott nyállal lágy és az épitkezésre alkalmas anyaggá idomithassák. Az épitkezés mindig fölülről lefelé folyik. Kezdetben csak dolgozó, később heresejteket is készitnek.

13. ábra.

A sejtek — alakjuk és rendeltetésük szerint — többfélék. Az apróbbak a *dolgozósejtek*, melyekbe az anya a munkásméh petéit tojja; de emellett mézet és himport is gyüjtenek belé a méhek. A nagyobbak a *heresejtek*, a herék bölcsői; ezekbe is raknak a méhek mézet és báró Berlepsch állitása szerint himport is, ámbár az utóbbit soha sem tapasztalhattam. *A mézes sejtek*, melyeket a méhek az épités megtakaritásának szempontjából meghosszabbitnak, szintén dolgozó-, vagy heresejtek, s fölfelé irányulva kissé ferdék és csakis mézkészletek elraktározására szolgálnak. *Az átmeneti sejtek* a dolgozó- és heresejtek között láthatók s herefiasitásra, vagy méz elhelyezésére használtatnak. *A ragasztó-*, vagy *szélsejtek* a lépeknek a keretlécekhez és a kaptárfalazathoz való ragasztására épitvék. Végre: *a királyné-sejtek,* vagy *anyabölcsők,* melyeknek alakja a többi cellától egészen eltér, mivel a királyné a dolgozóknál és heréknél is jóval nagyobb lévén, kifejlődésére terjedelmesebb helyet igényel. Az anyabölcső külsőleg hasonlit a makkhoz.

Az anyabölcsőket rendesen a helyben található, azaz: a kaptárban levő lépekről szedett viaszból épitik a méhek; miértis az új bölcsők is már többnyire sötét, barnás szinüek. Kétféle anyabölcső van és pedig: 1. a rajzó méhcsalád által épitett bölcső, melyet a rajjal kivonulandó anya még az epités kezdetén be szokott petézni. Ezek többnyire a lépek élein, csucscsal lefelé, függő irányban foglalnak helyet. 2. Az utánalkotásu, vagy pótanyabölcsők, melyeket akkor épitnek a méhek, ha a királyné esetleges elpusztulása, vagy a méhész által történt elvétele és másfelé való fölhasználása folytán a család megárvult. Ilyenkor dolgozópetéből, vagy födetlen fiasitásból nevel új királynét magának a nép. Ezen bölcsőket többnyire a befiasitott lép közepére épiti az anyátlan család. Valamivel kisebbek az előbbinél és ferde irányban helyezkednek el.

A méhek a viaszon kivül még ragaszt (gyantanemü anyag, propolis) is használnak kaptárukban. A vadgesztenye-, topolya- és gyümölcsfákon, mint kész anyagot találják ezt s épugy, mint a virágport, kosárkáikban hozzák haza.

A méheknek a téli nyugalom állapotában 10—12 fok melegre van szükségük. Hogy kaptárukban ezen hőfok keményebb időjáráskor is meglegyen, a rendes mennyiségnél több mézet és himport kénytelenek fogyasztani. Ebből magyarázható, hogy erősebb télen, vagy nem eléggé meleg kaptárban a méz- és himporfogyasztás nagyobb mérvü szokott lenni.

A tavasz közeledtével megtörténő első kiröpülés tisztulási kiröpülésnek neveztetik, mert ezen alkalommal szabadulnak meg a méhek a télen át visszatartott bélsártól, ürüléktől. A kiröpülés nem mindig a levegő hőfokától, hanem a csöndes légáramlattól is függ. Volt már alkalmam látni, hogy a méhek 4 fok melegben kiröpültek, máskor pedig 8 fok meleg sem csalta ki őket.

Tavaszszal, mihelyt az idő erre alkalmas, a méhek első teendője vizet és himport hordani a kaptárba; mely utóbbit rágóikkal és első lábaikkal lehorzsolván, a fiasitás táplálására forditják, a fölösleget pedig télire elrakják, mi végből fejeikkel a sejtekbe nyomják és fénylő hártyával vonják be. Sokszor mézzel is telitik a himporos sejteket s csak azután födik be. Azért teszik ezt, hogy a himpor egykönnyen el ne romoljék.

A méhek legfontosabb hivatása — ami végett a legrégibb időktől fogva maiglan kiváló figyelemben részesülnek — a mézgyüjtés. Ezt ők szőrös nyelveik segitségével eszközlik, amikor a virágok kelyheiből az illó olajokat tartalmazó czukros nedveket fölszívják és a mézhólyagban haza hozzák. Tény, hogy ezen nektáriák a méh gyomrában — a nyákhártyákból nyert váladék folytán, melynek hozzájárulásával nyeri el a tulajdonképeni jellegét a méz — szervi átalakuláson mennek át.

A méheknek még egy másik fontos és nevezetes tulajdonsága is kiemelendő, hogy t. i. mirigyeik segitségével a legzavarosabb folyadékot is képesek átlátszó, tiszta szinben visszaadni; minélfogva az átszürés tehetségét teljes mértékben birják.

Nem kicsinylendő körülmény az is, hogy a méz fölösleges viztartalmát, szervezetük közremüködésével eltávolitni és a mézet a sejtekbe süritett állapotban lerakni tudják. E ténykedésüknél is, valamint egyéb müveleteiknél, testük melegét szerepeltetik, melynek hőfokát a körülményekhez képest irányithatják. Ilyenkor erősebb zsongás hallható a kaptárból, mely a méhek hatványozott müködését árulja el.

Hogy a méh kapzsi, ezt rendkivüli nagyfoku szerzési ösztöne igazolja, mely őt nem ritkán rablásra is ragadtatja, amit egyes méh még teljes mézelés idején is elkövet. Szorgalma és ügyessége csudálatra méltó. Munkásságában csupán a kedvezötlen időjárás által engedvén magát hátráltatni, éjjel-nappal lázas szorgalommal dolgozik. Pihenési módját és idejét nehéz biztosan meghatározni. Báró Berlepsch Die Biene cimü jeles munkájában azt állitja ugyan, hogy a méhek fejeiket a sejtekbe dugva, ott huzamosabb ideig tartózkodnak, s ezt ő a pihenés vágyának tulajdonitja; ez azonban mindeddig beigazolva nincs.

A méh érthetővé is teheti magát, mert érzületeiről — hangja és mozdulatai után — némi tájékozást szerezhetünk.

Legnagyobb kedvet tanusitnak a méhek a rajzás alkalmával, amikor örömdalokat zsongnak. Jó mézelés idején este felé és éjjel a megelégedés csendes moraját hallatják; ugyanezt észleljük, ha este haszonból etetünk. Ellenben fájdalmas panaszhangokat hallunk, ha anyjukat elvesztették.

A méhek mozdulataiból is okulhatunk. Jó legelő és elégedettség jele, amikor görnyedten érkeznek haza és szárnyaikkal csapdosnak, vagy farolnak. Az éhség és levertség tünete, ha szárnyaikat gyöngén emelik. Dühösségükre vall, amikor szárnyaikkal berzenkednek és hirtelen fölröppennek.

A fölbőszült méh mindaddig követi ellenségét, mig köréből el nem távozott, vagy meg nem szurta. Természete mérges és boszuálló ugyan, de csak akkor szur, ha lakása körül zavarják, ingerlik. Szurás után — minthogy fulánkja a testéből kiszakad — még azon nap elpusztul.

A here.

A here a méhállam himnemü egyede. A királyné megtermékenyitésén kivül más hivatása nincs is. A természet azon törvényének, hogy rendesen a him, mint fajának legerősebbike, fegyvereivel nemzedékének védőjévé válik, épen az ellenkezője a here tehetetlen gyávasága, tunya félénksége és fegyvertelen volta. Minthogy pedig szerepe csakis a nemzésre szoritkozik, élettartamának határát a természet azon rövid időre körvonalozta, melyben a rajzás és az anyák megtermékenyülése folyik. Mihelyt ezen idő eltelt, a dolgozó méhek a heréket, mint a mézkészletek ingyen fogyasztóit, a kaptárból kiüzik, kihurcolják, vagy a mézkészletektől távol tartják, minek következményeként éhen vesznek. Legtovább tartózkodnak az olyan családokban, melyek anyátlanok, vagy az anya még nem termékeny, valamint a hereköltő népeknél. Volt alkalmam meggyőződni, hogy a hereköltő kaptárban a herék át is is teleltek.

A here teste $^1|_4$-nyivel nagyobb a dolgozóénál. Feje nagy, gömbölyded, szemei kidülettek, tora duzzadt és szőrös, potroha széles és otromba alakot ad neki; szárnyai nagyok, a potrohon túl érnek. Életének legnagyobb részét renyhe tétlenségben tölti; csak szép csendes, meleg napokon, rendesen 10—5 óra között teszi körutait és lesi az alkalmat, hogy királynéjának szivét, de egyszersmind életét is föláldozza, — mert a termékenyités pillanatában a here kimulik.

A here fejlődésének a menete a következő: pete 3, álca 6, báb 14, összesen 23 nap. A méhállam háromféle egyede közül tehát a legtöbb táplálékba kerül. A kikelt here is, mint a dolgozó, világos szürke, teste gyöngéd, lágy. Két-három nap mulva képes röpülni, amikor már sötétebb szint kap és edzettebb is lesz.

A here ivarszerveit Leukard Rudolf tanár leirása után röviden a következőkben közlöm.

A teremtmények minden himnemü egyedénél azon törvény érvényesül, hogy nemző szerveiben és ivarmirigyeiben, az ugynevezett herékben ondó (sperma) fejlődik, mely a petefészekbe, vagy az ott képződő petékbe jutva, termékenyitő befolyásu.

A rovaroknál, s tehát a méheknél is, azt vesszük észre, hogy a nőstény és him nemző szervei hasonló formára vannak alkotva, mindkét nemnél Y alakban tünnek föl, azon különb-

séggel, hogy a himnél (14. ábra) a kétágu csatorna végén vese-
alaku mirigyek (a—a), a herék találhatók. Ezek 200—230 csö-
vecskéből állanak, melyekben az ondó már a bábállapotban
képződik. Az ondó a párosodás alkalmával a két ondóvezetőbe
(b—b—c—c) és innét a páratlan csatornába (e) ömlik, melynek
elején az ondó két toldalék-mirigyből (d—d) jövő fehéres nedvvel
egyesülvén, az ondótöltényt (spermatophore) képezi és az anyát
ily alakban termékenyiti meg.

A himvessző alatt nem szabad egy, a többi testrésztől külön-
vált nemző szervet képzelnünk;
mert ez nem egyéb, mint a párat-
lan csatorna (e) hátulsó kiegé-
szitő része, mely szarunemü kinö-
vésekből áll, változatosan föltünő
és a nemzés közvetetlen eszköze.
A himvessző vége a legvasta-
gabb és dobalaku (g), melyen a
nemi cső kivezet s két átellenes,
jókora barnás foltot (f) mutat.
Nagyitóüveggel vizsgálva, köny-
nyen fölismerhető, hogy a hasfolt
sürü, merev, barnás és hátrafelé
irányuló szőrrel van boritva; mig
ellenben a hátfolt pikkelyes, durva
bőrü és ennélfogva az ellenállás
pontjait megszaporitja. Közel a
hátfolthoz két csücsös, barnás,
kacsszerü függelék (h—k) talál-
ható, melyek a nemzésnél szintén
kimerednek s az ugynevezett bika-
fejet a két szarvacskával együtt,
képezik; föladatuk a himvesszőt
az anya hüvelyében letartóztatni.
Amidőn a here meggörbitett testtel
a kitárt hüvelyhez közeledik, elein-
tén csak a függelékkel hatol be

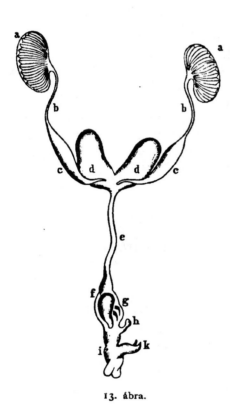

13. ábra.

és csak azután gyüri ki keztyüujjhoz hasonlóan a himvesszőt,
mely cselekmény pillanatában elhal. Ennek okát valószinüleg
abban lehet keresni, hogy a here izmait környező vér a nemzés
alkalmával a himtagba megy át s ezzel okozza a rögtöni halált,
— hasonlóan az emberi elájuláshoz, mely akkor szokott bekövet-
kezni, mikor a velőt a kellő vérmennyiség nem hatja át.

Táplálkozás alkalmával a herék magukra is képesek a mézhez

nyúlni; de mivel légenytartalmu táplálékot képtelenek előállitni, a dolgozók is etetik őket.

Hogy mennyi here van egy-egy kaptárban: az a népesség erejétől függ. Minél népesebb valamely család, annál több a heréje; 900—1000-nél többet azonban a legerősebb törzsben sem észleltem még.

A méhek betegségei.

1. *A vérhas.* Hosszu, hideg tél, melyen a méhek ki nem röpülhetnek és erjedésre hajlandó méz a főokai ezen bajnak. A méhek mindkét esetben kénytelenek ürülékeiket visszatartani, amelyre bizonyos mértékig képesek ugyan, de azon tul a lépeket, kaptárt, sőt önmagukat is bepiszkolják, vagy az ürülék beleikben megkeményedik és duzzadtan elpusztulnak.

E baj kikerülése könnyebb, mint a gyógyitása. Tökéletlen mézkészlet helyett kandiszt advár a méheknek, a fenyegető kárt elháríthatjuk. A gyógyitás sok bajlódással jár, hosszabb időt követel s legtöbbször mégis kétes az eredmény, mert a méhész a leggyakrabban már későn veszi észre a bajt.

Az egyetlen mód e nyavalyának az orvoslásával megpróbálkozni abból áll, hogy a kaptárt meleg szobába hozva, a népséget részenként az ablak felé kibocsátjuk, hogy magukat kiürithessék. Az ablakdeszkáról az ürülék nyomait eközben többször föl kell törülni, nehogy a méhek teljesen befertőztessenek. Egy ismerősöm ily módon 91 családból csupán 22-őt menthetett meg; de ezek is gyöngék maradtak s az egész nyáron nem hoztak hasznot. Meg kell jegyeznem, hogy az illető buzgó méhész méheit és a lépeket langyos vizben mosta meg; valószinü, hogy népei egy részének a megmentését ennek köszönhette.

2. *A költésrothadás.* Igen veszedelmes baj, melyet erjedésbe átment méznek fogyasztásából, meghülésből és előttünk még ismeretlen más okokból kapnak meg a méhek. Jelentkezése aként történik, hogy a befödött fiasitás bomlásba esik, rothad, a sejtfödelek behorpadnak, helyenként kilyukadnak, végre a fiasitás összeszárad. E betegségnek két nemét, t. i. a ragadós és nem ragadós költésrothadást ismerjük. Az első bűzös, igen mérges és gyorsan terjed, ugy, hogy a nép ereje csakhamar ellankad, végre egészen megtörik. A másik, a nem ragadós baj kevésbé veszedelmes, nem is terjed oly rohamosan, mindazonáltal tönkreteheti a méhest. Ez utóbbi hazánkban is elő szokott fordulni. Gyógyitásának sikere az elterjedés fokától függ. Ragadós fajtája azonban épen nem gyógyitható. Legjobb az ilyen méhcsaládot lekénezni,

hogy a nyavalya terjedésének határ vettessék. A gyöngébb tünetet salycilsavval, carbollal, sublimattal, tymollal, stb. lehet még gyógyitni. A salycilsavat legelőször Siebenek manheimi méhész ajánlotta a Bienenzeitungban. Később Hilbert, ottlocyni méhész alkalmazta azt. Kezdetben a következőleg: 50 gr. salycilsav 400 gr. tiszta légszeszben föloldatván, ebből 10 csöppet 10 gr. 12° R. langyos vizbe keverve, vele a méheket s az épitményt finoman szóró permetezővel beföcskendezte. Bensőleg pedig 30—50 csöpp salycilos légszeszből és ¹|₆ liter mézből álló keveréket adagolt a méheknek, mely jó hatással volt reájuk. (Bienenzeitung, 1875., 293. l.) Később e gyógyitási módot azzal tökéletesbitette, hogy a kaptárokat salycilsav-gőzzel fertőtlenitette.

Én pedig ²|₁₀°|₀-os higanyoldatot használtam kitünő eredménynyel. Ezen oldattal az épitményt beföcskendeztem, s adagoltam is belőle a méheknek, még pedig 1 kgr. mézhez 1 liter higanyoldatot keverve.

Szerencse, hogy a költésrothadás hazánkban nem ölt veszedelmes jelleget; ennek oka abban rejlik, hogy mézünk egészséges és hogy kedvezőbb viszonyainkból kifolyólag a szükségből való etetésre utalva nem vagyunk.

3. *A röpülési képtelenségről, dühről,* avagy ugynevezett *májusi bajról* dr. Münter közölt velünk ismertetést. A röpülési képtelenséget és dühösséget eddig két külön bajnak tartották; de a külső jelenségek és beható vizsgálódások után kiderült, hogy e két betegség azonos és egy penészgomba (Mucor mucedo) az okozója. Ennélfogva az elnevezés dr. Münter nyomán helytelen, s megfelelőbb volna gombakórnak mondani azt, mert eredete csakis a fölhozott jelenségre vezethető vissza. E betegséget tavaszszal kapják meg a fiatal méhek, melyek a kaptárból kiröppenve, a földre hullanak, hol dühösen ide s tova futkosva, fölrepülni iparkodnak; de ez nem sikerül és estig elpusztulnak, igen kevesen másnap reggelig is vergődnek.

A betegség kezdetén nagyitóüveggel vizsgálván meg a méheket, azonnal fölismerünk rajtuk egyes penészfoltokat, melyek a kór fejlődésével hajtásokat bocsátanak és mint gombaképződés, a potrohot ellepik. A megtámadott szegény méh erre látható nagy kinlódás közt elvesz. Valószinü, hogy e gomba csirája kivülről, penészes vizről, vagy kórtünetes virágokról kerül a kaptárba és a méheket megfertőzi.

4. *A szomjkór* Németországban sok veszteséget okoz. Eredetét megkeményedett méztől kapja. Akként segithet méhein e bajban a méhész, ha népeinek szivacsban, vagy itatóüvegben vizet ad be. A szomjuságban szenvedő családok nagy nyugtalanságot

árulnak el, a méhek még télen is kiröpülnek a kaptárból, hogy vizhez juthassanak, ámde többnyire a kiéhezés tünetei között elpusztulnak.

A méhek ellenségei.

A madarak közül a gólya, cinke, harkály és a füsti fecske a legveszedelmesebbek; különösen az utóbbi nagy pusztitásokat visz végbe a méhek között. A pók és varangybéka szintén sok méhet elfogdosnak. A méhekben, mézben és viaszban egyaránt kárt tesznek a göröncsér, darázs (15. ábra), a halálfejü boszor, a méhfarkas (16. ábra), főleg a viaszmoly (17. ábra), melynek kisebb és nagyobb faja ismeretes. A viaszmoly lepkéi a méhek által be nem lepett sejteket, vagy a kaptár valamely zugát bepetézik. Az ezen petékből származó kukacok — a mi meleg éghajlatunk alatt gyorsan elszaporodván — roppant károkat okozhatnak. Az ellene való védekezés célra vezet, ha a kaptárokat s környéküket tisztán tartjuk, a családokat erősekké növeljük és csak annyi viaszépitményt hagyunk nekik, amennyit a nép beföd.

15 ábra.

A tartaléklépeket — nehogy viaszmoly üssön bennük tanyát — legcélszerübb vagy szabad, szellős helyen, vagy hordóba zárva tartani, s minden 10—14 nap kénnel megfüstölni. A szüzsejtekbe nem fészkeli be magát a moly. — A vörhenyes szinü, ugynevezett méhtetü szintén ellensége a méheknek; az öreg királynék, de néha a dolgozók testén is élősködik. Végül a nagy, vörhenyes hangyák is eléggé alkalmatlankodnak a méheknek.

Különböző méhfajok.

Csak az ismert méhfajokról kivánok itt megemlékezni, mellőzve azokat, melyeknek tenyésztésével mi nem foglalkozunk s melyek — nagy számuk dacára is — ránk nézve nemzetgazdászati értékkel nincsenek.

Fekete méhfajok.

1. *A közönséges fekete méh* a legelterjedtebb; Európa minden országában található. Különbözőleg eltérő válfajai is vannak, pl. fekete fej világosabb testtel, vagy világos fej és fekete test.

2. *A görög, vagy hymethusi méh* igen nagy testü és sötétbarna.

3. *A kaukázusi méh* szürkés, karcsu, s valamivel apróbb a többi fajoknál; hasonlit a magyar méhez.

4. *A lünneburgi hangaméh* barnás, nagyon jól rajzó faj.

Szines méhfajok.

1. *A magyar méh*, mely a magyar birodalom minden részében — az éjszaki vidékeket kivéve — honos.

2. *A krajnai méh;* a magyar fajtól csakis a szakavatott méhész különböztetheti meg; hazája Krajna és Karinthia.

16. ábra.

17. ábra.

3. *A bolgár méh* valamivel világosabb, mint a mienk; Bulgáriában és Törökországban tenyésztik. Minél közelebb tartják Görögországhoz, annál sötétebb szinüvé lesz; legszebb a Kazanlik és Eskizagra vidékén élő.

4. *A hercegovinai méh* hasonlit az olasz fajhoz; Hercegovinában és Dalmátországban található.

Sárga méhfajok.

1. *Az olasz méh*, melyet Olaszországnak csak némely vidékén nevelnek eredeti jellegü tisztaságában, mint pl. Lombardiában, a Como és Lagomaggore tavak környékén, Bologna, Viterbo és Mira tájain. Svajcban is, különösen Belinzona vidékén találunk nagyon szép olasz méheket.

2. *Az egyptomi méh* szebb az olasznál; egészen aranysárga.

3. *A cyprusi méh* szintén szebb az olasz fajnál.

Válfajok.

A különféle vál-, vagy kulturfajokról csak rövid idő óta van szó, melyeknek keresztezés utján való tenyésztésén sok méhész fáradozik. Később rátérek még ennek a kérdésére, egyelőre csupán annyit jelezvén, hogy elégedjünk meg saját hazai méhfajunkkal, melynél jobbat nem ismerek.

MÁSODIK SZAKASZ.

ÁLTALÁNOSSÁGOK A MÉHÉSZET KÖRÜL.

I.

A méhészet erkölcsi hatása.

A tapasztalás igazolja, hogy a méhészettel foglalkozók rendesen szorgalmas, pontos, szives, józan és takarékos egyének szoktak lenni. Nincs mit kétkedni ezen. Mert eltekintve a méhészetnek a vele foglalkozókra ható azon előnyös befolyásától, hogy az illetőket a korcsmai élettől, az iszákosságtól, kártyázási, éjjelezési szokásoktól és ezekkel kapcsolatosan a testi és szellemi sülyedéstől elvonja: a méhészet az ember erkölcsi életére szeliditő, lelkületére nemesitő, oktató sikerü is. Mindennek pedig a természet által a méhek életében oly bölcsen és csudásan berendezett államiság a lenditője; mely — mint a rend, munkásság, takarékosság és összhangzó egyetértés mintaképe — minden idők óta utánzásra méltó példaként szolgált az emberiségnek.

Oktassuk tehát hazánk népét, ifjuságát a méhészetre, mert ezzel nemcsak a nemzeti vagyonosodást emeljük, hanem az erkölcsi életet is nemesitjük.

II.

A méhészet nemzetgazdasági fontossága.

A méhtenyésztés hazánk nevezetes jövedelmi forrása lehetne, ha oly buzgósággal üznők, mint pl. Nassauban, Szászországban stb., hol négyszögmértföldenként átlag 5—600 méhcsaládot tartanak, sőt Lünneburgban minden lélekre jut egy köpü; mig nálunk egy négyszögmértföldön átlag alig 150 kaptár található.

Ha tehát számitásba vesszük ama roppant kincs elkallódását, melyet a begyüjtés elmulasztásával veszni engedünk, nem sürgethetjük eléggé a méhészeti eszmék fölkarolását, mely nemcsak egyesek és egyesületek, hanem az államkormány föladata, kötelessége is. El-elmerengve szemléljük néha a száz meg száz holdas, teljes virágzásban diszlő repcevetéseket, ugyszintén a millió és millió virágfürttel ékeskedő akácfákat, melyeknek ki nem aknázható gazdag nektárforrásait csak imitt-amott látogatja néhány méhecske, hogy az édes nedvek csekély hányadát haza hordhassák, mig a nagyobb rész oda vesz, a tövön szárad. Nem-e vastag közöny kell ahoz, hogy e nagy kincset pusztulni engedjük!? Pedig vajmi könnyen értékesithetnők azt, mert pl. csupán a német birodalomba évenként mintegy 5 millió márka értékü idegen méz vitetik be, melynek csak nagyon csekély része magyar termék.

Határozottan ki merem mondani, hogy: ha többen és többet foglalkoznánk a méhészettel, koránt sem volna annyi szegény ember az országban; igy pl. a sok iparos, zsellér, földmüves, mind hivatva volna méheket tartani. Különösen pedig a nagyobb birtokos osztálynak, papoknak és tanitóknak kellene jó példával utat törni. Sajnálattal tapasztaljuk, hogy mig ezek előtt a papok és tanitók közül kerültek ki a legjelesebb méhészek, az új nemzedék nagyon is közönyös kezd e téren lenni.

Nem csupán a mézelés által válik hasznunkra a méh, hanem egyéb tekintetben is. Nevezetesen: virágról virágra röppenvén, a testük szőrözetéhez tapadt himport egyik virágkehelyből a másikba viszik át és ez uton a növények megtermékenyülését segitik elő, s Darwin szerint tetemes hasznára vannak az emberiségnek.

III.

A méhészkedés gyönyörei.

Alig van foglalkozás az életben, mely annyi örömet okozna, gyönyört, érdekes változatosságot nyujtana, mint épen a méhészkedés. Már maga a rajzás oly látvány, melyet a lelkes méhész sok kellemes élvezetért el nem cserélne. Hát még, mikor kedvező időjárásban népei szépen fejlődnek, fürtben csüngnek, hogy palotájukat csakhamar kiépithessék s annak szüzsejtjeit aranysárga, vagy hófehér mézzel megtölthessék. Ennek látása elragadja, boldoggá teszi a méhészt.

Ám a méhészkedésben is jelentkeznek sulyos, aggodalmas idők, főleg amikor a természet mostoha szeszélyei akadályokat görditnek elénk; de annál elégedettebbek vagyunk, ha az okszerüség elveit követve, a bajokon szerencsésen tulesünk és méheinket a fenyegető veszedelem ellenére megmenthetvén, ezek új életnek örvendenek s annál fokozottabb szorgalommal igyekeznek a veszteséget pótolni.

Nem kicsinylendő élvezet az is, amikor a méhesen barátságos csevegéssel méhészeti élményeinket, sikereinket, eszméinket közöljük egymással; az érdeklődőket a méhészet hasznáról meggyőzve, az ügynek megnyerjük. És mennyi örömet, vigasztalódást, enyhületet, szórakozást lelünk egész nyáron át a méhek gondüző, édes-kellemes körében, hol az élet keserüségei, aggodalmai, a lélek komorsága mindig megszünnek. Csak aki ezt már megizlelte, ad is igazat azon állitásnak, hogy amikor az élet küzdelmei közepette lelkünk kimerül s minden iránt csaknem fásult közönyt mutat, a méhészet még mindig fölvillanyozza, mosolyra deriti, ujra ébreszti, szóval minden bajt, bút feledtet vele.

IV.

A méhészetnek a müvelt körökben való terjedése.

A régi közmondás, mely szerint „aki nem tanul, duplán fizet", a méhészetre is alkalmazható. Sokan azon véleményben vannak, hogy a méhészkedés sikeréhez elég, ha néhány kaptárt beszerezve, azokba rajokat helyeznek, azon reményben ringatózván, hogy most már ugy a törzsek szaporodása, mint a sok szép méz szüretelése elmaradhatatlanok. Az ilyenek rendesen megcsalatkoznak, a méhészkedéssel — mielőtt még okszerüen hozzáfogtak volna — fölhagyva, annak ártalmára lesznek, mindenütt károsnak, jövedelmet nem adónak jelezvén azt. Ámde elhallgatják panaszaik okának azon tényét, hogy tudatlanságuk miatt nem juthattak eredményre.

Mint minden más állat tenyésztésénél, ugy a méhészet terén is, ismernünk kell a sikert biztositó alapelveket, eljárási módokat. Mindezeket tanulmányoznunk kell, mert különösen az ujabb kor méhészeti elmélete egész szaktudománynyá fejlődött, mely komoly figyelmet, alapos meggondolást érdemel. A méhészeti irodalom terén oly számos jeles művünk van már, hogy az az állattenyésztés egyes irányait tárgyaló minden más irodalmi termékeket fölül múl. Hivatkozom azon érdekeltségre is, melylyel ezen kis rovar iránt a méhészeti haladás jelen korszakában, t. i. az utolsó 30 év óta viseltetünk, ami ama elvet támogatja, hogy a tudomány — mint mindenben — ugy a méhészetben is, az egyedüli biztos alap, melyre az eredmény sikerét rakhatjuk.

Mindazok, akik gazdasági, vagy egyéb oly szakintézetet végeznek, mely a méhtenyésztést is fölkarolja, el ne mulasszák az

apisticai ismeretek elsajátitását, mert a jeles tanárok, s minta-
szerüen berendezett méhesek mellett könnyen válhatnak ügyes
méhészekké. A méhészetet ma már a müegyetemeken is előadják;
ezzel is fényesen bizonyitván e kis állatka fontosságát.

Az iskolán kivül csakis a magánuton való tanulás, megfigyelés,
tapasztalat, észlelés, eszmecsere adhat módot és eszközt önmagunkat
ügyes méhészekké képezni. Számtalan — kivált magyar és német
nyelven megjelent — szakmunka áll e célból rendelkezésünkre.
Azonkivül megvan a kedvező alkalom arra is, hogy a hazánk min-
den részében föltalálható jeles méhészekkel személyesen, vagy
levelezés utján érintkezvén, ismereteinket, tapasztalatainkat gyara-
pitsuk, bővitsük. Főleg pedig csatlakozzunk a méhészeti egye-
sületekhez, melyeknek nemes célja tettel, szóval és betüvel
terjeszteni, tökéletesbiteni a méhészetet. Ilyen uttörő volt hazánk
első ily irányu egyesülete, a „Délmagyarországi méhészegylet",
felejthetetlen emlékü Grand Miklós, buziási főtanitó, később méhé-
szeti vándortanitó, végre országos méhészeti felügyelő szép alko-
tása. Hasonló dicséretes müködést fejtenek ki az „Országos magyar
méhészeti egyesület" két szakfolyóiratával: a „Magyar Méh"- és
„Ungarische Biene"-vel és az „Erdélyrészi méhészegylet" „Méhé-
szeti Közlöny"-ével.

Ide tömörüljünk, hogy egymást támogatva okuljunk és oktas-
sunk, a méhészet ügyét fejlesszük és fölvirágoztassuk, lássunk és
halljunk; mert bármily tájékozottak legyünk is e téren, a tapasz-
talatok világában sok oly tényre, körülményre bukkanunk, melyek
előttünk ismeretlenek.

V.

A méhészet terjesztése a nép között.

Tapasztalásból mondhatjuk, hogy a méhészetnek a nép körében
való terjesztése körül mindeddig vajmi csekély buzgóság lett ki-
fejtve. A gazdasági jelentőségénél fogva kellő méltánylásra és
elterjedésre érdemes eme foglalkozás a nép között épen ezért
nem is emelkedhetett azon fokra, melyet pedig országos érdekből
megkövetelni lehetne.

Számtalan esetben, mondhatni: állandóan megszólal majd itt,
majd amott az országban a lelkes egyének buzgósága, mind-
annyian rámutatva e jövedelmes és hasznos kútforrásra, mely
sok nyomornak és szegénységnek vehetné elejét: ámde helyes
eljárás, sikert biztosító, céltudatos intézkedés hiányában, óhajtott
eredményre nem vergődhetünk.

A méhészet terjesztése körül hangoztatott ige csak ugy ölt-
hetne testet, ha az ifjuság már az elemi iskolában nyerne e téren

oktatást. Ennek a célját szolgálja a közoktatásügyi kormány ujabb keletü azon üdvös intézkedése, hogy a tanitóképző intézetek mellé mindenütt mintaméheseket állitott s a leendő néptanitók a méhtenyésztésben ugy elméletileg, mint gyakorlatilag, rendszeres kiképeztetésben részesülnek. Természetes, hogy mig a kezdet nehézségei le lesznek győzve, időbe kerül.

A méhészet terjesztését szolgáló intézkedése a kormánynak a méhészeti vándortanitók alkalmazása, melylyel az ügy érdekében sokat lenditett. A nép egyes érdemesebb fiainak mozgó szerkezetü kaptárokkal való ingyenes segitése szintén sok hasznára válnék a méhészet terjedésének, átalánositásának.

VI.

A méhek beszerzése.

Aki méhest szándékozik létesitni, minden esetre először is tárczájával számol és ha az ebeli főfeltétellel tisztában van, nézhet a méhek beszerzése után. Minden kezdőnek azt tanácslom, hogy kasokat vásároljon, minthogy ugyis csak szaporitni, méheinek állományát bizonyos számig emelni szándékozik; s kasok utján okvetetlenül hamarabb fogja ezt elérni, mint a Dzierzon-féle kaptárokkal, vagy keretes rendszerrel, mely a rajzásra koránt sem oly előnyös, mint amaz. A Dzierzon-féle kaptárok megválasztásánál egyébiránt még más körülmény is szerepel, t. i. a sokféle rendszer, méret, alak, beosztás, stb., melyeknek előnyei, vagy hátrányai felől csak a velük való méhészkedés mondhatván itéletet, a tapasztalatlan kezdő néha oly kaptárokat vásárol, melyeknek a nagyhangu dicséretek dacára, valódi értékük nincs. Kár tehát az ilyen, legtöbbször csak tüzre való kaptárokért pénzt kidobni. Ismételt jóakaró figyelmeztetéssel hangoztatom, hogy a méhészetet legajánlatosabb néhány kassal kezdeni.

A kasokat legjobb őszszel vásárolni, amikor a földmüvesek között még most is divó kárhozatos lekénezés történik. Ilyenkor olcsóbbak a méhcsaládok, mint tavaszszal, amikor mindenkinek csak annyi népe van, amennyit a továbbtenyésztés céljából magának megtartott, melyekért aztán jóval nagyobb árakat is követel. Az őszi vásárlás más előnye még, hogy a méheket ugyanazon községben szerezhetjük be, tél kezdetén azonnal a tett helyre vihetjük, hol áttelelvén, első kiröpülésüket is már az új otthonon tevén meg, régi helyüket, röpülési irányukat elfeledték, oda többé vissza nem szállnak, hanem minden akadály nélkül munkájuk után látnak.

A kasokat suly szerint ajánlom vásárolni. Különösen azon utórajok legalkalmasabbak, melyek a kast legalább félig kiépitették.

3*

Ha ilyenek nem volnának eladók, kirajzott anyatörzseket vegyünk, de csak azon esetre, ha ezek a rajzás után vissza lettek metszve, s az őszi hordás alatt valamit épitettek és eléggé népesek. Csak a legutolsó esetben vásároljunk előrajokat, mert ezeknek rendesen régi anyjuk van, melyek tavaszszal könnyen elpusztulnak s a nép szaporodása elmarad.

A rajok tavaszi vásárlása, amikor jelentkeznek, szintén célszerü. De nálunk, a méhek túlcsigázott árainál fogva, majdnem lehetetlen ez. Népünk, az ő vérmes reményeiben ugy a gazdaság egyéb terén, mint a méhészetnél is, mindig a legjobb kilátásokra számitva, a rajokért már tavaszszal, a befogás alkalmával annyit követel, amennyit neki őszszel, a kiépitett kas a legjobb esetben adni szokott.

Bármily család vásároltassék, tekintetbe veendő az anya kora, a népesség ereje és a viaszépitmény állapota. A régi, fekete viasz 3—4-szerte nehezebb a fehér lépnél; a sulybeli különbözet pénzben is sokat tesz ki, amellett a régi lép kevésbé is értékes az ujnál. Mázsálás szerint vásárolván a méheket, a kas, mely rendesen 3—5 kgr., a brutto sulyból levonandó, ellenben az élőméhek — többnyire 1 kgr. — a netto sulyhoz számitandók.

Az anyátlan népet föl lehet ismerni; a méhek nem csoportosan, tömörülve nyüzsögnek a léputcákban, hanem szerte kotorásznak a kasban, különösen annak oldalain; csüggedtek, bátortalanok, jámborabbak, mint a rendben levő családok; a dolgozófiasitás szünetel, mert nincs királyné, amely petézne.

A hereköltő nép közönségesen gyöngébb, megfogyatkozott és a pupos fiasitásról, mely a sejtekben elszórva mutatkozik, könnyen fölismerhető.

VII.

A méhek elhelyezése.

Már az ókorban is tudták, hogy a méhek, illetőleg a kaptárok helyének a kiszemelése figyelemmel eszközlendő, Virgil igy szólván a „Georgikában:"

„Principio sedes apibus statioque petenda" — azaz, magyarba átvitt értelemben: Első föltétel a méheknek állóhelyet keresni.

A méhes fölállitására nézve, különösen a hazánk déli megyéiben méhészkedőket figyelmeztetem arra, hogy méheink számára oly helyet jelöljenek ki, ahol legalább a déli óráktól kezdve árnyékban legyenek a kaptárok, hogy a méhek a nap hevétől, sugaraitól védve legyenek. Összehasonlitó kisérleteim bizonyitják, hogy az árnyékban álló kaptárok mindig jobban gyarapodtak, mint amelyek a nap melegének ki voltak téve. Nagyon természetes is ez, mivel a nagy forróság olyannyira elzsibbasztja a méheket, hogy még a fiatalok is kénytelenek a költést otthagyni, hogy a kaptáron kivül friss levegőt élvezhessenek. Olaszországban is ugyanezt tapasztalják a méhészek. A nagy meleg a lépekre sincs jó hatással; mert legyen az akár ujonan kiépitett sejt, vagy sejtközfal, a rajta csüngő méhek alatt sokszor leszakad, vagy megnyulik s a kitágult cellák herefiasitásra lesznek alkalmasok.

Ha árnyékos helyünk nem volna, ültessünk a méhes körül fákat, különösen akácot és bálványfát (ailanthus), melyek 3—4 év mulva már szép árnyékot adnak. A fák a méhestől — szabadon álló kaptároktól, vagy pavillontól — 4—5 méternyire ültetendők. Távolabb ültetni szükségtelen, mivel — amint tudjuk — az erdőben, bármily sűrűn álljanak a fák, teendőikben nincsenek a méhek akadályozva. Ajánlatos egyszersmind a fákat bokrokkal körülvenni. Átalában iparkodjék a méhész, ha bármily csékély kertje volna is, gyorsan fejlődő fákkal és cserjékkel beültetni azt. Eltekintve attól, hogy a külső csínnak és kellemnek, tehát a jóizlésnek tesz ezzel eleget, egyuttal és főleg méheinek előnyét is szolgálja.

A szél és léghuzam ellen szintén védve legyenek a kaptárok; olyan helyet keressünk tehát a kertben, ahol ezek ártalmának a méhek kitéve nem lesznek. Kivált az éjszaki és nyugoti szelek káros hatásuak a méhekre. A kaptárok egyébként ugy állithatók föl, hogy a röpülési irány bármely égtáj felé lehet; csak az éjszaki és nyugoti oldalon alkalmazzunk deszkafalazatból, vagy bokrokból való ellenzőt, hogy Eolus garázdálkodásainak gát vettessék. Vannak vidékek, ahol a légáramlatok erősebbek és Dathe eysthrupi méheséhez hasonlólag, a méhes teljes bekeritése kivánatos. Minthogy a sok és majdnem állandó szél a méhészetnek nagy kárára van, az ily vidékeken nem eléggé ajánlatos a méhes teljes bekeritése, melylyel a nagy veszteségeknek lesz eleje véve.

Figyelembe veendő végre, hogy a méhes nagyobb folyó, füstölgő műhelyek, vagy gyárak közvetetlen közelében ne állittassék föl és sem ember, sem állat által — főleg télen át, amikor a méheknek föltétlenül csendes nyugalom szükséges — háborgatva ne legyen.

HARMADIK SZAKASZ.

MÉHLAKOKRÓL.

VIII.

Méhlakok (kasok, kaptárok).

méhtenyésztést szolgáló minden fölszerelés, eszköz és berendezés között a legnagyobb elterjedést és változatosságot a méhek lakásán tapasztalhatunk. Új és újabb alakban, különféle nevek alatt, mint gomba a nyirkos földből, ugy keletkeznek, szaporodnak ezek — valljuk meg: a méhészetnek nem nagy hasznára. Mert már-már ott vagyunk, hogy az erdőt alig látjuk a sok fától s a méhészek — a szakavatottakat sem véve ki — tétováznak, habozva kisérleteznek, minden felé kapkodnak, hogy valahára a saját szájuk ize szerint legmegfelelőbb szerkezetet eltalálják, mely őket a legbiztosabb eredményre vezethetné.

A kaptár, mint a méhészet legfontosabb tényezője, különös figyelmet érdemel, több évi tanulmányozást igényel. Megitélésében tehát csakis a hosszas gyakorlatból meritett észlelések, tapasztalások dönthetnek.

Minthogy Európában kevés valamire való ingó és ingatlan kaptárszerkezet létezik, melyet méhesemen ki ne próbáltam volna, elég időt és jóakaratot szentelvén saját érdekemben is az ügynek: följogositva érzem magamat, a nyilvánosság előtt biztos adatokkal mutatni azon irány felé, mely a költségmegtakaritás figyelembevételével is megfelel a jövedelmezőségnek. A tájékozás szempontjából leirom itt a müvelt méhészvilág legkitünöbb kaptárait, fősulyt természetesen azokra fektetve, melyek hazánk méhészetére lenditö hatásuak voltak.

Az anyag, amiből a méhlakások készülnek, fa, szalma, agyag, tőzeg, parafa, stb. Ezek között kétségtelenül a fa és szalma a legalkalmasabbak, mert mint rossz hővezetők, ugy a hideg, mint a nagy forróság ellen egyaránt megvédik a méheket. A fa a szétszedhető szerkezethez nélkülözhetetlen, mert csak ebből állitható elő a kaptár egyenszög alakja, pontos méretei, simasága és csak ezzel lehet az egyöntetüséget elérni, miáltal az összetett, vagy többes kaptárok, pavillonok egybeállithatók. Kaptárkészitésre legalkalmasabbak a fenyő-, hárs- és topolyafa, minthogy puhák, lazák és a munkát megkönnyitik, másrészt jó melegtartók is. A fát ritkán használják magában, mert a kaptárok drágák lennének s a hideg és meleg ellen nem is volnának oly alkalmasok; miértis mellette pótlóanyagként a szalma, széna, sarju, fürészpor, polyva, törek, stb. szerepel. A vékony deszkából készült kaptárokra a szalmát mint külső takarót alkalmazzák (némelyek sást és gyékényt is használnak e célra); vagy pedig szintén vékony deszkából csinált, de kettős falazatu kaptárok kibélelésére (a két deszkafal között levő ür kitömésére) használják a szalmát, avagy szénát, sarjut, polyvát, fürészport, stb.

A szalma — épugy a sás, gyékény — a vesszőből font kasok külső burkolatául is szolgál; de csupán szalmából is fonnak méhkasokat, melyek kitünőek, mivelhogy nem száradnak össze, nem repedeznek s nem is dagadnak meg ugy, mint a fa és a méheket az idő viszontagságai ellen nagyon jól védik.

Az agyagból való méhlakások szintén használatban vannak. De eltekintve attól, hogy előállitásuk — ha nem is az anyag, hanem a munka miatt — époly költséges, mintha fából készültek volna: az ily otthonban soha sem fognak a méhek oly jól gyarapodni, mint a fából s szalmából való kaptárokban, mert esőzések idején és télen a levegő nyirkos, penészes, pinceszerüen dohos lesz benne, ami bizony ártalmas a méhekre. További hátránya még, hogy a vándorlásra alkalmatlan és végre el sem adható. Elég ok hozható föl tehát amellett, hogy készitésük, használatuk nem ajánlatos.

Ilyen kaptárok Délmagyarország több méhészénél láthatók; pl. Jäger Mátyás, dettai vasárusnak is van egy 44 családra épitett pavillonja, mely azonban — miután célszerütlennek bizonyult — üresen áll. Épen itt nyilt alkalmam ezen rendszert több éven át tanulmányozni; s meggyőződtem arról, hogy kár érte egy fillért is kockáztatni.

A tőzegből készült kaptárok megfelelők. Ilyeneket a bécsi világkiállitáson 1873-ban láttam először, Jonghe, dán méhész mutatta be azokat. Később Altona vidékén, egy Kerbesen nevü földmüves méhesén győződtem meg ezek célszerü voltáról. Az oly vidéken, ahol a vándorlás nem divó, a fa drága, tőzeg pedig található: elvitázhatatlanul jó szolgálatot tesznek ezek a kaptárok. Nálunk azonban nem merül föl ezeknek a szüksége, mivel a fa olcsó, tőzegünk pedig most már alig van.

A parafa-kaptárok szintén igen alkalmasak; de mivel sokba kerülnek, elterjedésükre nincs kilátás.

A kaptár terjedelme a mézelés viszonyaitól függ. Minél gazdagabb a méhlegelő, annál több tért kivánnak meg a méhek; mert a természet bőségével lépést tartva fejlődik a fiasitás, lépépités és a mézkészletek fölszaporodása. Oly vidékeken tehát, hol a virány kora tavasztól késő őszig gazdagon diszlik, nagyobb kaptárokra van szükség. De ott is, ahol a tavaszi méhlegelő dus hordást ad s junius hó végével megszünik, szintén csak a nagyobb terjedelmü kaptárokkal s erőssé növelt családokkal lehet haszonra méhészkedni. Már azért is megfelelőbb ily helyeken is a bővebb kaptár, mert tavaszszal szokta termékenységét az anya leginkább kifejteni s ennélfogva a sejteket jórészt bepetézni; ha tehát a kaptár nem volna elég nagy, a méznek nem jutna hely, ami ugy a méhekre, mint gazdájukra nézve, egyaránt káros lenne.

Ahol csak nyári és őszi hordás van, kisebbek lehetnek a kaptárok, viszont azért is, nehogy a tulságos fiasitás a begyülemlő mézkészleteket egészen föleméssze.

A vándorlásra használt kaptárok szintén tágosak lehetnek; mert a minél több méz beszerzésére okvetetlenül legsikeresebb vándorlási rendszer mellett csak bő méretü kaptárokkal érünk célt.

Tény, hogy a kisebb kaptárokban levő családok átalában hajlandóbbak a rajzásra, mert hiszen épen azért szakad el az anyatörzstől a raj, mivel a népnek szűk már a hely. A mézelésre elvitázhatatlanul előnyösebbek tehát a nagy kaptárok, mint a kisebb méretüek.

Minthogy észszerüen és jövedelmet hozólag csak ugy méhészkedhetünk, ha a keretes rendszerü kaptárt mézelésre, a kast pedig rajzásra használjuk: ennélfogva ajánlatos az előbbit jó bőre s az utóbbit kisebbre készitni. A nagyon szűk kasok sem czélszerüek azonban, mert többnyire apró rajokat eresztenek, ami bizony nem kedves a méhész előtt.

A mi viszonyainkhoz mért belső ür a kasoknál 35—40 ezer köbcentiméter között váltakozhat. Legkönnyebb módja az ürtartalom kiszámitásának, ha a kast gabonafélével liter számra megtöltjük; ahány liter, annyi köbdeciméter, vagyis annyiszor ezer köbcentiméter a kas tartalma.

A kaptár belső terjedelme 56—60 ezer köbcentiméter ürt képezhet. A kiszámitás nagyon egyszerű: a kaptár magassága a mélységgel és az ebből nyert eredmény a szélességével megsorzandó. Például: valamely kaptár belső világa 64 cm. magas, 35 cm. mély és 25 cm. széles, ennek az ürköbtartalma: '64×35×25 = 56000 köbcentiméter.

Ugy a kasok, mint a kaptárok alakja — mint már emlitém — változatos.

A kasok többnyire ingatlan rendszerüek; de vannak olyanok is, melyek keretekkel, fölül levehető csucscsal, alul hozzájuk toldható koszorukkal vannak ellátva; végre átmeneti kasokkal is találkozunk, melyeknek tetején levehető ládákat alkalmaznak s az ezekben függő keretekben kapjuk a lépesmézet.

A kaptárok alakja még változatosabb. Az eredeti, fából készült méhlakás a cölönk-köpü volt. A Christ-féle rendszer csak 1770-ben keletkezett, mely egymásra rakható s egymásba nyiló apró ládikákból állott. Ezt követte a Huber-féle keretbódé, az egymás mellé helyezett keretekkel, nagyon hasonlitva a jelenlegi fekvő kaptárhoz. Csak 1845-ben tünt föl, mint ragyogó csillag, Dzierzon, a kaptár belsejének szétszedhető rendszerével, hogy ezzel a müvelt világot rövid idő alatt meghóditsa és elméleteinek egész sorozatát meggyökereztesse.

A kutatásokban megállapodni, megnyugodni nem tudó emberi elme törekvéseinek, de egyszersmind az emberi hiuságnak a következményeként Dzierzon után szakadatlan sorozatban keletkeztek az új találmányu kaptárok, föltalálóik neveire keresztelve. Sok célszerü, de annál több hasznavehetetlen van ezek között. Dzierzont követőleg báró Berlepsch volt az, ki a világ elismerését első sorban kiérdemelte; ő tökéletesitette Dzierzon léceit keretekké, megállapitotta a kaptár belső rendszerét s beosztását és a pavillonrendszert is fölfedezte.

A sok jóhirü, kitünő méhész közül kiemelendő még Dathe, ki kaptáraival, kereteivel és különösen irányelveivel, mint méhészeti tekintély, magaslott ki kortársai fölött.

A kaptárok fekvő, álló és az ezek közötti átmenet rendszere szerintiek. Az állók, vagy emeletesek sokféle szerkezetüek. Vannak 2, 3, 4 emeletre, hideg, vagy meleg épitkezésre berendezve, a röpülőlyukkal lent, középen, fönt, vagy több röpülőlyukkal. A fekvő kaptárok között még több az eltérés; ezek nagyobb számban is szolgálják a méhészetet, mint az állók. A fekvő kaptárok hátul, fölül, oldalt, vagy alul nyithatók ki; szintén meleg, vagy hideg épitkezésre vannak berendezve. A vándorlásra sokkal célszerübbek, mint az álló kaptárok; miértis hazánk viszonyaira való tekintettel, nálunk elsőbbséget érdemelnek.

A kaptár szétszedhető szerkezetének köszönhetjük, hogy a méhek titkaiba be lettünk avatva és hogy egyszersmind belátásunk szerint rendelkezhetünk, intézkedhetünk a méhesen. *A főelőny mindenesetre abban nyilvánul, hogy a méhek kegyetlen legyilkolása, melylyel tőkénket is tönkre tennők, fölöslegessé válik.*

Mindazonáltal tagadhatatlan, hogy az ingó rendszer a gyakorlatlanok kezében kétélü fegyver; s ha bánni nem tudunk vele, méheinket épugy, mint önmagunkat megkárosithatjuk. „Tanuljunk tehát elméletet, különben gyakorlati kontárok maradunk." (Berlepsch.)

A kaptárok fölállitása különféle módon szokott történni. Tekintetbe veendő a méhész vagyoni helyzete, valamint az elfogadott méhészkedési elvek iránya; melyeket egybevetve, kiki a saját izlését fogja követni.

A szalmából készült méhlakások, nem különben az egyes kaptárok számára tanácsos méhest épitni, mert ezek a szabadban hamar elkorhadnának s ennek folytán a méhek is szenvednének. A fából készült kaptárokat a szabadban is föl lehet állitni; csoportokban, egymás fölé helyezve, közös tető alatt is nagyon jól meg vannak és a költséges épitkezést fölöslegessé teszik. Minthogy a méhészet egyik alapelve és főcélja: csekély befektetési tőkével minél szebb eredményt érni el, ennélfogva a kaptárok ily módu fölállitása nagyon ajánlatos.

Ez azonban nem zárja ki annak a helyeslését, hogy aki teheti, fényüzést is gyakorolhat méhesével; ami a gazdagot meg nem terheli, a méhészet iránt pedig vonzalomra indit másokat is. Tapasztalatból tudjuk, hogy a szép pavillon mindenkinek szemébe ötlik, s közelről-távolról jönnek oda a látogatók, hogy tapasztalataikat gazdagitsák és ismereteiket bővitsék, szóval: a helyszinén tanuljanak. Épen ezért örömmel üdvözöljük a módosabb méhészek abeli törekvését, hogy csinos pavillonokat emelnek méheik számára, áldozatok árán is hóditásokat tevén e téren.

IX.

Ingatlan rendszerü kasok.

Azon méhlakások tartoznak e rendszerhez, melyekben a lépek a kas oldalaihoz vannak épitve. Tény, hogy az ezekkel való méhészkedés a legolcsóbb és legkényelmesebb, mivel a méhésznek sem a tőkéjét, sem pedig idejét nem igen veszi igénybe. De minthogy a méhészkedés ezen irányu követésével a méhek életére, munkálkodására vajmi kevés befolyást gyakorolhatunk s méheink többnyire a természet szeszélyeinek vannak kitéve: ennélfogva ne csupán ilyen kasokkal méhészkedjünk, hanem kapcsoljuk össze azokat a keretes rendszerrel. *Elvetendő, helytelen véleménynek tartom azok álláspontját, akik a kasokat a Dzierzon-féle kaptárokért teljesen föláldozzák; ellenkezőleg, azon meggyőződést vallom, hogy e két rendszer egyesitve, hozhatja meg a valódi hasznot*, mely abból áll, hogy a rajokat a kasokból, a mézet pedig a kaptárokból igyekezzünk nyerni. Már csak azért is nagy fontosságunak tartom e módot, mert a Dzierzon-féle kaptárokkal — mellőzve az állandóan gyöngitő gyarmatok készitését, t. i. a rajoztatást — a főcélra, a mézelésre fektethetünk sulyt.

Az ingatlan rendszerü méhlakások alakjai a következők:

1. *A cölönk-kaptár* (18. ábra), a legrégibb méhlakás, mely fekvő és különösen álló formában Orosz- és Lengyelországban van

18. ábra.

elterjedve. Az ajtó a röpülőlyukkal ellenkező oldalon van alkalmazva, ami lehetővé teszi a betekintést. Ügyetlen és nehézkes alakja miatt azonban nem ajánlatos. Nagy mesterünk, dr. Dzierzon, most sem vált meg tőle és mint 60 év előtt, épugy méhészkedik most is vele, kiemelvén a benne való jó kitelelést, melyet vastag falazata biztosit.

2. *A délmagyarországi, vagy kúpos kas* (19. ábra). Ezen sok oldalról elitélt méhlakás a cukorsüveghez hasonlit; belső ürtartalma 36—40 ezer köbcentiméter. Váza erős füzfavesszőből van kötve, vagy tölgyfából hasitott lécekből áll, melyeket szintén füzvesszővel fonnak össze. Ha elkészült, szarvasmarha-ürülék, agyag és hamu keverékéből készült sárral vékonyan megtapasztják; megszáradás után pedig zsúp-, sás-, vagy gyékényburkolatot alkalmaznak rá, melyet szőllővessző-karikákkal szoktak a kashoz szoritni. Az ilyen kas Délmagyarországon, Erdélyben, Török- és Görögországban, valamint Szerbiában nagyon el van terjedve. A Balkánon elterülő országokban, hol szőllővesszőből fonják, az egyedüli méhlakás.

Előnyei a következők: 1. Nagyon olcsó. 2. Födött méhest épitni számára fölösleges, mert a szabadban is bárhol fölállitható, szalmaköpenyével a méheket eső, hó, hideg és meleg ellen megvédi. 3. Csucsos alakja miatt jó melegtartó, a méhek jól telelnek benne s miután fölülről keskenyen kezdődve, arányosan öblösödik, a fiasitás fokozatos fejlődésére nagyon alkalmas. 4. Épen ennélfogva, mint rajzó kas, kitünő szolgálatot tesz, s nem ritkaság, ha egy nyáron 4—5 rajt ereszt. 5. Csucsos alakjánál' fogva a legkisebb rajocska is képes benne kitelelni, ami sok tekintetben — kivált nagy méhesen — igen előnyös, mivel a bennük telelt családocskák anyái, mint tartalék-királynék, használhatók föl. 6. A vándorlásra is jól megfelel, mert könnyen továszállitható.

Mézelésre már kevésbé ajánlatos; mert, mint minden rajzó kaptárnak, ugy ennek a mézkészleteit is, nagyobb részt a fiasitás emészti föl és csak kiválóan jó évben ad fölösleget, nevezetesen, ha az őszi hordás gazdag. De miután ez nem minden esztendőben sikerül, bőven szaporit ugyan, mézet azonban nem igen ad; a telelésre szükséges kellő mézkészletet — épen a nagyarányu szaporodás, rajzás következtén — népe olykor be sem gyüjthetvén, az áttelelésre emiatt ilyenkor bizonytalan sikerü. Végre: mézfölöslegének elszedése nagy bajjal, vagy csak a méhek kipusztitásával eszközölhető.

Mint a méhállomány föntartója, mindenesetre megbecsülhetetlen a kúpos kas;

19. ábra.

mellőzését e tekintetből semmikép sem ajánlanám.

3. *A lünneburgi kas* (20. ábra). $3^1{}_2$ cm. vastag szalmafonadékból készül, melyet spanyol nádvesszővel varrnak össze. Ürtartalma 28—30 ezer köbcentiméter közt váltakozik, melyet azonban alulról hozzá toldott koszorukkal a szükséghez képest bővitni szoktak. A röpülőlyuk a kas kupolájához közel van, aminek a lünneburgiak azt a nagy fontosságot tulajdonitják, hogy a nálik 5—6 hónapig tartó télen át méheik igen jól érzik magukat e kasban, mivel a benne képződő gőzök és párák a magasan alkalmazott röpülőlyukon eltávolodhatnak, melyek különben a kas falazatára, vagy a lépekre ülepedve, mint fölösleges lecsapódások, a méhek ártalmára lennének. Egy másik előnye a kasnak — a lünneburgiak szerint — hogy a rajzást, mely az ő méhészkedési

rendszerük alapja, nagyban elősegiti; végre alakjánál fogva a vándorlásra igen alkalmas. Magam is évekig méhészkedvén ilyen kasokkal, ki kell jelentenem, hogy várakozásaimat nem elégitették ki. Hiányai közül a viszonyainknak meg nem felelő ürtartalom csekélységét emelem csak ki, mely még akkor is, ha alját koszorukkal toldjuk meg, ki nem elégitő; minélfogva a rajok sem minőség, sem mennyiség tekintetében nem versenyezhetnek a mi hazai kasunk szaporitásával. A mézelésben sem tünt ki valami dicsérendőnek. A vándorlásban is — habár az utak egyenetlenségeiből keletkező rázkódtatást tagadhatatlanul jól megbirja — többet vártam e kas után. Emellett minden kas számára külön tetőről és aljdeszkáról kell gondoskodni, vagy tetővel ellátott közös méhest állitni, ami 6—7 kasnál megjárja ugyan, de nagyobb állománynyal sok költséget okoz. Habár télen át igen jól érzik magukat az ilyen kasban a méhek, fölhozott hátrányai és drága volta miatt (1 frt 70 kr.) nem ajánlhatom.

20. ábra.

4. *A kettős*, vagy *hordó-kas*, melyet Németország éjszaki részein a terjesztője után *Kanitz-féle kas*-nak is neveznek (21. ábra), a német birodalom több tartományában, különösen Bajorország

21. ábra.

Franken és Gauboden vidékein, de Nassauban is található. Ezen kas célszerüsége elvitázhatatlan, mert az ingó rendszert közeliti meg azzal, hogy a királyné rácsok, vagy dróthálózat által a fölső résztől elzárható lévén, mihelyt az megtelt, levehető, méztartalma kiszedhető, anélkül, hogy a méheket kipusztitnók. Árnyoldala is van azonban a dolognak, mely miatt a kas nem örvendhet az elterjedtségnek. Nevezetesen: silányabb években a fölső rész csak felében-harmadában épül ki, természetesen herelépekkel; s ha volna is elegendő téli mézkészletük a méheknek, tavaszkor herelépeken ülnek, ami bizonyára káros következményü lesz. A jobb években pedig, levéve a mézzel telt kalapot, soha sem tudható elég biztossággal, ha vajon az alsó részben marad-e kellő téli eleség a családnak, mert annak régi épitménye és a himporkészlet sulya iránt még a szakavatottabb méhész sem lehet annyira tájékozott, hogy abból a mézmennyiségre következtethessen. Tapasztalatlan kezekben egyátalán sokkal veszedelmesebb e kas, mint a keretes kaptár, minthogy a nevezett kasban a méhész mintegy „gondolom"-ra kezeli méheit s ez nem mindenkor szolgál az ő javukra.

5. *A gyürüs kas* (22. ábra) az esetleg igen gazdagon mézelő vidékeken három, egymásfölé helyezett részből áll, melyek közül a fölső rész a legnagyobb, ürtartalma 20—25 ezer köbcentiméter; a két alsó rész, mint gyürük, toldhatók hozzá. Jól mézelő esztendőben őszszel a két alsó gyürüt sodronynyal a fölső résztől elvágják és méztartalmát elhasználják; mig a fölső nagyobb rész a méheknek marad. Miután 1874-től 1877-ig ezekkel is tettem nagyobb kisérletet, ami sikerre is vezetett, a rendszer pártolását kijelenthetem. Ám azt is kötelességemnek tartom kinyilatkoztatni, hogy e kasok után nem kapunk annyi mézet, mint a 4-ik szám alattiból; de viszont méheink létét sem kockáztatjuk annyira, s ez igen nagy előny, főleg azon még mindig uralkodó felületességgel szemben, melylyel a méhek téli táplálékszükséglete iránt nálunk igen sokan közömbösek. A most

22. ábra.

leirt kas a bádeni főhercegségben és a Rajna vidéken meglehetősen el van terjedve.

6. *A henger- és négyszögletes kas.* Ebből négyféle van használatban; még pedig: fekvő alakban kettő, u. m. egymáshoz toldható gyürükből alkotott (23. ábra) és el nem osztható, mint a 24. ábra szerinti négyszögletes alaku, egy tömegből való; továbbá: álló rendszerü szintén kettő, ugyanazon kivitelben, t. i. szétválasztható és szét nem választható. Ezek bő terjedelmüek: 50—55 ezer köbcentiméter ürtartalmuak; minélfogva két-három évig is tart néha, mire a méhek kiépitik. Amig ez tart, a szét nem választható kasokban a kiépitett részt az üres tértől a kasokba illő ajtócskákkal zárják el. Azt állitják, hogy a mézelésre kiválóan alkalmasak ezek a kasok, mert nagy terjedelmüknél fogva inkább

azt mozditják elő, mint a rajzást. 1864-ben, freiwaldaui (osztrák Szilézia) tartózkodásom idején én épen az ellenkezőt tapasztaltam. Az ott nagyon elterjedt ilyen alaku kasokban a méhek javában rajzottak, még pedig óriási rajokat bocsátván, melyek néha 6 font súlyuak is voltak. A gyűrűs rendszerüekből a termés a toldalékok elválasztása utján nyerhető, melyek, ha már mézzel telvék, szintén

23. ábra.

sodronynyal vághatók le. A szét nem választható kasból ellenben a méhek lekénezésével jutnak a mézhez. E kasok egyszersmind mozgatható szerkezetüekké is átváltoztathatók, ha t. i. pálcákat, léceket, vagy kereteket helyeznek beléjük. Kezelésük azonban mindenkor nehézkes marad.

24. ábra.

7. *A harangalaku kas* (25. ábra) különösen nálunk és Ausztriában van elterjedve. Kedvelt használatnak örvend. Hasonlit a lünneburgi kashoz, azon különbséggel, hogy 5—6 ezer köbcentiméterrel nagyobb s a röpülőlyuk alul van alkalmazva. Megfelelőbb lenne, ha a lünneburgi módjára fölül volna rajta a röpülőlyuk.

7. *A Göndöcs-féle kettős gyékénykaptár* (26. ábra); néhai Göndöcs Benedek, gyulai apátnak, a méhészet buzgó terjesztőjének az eszméje után készült. Mint már neve is jelzi, két részből áll, u. m. a süvegalaku felső részből, mely 10.000 és az alsó, 17.500 köbcentiméter ürtartalmu részből. Az alsó rész hengeralaku s a tulajdonképeni költőtér, melynek csonka tetejét lapos gyékényfonadék födi s ennek a közepére 8 cm. átmérőjü, kerek cinkrostély illeszkedik. A rostélyon a királyné át nem juthatván, a kúpszerű fölső

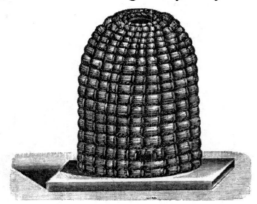

25. ábra.

részbe csupán mézet gyüjtenek a méhek. A Göndöcs-féle kettős gyékénykaptár szerkezete hasonlit a 4-ik szám alatt tárgyalt kettős, vagy hordó kashoz, csakhogy ez utóbbi amannál kisebb. Célszerübbnek vélném pedig, ha a Göndöcs-félét is viszonyainkra alkalmaznók, mivel tapasztalásból tudjuk, hogy minél kisebb a méhek lakása, rajzási hajlamuk annál nagyobb. A csúcs megmaradhatna a jelenlegi terjedelemben, mig az alsó rész 8—10 ezer köbcentiméterrel nagyobb ürtartalmu lehetne. E módon a méhész erősekké növelhetné a családokat, melyek jó évben többször is megtölthetnék a mézürt és minthogy ez nem tulságosan nagy, azt sem kockáztatná, hogy esetleges kedvezőtlen hordás következtén csak részben épülne az ki.

26. ábra.

X.

Átmeneti kaptárok.

Az átmeneti kaptárokkal sok méhész azon kitüzött célt véli elérhetni, hogy ezek utján a keretes rendszert a nép között meghonositja. Kezdetben ugyanis az átmeneti kast terjesztené, melynek alsó része egyszerü szalmakas s tetejére keretekkel ellátott szekrény jön, melyből a méz a méhész belátása szerint kivehető.

Részemről sohasem talált e rendszer valami különös pártolásra, mert époly költséges, mint a keretes kaptárral való méhészkedés és több tapintatosságot követel, mint az utóbbi. A kas alsó részét, a költőtért nem lehet szétszedni, a betekintés és rendezés teljesen ki van zárva. A méz begyülésének mértékét sem határozhatjuk meg biztosan; igen könnyen megeshetik tehát, hogy hirtelen kedvezőtlenné vált időjárás folytán, ha a szekrényben a megelőző jó hordásból van is méz, de a kitelelendő alsó rész, vagyis költőtér üresen marad. Oly eshetőség ez, mely nem is ritkán ismétlődhet s a méhállományt nagyon megkárosithatja. Az ügyes, szakavatott méhész ilyenkor is kiigazodik ugyan,

ellenben a nép kezében ezen átmeneti kaptár, mely tulajdonképen neki van szánva, kétélü fegyver, s a keretes rendszernél veszedelmesebb. Németországban nem divatosak ezek a kasok, ami szintén csak azt bizonyitja, hogy középszerü viszonyok között meg nem felelnek. Különben mi is igy tapasztaljuk; miértis használatbavételükre nézve nagy óvatosságot ajánlok.

Hazánkban a következő átmeneti kasok a legösmertebbek:

1. *A Paulik-féle átmeneti kaptár* (27 ábra). Boldogult Paulik Gábor, tót-megyeri r. k. plebános és hazánk méhészeinek egyik legjelesebbike, 22 évig méhészkedett ezen kaptárral. Az

27. ábra.

alja a közönséges harangalaku kas, 38—40 ezer köbcentiméter ürtartalommal. Amikor ez megtelt, tetejére, melyet egy nyilással s ebben — az anya visszatartóztatása végett — Schulze-féle átjáróval ellátott szalmalap föd, 8 félkerettel berendezett ládikát helyeznek. A láda födele levehető, s igy a kereteket fölülről ki lehet szedni. A jeles méhész nem volt képes rendszerét eléggé dicsérni, azt állitván, hogy szüzsejtjeit ezzel tudta nagyban előállitni.

2. *A Göndöcs-féle átmeneti kaptár* az előbbivel majdnem azonos. Az egyetlen különbség abban áll, hogy a ládikában függő keretek lapozó szerkezetre, azaz hidegépitkezésre vannak elhelyezve; mig Paulik kaptárában a keretek fölülről kezelhetők és melegépitkezés

4

szerint rendezvék, aminek elvégre is lényeges fontosságot nem tulajdonitok.

3. *A Szensz-féle átmeneti kas* (28. ábra). Ezt Torontálmegye buzgó és értelmes méhésze: Szensz József, 1879-ben szerkesztette. Külsejére hasonlit az előbbi számok alatt fölemlitett kaptárokhoz. Rendszere azonban eltér amazokétól. Több oly irányu intézkedésre alkalmas, mely a méhészt haszonnal kecsegteti; pl. az anyák utánnevelése, különösen pedig a tartalék-királynék kitelelése; mely az érdekes és meglepő szerkezetnél fogva sikerre vezet. Az 1884-iki télen ilyen szekrényben 6 tartalékos anyát, alig 5—600 dolgozóméhvel teleltem ki. Meg voltam lepve, mikor e népecskéket először, t. i. február 10-én megvizsgáltam; teljesen fris erőben találtam őket, sőt befödött fiasitásuk is volt már. Az

áttelelés lehetőségének a sikere ily csekély számu néppel minden esetre nagy hasznára van a méhészetnek; mert hogy mily előnyös, ha kora tavaszszal, amikor a herékről még szó sincs, egészséges fiatal anyával rendelkezünk: azt minden méhész tudni fogja. Ezt a kedvező eredményt a kaptár egyszerü berendezése által könnyen el lehet érni. A kas tetejére ugyanis egy körbe vágott deszkafödél illeszkedik, melynek közepén nyilás van s ez kétféle pléhtolókával zárható el; az egyik teljesen eltakarja a lyukat,

28. ábra.

mig a másik szitaszerüen átlyukgatott s a méhek téli fészkének melegét a kas tetejére helyezett ládába átbocsátja. Ha e ládikába, mely egy deszkafallal ketté osztható, két királynét kevés néppel és két-két mézes léppel beteszünk, szépen kitelelnek azok, amint ezt több esetben fényes sikerrel gyakoroltam is. Eltekintve tehát az egyéb előnyöktől, melyek végre ebben is épugy föllelhetők, mint a Paulik- és Göndöcs-féle átmeneti kaptárokban: az anyák kitelelését eként biztositó eme vivmány a kas elterjedését ajánlatossá teszi.

XI.

Ingó szerkezetü, vagy Dzierzon-rendszerü kaptárok.

Ezen kaptárok alatt ama rendszert értjük, mely szerint a lépek a kaptárból a méhész tetszése és belátásaként kiszedhetők és ismét visszahelyezhetők. E módon teljesen a mi befolyásunk alatt munkálkodnak a méhek, melyeknek természetét, legrejtettebb titkaikkal együtt sikerült egyuttal kifürkésznünk, mely körülmény a gyakorlati méhészetnek épugy, mint a tudománynak nagy szolgálatokat tett. Sokan ugyan — irigyelve Dzierzon babérait — a genfi Huber, a berni Morlot, a német Jähne, a magyar Szarka, vagy épen az orosz Propkopovics dicsőségének tulajdonitják a keretes kaptár találmányát; *de állitsanak az öreg mester ellenesei bármit is, a méhészet tökéletesedésének jelenlegi magaslatát Dzierzonnak köszönhetjük elsö sorban is. Ö volt az uttörö, nélküle amazok dacára is ott volnánk, hol annak elötte, t. i. a sötétségben tapogatózva még most is.* A méhészet fejlődésének történetéből győződhetünk meg arról, hogy mily óriási küzdelmekbe került a lángeszü férfiunak, mig a helyzetet tisztázta.

1. Az álló kaptárok belső terjedelme.

Mielőtt a kaptárok berendezését tárgyalnám, azok méreteiről kivánok szólni. A volt „Délmagyarországi méhészegylet“, mely az okszerü méhtenyésztés érdekében elpörölhetetlen érdemeket szerzett, már 1872-ben 25 cm.-re állapitotta meg a kaptárok belsejének a szélességét, főleg a mézelésre befolyó viszonyokkal, de azon fontos tényezővel is számolva, hogy eredmények csakis erős, népes törzsekkel érhetők el. Hosszu évi tapasztalatok, s viszontagságos idők fényesen tanuskodnak ezen elv helyessége mellett; a gazdag mézelés és kedvezőtlen időjárás viszonyai között egyaránt alkalmasnak bizonyult a kaptár 25 cm. belső szélessége a mi éghajlatunk alatt.

A legmegfelelőbb méret kipuhatolása céljából sok összehasonlitó próbát tettem, melyekről ime itt számolok be. Méztermésem a különböző méretü kaptárokból volt:

Év	A kaptár belső szélessége			
	23·5 cm.	25 cm.	26 cm.	28 cm.
1876	10	$14^1{}_4$	12	$9^3{}_4$
1877	$1^2{}_4$	$4^2{}_4$	$4^3{}_4$	—
1878	$9^3{}_4$	15	$15^1{}_4$	6
1879	$9^3{}_4$	22	19	15
Összesen:	31 kgr.	$55^3{}_4$ kgr.	51 kgr.	$30^3{}_4$ kgr.

4*

A Huber-féle kaptárral, melynek belső szélessége 45 centiméter, szintén tettem kisérleteket. Az eredmény ez lett:

1874-ben 16 font mézzel kellett a kaptárt télire ellátnom;

1875-ben 7 font mézet kényszerültem ismét télire az azon kaptárban lakó méheknek adni;

1876-ban tavaszszal a nép oly gyönge volt, hogy kivettem, a kaptárt pedig nyugalomba helyeztem.

E kimutatások határozottan a kaptár belső szélességének 25 cm.-es mérete mellett érvelnek. Nemcsak az én meggyőződésem ez, hanem boldogult Grand Miklós, volt országos méhészeti felügyelőé és másoké is, kik szintén alapos és hosszas kisérleteket tevén, a 25 cm. szélesség előnyét bizonyitják; miértis e bőség az országban hivatalos méretként fogadtatott el s ma már a kaptárok nagyobb részt eként készülnek. Már annálfogva is helyes ez a méret, mivel a német $23^1|_2$ és az olasz 28 cm.-es szélesség között — mellőzve a két szélsőséget — a középutat követjük.

Ha már kimondtuk a kaptár szélességét, szabályozzuk egyuttal azok magasságát is. Az állókaptároknál $58^1|_2$ cm. lehetne a kaptár belső magassága, melyből a költőtérre 38 cm., a mézürre pedig csak 19 cm. esnék; a többi $1^1|_2$ cm. tér a fenék és keretek, valamint a keretek és tető közötti átjárásokra maradna.

Sokan kifogásolják ugyan, hogy a költőtér nagyobb a mézürnél, mi miatt az egész kereteket a mézürbe helyezni nem lehet; de tekintve a költőtér kétszerte nagyobb voltából eredő ama nagy előnyt, hogy a fiasitás szapora terjedéséből kifolyólag a méhek hordási kedve fokozódik, ellenben csökken az, ha a mézür tulságosan bő: a kifogás lényegtelen. Egyébiránt, ha a méhésznek ugy tetszik, félkereteket is alkalmazhat a költőtérben, minthogy ennek a lehetőségéről is gondoskodva van.

Végre: az állókaptárok mélységére vonatkozólag megjegyzem, hogy — habár e kérdés megoldása nem épen szerfölött lényeges — a tájékozás szempontjából mégis jó lenne ezt is meghatározni. Ha a kaptár oly mély, hogy egy-egy sorban egymás mögött 10 keret elfér, akkor teljesen ki vannak elégitve a mi igényeink. Ez 35 cm.-t tesz ki, melyhez az ablak $1^1|_2$ cm.-rel járulván hozzá: a kaptár $36^1|_2$ cm. mélységü.

2. A fekvő, vagy ikerkaptárok mérete.

Szélességük szintén 25 cm., mint az állókaptároké; magasságuk azonban 38 cm., melyből a keretekre 29 cm., a fölöttük hagyott szabadépitkezési térre 8 cm. esik; a fönmaradó 1 cm. ür a fenékdeszka és keretek közötti átjáróul szolgál. *Akik szabad-*

épitkezésre hagyott térrel ellátott kaptárokban méhészkedni nem akarnak, ajánlom a keretek magasságát 36 cm.-ben megállapitni, a többi 2 cm. ür a keretek alatt és fölött átjárónak hagyatnék; a kaptár belső magassága tehát szintén 38 cm. volna.

Az ikerkaptárok hossza 13—14 keretre készitve, elegendő; egyébiránt a vidék mézelési viszonyai a mérvadók ebben is. Tulságosan rövidre szabni a kaptárokat nem ajánlatos; mert belső terjedelmük a keretekig tolható ablakkal könnyen szabályozható.

3. A kaptárok belső berendezése.

a) *A léceket*, vagy *pálcákat* először is Dzierzon János alkalmazta a gyakorlati méhészetre. Kezdetben párkányzatokra, később a kaptár oldalfalaiba $^1|_2$ cm.-re bevágott eresztékekbe illesztették ezeket. A lécek $2^1|_2$ cm. szélesek, $^1|_2$ cm. vastagok voltak és a méhész tetszése szerint, s egymástól körül-

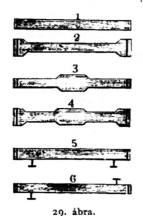

belül 1 cm.-nyire rendeztettek el. Csak később ajánlotta nagy mesterünk, hogy a lécek szé-lein, mindkét végükön 1 cm.-nyire, szögek alkalmaztassanak, hogy a léputcák szélessége szabályozva legyen. (29. ábra.)

1 = Eredeti Dzierzon-féle léc vagy pálca.

2—3—4 = A báró Berlepsch szerinti módositás.

5 = A Dzierzon által később ajánlott eljárás, t. i. a távolsági szögek alkalmazása.

6 = Dathe-féle mód a távolsági szögek váltakozó alkalmazására.

29. ábra.

E léceskékre viaszkezdések ragasztattak, melyeket — hajlamuk és ösztönük követésével — a méhek tovább épitettek.

b) *A keretek*. A lécek alkalmazása sikeresnek bizonyulván arra, hogy a kaptár belsejét mozgathatóvá formálja át, azokat

báró Berlepsch keretekké tökéletesitette. Egész (30. ábra) és fél nagyságu keretei a lépeket egészen körülfogták, miáltal azoknak a kaptár falazatához való épitése kikerültetett és a kés folytonos használata fölöslegessé vált. A félkeret magassága 18, az egész 36 cm. A felső keretléc végei, melyeknél fogva a keret az eresztékben függ, 1 cm.-nyivel szélesebb, hogy a távszögeket pótolandó, a léputcák szélessége szabályozva

30. ábra.

legyen. Az oldallécek a felső és alsó lécekbe fecskefark módon vannak beillesztve olyképen, hogy ezek a kaptár falától $^1|_2$ cm.-nyire függnek s a méheknek kényelmes átjárást engednek. A félkeretek a kaptárban egymás fölött három sorban függnek és minthogy közöttük, ott, hol a középső sor az alsót érinti, a méhek nem közlekednek, ennélfogva nagy pontossággal készitendők. A költőtér a mézürtől fedődeszkácskákkal van elválasztva. A Berlepsch-féle berendezésnek a Dzierzoné fölött sok előnye van; de árnyoldalait sem hagyhatom emlités nélkül, különösen a rendszer költséges előállitását és föntartását. A fülek (a felső keretléc szélesebbre hagyott része) készitése és folytonos javitása sok babrálással, vagy kiadással jár; amellett az is hátrányos, hogy a füleknél a méhek egymáshoz ragasztván a kereteket, a kezelés alkalmatlansággal van összekötve.

c) Dathe módositott, tökéletesitett a kereteken, s azok most az ő javitása szerint vannak leginkább használatban. A keretlécek $2^1|_2$ cm. szélesek, $^1|_2$ cm. vastagok. Fülek helyett távolsági szögek vannak alkalmazva, még pedig az alsó és felső keretléc végeihez közel s nem egy oldalon, hanem váltakozva. Ezáltal bármely oldalról befüggeszthetők a lépek, mert a szögek mindig a szomszéd keret lécéhez ütköznek. A keret felső léce hasonló a Dzierzon-féle pálcákhoz; mindkét vége azonban el van kanyaritva és meglapitva, hogy az eresztékbe könnyebben befüggeszthető legyen. A keret oldalai a kaptár falától $1^1|_2$ cm.-nyire függnek. Végre a keret alsó léce az oldallécektől mindkét felől $^1|_2$ cm.-nyire kiáll, hogy a keret a falazattól kellő távolságban maradjon. A keret ilyetén szerkezete különösen szállitások alkalmával bizonyul célszerünek, minthogy a rázkódtatástól lesz megóva. A Dathe-féle keretrészeket szögekkel illesztik össze. A lécek helyes méretét az ugynevezett fürészláda segitségével biztosan eltalálják, mert a keret részei pontosan egyenlő hosszuságra szabhatók. A kiszabott lécek a keretszögezőbe illesztve, lesznek összeszögezve, miáltal egybevágók, szigoru pontossággal egyenlőek lesznek. A távolsági szögek beverésére szintén van egy eszköz, melynek segitségével a szögek a keretek léceiből egyenlő magasan kiállva és a lécek végeitől is egyenlő távolságban alkalmazhatók. Az eképen elkészült keretek között a léputcák szélessége 1 cm.

A Dathe-féle egész keretek magassága a fekvő- és állókaptárokban egyaránt elfoglalja a kaptár egész magasságát. Az állókaptárokban fedődeszkák jönnek a keretekre; s miután a fekvőkaptároknál a szabadépitkezésre szolgáló tér elesik, ennélfogva a keretek a tetődeszkáig érnek. De oly szerkezetü Dathe-féle kaptárok is készülnek, melyek több osztályra, tehát egész- és félkeretekre vannak berendezve. A különös szerkezet abban áll, hogy a keretek a közepükön keresztül haladó lécekkel ketté vannak osztva, s a lép fele e módon könnyen kivehető a keretből.

Semmi esetre sem ajánlhatom ezt a rendszert; mert ha báró Berlepsch és maga Dathe is, oda törekedtek, hogy Dzierzon eredeti találmányát, a léc alkalmazását épen a kés folytonos szükségének elkerülése céljából tökéletesitsék: mire való volna ismét a kés használatához visszamenni?! Már pedig Dathe különös összetételü kereteihez föltétlenül szükséges a kés, hozzá még azon hátránynyal, hogy a sejtet minden oldalról körülvágni kényszerülvén, kezébe kell azt vennie és esetleg más keretbe nyomkodni.

Az egyszerü Dathe-féle keret célszerüsége elvitázhatatlan; mert gépileg, s olcsón és pontosan készithető és mert kezelése gyors, könnyü és egyszerü, minélfogva kivált nagyobb méhesekben kitünöen alkalmas.

d) Gravenhorst ujabb időben szintén ilyen kereteket használ az ő ives kaptáraihoz. (31. ábra.) Készitése sok nehézséggel jár. A hozzá szükséges pálcikák belülről 12 helyen bevágatnak, miáltal oly vékonyak lesznek, mint a gyaluforgács. Azután vizbe áztatják,

végre egy ives formába teszik, hol megszáradnak és az iv két végét összekötő keresztfával látják el, mire a keret kész. Ivhajlásában két szögecske tartja az ott elhelyezett rostélyzatot, mely a kereteknek állandóbb helyzetet ad. A keretiv két végén apró lyuk van furva, melyen át a keret faszögekkel a kashoz illesztetik.

31. ábra.

e) Most már drótból és pléhből is készitnek kereteket, melyek azonban a faanyaguakhoz képest sokkal drágábbak, célszerüség tekintetében pedig az utóbbival nem is versenyezhetnek.

f) Az amerikai boxes-keretek (32. ábra). Mint a gazdászat minden ágában, ugy a méhészetben is, sok javitást köszönhetünk

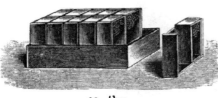

az amerikaiaknak. Ilyen a lépesméznek szánt, ugynevezett boxes-keret, mely nálunk is ismeretes. A boxes-keretek szerkezete a következő: Két ilyen keret egymás mellett épen a kaptár szélességét tölti meg; magassága egyenlő a szélességével, tehát $12^1\!/_2$ négy-

32. ábra.

szögcentiméter nagyságu. A keretlécek szélessége $4^1\!/_2$ cm. s széleik eresztékesek, melyekbe üvegtáblák illeszthetők. Minthogy a keret alsó része nincs ellátva léccel, ide is üvegtáblácska jön, ugy azonban, hogy a méhek átjárására egy keskeny nyilás maradjon. A kaptár költőterébe 4—6 ilyen keretet helyeznek, melyek kiépitve és mézzel telve $1\frac{1}{2}$ kgr. súlyuak. Célszerüsége meg volna ugyan a boxes-kereteknek, de nálunk mégsem fog elterjedni, már csak azért sem, mert drágák és sok velük a babrálás.

XII.

Az eredeti Dzierzon-kaptárok.

1. *A fekvő ikerkaptár* az első mozgó szerkezetü méhlakás, mely onnét vette nevét, hogy a végeikkel egymással összefüggésben levő két kaptárból áll. Négy, esetleg hat ilyen kaptár egymás fölé keresztbe fektetve és szalma-, vagy deszkatetővel ellátva, csinos ducat képez; a röpülőlyukak ilyképen a négy világtáj felé irányozvák. (33. ábra.) Az ikerkaptár magassága kivülről 42 és belül $39\frac{1}{2}$ cm. Dzierzon minden méhlakásban, ugy ezen ikerkaptárban is, pálcákkal méhészkedik, melyek a fenéktől mérve, $31\frac{1}{2}$ cm. magasságban az oldalfalakra szögezett, $\frac{1}{2}$ cm. széles és $1\frac{1}{2}$ cm. vastag lécecskéken, vagy $\frac{1}{4}$ cm. mély eresztékekben nyugosznak. A pálcák fölött 8 cm. magas ür marad, mely a pálcákra fektetett fedődeszkával elzárható. Ezen üres térbe nyulva, a

33. ábra.

lépeket kézzel is könnyedén rendezheti a méhész; télen pedig, ha a szükség ugy kivánja, pótló eleséget helyezhet oda a méheknek. *A fedődeszka mellőzésével a méhek az üres tért szabadon kiépitik és ezzel a kitelelésnek leghelyesebb módját biztositják.*

A kaptár szélessége 21—29 cm. (8—11"), hossza 73—76 cm. (28—29") között váltakozhat. (Rationelle Bienenzucht oder Theorie und Praxis. Dzierzon, 1861.)

A kaptár 2 cm. vastag deszkából készül. Széleit 5 cm. széles párkányzat szegi, melybe melegtartósság céljából szalmát vagy sást teritnek s lécekkel leszoritják. A röpülőlyuk a fenékdeszkától

2¹|₂ cm. magasságban van alkalmazva. Vele átellenben, t. i. a hátsó falon, vagyis a kettős kaptárt elválasztó deszkán egy 8 mm. széles és 4 cm. magas és tolókával ellátott közlekedési nyilás van, mely csak különös célokra szolgál, pl. ha a két kaptárt szaporitás, egyesités, etetés stb. szempontjából összeköttetésbe hozzuk.

Mézür gyanánt a kaptár két vége szolgál, melyek a költő- tértől ablakokkal vannak elválasztva. Az ablakokon a tolókákkal ellátott lyukacskák a dolgozóméhek közlekedését lehetővé teszik, de az anya átjutását megakadályozzák.

A Dzierzon-féle ikerkaptárban 18 pálca, vagy keret fér el, melyek a népesség erejéhez képest a költőtérben és mézürben oszthatók be. A költő- térbe a legerősebb csa- lád számára sem taná- csos 12 lépnél többet függeszteni. (Dzierzon, Bienenzeitung, 1867, 18. sz., 128. l.)

A kaptár mindkét rész- ről 4 cm. vastag erős ajtókkal záródik, melye- ket csavaros forditók szoritnak a kaptárhoz, s kényelem szempontjá- ból karikákkal vannak ellátva.

El kell ismernünk, hogy a Dzierzon-féle ikerkap- tár — tekintve olcsósá- gát, a vándorlásra való alkalmas voltát, továbbá,

34. ábra.

hogy benne a méhek szépen fejlődnek, jól gyarapodnak és eléggé mézelnek, végre biztos sikerrel ki is telelnek — páratlan. Termé- szetes, hogy a pálcák helyett, melyekkel a kezelés nehézkes, a vándorlás is majdnem lehetetlen, keretek alkalmazandók a kap- tárban.

2. *A legujabb rendszerü Dzierzon-féle fekvőkaptár ducban.* Dzierzon az utóbbi időkben — a haladás követelményeinek hatása által buzdittatva — kaptárait uj rendszer szerint állitotta össze, szintén ducban. A kivitel a Dathe-féle párhuzamos összetételü fekvőkaptár fölállitásának az utánzása, azzal a különbséggel, hogy Dzierzon hosszabbra csináltatta kaptárát, ennélfogva két család

számára renďezte be azt, mint az országos méhészegyesület vándorkaptára. A kaptárok ducban való fölállitását a 34. ábra mutatja be.

A duc 12 család számára való. A röpülőlyukak (A—C) egymástól távol esnek; a B röpülőlyuk pedig hosszu nyilást képez, mely jobbra és balra, mindkét kaptárba vezet. A ducot az E félfa veszi körül, mely a lécekkel leszoritott szalmaburkolatot tartja. Az ajtók is burkolva lévén, a kaptárok melegtartósságát és ezáltal a méhek téli nyugalmát biztositják.

E rendszer és a kaptárok ilyetén fölállitása legkevésbé sem javit — véleményem szerint — a Dzierzon-féle fekvőkaptárok keresztben való fölállitásának módján, mely utóbbi rendezkedés minden körülmény között célszerü és ajánlatos.

3. *A Dzierzon-féle állókaptár* négyesben (35. ábra) a fekvőkaptár ellenkezője, mert ez alacsony és hosszu, amaz keskeny, magas és ezért emeletekre osztható. Az állókaptárban is, mint a fekvőben, szintén van mézür, azon különbséggel, hogy az állókaptár legfölső szakasza, vagy emelete képezi a mézürt, mig az alsó rész költőtérnek van berendezve.

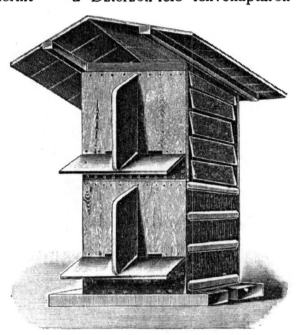

35. ábra.

A Dzierzon-féle állókaptár készitése szintén egyszerü, könnyü. Veszünk ehez $5\frac{1}{4}$ cm. vastag deszkát, melyre annyi párkányzatot szögezünk, vagy eresztéket vágunk a keretek beakasztására, ahány emeletre kivánjuk a kaptárt készitni. A két oldalfalazatot összeszögezzük a homlokfalazattal, melyen röpülőlyukat vágtunk, azután a fenék- és fedődeszkát illesztjük rá, az oldalfalakon az ajtó számára ütközőt alkalmazunk és az ajtót is elkészitjük. A kaptár magassága 63—79, szélessége 21—26, mélysége $35\frac{1}{2}$—$52\frac{1}{2}$ cm. között váltakozik. A kaptárt kivülről szalmával boritják, hogy benne, mint egyeskaptárban is, védve legyenek a méhek a hideg ellen. Szebb és célszerübb, ha a szalmaburok fölé vékony deszkát szögezünk, miáltal a kaptár tartósabbá lesz.

A röpülőlyuk a homlokzaton, a fenékdeszkától 2¹|₂ cm. magasan alkalmaztatik, hogy holt méhek és viaszhulladék el ne zárják a nyilást s létük veszélyeztetve ne legyen. Különben az állókaptárokon magasabban, sőt, mint a cölönkköpükön, a tető alatt is lehet a röpülőlyuk. Mindkét rendszernek meg van a maga előnye és hátránya. Ha ugyanis lent van a nyilás, a nap sugarai nem csalhatják ki oly könnyen a méheket, s nem is vesz el belőlük annyi, mint ahogyan azt a röpülőlyuk magasabban való alkalmazása esetén eléggé tapasztaljuk. De viszont a magasan hagyott röpülőlyukkal ellátott kaptárok népe hamarabb vonul ki a tisztuló kiröpülésre és ezzel sok bajnak lesz eleje véve; a nedves és egészségtelen párák, gőzök is jobban eltávolodhatnak a kaptárból s ezzel is kikerüljük a vérhas veszedelmét; végre a hazatérő, bágyadt, félig dermedt méhek a kaptárban fölszálló melegtől csakhamar fölélednek, nem oly könnyen pusztulnak el tehát, mintha a röpülőlyuk mélyen van alkalmazva.

Elvégre is ezen előnyök és hátrányok egymást kiegyenlitik; a méhész izlésétől és a helyi viszonyoktól függ tehát, hogy melyik eljárásnak adjunk elsőbbséget.

Az épitkezést az állókaptárokban kezdetben az alsó keretsoron kell a méhekkel végeztetni. Hogy a meleg el ne illanjon, a léptartó pálcák, vagy lécek fölé fedődeszkácskákat fektetünk; hogy pedig az épitkezést a deszkácskákon kezdjék a méhek, a lécekre, vagy keretekbe lépkezdéseket ragasztunk.

Dzierzon tapasztalatai nyomán legcélszerübb az állókaptárt három emeletre beosztani. A két alsó osztály költőtérnek, a legfölső mézürnek szolgál. Minden osztály 21—23¹|₂, egészen 26 cm. (8—9—10") magas lehet.

Több ilyen kaptár egymás mellett és fölött összeállitva, a többes kaptárok rendszerét képviseli, melyek a méhész belátása szerint mint kettős, hármas, négyes, stb. kaptárok szerepelhetnek. Az utóbbiakra a röpülőlyukak közé választó deszkát teszünk, hogy lakásaikat a méhek el ne téveszszék.

Négy darab négyes kaptár 16 család számára egy tető alatt a pavillonrendszer eszméjét valósitotta meg, habár nemis oly célszerü és tökéletes kivitelben, mint azt később báró Berlepsch alkotta, mert a Dzierzon-féle pavillonokban a méhek csak kivülről kezelhetők.

XIII.

A Berlepsch-kaptárok.

1. *A Berlepsch-féle fekvőkaptár* (36. ábra). Minden később keletkezett méhlakás, ugy a Berlepsch-féle is, a szerkezet alapeszméjét Dzierzon fölfedezésétől örökölte. A tapasztalás azon körülményt bizonyitja, hogy a kisebb-nagyobb mérvü változtatások, habár a kezelés megkönnyitésére szolgálnak, a Dzierzon-féle kaptárok eredetiségéből mit sem vonhatnak le.

Báró Berlepsch különösen a lécek és az ikerkaptárokban hagyott szabadépitkezési tér ellen vivott elmérgesedett harcot, a lécek helyett az egész keretek behozatalát és a szabadépitkezésre szolgáló tér mellőzését akarván érvényre juttatni.

A Berlepsch-féle fekvőkaptár alakja hosszukás négyszögü. A két oldal- és homlokfalazat s a fenék $2^{1}|_2$, a fedőzet 2 cm. vastag deszkából készül.

Hogy a 2 cm.-nyi fedő meg ne vetemedjék, egy keretből áll, melyen keresztbe fektetett deszkákat helyeznek, melyek bármikor levehetők, miáltal a kereteket fölülről is lehet kezelni. Az ajtó fölső keresztfája $2^{1}|_2$ cm. széles, $1^{1}|_4$ cm. vastag léc, mely az ajtónak támaszul szolgál.

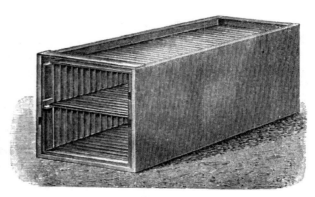

36. ábra.

E keresztfa alkalmazása folytán az utolsó keretet fölülről nem lehet kezelni, hanem az ajtón át kell kivenni.

A kaptár magassága 41, hossza 74, szélessége $23^{1}|_2$ cm.

a) *Magasság.*

1. A fenékdeszka és a keret közötti tér . . . $1^{6}|_8$ cm. $=$ $^{5}|_8''$
2. Két, egymás fölött függő keret, mindenik
    $18^{1}|_8$ cm.-rel ($7''$) vagy egy kettős keret . $36^{2}|_8$ cm. $=$ 14 $''$
3. A kereteket borító fedődeszkácskák . . . $^{6}|_8$ cm. $=$ $^{2}|_8''$
4. A fedődeszka . . . . $2^{2}|_8$ cm. $=$ $^{6}|_8''$

b) *Mélység.*

1. 20 keret, egyenként $3^{4}|_8$ cm. ($1^{5}|_{16}''$) . . . $69^{1}|_8$ cm. $=$ $26^{2}|_8''$
2. Szabadtér . . . . $1^{1}|_8$ cm. $=$ $^{3}|_8''$

Sokszor megtörténik, hogy a keretek a füleiknél fogva viaszszal, vagy ragaszszal összeépittetnek, s a keretek valamivel több helyet foglalnak el. Berlepsch számitva ezzel, a fönt emlitett $1^2|_8$ cm.-nyi térrel megtoldotta a kaptár mélységét.

3. A költőtér és mézür között levő választófal $1^2|_8$ cm. = $4|_8''$

4. Az ajtó . . . . $2^4|_8$ cm. = $1''$

c) *Szélesség.*

Báró Berlepsch méhészeti munkájának első kiadásában a kaptár szélességét $11''$-ben ($28^6|_8$ cm.) fogadta el. De miután az ő volt segédje, Günther, ki Gisperslebenbe, Erfurt mellé költözött, összehasonlitó próbákból kideritette, hogy a $9''$ széles kaptár majdnem egyharmaddal több mézet adott a $11''$ szélességünél: Berlepsch munkájának második kiadásában szintén a $9''$ szélességet ajánlotta. (Die Biene, August Freiherr v. Berlepsch, II. Auflage, Manheim, Schneider. 352—353. l.)

Ezen méreteket minden kaptárnál pontosan be kell tartani, hogy a keretek szükség esetén bármely kaptárban használhatók legyenek; csakis ily módon dolgozhat sikerrel és kényelmesen a méhész.

A kaptár oldalfalazatában mindkét oldalon két ereszték van. Az alsó a fenékdeszkától 18, a fölső $37^6|_8$ cm. magasságban; az eresztékek $^1|_2$ cm. mélyek. A keretek az eresztékekben, egymás fölött két sorban függhetnek. A gyönge népességü családok, kivált rajok az alsó osztályba szorithatók, olyképen, hogy a kereteket gyalult fedődeszkácskákkal leboritjuk. Az erősebb családok számára a fölső keretsor is megnyitható; de a két keretsor közé rácsozat jön a fedődeszkácskák helyett. E módon az alsó, vagy költőtér a felsőtől, vagyis a mézürtől el van különitve.

Eszerint a Berlepsch-féle fekvőkaptár nem egyéb egy alacsony, de valamivel hosszabb Dzierzon-féle állókaptárnál; s kibontakozva az ikerkaptár jellegéből, ennek kitünő tulajdonságait sem viseli.

A kaptár hátulsó nyilásán az oldalfalakon $2^1|_2$ cm. mély és $1^1|_4$ cm. széles perem van, melybe az ajtó beillik s mindkét oldalon forditó csavarokkal erősithető a kaptárra.

Az ajtó $2^1|_2$ cm. vastag fakeretből áll, mely üvegtáblával van bemetszve s kivülről csuklón járó deszkával födhető be, amit szintén forditó csavarral lehet szorosan lezárni. Az ajtónak könnyen kell járnia, miértis a kaptárt 50 cm. külső magasságánál és 26 cm. külső szélességénél valamivel kisebbre kell késziteni. Az ablak ne legyen a keret vastagságának a közepére beillesztve, mert az erős családok az utolsó keret és az ablaktábla között maradt üres tért okvetetlenül kiépitnék, hanem a keret belső szélén eszközölt sekély mélyedésbe fektetve és apró szögecskékkel odaerősitve, ugy, hogy a keret és az üveglap egyszintes legyen. Daczára ennek, az utolsó lép sejtjeit néha mégis meghosszabbitják a méhek.

Az ajtóval szemközt levő homlokfalon, közvetetlenül a fenék-deszka fölött van a 8 cm. hosszu, $1^1|_2$ cm. magas röpülőlyuk. Aki a különben is csekély költséget nem sajnálja, cinklemezből való, átlyukgatott tolókákat alkalmaz a röpülőlyukakra, melyekkel azokat belátása szerint szükitheti, télen át pedig egészen elzár-hatja. A röpülőlyuk magasabban való alkalmazása báró Berlepsch szerint *természetellenes*, a méhek tulajdonságaival össze nem egyez-tethető, tehát nem is tanácsos. A méhek kénytelenek volnának halottaikat és a hulladékokat fölcipelni; de mivel ez nagyon nehe-zükre esnék, ott hagynák azokat s a szervi bomlás termékei büzt terjesztenének a kaptárban, amellett a viaszmoly kukacai is elhatal-masodván: a méh-

család veszélyeztetve lenne. Minél maga-sabban van a röpülő-lyuk, a kaptár melege annál könnyebben el-illan.

A lent alkalmazott röpülőlyuk ellen is tesznek ugyan kifo-gásokat, hogy pl. a holt méhek és hulla-dék eltorlaszolják és hogy télen a kaptár oldalain lefolyó ned-vességtől befagy. Ezen könnyü segitni; min-den gondos méhész megvizsgálja télen is időről-időre a kaptá-rokat és a netalán észlelt akadályokat elgörditi.

37. ábra.

Minthogy az okszerü méhészetben báró Berlepsch szerint is az a főcél, hogy minél több mézet szüreteljünk, ezt egyrészt ugy érjük el, ha a méz rovására fejlődő herefiasitást megakadályozzuk. Nagymesterünk aként vélte ezt eszközölni, hogy a herelépeket a költőtérből kiküszöbölte s a mézürbe helyezte, a költőtért pedig fedődeszkácskákkal zárta el a mézürtől. Hogy azonban a méhek oda följuthassanak, az általunk már régen nyugalomba helyezett Vogel-féle csatornát ajánlotta, melyet ő a kaptár homlokfalaza-tának a közepén alkalmazott. A csatorna $36^1|_2$ cm. hosszu, $10^1|_2$ cm. széles és mivel a deszkába van beeresztve, 2 cm. mély. A bevágás pléhvel van befödve és miután a röpülőlyuknál kezdődik s a mézürbe vezet, a méhek közlekedését lehetővé teszi, de az anya följuthatását megakadályozza.

Amig a méheknek a mézürbe való följárása nem kivánatos, a csatorna bármivel betömhető.

A királyné e csatornán soha át nem megy.

Báró Berlepsch az ő meggyőződése szerint a jelenkor legcélszerübb kaptárának tartotta ezen méhlakást, s a kezdőket, akik ilyen mintakaptárt kivántak maguknak beszerezni, Günther Vilmoshoz (Gispersleben, Erfurt mellett) utasitotta. Az ára $4^1|_2$ tallér, vagy 13 márka, a mi pénzünk szerint 7 frt. (Die Biene, August Freiherr v. Berlepsch. 365. l.)

2. *A Berlepsch-féle állókaptár.* Alakja szintén hosszukás négyszögü, mint az előbb leirt fekvőkaptár, csakhogy álló helyzetben (37. ábra); anyaga fa. Oldal- és homlokfalazata, valamint födélzete is $2^1|_2$ cm. vastag deszkából készül. Könnyebb áttekintés végett báró Berlepsch a költőtért és mézürt külön-külön taglalja. (Die Biene. 369. l.)

A KÖLTŐTÉR.

Belső mérete: $39^1|_4$ cm. ($14^7|_8$″) magas, $23^1|_2$ cm. (9″) széles és $37^3|_4$ cm. ($14^3|_8$″) mély.

1. *Magassága.*

a) A kaptár feneke és a keretek alja között
levő tér . . . . $1^3|_4$ cm. = $5|_8$″
b) Két egymás fölött függő, egyenként $18^3|_8$ (7″)
magas félkeret, avagy egy egész keret . $36^3|_4$ cm. = 14 ″
c) A fedődeszkácskák . . . . $3|_4$ cm. = $2|_8$″
Összesen . . $39^1|_4$ cm. = $14^7|_8$″

2. *Mélysége.*

a) 10 keret, mindegyike $3^4|_9$ cm.-rel ($1^5|_{16}$″) szá-
mitva . . . . $34^2|_4$ cm. = $13^1|_8$″
b) Szabadon maradt tér, mely a fekvőkaptárok
leirásánál már meg lett okolva és 10 keret-
nek tökéletesen megfelelő . . . . . . $3|_4$ cm. = $2|_8$″
c) Az ajtó . . . . $2^2|_4$ cm. = 1 ″
Összesen . . $37^3|_4$ cm. = $14^3|_8$″

A költőtér oldalfalai két-két, egymás fölött alkalmazott s $5|_8$ cm.-nél valamivel mélyebb eresztékkel vannak ellátva. Az alsó ereszték a fenékdeszkától 18 cm. ($7^6|_{16}$), a felső $37^5|_7$ cm. ($14^7|_{16}$″) magasságban van olyképen bevágva, mint a fekvőkaptároknál.

A MÉZÜR.

Belső mérete: $37^7|_8$ cm. $(14^7|_{10}'')$ magas, $23^1|_2$ cm. $(9'')$ széles és $37^3|_4$ cm. $(14^3|_8'')$ mély.

1. *Magassága.*

a) A költőtér fedődeszkácskái és a keretek alsó
lécei között levő tér (Azért szükséges e
szabad kis tér, mert ha a keretek alsó
léce a fedődeszkácskához nagyon közel
érne, a méhek igen hamar odaépitnék) . $^6|_8$ cm. $=$ $^1|_{16}''$

b) Két egymás fölött függő, egyenként $18^3|_8$ cm.
(7") magas félkeret, vagy egy egész keret $36^6|_8$ cm. $=$ 14 "

c) A keretek felső léce és a kaptár födéldesz-
kája között levő üres tér . . . . . $^5|_8$ cm. $=$ $^3|_{16}''$

Összesen . . $37^7|_8$ cm. $= 14^7|_{16}''$

A keretek fölött semmi esetre sem szabad $^5|_8$ cm.-nél több szabadtérnek maradnia, mert az erős családok ezt is beépitnék és mézzel töltenék meg s a keretek kiszedése mézpancsolással járna. Az erős nép még az $^5|_8$ cm. tért is beépiti néha.

A költőtér fedődeszkácskái fölött 25 cm. $(9^9|_{16}'')$ magasságban, a kaptár mindkét oldalfala egyenszög irányban készül. Az oldalfalakon mindkét felől három, egyenként $^6|_8$ cm. széles és $^6|_8$ cm. vastag lécecskék vannak alkalmazva, melyeknek fölszögezésekor vigyázni kell, hogy meg ne repedjenek. Az első léc a kaptár tetejétől $18^2|_4$ cm.-re $(7^1|_{16}'')$, a második $35^2|_4$ cm.-re $(13^9|_{16}'')$ és a harmadik $36^3|_4$ cm.-re $(14^1|_{16}'')$ kezdődik. Rendeltetésük, hogy a fedődeszkácskák eltávolitásával a mézürt a költőtérrel bármikor összeköttetésbe lehessen hozni.

Ha tehát a költőtért a mézürtől el akarjuk választani, akkor az alsó kereteket az alsó lécre, a fölsőket pedig a harmadikra tesszük át. Ellenben, ha a két tért közvetlenül összekötni szándékozunk, akkor az alsó kereteket a 17 cm. $(6^3|_{16}'')$, a felsőket pedig a második, $35^1|_2$ cm. $(13^9|_{16}'')$ magasan alkalmazott eresztékbe függesztjük. Ha a mézür egész, azaz $35^1|_2$ cm. (14") hosszu keretekkel volna ellátva és e tér elkülönitése kivántatnék, a keretek a harmadik, 37 cm. $(13^1|_{16}'')$ magasan vonuló párkányzatra helyeztetnek.

Amikor a keretek az első és harmadik lécen függnek, és a mézürt a fedődeszkácskák kiszedésével a költőtérrel összekapcsoljuk, ez esetben egy $1^1|_4$ cm. $(^8|_{16}'')$ köz támad, melyet a népes család szintén be szokott építni. Emiatt vált tehát szükségessé azon intézkedés, mely szerint a keretek $1^1|_4$ cm.-rel $(^8|_{16}'')$ mélyebben függeszthetők.

Csakhogy ez esetben viszont a felső keret és födéldeszka között keletkezik $1^1|_2$ cm. ($^{11}|_{16}''$) szabadtér, melyet a méhek okvetetlenül kiépitnének. Ennélfogva szükségessé válik a mézürt $4|_8$ cm. ($^4|_{16}''$) vastag fedődeszkácskákkal ellátni és a fönmaradó $1^1|_5$ cm. ($^7|_{16}''$) üres tért egy bele illő rekeszszel elzárni.

(Az első pillanatra mindenkinek föl fog tünni ezen szerkezet nehézsége, mely nemcsak a kaptár előállitási költségeit szaporitja, hanem a kezelést teszi ügyetlenné és sok alkalmatlanságot okoz. Minthogy tehát többféle kaptárszerkezet áll rendelkezésünkre, melyek egyszerü berendezésükkel jóval olcsóbbak is: ennélfogva a Berlepsch-féle kaptároknak ezentul már csak történeti érdeket tulajdonithatunk. Ez azonban nem zárja ki azt, hogy e nagyhirü méhész törekvéseiért mindenkor a legnagyobb elismeréssel és hálával adózzunk.)

A homlokfal közepén egy $31^1|_2$ cm. ($12''$) hosszu, $10^1|_2$ cm. ($4''$) széles és 2 cm. ($^3|_4''$) mély, a fekvőkaptárhoz hasonló, Vogelféle csatorna van alkalmazva. E csatorna hosszának a közepét egy $15^3|_4$ cm. ($6''$) szélesen és $5|_8$ cm. ($^1|_4''$) mélyen a falazatba eresztett deszkácska, vagy bádoglemez födi, ugy, hogy a röpülőlyuk és a mézür között a közlekedés szabad, ellenben a mézür és költőtér a fedődeszkácskák által egymástól el vannak zárva. A mézürbe fölvezető csatornát deszka helyett még jobb bádoglemezzel födni.

Vogel azt állitja, hogy az anya e csatornán nem megy át. Dathe azonban igazat mond azzal, hogy a királyné az állókaptárban könnyebben fölmegy a mézürbe, mint a fekvőkaptárban.

(Megjegyzem, hogy éghajlati viszonyaink között e csatorna a mézelés nagy kárára van; mert mig a méhek a csatornához hozzá szoknak, bizonyos tétlenséget veszünk rajtuk észre, ami teljesen soha meg nem szünik. Onnét is eredhet ez, hogy a fedődeszkácskák alkalmazása a népesebb családoknál forróságot idézvén elő, ennek zsibbasztó hatása a mézelés eredményén észlelhetővé lesz.)

Az állókaptáron is olyan az ajtó, mint a fekvőn, csak hogy a középen egy $2^1|_2$ cm. ($1''$) széles és ugyanolyan vastag léc van alkalmazva, hogy a költőtér fedődeszkácskáit elfödhesse. A röpülőlyuk épen olyan, mint a fekvőkaptáron.

3. *A pavillon* (38. ábra). Mint minden kaptárhoz, ugy ehez is, dr. Dzierzon adta az eszmét (Die Biene, Br. Aug. v. Berlepsch, 328. l.), báró Berlepsch érdeme mindazonáltal eltagadhatatlan, mert e gyönyört, kedvtelést adó fényüzésszerü berendezés nélküle csak később valósult volna meg. Nála is a többes kaptárok össze-

5

állitása és egy tető alá való elhelyezése volt az alapelv; azon különbséggel azonban, hogy mig Dzierzon pavillonjai minden célszerüségi kelléket és csinosságot nélkülözve, igen kezdetleges és nehézkes kezelésüek voltak, mert a kaptárok kivül rendeztettek el és csak a tető leemelése utján, létra segitségével juthatott a méhész a pavillon belsejébe: Berlepsch mindezen hátrányokon segitett. Pavillonját ajtóval és ablakokkal látta el és

38. ábra.

lehetővé tette, hogy a méhész bármilyen időben ápolhatja méheit; de amellett a jóizlésnek is hódolt, mert a csinosan és egyszersmind több költséggel eszközölt épitkezés minden kertnek diszére válik. Ilyen pavillonok a méhész körülményeihez képest 24, 44, 60, 90, 150 stb. méhcsalád számára állithatók.

Joggal mondhatta Berlepsch, hogy az általa tervezett pavillon a világ legszebb méhháza.

Ujabb időben a méhészeti téren az épitkezési irányok egész özönével találkozunk. Szebbnél szebb tervezetekről olvasunk és

39. ábra.

hallunk, s látjuk azokat kivitelben is, melyek nemcsak a jóizlésnek, de egyuttal a célszerüségnek is megfelelnek. Ilyenek pl. a Skach

40. ábra.

József mérnök által az Illustrirte Zeitungban közlött pavillontervek, mint amelyek a vagyonos méhészeknek utánzásra méltó mintákul

5*

szolgálhatnak. Fölemlitésre érdemes a 39. ábra szerinti méhház. Alakja hatszögü, 15 röpülőlyukkal, mely 45 állókaptárnak felel meg. Az épitmény — remek formájával minden uri kertben helyet foglalhat, hogy annak a diszét emelje.

Egy másik pavillon az előbbinél olcsóbb, mely négyszögalakban épül (40. ábra) s egyszerü faoszlopokon nyugvó tetőből áll; 48 család számára ad helyet. A kaptárok nincsenek a falba épitve, hanem a pavillonban elhelyezett állványokon foglalnak helyet, s ennélfogva szükség esetén tovamozdithatók.

Igen csinos épület az 41. ábra szerinti is. Ebben 45 családnak lehet tanyája. Fából és téglából készül; ott ajánlatos tehát, ahol a fa olcsó. Az épitkezés a svájci házak mintájára megy; csak az alapzata van kőből. Belül szintén állványok vannak, melyeken a kaptárok nyugosznak.

Nagy méhészetek részére igen alkalmas a 42. ábrával bemutatott pavillon. 100 méhcsalád fér el benne. Fölépítése olcsó, mivel szintén oszlopok tartják. — Emellett igen célszerü kivált azok számára, akik a méhészettel üzletszerüleg foglalkoznak. Vándorláskor az ilyen méhes kitünő szolgálatot tehet, föltéve, hogy

41. ábra.

a megérkezés helyén ilyen pavillon áll, melyben méhcsaládait elzárhatja és egyideig őrizet nélkül is hagyhatja a méhész.

XIV.

Dathe kaptárai.

Dathe, a gyakorlati méhészet nagymestere, nemcsak a méhek kezelésében, hanem a kaptárok alakjának és berendezésének a megállapitásában is, tetemes módositást eszközölt, s messzemenő mozgalmat idézett elő. Ha a kisebb-nagyobb eltérésektől eltekintünk, a jelenleg divó kaptárszerkezet leginkább Dathe elvein alapszik. Leginkább a keretek s az ablak tetszésünk szerinti mozdithatóságánál és a kaptárok könnyü tovaszállitásának lehetőségénél fogva tünik föl ez nagy mérvben.

Dathe a kaptárok átalános méretének szabályozását Németországgal elvileg el is fogadtatta; de mielőtt ezen elvi megállapodásnak a német és osztrák méhészek kölni vándorgyülése által tervezett, a gyakorlatba való átalános átvitele megtörténhetett volna, a kitünő méhész áldásos müködését a kérlelhetetlen halál megakasztotta.

Dathe, mint a vándorméhészetnek lelkes pártolója, különös jelentőséget tulajdonitott a fekvő-, vagy ikerkaptároknak. Nagyobbára ilyenekkel is méhészkedett, azt hangoztatván, hogy a vándorlás ezen kaptárformával eszközölhető a legkönnyebben; a föl-

42. ábra.

állitás egyszerüsége által pedig a költséges méhesek, vagy más épitkezések is szükségtelenekké válnak. Kitünő munkájában (Lehrbuch der Bienenzucht, 66. l.) különben fölemliti, hogy: esetleg ha nem is vándorolna, mégis ilyen kaptárokkal méhészkednék, mert célszerüségük minden tekintetben bebizonyult tény, szerkezetük a méhekkel való könnyü elbánást nagy mértékben elősegiti; ami e kaptárok elterjedését eléggé ajánlja.

Dathe kettős falazattal késziti és szalma béléssel tömi ki kaptárait. Azért is ajánlja ezt, hogy a kaptárok egyöntetüek és tartósabbak legyenek.

1. A Dathe-féle ikerkaptárok.

a) *Az ikerkaptár fekvő helyzetben.* Dathe ezeket nem keresztben, mint Dzierzon és Berlepsch, hanem párhuzamosan, azaz hosszában fekteti egymás fölé. E helyzetben a méhész, amikor a családokat kezeli, nem áll a méhek utjában, munkájukban tehát nem is zavarja őket.

A szabadépitkezésre szolgáló tért Dathe is mellőzte, mint Berlepsch és a kaptárt saját szerkezetü kereteivel látta el, szabályozván egyszersmind a kaptárméretet. E szerint a belső szélesség 23¹|₂, a magasság 38, a mélység 63¹|₂ cm.-re van meghatározva; kivülről pedig a szélességet 33, a magasságot 41 és a hosszuságot 70¹|₂ cm.-re szabta. Ha azonban a keretek alsó léce és a fenékdeszka között 1¹|₂ cm.-rel nagyobb tért akarunk hagyni, a belső magasság 39¹|₂, a külső pedig 42¹|₂ cm. lenne. A fenék- és fedődeszka 8 cm. vastagok, duplák és aként készülnek, hogy a kaptár belső falazata a fenék- és fedődeszkába van beeresztve, azonkivül oda is van szögezve, hogy a kaptár egyenszög alakja megmaradjon. A falazatra 5·8 cm. vastagon fekvő szalma jön, melyet redőszerüen szögezett deszkácskák, az ajtó felőli részén pedig lécek födnek.

Minden kaptáron két külső ajtó van, melyek redőkkel bevont keretből állanak, 2¹|₂ cm. vastagok s a kaptár belső terjedelmével egybevágók. Alsó részük kettős falazata szalmával van kitömve, ellenben fölülről a második redő kivehető, hol dróthálózattal van ellátva, hogy vándorlás közben friss levegő hatolhasson a kaptárba. Az ajtók alul vas csapba illenek, fölül pedig bevésett lakattal zárhatók; ezenkivül jobbról és balról csavaros forditókkal is ellátvák, melyeket akkor használnak, ha az ajtónak lakattal való elzárása szükségtelen.

A kaptár 15 kerettel, egy választófallal, egy ablakkal és egy ajtóval van fölszerelve. A költőtér rendesen 10, a mézür pedig 5 keretre terjed. Egyébiránt a beosztás és elrendezés a méhész tetszésétől függ, mert a választófalat előbbre, vagy hátrább teheti, avagy egészen mellőzheti is.

A ducban összerakott kaptárok tölgy-, vagy egyébb kemény fából készült, 23 cm. magas és gyámfákkal összekötött lábakon állanak, melyekre deszkákat szögezvén, a kaptárok alacsony asztalon nyugosznak. A lábak alá, nehogy — kivált esős időben — a földbe mélyedjenek, téglát szoktak tenni. A tetőt deszkából készitik, két végén szintén deszkával, vagy pléhvel csinálják be, mely a felső kaptársor ajtói fölött nyugszik és vándorlás alkalmával levehető. Hogy pedig a szél le ne kapja a tetőt, kapcsokkal erősitik a kaptárhoz. Minden kaptár alsó részén, egész hosszában, 10 cm.-nyire kiálló deszkácska fut végig, mely a kaptárokat mintegy elválasztja azért, hogy a méhek eltévedésének eleje vétessék, de azért is, hogy a kaptárok az eső ellen részint védve legyenek.

Legcélszerübb, ha a röpülőlyuk a kaptár közepére esik; mert télen a holt méhek nem torlaszolják el, a bűzös gőzök fejlődését megakadályozván, az ugynevezett levegőhiány nem következik be; netáni vizhiány, azaz szomjusági baj esetén az itatás lehetőségét megkönnyiti, egyátalán a biztos kitelelést elősegiti. Emellett a tisztulási kiröpülés is könnyebbségükre van a méheknek, mert nem kénytelenek a hideg falon végig jönni a röpülőlyukhoz, ami a gyönge, kivált vérhasban szenvedő népeknél sok bajjal megy és rendesen a röpülőlyukak környékének, sőt a kaptár belsejének a bepiszkolását okozza. Ha magasan van a röpülőlyuk, a méhek nem is sietnek olyannyira halottaik eltávolitásával, mintha mélyen van alkalmazva a röpülőlyuk; pedig ez is nehéz dolog nekik, sokan elvesznek, a havon dermednek meg közülük. Végre: ha a röpülőlyuk magasan hagyatott, a gyönge nép jobban van védve a rablók ellen; nyáron pedig a kaptár nagyfoku melege könnyebben elillan.

Ezen kaptárokat egymás fölött négy sorban szokták ducba rakni. Ha a fölső, azaz a negyedik kaptársor kezelése netalán alkalmatlan volna, a rakást három sorra, t. i. 6 kaptárra lehet összeállitni. Ha pedig a $46^1|_4$ cm. belső és $49^1|_2$ cm. külső magasságu kaptárokkal méhészkedünk, kezelési kényelemből minden esetre elég lesz, ha három soros ducot rakunk. Igen helyes több ily párhuzamos rakást egy közös tető alá helyezni. Dathe méhesén egy ilyen szin alatt 3 duc van, egymástól 130 cm. távolságban, fölállitva.

Az ikerkaptárok párhuzamos egymásra helyezése a keresztben való fektetéssel szemben előnyösebb a méhészre nézve. Ennek érvelését Dathe csak néhány körülménynyel támogatja. Nevezetesen: a családok kezelése alkalmával a méhek nincsenek munkálkodásukban gátolva, mint a kaptárok keresztben való fölállitásánál; a háttal egymáshoz helyezett kaptárok — azáltal, hogy a fa dagadni, megvetemedni szokott — rendesen hézagot képeznek, mi miatt a népek a téli hideg befolyásának inkább ki vannak téve; a párhuzamos fektetésnél ez teljesen ki van zárva és ennélfogva a méhek a hidegtől, nedvességtől és igy a vérhastól kevésbé szenvednek s egyszóval jobban telelnek. Végre: a párhuzamos fektetésre bármely szélességü és hosszuságu kaptárok alkalmasak; mig a keresztben összerakott ducokhoz a négyszögalak miatt a kaptárok méretének egyenlőeknek kell lenni.

b) *A Dathe-féle ikerkaptár keresztben fölállitva.* Az összerakás hasonló a Dzierzon-féle ikerkaptárokból alkotott duchoz; különbség csupán a Dathe elvei szerint készült kaptárokban van. Dathe is, mint a német méhészek rendesen, kivált, akik kereskedelmi méhészettel foglalkoznak, ellensége a Dzierzon-féle ikerkaptárt jellemző, szabadépitkezésre szolgáló térnek. A kezelést tényleg meg is neheziti ez; különösen bajos az anya kivevése, mely sokszor a szabadépitkezési tér lépei között rejtőzik. Emiatt évtizedek óta harcolnak Dzierzon ezen elmés módositása ellen, nem véve figyelembe annak hatalmas előnyét, t. i. a biztos kitelelést, mely gazdasági kulturánk fejlődésével és méhészetünknek ezzel kapcsolatos hanyatlásával napról napra fontosabb kérdéssé válik.

c) *Egyes fekvőkaptár.* Az ikerkaptártól annyiban különbözik, hogy hátfalazata époly vastag, mint a homlokzata s igy egyesben is megfelelő. Ezek közül négyet is lehet a szabadban egy tető alá vonni; esetleg födött méhesben helyezhetők el.

d) *Kettős fekvőkaptár.* Két fekvőkaptár egyben készitve, azaz egy közös hátfalazattal ellátva, a kettős fekvőkaptárt adja. Hosszában, vagy keresztben egymásra fektetve, egyaránt fölállithatók.

e) *Fekvőkaptár, levehető homlokzattal.* A fekvőkaptárnak tulajdonképen oly szerkezetünek kell lennie, hogy mindkét végén megnyitható, ennélfogva a mézür és költőtér felől is ajtóval ellátott legyen. Ha azonban födött méhesben helyezzük el, a röpülőlyuk az *egyik ajtón* van, ekkor csak egy oldalról kezelhető s csak 12 keretre készül, hogy a tulságos mélység alkalmatlanságot ne okozzon. Ezen módon több kaptárt is lehet egymás mellé fektetni, ügyelvén arra, hogy a különben is közel eső röpülőlyukak közé választó deszka alkalmaztassék.

f) *A nyári ikerkaptár* az előbbiektől abban különbözik, hogy 14 keret fér belé s csak nyári használatra készülvén, nincs kibélelve.

2. Dathe-féle állókaptárok.

a) *Szétszedhető állókaptár, magas mézürrel* (43. ábra). Ezen ingó szerkezetü, illetőleg megtoldható egyes kaptárok aként készitvék, hogy a szükséghez képest kettős-, hármas-, négyes-, hatos- és nyolcasokká alakithatók át. Az egyes kaptárok külsőleg kétféle készitésüek, azaz: a *közbecsők* oldalfalai egyszerü deszkából valók, mig az *oldalkaptárok* — hogy jó melegtartók legyenek, az ikerkaptárhoz hasonlóan — kibélelt külső falazatuak.

A középkaptár belső szélessége 23$^1|_2$, magassága 77 és mélysége 36$^1|_2$ cm. E belső térség egy vizszint fekvő válasz által költőtérre és mézürre oszlik; az előbbi 38, emez 37$^1|_2$ cm. magas. Az oldalfalazat, a fenék-, valamint tetődeszka 1$^1|_2$ cm. vastag, s hogy a kaptár tartósabb legyen, a deszkák egymásba vannak eresztve. A homlokfal $7^1|_2$ cm. vastag, mely belül vékony deszka, kivül redőzet, vagy szintén sima deszka, köze pedig szalmabélés. A röpülőlyuk a homlokzaton, a költőtér középmagasságában van. A röpülődeszka 20 cm. hosszu és 8 cm. széles. Az ajtó a fenéktől a tetődeszkáig ér s $2^1|_2$ cm. mélyen a kaptárba illik. A kaptár kivülről tehát $26^1|_2$ cm. széles, 80 cm. magas és $47^1|_2$ cm. mély. Ugy a költőtérbe, mint a mézürbe 9 keret fér s a keretekig tolható ablakkal, vagy deszkával elzárható, miáltal a népesség erejéhez, esetleg a mézeléshez képest kisebb-nagyobb térre is szoritható a család.

Az oldalkaptár annyiban tér el az előbbitől, hogy oldalfalazata kettős, azaz bélelt és a jobb felül álló ilynemü kaptáron a röpülőlyuk a jobb, a balról állón a bal oldalfalazatban van.

43. ábra

A többes kaptárok, pl. négy család számára, olyan alkotásuak, hogy közbül két *közép-,* jobbról és balról pedig egy-egy *oldalkaptárból* állanak. Két ilyen kaptár egymásra téve, a *nyolcast* adja. A középkaptárokon a röpülőlyukak között választó deszka van. Az aljdeszka, melyen a kaptárok nyugosznak és a tető ugy készülnek, amint az ikerkaptároknál fölemlitettem. Háttal egymáshoz forditva, két nyolcaskaptárt is lehet egy födél alatt fölállitni. Egyébiránt a kettős, hármas, négyes és hatos összetétel s ezek emeletszerüen egy tető alá vonása époly helyes eljárás.

b) *A mozgatható többeskaptár alacsony mézürrel* az előbbiekhez képest azon különbséggel bir, hogy a mézür alacsonyabb és a kaptár mélysége csak 10 keretet fogad be. A többire nézve, t. i. ami a berendezést és a fölállitás módját illeti, az a) alatt leirt kaptárhoz hasonlit. A mézür 20 cm. magas, melyből 8 mm. a költőtér és mézür közötti hézagra, $18^1|_2$ cm. a félkeretekre és 7 mm. a keretek és tetődeszka közötti hézagra esik. Ugy a fenék-, mint a költőtér és mézür közötti választó-, valamint a tetődeszka $1^1|_2$ cm. vastagok lévén, a kaptár külső magassága 64 cm.-t tesz ki. A költő 10 egész, a mézür 10 félkeretet tartalmaz; ennélfogva a kaptár mélysége az ajtótól a homlokfalig belül 40 cm., kivül pedig, a homlokzattal és ajtóval együtt 51 cm.

A többeskaptárok emeletes összerakására alkalmasabb a most említett kaptár, mint az előbb leírt, minthogy a magas méztérhez bajos hozzáférni s a kezelés nehézkes.

c) *Az egyes- és a szét nem szedhető többes állókaptár.* Ezen rendszer belső berendezése azonos a most tárgyalt mozgatható többeskaptáréval; a mézür alacsony és magas méretü lehet. Különbség csak a külső alakban van, amennyiben az egyeskaptár minden oldalról kettős falazatu s magában is alkalmas a kitelelésre. A röpülőlyuk mindenkor a homlokzaton található.

A szét nem szedhető, azaz egyben készülő többes állókaptár előnye, hogy olcsóbb, mert egyszerübb s kevesebb anyagból és kevesebb munkával előállitható; télen — minthogy az egyes családokat csak egyszerü deszkafal választja el — a méhek jól megvannak benne, sikeresen kitelelhetők. Hátrányai is figyelembe veendők azonban, nevezetesen: a tovaszállitásra, vándorlás-, eladás-, lakóhely változtatására, kamrákban való téli elhelyezésre stb. alkalmatlan. De sok tekintetben a méhesen is célszerütlen, mert az egyes köpüket eltávolitni s helyükbe másokat állitni nem lehet; ami főleg méhbetegségek, pl. az annyira veszedelmes költésrothadás, ugyszintén a kaptár szükségessé vált kijavitása esetén fordulhat elő. Ezek is összeállithatók hármas-, négyes-, hatos- és nyolcaskaptárokká.

XV.

Födött méhesek és félszerek.

Födött méhes alatt tulajdonképen a pavillont értjük, melynek falait a kaptárok képezik és melyben a méhcsaládok csak belülről kezelhetők. A félszer ellenben félig nyilt és oszlopokon nyugvó épület, melynek deszkából való emeletein állanak a kaptárok.

1. Tizenkettős és tizenhatos ház.

A tizenkettős házacska két hatoskaptárból áll; a röpülőlyuk kivül, a kaptárajtók belül esnek olyképen, hogy a kaptárok között a kényelmes kezelésre 2—3 méter térség maradjon. E folyosó egyik végén van az ajtó, másik végén az ablak. A kaptárok fölé borul a tető. Ha a két hatoskaptár helyett két nyolcast veszünk, s szintén a jelzett módon állitjuk tető alá, kész a tizenhatos házacska.

2. Tizennyolcas és huszonnégyes ház.

Ha az előbbi módon a folyosó végére az ajtóval szemben egy hatos-, vagy nyolcaskaptárt állitunk s a folyosó megvilágitására szolgáló ablakot az ajtó fölött, vagy magán az ajtón alkalmazzuk: ez esetben a tizennyolcas, vagy huszonnégyes házat raktuk össze.

3. Huszonkettős és huszonnyolcas pavillon.

A báró Berlepsch által tervezett pavillonnak rendeltetése egyszersmint a kert diszitése; ennélfogva a fölépitésnél a csinos kivitelre is figyelmet kell forditni. A huszonkettős pavillon a Berlepsch-féle rendszerhez hasonló, csakhogy az ajtó mellett jobbról és balról egy-egy kettőskaptár van elhelyezve. Ha hatoskaptárok helyett nyolcasokat alkalmazunk, akkor huszonnyolcas pavillonunk lesz. A tető a pavillon négy szögletén álló oszlopokon nyugszik.

4. Negyvennégyes és hatvanas pavillon.

Ezen nagyobbszerü épitmény 6 hatos- és 2 négyeskaptárból áll, mely utóbbiak az ajtó két oldalára jönnek. Hatoskaptárok helyébe nyolcasokat használván, hatvanas pavillont kapunk. Hogy a pavillon továszállitható legyen — pl. lakás-, vagy birtokváltozás esetén — ajánlatos a hatos- és nyolcaskaptárokat nem egyben, hanem két, egymásra állitható részben csináltatni.

A pavillonok mindenesetre a legcsinosabb és legtetszetősebb méhházak; de költséges voltuknál fogva a közönséges gyakorlati méhésznek nem ajánlhatók. Az ő 'föladata egyszerü és célirányos eszközökkel érni el az eredményt, hogy az év végével megejtendő számadás sikerrel tetőzze müködését. Az sem kicsinylendő körülmény, hogy az ilyen zárt méhesben való mindennapi munkálkodás tikkasztó, bágyasztó, nem oly egészséges, mint a szabadban. Aki azonban örömét leli a pavillonban s az áldozatot e célra nem sajnálja: épitsen ilyet magának; de helyezzen is el benne kitünő népeket, mert szép pavillon és jó erős családok, tehát csak e két föltétel szövetkezve képezheti a méhes igazi diszét és csupán igy fog állandó örömet okozni. (Lehrbuch der Bienenzucht, Dathe, 85. l.)

XVI.
Ház és pavillon továszállitható többeskaptárok számára.

Az előbbi tételben fölsorolt pavillonoktól abban különböznek, hogy nem a kaptárok képezik az épület falát, hanem a falak a méhháznak állandó hozzátartozó részei, melyeknek osztályaiba a kaptárok beillenek és ennélfogva ezek mintegy védve vannak. A kaptárok homlok- és oldalfalazatai is egyszerü deszkából készülhetnek tehát, minthogy az épület a méheket a hideg és meleg ellen kellőleg megvédi. Ezen épületeket néhol fából, másutt téglából, vályogból stb. készitik. Az utolsó két anyag azonban könnyen magába szivja a nedvességet, azután jobb hővezető is, mint a fa; végre minthogy a falak vastagok, a méhek a kaptárba vezető csatornában sokat szenvedhetnek. Ezt elkerülendő, a csatornákat deszkával béleljük ki.

Külső alakjukra nézve olyanok lehetnek e méhházak, mint a megelőzőleg leirt pavillonok; ennélfogva módunkban áll ugyanazon elvek szerint az egyeskaptártól kezdve a nyolcasig, a legigénytelenebb kivitellel s a legdiszesebb fényüzéssel egyaránt fölállitni ilyen méhházat is.

44. ábra.

XVII.
Méhszín ducok vagy rakások számára.

A fekvő ikerkaptárok tulajdonképen a szabadban való fölállitásra volnának rendelve; a párhuzamos összetételnél azonban, amikor a méhek csak két ellenkező irányban röpülhetnek ki, igen célszerü ezeket is szín alá helyezni. A szín egyik oldala deszkafalazat, melybe a röpülőlyukakhoz vezető nyilásokat vágunk. Ilyen szín alatt is bármely időben kezelhetők a méhek. Három, egymás mellett álló ducnak 5 méter hosszu, $1^1|_2$ méter széles szín szükséges. Négy ilyen szín, négyszögben fölállitva, 12 ducnak szolgál tetőül; az egyik szögleten alkalmazható a bejárás. Ezen rendszer különösen a szeles, légáramlatos vidékeken előnyös.

XVIII.

Házak és színek ingatlan kaptárok számára.

Méhkunyhó, színkerítés és zártszín (Schauer) (44. ábra). Ezen legegyszerübb épitmények külső alakja és belső berendezése a méhészkedés iránya és az éghajlat változatossága szerint nagyon különböző. Egyben azonban, t. i. hogy olcsó anyagból készülvék s külsőleg és belsőleg igen egyszerüek, tehát kevésbe kerülnek, mégis megegyeznek. A méhek röpülési iránya szabad, a kaptárok mögött nincs folyosó; a családok tehát elülről kezeltetnek. De vannak zárt folyosóval ellátott ilyféle épületek is.

45. ábra.

A méhkunyhó a legkisebb ilyen épület, egyszerü állványokkal, vagy tartófákkal. A tető olcsó anyagból, pl. szalmából, nádból, esetleg deszkából van és földbe ásott oszlopok tartják. A kunyhót tágasabbra, azaz több méhcsalád részére is készitik, ekkor már *szín*, vagy pedig *félszer* a neve.

A méhkerítés (Németország egyik vidékének tájszólása szerint: Immentun) (45. ábra) különösen Lünneburgban és átalában az éjszaki hangavidéken van használatban, hol a kasok nagy számban találhatók s a vándorméhészet nagyban dívik. A méhkerítést szintén igen olcsó anyagból, u. m. szalma-, hanga-, nád-, galy-, vagy kákából csinálják s ugy a hátsó falazat, mint az egyszerü tető, melyet elől és hátul oszlopok tartanak, egyazon anyagból van. Az oszlopok között egy vagy két emeletre szolgáló hevederek (gerendázat) vannak alkalmazva, melyekre $2^{1}|_{2}$—4 cm. vastagságu deszkákat fektetvén, a kasokat ezekre helyezik.

A zártszin tökéletesebb, tartósabb a méhkeritésnél; berendezése azonban ugyanaz. Hátulsó falazata rendesen erős tölgyfadeszkából való; a tetőt zsindelylyel, vagy cseréppel födik. A hátulsó fal és a kasok között néhol folyosót hagynak. Külső alakjára nézve különféle lehet s rendesen egy szabad területet övez körül és négy-, öt-, vagy hatszögü stb. lehet s elzárható lévén, zártszín (Schauer) a neve. A zártszínben álló kasok népének a röpülési iránya mind az udvar felé van; a bejárót a szín bármely oldalán lehet alkalmazni. Ilyen kisebb zártszínben 100, mig a nagyobbakban 2—300 kas is elfér és jó menedékül szolgál azoknak. Természetes, hogy e zártszínek nem kifogástalanok, megvan ama hátrányuk, hogy a dolgozóméhek és a királynék a tájékozási kiröpülés és előjáték alkalmával, a nagyobb csoportosulás következtén igen könnyen eltévedhetnek. De viszont a széltől, léghuzamtól védve vannak a méhek az ilyen zártszínben, mely a jó kitelelést elősegiti; a rajzáskor pedig a rajokra való fölügyeletet s a rajfogó zacskó gyors alkalmazását könnyebben lehet eszközölni.

XIX.
Dathe-féle anyanevelő kaptárok.

Minden méhész a saját hasznára cselekszik, ha tenyésztő kaptárai mellett, méhállományához mérten, anyanevelő kaptárokat is tart, melyekből az elveszett királynékat pótolhatja, vagy műrajkészitésre veheti ki a tartalékanyákat.

Az anyanevelő kaptárok is keretes rendszerüek, mert egyéb berendezés esetén lehetetlen volna pl. az anya megtermékenyülését ellenőrizni, őt kifogni és más kaptárba áttenni. Minthogy e kaptárocskák használata csak a meleg évszakra terjed, melegtartósságuk figyelmen kivül hagyható. Mindazonáltal célszerü, ha kivülről szalmával, náddal, vagy sással vannak beboritva. A berendezést tekintve, Dathe három anyanevelő kaptárt ismertet. Ezek:

1. A félkaptár.

Belső világossága, a szélessége és magassága a rendes kaptárokéval megegyező; hossza azonban a fekvőkaptároknak a felét teszi ki, s épen ezért is nevezik félkaptárnak. Az ilyen anyanevelők osztatlanok és osztottak. Az osztatlanok homlokzata a kaptárral szilárdan egyben áll, hátul egy ablak és egy ajtó van rajtuk. Ezek az ugynevezett fél állókaptárok; mindenikben egy anya nevelhető. Az ilyen kaptárt egy választódeszka által ketté osztván, mindenik osztályra külön ajtót lehet alkalmazni. Ez az osztott rendszerü, vagy fél fekvőkaptár; melyet két röpülőlyukkal lehet ellátni, s két rajocska számára szolgálhat lakásul, eszerint két királyné is nevelhető benne. Egy ilyen osztály a rendes fekvő-kaptár egynegyed részét foglalja el tehát. Ha azonban e két részre osztott fél fekvőkaptárt félkeretekkel rendezzük be, a felső keretsort az alsótól deszkával elzárjuk és végre minden keret-sorhoz külön bejáratu röpülőlyukat nyitunk: a félkaptár négy rajocskának, illetve királynénak ad helyet. Ezen esetben az ilyen anyanevelők neve nyolcadkaptár, miután a közönséges fekvőkaptár egynyolcad részét foglalják el.

Ezek szerint van:

a) *Fél állókaptár* le nem vehető homlokzattal, 7 kerettel, 1 ablakkal és 1 külső ajtóval.

b) *Fél fekvőkaptár* 6 kerettel, 2 ablakkal és 2 külső ajtóval.

c) *Negyedkaptár* belső és külső deszka által két egyenlő részre osztva, melyek mindenike 3 kerettel, 1 ablakkal és 1 külső ajtóval van ellátva (46. ábra).

d) *Nyolcadkaptár*, mely az utóbbi-hoz hasonló és félkeretekre van be-rendezve.

Mindezen anyanevelők épugy összeállithatók, mint a közönséges

46. ábra.

tenyészkaptárok. Csak arra kell ügyelni, hogy szél és vihar föl ne dönthessék. A fél álló- és fél fekvőkaptárok kisebb rajokkal népesithetők be; mig a negyed- és nyolcadkaptárokba a terje-delemhez mérten, még kisebb népecskéket szállásolunk. Az elsők főhivatása, hogy különösen anyabölcsőket épitsenek és az idegen faju heréket föntartsák.

2. Nyolcadkaptárocska.

Hogy a királynék nevelésére egészen csekély népecskék is fölhasználhatók legyenek, Dathe olyan apró kaptárkákat szer-kesztett, melyeknek keretei a közönséges tenyésztő kaptárokban használt kereteknek egyhatod, vagy egynyolcad részét teszik. A kaptárocska belső szélessége 11·8, magassága 15, mélysége szintén 15 cm. Minden kaptárhoz 3 keret, 1 ablak és 1 külső ajtó tartozik. Az utolsó keret 3 cm.-rel alacsonyabb a többinél, hogy egy etetőedényt alá lehessen helyezni. Ezen anyanevelőket egyenként, vagy kettősben szokták a méhesen fölállitni; de üres kaptárokba (melyeket védőkaptároknak neveznek) is elhelyezhetők. A nyolcad-kaptárok rendeltetése a beillesztett anyabölcsők kiköltése és a fiatal anyák megtermékenyitése.

3. Tizenhatodkaptárocska.

Félakkora, mint a nyolcadkaptár, vagyis a közönséges tenyésztőkaptárnak tizenhatod része. Kereteket nem tartalmaz, mert a kaptárocska magában véve nem más egy kicsiny keretnél, melybe a lépet bele illesztik. Belseje csak 8 cm. széles, 5 cm. magas és 4 cm. mély. Két nyilt oldalát papirral beragasztott üveglap zárja. Hogy a méhek meg ne fulladjanak, a keret felső lécén likacsok vannak furva. E kaptárocskák arravalók, hogy a fölösleges érett anyabölcsőket nehány méh bennük kiköltse. Kivált az olasz faj tenyésztése esetén nagyfontosságu az ilyen anya-nevelő; mert benne a kitünő vérből származó királynéivadékot ideiglenesen eltarthatjuk. Az eljárás ebből áll: az anyabölcsőt egy kis mézesléppel és 10—20 dolgozóméhvel a kaptárkába tevén, ezt egy mézürbe, vagy más sötét, de meleg helyre állitjuk, figyelemmel kisérvén az anya kikelését.

Az anyanevelő kaptárocskákba belső terjedelmük szerint erősebb vagy gyöngébb népecskéket szállásolunk. Az erősebb nép hord be magának élelmet; a gyengébbek azonban képtelenek erre, miértis mézzel látandók el. A méhes állományától és terjedelmétől, valamint a kezelési iránytól függ, hogy kiki hány anya-nevelőt használjon méhesén. Aki idegen méhfajokat szándékozik meghonositni és azokat tisztán tenyészteni, okvetetlenül szüksége van az anyanevelő kaptárokra.

Amidőn most Dathenak, az éjszak-németországi hirneves mesternek összes kaptárrendszeréről s azok összeállitási módjáról szóló ezen ismertetésemet befejezem, kijelentem egyszersmind, hogy a tárgynak egész terjedelmében való felölelését annál is inkább szükségesnek tartottam, mert Dathe rendszere oly mélyreható szakavatottságra vall, melyből a tudni vágyó bármikor olthatja szomját. A rendszerek sokfélesége alkalmat nyujt a gazdagnak és szegénynek egyaránt arra, hogy viszonyaihoz képest a neki legmegfelelőbbet válaszsza és méhészetét aként rendezze be, azon biztos megnyugvással tehetvén azt, hogy amit Dathe ajánl, annak célszerü voltáról előbb ő maga győződött meg.

Egy kérdésben azonban mégsem tartok Datheval, s ez a kaptár belső szélességét illeti, melyet ő 11"-ről 10"-re, később 9"-re, vagyis 23^1|$_2$ cm.-re szállitott le. Megengedem, hogy olyan méhészkedés mellett, mint aminőt Dathe folytat (melyről müvemben másutt meg fogok emlékezni), melynek nem a mézelés a főiránya, mert rendesen venni szokta a mézet, nemhogy ő adna el és csak kizárólag a nem igen szapora olasz méhek tiszta tenyésztésével és kereskedésével foglalkozik: a keskenyebb kaptárméret célszerübb, még pedig *annál is inkább, minthogy a gyöngébb népességü családok kezelését és kitelelését megkönnyiti;* de mi, kik hazai méhfajunknál jobbat soha nem kivánhatunk s határozott irányunknál fogva — *minél több mézet szürni* — a kaptár nagyobb terjedelmére vagyunk utalva, ennélfogva a keskenyebb, illetőleg az átalános német kaptárméretet nem fogadhatjuk el. E tekintetben annál határozottabb álláspontot foglalhatunk el, mivel nekünk, magyarországi méhészeknek, elveink érvényesitésére hosszu évek statisztikai adatai szolgáltatják az alapot, mely adatok és az ezeken nyugvó elvek csakis a gyakorlati téren szerzett tapasztalatok eredményei. Távol vagyok mindazonáltal attól, hogy Dathenak hibául rójam föl az ő megállapodását! Sőt Lehrbuch der Bienenzucht czimü méhészeti müvének a tanulmányozását melegen ajánlom, mely a klasszikus méhészeti irodalom magaslatán áll.

47. ábra.

XX.

A Gravenhorst-féle ives-kaptár.
(Bogenstülper.)

Amire mindeddig senki sem volt képes, t. i. a kas belső tartalmának mozgathatóvá tételét létre hozni, az Gravenhorstnak, a braunschweigi méhésznek sikerült. Ezen kaptár alakja a Riem-, vagy a későbbi Dzierzon-féle iveskashoz hasonló; abban különbözik azoktól, hogy szalmából van fonva, ujabbi időben sajtolva és ajtaja nincs, minden oldalról el van zárva, miértis a kashoz csupán alul lehet hozzáférni; a kezelés alkalmával gerincére kell tehát fektetni. (47. ábra).

Belső szélessége 24, magassága 42, hossza 56 cm., ugy, hogy 16 keretnek van benne helye, melyeknek alakjáról már szóltam. Miután a szalma sulya a kast kissé lenyomja, ennélfogva a magasság a kas készitésekor valamivel többre, még pedig 46 cm.-re veendő. A keretek nem párkányzaton függnek, hanem a boltozat

6

közepén alkalmazott 2·2 cm. széles, 1 cm. vastag lécen, vagy nyergen nyugszanak, melyen a fürész fogaihoz hasonló bevágások vannak s az ives keretek felső hajlása ezekbe illesztetik és a keretközök is egyenletesek maradnak. Hogy a keretek a lécről le ne csusszanak, a keret teteje villaalaku szögecskékkel van ellátva, melyek a rostélyzatra támaszkodnak.

Hogy pedig a keretek a kaptárból ki ne essenek és a falazattól a kellő távolságban maradjanak, az oldallécek végei át vannak furva és 8 cm. hosszu drótszögekkel a kas szalmájához erősitve. A kas belseje költőtérre és mézürre oszlik, melyeket a kasba illő deszkafal választ el egymástól. (48. ábra.) A méheknek a költőtérből a mézürbe való juthatását a választódeszka tetején levő nyilás közvetiti, mely a mézelés bekövetkeztéig zárva marad. A röpülőlyuk a padlódeszkától 8—10 cm. magasságban van alkalmazva, s 8 cm. hosszu és 1 cm. magas. Gravenhorst ujabb idő óta 2—3 röpülőlyukra késziti e kasokat és a családokat ugyanannyi rajocskákra osztja, melyekből ősz felé a királynékat eladja, vagy az öregebb anyákat cseréli ki velük, esetleg tartalékos királynékat telel ki. (Der praktische Imker, Gravenhorst, Braunschweig.)

48. ábra.

A Gravenhorst-féle kasok főelőnye abban rejlik, hogy a méhek vándorlás közben mit sem szenvednek bennük; miértis e célra kitünően alkalmasok. A családok nagyon szépen ki is telelnek e kasokban.

Németország éjszaki részén, hol a hangára való vándorlás a méhészre nézve életkérdés, nagyon el van terjedve ezen kas, mely a méheknek ott még erősen divó lekénezését korlátozza és tiszta szinmézzel fizet a méhész fáradozásáért. Még jobban elterjedne, ha kezelése nem volna nehézkes, sőt igen sokszor veszedelmes is; mert a kas fölemelése, kivált mikor sok benne a méz s a család népes is, bizony nagy erőt követel, a kirohanó méhek ellen való védekezés pedig sok ügygyel-bajjal jár, sőt kedvezőtlen időben nem is mindig sikerül.

A kaptár szerkezete mindazonáltal méltó találmánya a mesternek s megérdemli, hogy mi magyarok is tüzetesebben foglalkozzunk vele. Sajnos, hogy hazánkban a méhekkel való vándorlást csak helylyel-közzel üzik. A Gravenhorst-féle ives-kaptár megtörhetné a vándorlás iránti közönyösség jegét, minthogy e célra kitünő szolgálatot tesz.

Miután 1873 óta több ilyen kaptárral méhészkedtem, az e téren szerzett tapasztalataimat a következőkben foglalhatom össze:

Tagadhatatlan, hogy a Gravenhorst-féle ives-kaptár a jó melegtartósság tekintetében és a könnyü továszállitás céljából dicsérendő. Különösen az éjszak-németországi, de nálunk is gyakran jelentkező hosszu és kemény telek folyamán nagyon jó szolgálatu e kas, mert a méhek kitelelését sikeresen biztositja. Egy kasban, ha a Gravenhorst által alkalmazott két választó-deszkát használjuk, három rajocskát is szépen át lehet telelni s tavasz felé rendelkezésünkre állanak a tartalékos anyák. A méhek téli mézfogyasztása is jó negyedrésznyivel kevesebb az ives-kasban, mint más kaptárokban. Végül: a vándorlásra — mint már emlitém — Gravenhorst kaptára fölülmulhatatlan.

Hátránya, hogy födött helyiségre, vagy színre szorul, ami különösen vándorláskor érezhető kellemetlenség, mivel idegenben mégis csak bajosabb a kasok részére tetőről gondoskodni, mint odahaza. A szabadban fölállitva az eső rongálásainak tesszük ki őket. Saját vándorlásaimkor kellett ezt sajnosan tapasztalnom, ámbár ugy igyekeztem a bajon segitni, hogy az ives-kaptár gerincére deszkafödelet tettem. 5—6 kassal megjárja ugyan, ha a hiányon igy segitünk; de nagyobb állomány esetén a sok bibelődés és költség miatt alig eszközölhető. Szintén hiánya a kasnak, hogy csak alulról lehet kezelni, a fölemelés és vissza boritás elég kényelmetlen és megerőltető dolog. Végre: az ára 7 márka, vagyis 4 frt 20 kr., szállitással együtt 5 frt 20 kr., oly összeg, melyért én 3 ikerkaptárt készittetek 6 család számára, melyekkel szintén vándorolhatok.

A Gravenhorst-féle ives-kast a Dzierzon-féle kaptár után, mindamellett a legérdemesebbnek tartom; mert föltalálója geniális módon fejtette meg azon nehéz kérdést, hogy miképen lehessen a kast keretekkel fölszerelni.

XXI.

A könyves-, vagy lapozó-kaptár.

Braun Ádám Ferdinánd már 1853-ban szerkesztett egy olyan fekvőkaptárt, melynek berendezése a közönséges kaptároktól sok tekintetben eltért. Nevezetesen: a keretek hidegépitkezés szerint voltak elhelyezve aként, hogy a méhész tetszés szerint felülről bármelyiket kivehette, anélkül, hogy a szomszédkeretet megbolygatta volna. Ilyen kaptárt még most is sokan használnak nálunk;*) különösen pedig az angoloknál és az amerikaiak között nagyon el van terjedve.

49. ábra.

Az 1860-ik évben egy másik, ehez hasonló kaptár keletkezett, mely a keretek hidegépitkezés szerinti helyezkedését és az egyenként való kiszedhetés módját illetőleg az előbbivel megegyezik, de alakjára nézve teljesen eltér attól. Az előbbi ugyanis fekvő, ez pedig álló rendszerü és a keretek emeletesen vannak elhelyezve benne oly módon, hogy azok hátul a homlokfal mentén alkalmazott párkányzaton függenek, mig az ajtó felől lécen állanak. A kereteket eszerint egyenként bármikor épugy ki lehet húzni és visszarakni, mint valamely könyvtár könyveit.

_____

*) Hazánkban Juhos, Gobóczy és Brózik jóhirü méhészek nevei alatt, kisebb-nagyobb módositással elterjedt ilyen kaptárokat ismerünk.

Ezen kaptár első kiállitója és terjesztője Liptay László, szepesi apátkanonok és Liptay Ferencz, szepesváralyai kanonoknak, az érdemekben gazdag méhésznek a testvéröcscse. A kaptár (49. ábra) javitott alakjának ismertetését a Bienenzeitung 1868-iki évfolyamának 11—12-ik száma közölte. Az 1867-ik évben Szepesváralyán, az 1871-ben Debreczenben tartott mezőgazdasági és az 1873-iki bécsi világkiállitásokon kitüntetéseket nyert.

A kaptár előnye mindenesetre abban áll, hogy a keretek — mert éleikkel az ajtó felé irányozvák — egyenként kiszedhetők; továbbá, hogy a kaptárt az ajtóig megtöltik a keretek s igy az ablak fölöslegessé válik; a kaptár fölnyitásakor — habár elég széles az ajtó — épen a keretek helyzeténél fogva, nem zúdulnak föl olyannyira a méhek s a méhész nincs annyira kitéve a támadás kellemetlenségeinek; végül: a kitelelésre is igen alkalmas e kaptár.

Leirását Liptay Ferencz, szepesváralyai kanonok is kiadta a Kertész-gazdában 1870., 1871. és 1872. években, mire a kaptár különösen a felső megyékben hamar elterjedt. 1873-ban ujból találkozunk Liptayval a Bienenzeitung lapjain, hogy Rothet és Pöschelt, kik a saját találmányukként mutattak be ilyen kaptárt, a rendszer eredetére figyelmeztesse, utalva a Bienenzeitung 1868-ik évi 11—12-ik számaiban közölt és rajzokkal megjelent kaptárleirásra, melyben a keretek egyenként való kiszedhetése is ki lett emelve.

A kaptár egyszerü, $2^1|_2$ cm. vastag deszkából készült láda; hosszabb, azaz nagyobb felületü oldalainak egyike a homlokzat, melylyel szemben van az ajtó. Jó melegtartósság céljából kettős falazatu a kaptár; a falközöket szecskával, mohával, stb. tömik ki. A röpülőlyuk a homlokfalazaton, mindjárt a fenékdeszka fölött nyílik. A keretek — mint már emlitém — egyrészt, t. i. a homlokzat felől párkányzaton függnek, másrészt, vagyis az ajtó oldalán lécen állanak; ezen helyzetben bármely keret jobbra, vagy balra tolható, avagy kivehető. Hogy adott állásukban a keretek meg ne mozdulhassanak, az ajtó felől egy haránt fekvésü és körülbelül a keretek félmagasságát átmetsző léc tartja őket, mely el is távolitható.

Ilyen szerkezetü, három keretsort magában foglaló és szalmából készült kaptárok hazánk éjszaki megyéiben vannak leginkább elterjedve.

A Rothe- és Pöschl-féle kaptárok kevés különbséggel hasonlitnak a fönt leirt lapozó-kaptárhoz.

A Möszl, kőszegi tanitó által szerkesztett kaptár is, melyet fölfedezője azon vidéken közkedveltségüvé tett, szintén kevésben különbözik a Liptay-féle lapozó-kaptártól.

A Göndöcs-féle lapozó-kaptár ujabb készitményü. Egyenes eredetét ez is a Liptay-félétől vette, habár attól több tekintetben eltér. (50. ábra.)

Amidőn elismeréssel adózom azért, hogy a lapozó-kaptár létesitése első sorban is magyar ember érdemeit dicséri, egyenesen egy magyar méhész eszméjének a megvalósulása, a kaptár hiányait sem hallgathatom el, melyektől ez sincs mentve. Először is a keretek kiszedése nagy elővigyázatot követel, ellenkezőleg könnyen megtörténik, hogy a keretek egymáshoz való surlódása következtében sok méh pusztul el, s ha netán épen a királynét sértené a keret, tudnivaló, hogy minő nagy kárára volna ez a méhésznek. Másodszor: a keretek ide s tova tologatása és csak óvatosan eszközölhető lassu kiszedése sok időbe kerül; miértis a nagyban való tenyésztésre nem alkalmas a kaptár. Végre, harmadszor: vándorlásra és pavillonszerü összerakásra sem használható; ennélfogva költséges épitkezésü födött méhest igényel. Terjesztését ezek miatt semmikép sem ajánlhatom.

50. ábra.

XXII.
A Huber-féle kaptár.

Huber, niederschopfheimi (bádeni nagyhercegség) tanitó a Dzierzon-féle kaptáron olyféle módositást tett, amely szerint az most nagyban el van terjedve. E kaptár 30¹⁄₂ cm. hosszu, 23 cm. magas és egy sorjában 12 keretre szolgál. A hideg és meleg ellen való védekezés szempontjából papirral, sással, szalmával, stb. borittatik, mely anyagok lécekkel vannak a kaptár oldalaihoz szoritva. A kaptár egy fenékdeszkán fekszik, s fölül is egyszerüen deszkafödéllel van leboritva. Ha jó hordás idején mézzel és fiasitással van telve a kaptár, a levehető deszkafödél négyszögalaku nyilására üvegharangot, vagy még célszerübben egy keretekkel fölszerelt ládácskát helyeznek, mely, amint kiépült és a hordás még kedvező, másikkal lesz kicserélve. Az ilyen ládácskákat vékony deszkából csinálják s *három keretsorra* rendezik be; magasságuk csak 21 cm. lévén: egy-egy emeletre 7 cm. jut és igy ezen apró keretekben találjuk az amerikai boxesek eredetét. A láda hátulsó oldalán ablak van, melyen át a méhész a mézelés eredményéről bármikor meggyőződhet. A rövid keretecskéket csakhamar kiépitik és mézzel töltik meg a méhek. A megtelt ládát dróttal, vagy késsel vágják le, miután az alsó kereteket rendesen a kaptárhoz épitik a méhek. A levett láda helyére, kedvező hordás esetén — másikat tesznek.

A Huber-féle kaptár csak fölülről, tehát a födéldeszka levevése után kezelhető; az épitkezés a méhész tetszése szerint hideg-, vagy meleg-rendszerü lehet. Az első esetben a röpülőlyuk a kaptár hosszu, utóbbiban pedig annak a keskeny oldalára jön.

Ezen olcsó és kitünő kaptár, különösen azok részére, akiknek födött helyiségeik vannak, nagyon ajánlatos; főleg a szűz mézeslépek előállitására nagyon alkalmas, miértis az amerikaiaknál nagyra becsülik.

XXIII.

Az Öettl-féle hercegkaptár (Strohprinz).

Csehország az ő méhészetének jelenlegi fejlettségét Öettlnek, a podersami lelkésznek köszönheti; amit ez leginkább „Öettl's Claus" cimü munkájának és ezzel együtt a hercegkaptárnak terjesztésével eredményezett, az okszerü méhészetnek ilyképen utat törvén.

51. ábra.

A hercegkaptár néhol faanyagból, de legtöbbnyire szalmából készül s mint ilyen, van nagyban elterjedve. A kaptár (51. ábra) 4—5, egymáshoz toldható, egyenként 25 cm. széles, 27 cm. magas, 14$\frac{1}{2}$ cm. mély és három keretnek helyetadó részből áll, melyek a méhcsalád fejlődésének és gyarapodásának arányában, a kaptárhoz toldatnak, melyhez kapcsokkal lesznek szorosan oda-illesztve. A kaptár ennélfogva fekvő rendszerü s lépeinek a röpülőlyuk helyzetéhez képest való iránya szerint hideg-, vagy meleg-berendezésü lehet.

Öettl az ő kaptárának az előnyeit a jó kitelelésben és a mürajok egyszerü készitési módjában találta. Az utóbbi körülményt azonban nem ismerték el a méhészek; mert a kaptár felét kikapcsolni és mindenik részt, mint külön családot kezelni: a méh-állam berendezésének fogalmával összeütközik. Dacára ennek, az Öettl-féle kaptár Csehországban nagyon el van terjedve és köztetszésben részesül.

Öettl hercegkaptárát is az elavultak közé számithatjuk. A beljebb tolható ablak segitségével már régóta módunkban van a kaptár belsejét szabályozni, vagyis a méhcsaládot a szükséghez képest szükebb térre szoritni, vagy tágasabb helyet engedni neki. Ennélfogva szükségtelen a kaptár toldozgatása és viszont az egyes részek lekapcsolása, amivel még a kaptárrészek érintkezési hézagainak sárral való betapasztása is, ez a kellemetlen, piszkolódó munka jár. Végre: a hercegkaptár részére födött méhes szükséges, miután a szabadban fölállitni nem ajánlatos.

XXIV.
A brünni egyesületi kaptár.

Alakja álló rendszerü; belső magassága 67 cm., mélysége 40 cm., szélessége 25 cm., ürtartalma tehát 72.500 köbcentiméter. 2 cm. vastag deszkából, kettős falazattal csinálják. A $6^1|_2$ cm. széles falköröket szalmával, szecskával, vagy mohával tömik meg. A hátulsó falazat képezi az ajtót, mely csuklóra jár és lakattal záródik. A homlokfal két röpülőlyukkal van ellátva, melyeknek egyike a fenékdeszkától $2^1|_2$ cm.-re, a másik a kaptár magasságának $^2|_3$ részén van hagyva.

A kaptár belső berendezése a következő: A falazat mindkét oldalán 5 pár, egymásnak tökéletesen megfelelő ereszték van; az első pár a talapzattól $5^1|_2$, a második az elsőtől $12^1|_2$, ettől a harmadik 12, melytől a negyedik 12, s az ötödik a negyediktől $14^1|_2$ cm.-re esik és az ötödik fölött 7 cm. szabadtér marad.

Az alsó eresztékpárba egy $^1|_2$ cm. vastagságu deszkát illesztenek, mely helyenként át van furva, hogy a hulladék a kaptár fenekére essék. Az eresztékben levő deszka és kaptárfenék közötti ürt az ajtó felől egy beillő deszkácska elzárja, melyet — amikor a kaptár fenekén összegyült hulladékot kitisztitják — le lehet venni és ujra visszatenni. A többi négy ereszték mindenike 10 keretet tart; a kaptár tehát négy keretsorra van berendezve. Az eresztékek egymástól való különböző távolsága oda magyarázandó, hogy az első keretsor, mely a padlódeszkától $17^1|_2$ cm. magasan függ, kiépitve csak $16^1|_2$ cm. magas lesz, miután a méhek a talapzattól az épitményig 1 cm. szabadtért hagynak. A negyedik keretsor pedig azért függ a harmadiktól 12 cm.-re, mivel a fölöslegesnek látszó 2 cm. tér a keretek alatt fekvő fedődeszkácskáknak a helye. A méheknek a mézürbe való följuthatása, de a királynénak a költőtérben való visszatartása céljából a fedődeszkácska homlokzat felőli vége $^1|_2$ cm. hosszu szögecskékkel van ellátva. Ha azonban a mézürt egészen el akarjuk zárni, oly fedődeszkácskát használunk, melynek szélein a kiálló apró szögek hiányoznak. — A negyedik keretsor fölött maradt 7 cm. szabadtér arra szolgál, hogy oda $1^1|_2$ cm. vastag záródeszka legyen a keretek fölé helyezhető, a még mindig mutatkozó $5^1|_2$ cm. magas ür pedig a keretek könynyebb kezelésére van. Az ajtó mögött ugy a költőtért, mint a mézürt külön ablakkal lehet elzárni. Az ablakok beljebb tolhatók, vagy ki is vehetők, minélfogva a kaptár, a körülményekhez képest tágitható, vagy szükithető.

A brünni egyesületi kaptár mindenesetre nagy szakértelemmel és tapintatossággal készült; s hogy minden tekintetben meg is felel, roppant elterjedtsége és azon körülmény igazolja, hogy a brünni méhészegyesület ma is ezt hirdeti jónak, ezt ajánlja mindenkinek. Egyetlen kifogást a kaptár nagy ára ellen lehet tenni.

XXV.

A bécsi, vagy osztrák egyesületi kaptár.

Ezen szintén célszerüen szerkesztett kaptár 80 cm. magas, 25 cm. széles és három keretsoros. Különben semmiféle nevezetességgel nem dicsekedhetik.

XXVI.

Az íves állókaptár (Bogenrahmen-Stock).

52. ábra.

Az ives-kaptár (52. ábra) Rajmund Frigyes, lorettói (Sopronm.) méhész és asztalos ötletéből készült, ki ezt először a bécsi nemzetközi verseny alkalmával a Simeringben rendezett méhészeti kiállitáson mutatta be a méhészközönségnek. Ezen állókaptár költőtere Gravenhorst-féle ives keretekkel van fölszerelve, melyek a kényelmesebb kezelés szempontjából egy, a kaptárból kihuzható és ismét visszatolható tokban vannak elhelyezve. A kereteket a kihuzott tokból fölülről lehet kiemelni. A mézürben eresztékben függő félkereteket alkalmaznak.

A kaptár csak mint föltünő különlegesség érdemel emlitést; a méhészetre azonban nincs fontossággal; és ennélfogva csupán oly méhészek közt fog szük körü elterjedésre kapni, akik inkább szórakozásból, a külsőségekre s különlegességekre is áldozhatván, üzik a méhészetet.

XXVII.

A Krasicki-féle mozgatható lengyel kaptár.

Ennek összeállitásánál Krasicki a cölönkkaptárt, mint a kitelelésre legalkalmasabb méhlakást tartotta szem előtt, különös sulyt fektetvén a legrégibb lengyel méhészeti irónak, Kontzki Valentinak egyes berendezéseire, melyek igen célszerüeknek mutatkoztak. A kaptár Dathe-féle keretekkel van fölszerelve; belső magassága 76, mélysége 40 és szélessége 24 cm. A magasságból a két keretsor 62·2, a fenékdeszka és alsó keret közötti hézag 3·3, a két keret köze 5 és végre a felső keret és tetődeszka között levő ür 5·5 cm.-t foglal el. Az utóbbi szabadtért a keretektől fedődeszka zárja el, mely a homlokfaltól a 7-ik keretig szilárdan fekszik, azaz nem vehető ki; azon innen az ajtóig kiszedhetők a keskeny fedődeszkácskák, hogy a felső kereteket könnyebben lehessen kezelni. Mindkét sorban 10, egyenként 3$^1|_2$ cm. széles Dathe-féle keret függ, melyek mögé a kivehető ablak is elfér. A röpülőlyuk a kaptár oldalán, a kaptár tetődeszkájától 25 cm. mélyen és a homlokfaltól 8 cm. távol, köralakban van alkalmazva. A röpülőlyuk magasan való alkalmazásának — mely ezen kaptárt a cölönk- és lünneburgi-kaptárokkal rokonságba hozza — dr. Krasicki azon kiváló körülményt tulajdonitja, hogy a kitelelés sikerét segiti elő.

53. ábra.

Eltekintve attól, hogy a kaptár ekénti összeállitása, különösen a magasan hagyott röpülőlyuk a Lengyel- és Németországban uralkodó telek időjárási viszonyai között a méhek kitelelésére előnyös lehet: én e berendezés hasznát mindeddig még nem észlelhettem. Pedig erre vonatkozólag biztos adataim vannak, miután pavillon-kaptáraimon a röpülőlyukak fönt nyilnak s az összehasonlitó próbákon végig mentem. A kasokon nevezetesebb dolog a röpülőlyukak magas elhelyezkedése; már azért is, mivel a kidobolást a füst könnyü és megfelelő alkalmazása jobban elősegiti s a vándorlás könnyebbségére van.

A lengyel kaptárt az utóbbi időben, különösen Szászországban, nagyon fölkarolták; a kitelelés eredményeiről azonban mindeddig hiányoznak a statisztikai adatok.

XXVIII.

A Schmiedl-féle sajtolt kaptár.

Az ingolstadti jeles méhész és asztalos: Schmiedl, a sajtolt kaptárt (53. ábra) kezdetben ugy készitette, hogy a kaptár oldalfalait szalmából préselvén, dróttal összevarrta és fakeretbe foglalta. Az igy elkészült egyes részekből könnyü volt a kaptárt összeállitni. Később — mivel a méhek a kereteket a nagy közök miatt a kaptár oldalához épitették — a drót elmaradt és Schmiedl a kaptár falazatát kivül-belül függőleges irányu lécekkel látta el. A keretek e lécekkel érintkezvén, a méhek többé nem épitették azokat a falhoz.

Minthogy a méhek e kaptárban kitünően telelnek, ennélfogva Bajorországban nagyon kedvelik, átalánosan használják; ismeretes jó tulajdonságai miatt másutt is tért hódit.

Mint az öreg Schmiedl nagy tisztelője, meglátogattam őt Ingolstadtban, s mühelyét megszemlélve, azonnal több ilyen kaptárt rendeltem magamnak. Méheim valóban jól teleltek azokban; de hátrányaik is csakhamar föltüntek nekem. Ki kell különösen emelnem azt, hogy e kaptár többesben s ennélfogva pavillon összeállitására alkalmatlan; készitése költséges és az egerek — mert szalmából van — hamar kárt tesznek benne, pedig nagyon nehezen lehet kijavitni. E tapasztalatok arra késztettek, hogy a Schmiedl-féle kaptárral egészen fölhagyjak.

54. ábra.

XXIX.

Az angol kaptárok.

1. A Hooker-kaptár (Alexandra hive).

Mint csaknem valamennyi angol kaptár, ugy ez is (54. ábra) az átalános angol izlésnek hódol, amennyiben négy lábon áll, keretei szélesebbek, mint aminő magasak, azaz: szélességük 28, magasságuk csak 10 cm. A keretek a födél levételével fölülről kezelhetők. A Hooker-kaptár — hogy a tél hidegének ellenállhasson — mohával, vagy szénával kitömött kettős falazatu.

2. *Az Abbott-kaptár* az előbbihez hasonló alaku (55. ábra), csakhogy vándorlásra van berendezve, s evégből a lábai kiszedhetők. Az ajtó szintén leszedhető redőzettel bir, mely mögött dróthálózat van, hogy a levegőnek szabad járása legyen. A födelet le lehet venni, melynek a közepén egy négyszögü s tolókával elzárt nyilás van. Jó mézeléskor egy ládát boritnak erre, melyben az angolok és amerikaiak által annyira kedvelt ugynevezett „sections," vagy „boxes-keretek" függenek.

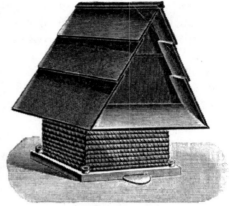

55. ábra.

3. *A Cheshire kristálypalotában kitüntetett kaptár.* (The Cheshire Crystal Palace price hive) (56. ábra). A londoni nagy világkiállitáson egyedüli érdemmel jutalmazott kaptár. Alakjára nézve a fekvőkaptárokhoz tartozik s két egyenlő részre, t. i. költőtérre — alsó — és mézürre — felső — oszlik. Mindkét osztályban 23 cm. magas és 38 cm. széles keretek függenek. A léputcák egyenletes szélességét a távolsági szögek szabályozzák. A házakéhoz hasonló tető és a felső kereteken közvetetlenül fekvő fedődeszkák leszedése után, a mézürt felülről kezelik. Ha pedig a költőtérhez akar a méhész nyulni, a felső emeletet egészen leveszi és az alsó keretsort is felülről vizsgálja át. A költőtért szintén deszkácskák födik; a középen azonban — hogy a méhek a mézürbe juthassanak — átjáró van hagyva. A röpülőlyuk 7 cm. hosszu s $2^{1}\!/_{2}$ cm. széles. A röpülődeszka a kaptár egész hosszaságát elfoglalja, ugyszintén a röpülőlyuk fölött is, époly hosszan

56. ábra.

nyuló deszkaernyő van, hogy a méhek ott is védve legyenek az esőtöl. A kaptár kettős falazatu s a közök szénával, vagy mohával bélelvék. Ára 45 schilling = $22^{1}\!/_{2}$ frt.!!!

57. ábra.

4. *A Scherrington-kaptár* hasonlit a német Christ-féle kaptárhoz, miután ez is egymásra rakható ládácskákból áll. (57. ábra). Ezek 15 cm. magas keretekkel vannak ellátva. Mindenik ládába külön röpülőlyuk nyílik, melyeket tolókák segitségével a szükséghez képest kinyitni és elzárni lehet. Ez az angolok kedvenc kaptára, mivel kezelése kevés alkalmatlanságot okoz; ezért nagyon el van terjedve.

5. *A Stewarton-kaptár* (58. ábra) szintén szétszedhető szerkezetü, s tökéletes mása a Christ-féle kaptárnak, egymásra rakható négyszögü ládákból állván. Mint majdnem minden angol kaptár, ugy ez is, bizonyos fényüzéssel van kiállitva, miértis nagyon drága. A tető is csinosan lévén készitve, ilyen kaptár minden kertnek diszére válik.

58. ábra.

6. *Woodbury-kaptár* (59. ábra). Egyszerü láda, 9 kerettel, melyek $23^{1}|_{2}$ cm. magasak és 38 cm. szélesek. Ezt is felülről kezelik; s hogy a kaptár belső állapotáról fölnyitás nélkül is meglehessen győződni, egyik oldalára ablakot alkalmaznak.

59. ábra.

XXX.

Az országos olasz, vagy Sartori-kaptár.

Olaszországban az okszerü méhészet az utolsó husz esztendőben nagy előmenetelt tett, dacára annak, hogy ott a költésrothadás iszonyu károkat okozott. A méhészet körül leginkább Sartori, milanói mester és kereskedelmi méhtelep tulajdonosa, tüntette ki magát; kinek kaptárát Olaszország összes méhészeti egyesülete egyesületi kaptárként elfogadta. Alakját tekintve, hasonlit a brünni egyesület kaptárához; de három emeletü, s szélessége $28^{1}|_{2}$ cm. Olaszországban nagyon célszerünek bizonyult e méret, miután ott nagyobb részt csak tavaszi mézelésre számitnak, mely junius végén már megszünik. Ilyen viszonyok között a nagy terjedelmü kaptárok ajánlatosak.

XXXI.

Francia kaptárok.

1. *Keretes kas süveggel.* (Ruche à porterayon et chapiteaux.) (60. ábra.) A franciák a kasokkal való méhészkedésben nagy mesterek. — Erről tanuskodnak kitünő méhészeti munkáik, milyenek a „Le quide du proprietaire d'abeilles par l'abbè Collin" — „La culture des abeilles par l'abbè Bouguet," stb. Ellenben a keretes modern rendszer Franciaországban még csak a bölcsőkorát éli.

60. ábra.

Mint nevezetesség, leginkább a süveggel boritott keretes kas van elterjedve. A kas fából, vagy szalmafonadékból készül, épugy a süveg is, melyet el lehet venni és ismét a kasra boritni.

2. *A Santonax-kaptár* az angol kaptárokhoz hasonló, t. i. egy egyszerü és bármikor levehető födéllel van ellátva s a keretek fölülről szedetnek ki.

XXXII.

Amerikai kaptárok.

1. *A Langstroth-féle kaptár.* (61. ábra.) Ezen, a maga nemében eredeti méhlakás Amerikában nagy népszerüségnek örvend. Majdnem minden méhész, de kivált a nagyszabásu apistikai vállalkozók, kik ezrével számitják a kaptárok mennyiségét, csakis ilyenekkel méhészkednek. — Előnye föleg a kezelés könnyü módjában rejlik, mely lehetővé teszi,

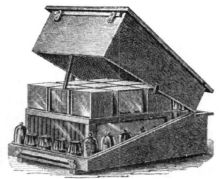

61. ábra.

hogy egyetlen méhész több száz családot minden nehézség nélkül és mégis szép eredménynyel ápolhat. Ezen okoknál fogva terjedt el e kaptár oly rohamosan az újvilágban. Ujabb időben Európában is sikeres kisérleteket tettek vele ; miértis szükségesnek tartom ezen óceánon tuli kaptárt hazai méhésztársaimmal megismertetni. A kaptár egy egyszerü, $2^5|_8$ cm. vastag deszkából készült láda. Belső világosságának hossza 57, szélessége fönt 37, lent csak $31^1|_2$ cm.; a fenékdeszka felé tehát egyre keskenyedik. *A röpülő- lyuk a kaptár keskeny oldalán egész végig vonul*, minélfogva nagy melegben a légáramlat könnyen közvetithető. 15 keret fér belé, melyek — minthogy a röpülőlyuk a keskeny oldalon van — melegépítkezés szerint helyezkednek a kaptárban. A röpülőlyukat tolókával szabályozni, azaz szükitni, vagy bővitni, esetleg egészen

62. ábra.

elzárni is lehet. A ládát egyenként leszedhető deszkácskákkal födik be. A mézür egy kisebb láda, mely a boxes-kereteket tartalmazza s a fönt leirt ládára helyezve, kapcsokkal erősitik ahoz. A méhek közlekedését a mézürbe a költőtér fedődeszkáján levő nyilásba helyezett Hannemann-féle rács közvetiti. A költőtér tehát tisztán a lépesméz készleteinek raktárául szolgál.

2. *A Johnston-kaptár* (62. ábra) az előbbitől több irányban eltér. Nevezetesen: emeletes rendszerü, tehát magas; az alsó keretek époly szélesek, mint a felsők; végre: a kaptár oldalfalazata csuklóra jár, minélfogva a kereteket e részen is bármikor ki lehet szedni.

XXXIII.

Az országos magyar méhészegyesület kaptárai.

1. *Az egyesületi álló-, vagy a Grand-féle kaptár* (63. ábra). Mielőtt a délmagyarországi méhészegyesület keletkezett volna, méhészeti viszonyaink rendezetlensége sok gondot és nehézséget görditett elénk. Mindenki a saját fölfogása szerint jónak vélt Dzierzon-, Berlepsch-féle, brünni, bécsi, stb. kaptárokban, különféle keretszélességgel, eltérő rendszer szerint méhészkedett. Természetes, hogy a zürzavaros állapot sehogyan sem volt hazai méhészetünk hasznára. A méhcsaládoknak kaptárostól való eladása és vétele nagy mértékben meg volt nehezitve; a gyakorlati irány-

ban oly zavart okozott a rendszertelenség, hogy az okszerü méhészet ügye nem haladhatott előre.

A délmagyarországi méhészegyesület érdeme tehát, hogy a tarthatatlan helyzeten segitendő, szép sikerrel megoldott föladatául tüzte ki olyan kaptárnak a létesitését, mely éghajlati, talaj- és időjárási viszonyainknak minden tekintetben megfelelvén, hazánk méhészközönsége részére egyöntetüen megállapitott rendszeren alapuló kaptárformát adjon.

E nagy jelentőségü föladat teljesitésére az egyesület ügyszerető és lelkes titkára, később tiszteletbeli elnöke, majd a kormány által kinevezett buzgó méhészeti vándortanitó, végre országos méhészeti felügyelő: boldogult Grand Miklós vállalkozott. Évtizedek során szerzett tapasztalatain alapuló elvek szerint szerkesztett mintakaptárát bemutatván, az egy biráló bizottság ellenőrzése alatt két évi próbán gyarmathai méhtelepemen állott. A kaptár minden várakozást kielégitett, a hozzáfüzött reményeknek teljesen megfelelt s ma már az országban a legátalánosabban elterjedt állókaptár.

63. ábra.

Grand azon szerencsés ötletből indult ki, hogy kaptárának a Dathe-féle alacsony rendszer formáját adta, mellőzve és kerülve annak hátrányait és tökéletesitve, érvényesitve előnyeit. Igy keletkezett a délmagyarországi egyesületi, most már a hazai méhészegyesületek által is elfogadott, sőt a kormány által országosnak megállapitott kaptár.

Készitése a következőleg megy: 4 drb. 5 cm. vastag ugynevezett félfát fönt és alant összekapcsolnak, hogy négyszöget képezzen; belül ezeket $2^1|_2$ cm. vastag, száraz deszkával kifalazzák, melyekbe előbb, belső oldalukon, a keretek számára eresztékeket huznak. A kaptár belső magassága $58^1|_2$ cm., mélysége $43^1|_4$ s szélessége 25 cm. Magasságában a kaptár két részre, t. i. a költőtérre és a mézürre oszlik. A költőtér 39 cm. magas és egész, avagy félkereteket tartalmaz. A keretek az eresztékekben függenek, oldalléceik a kaptár falától $^1|_2$ cm.-re esvén. Ugyanekkora hézag van a fenékdeszka és a keretek alsó lécei között. A mézür a kaptár magasságának csak egyharmad részét foglalja el, azaz $19^1|_2$ cm.-t tesz ki. Ebből $18^1|_2$ cm. a félkeretekre, az ezek felső léce és a tetődeszka közötti térre $^1|_2$, végre a költőtér és mézür közére szintén $^1|_2$ cm. esik. Ha a mézürben nincsenek keretek, vagyis a méhek ott még nem dolgoznak, azon esetben a költőtér fedődeszkácskákkal van elzárva, melyek a középső eresztékpár fölé jobb- és balfelől alkalmazott bádoglemezből való párkányzatra illenek. A fedődeszkácskák azért vannak több darabból, hogy a méhész a nép erejéhez képest födhesse be az épitményt, ámbár helyesebb, ha e deszkácskák szélesek, hogy a méhek a sok hézag beragasztásától — melyek a keskeny deszkácskák között vannak — mentve legyenek és végre: a viaszmoly, mely a legkisebb hézagot is föl szokta keresni, el ne hatalmasodjék.

A kaptár *mélysége* $43^1|_4$ cm., hol egy sorjában egymásmellett 11 keretnek van helye, melyek egyenként $3^1|_2$ cm. szélesek. A fönmaradó $4^3|_4$ cm. hely az ablakra és ajtóra esik.

A kaptár *szélességét* Grand igen helyesen határozta meg, eltérvén a Dathe-kaptárok $23^1|_2$ cm. szélességétől, számolt a mi mézelési viszonyainkkal, melyek okvetetlenül bővebb tért igényelnek, mint Németországban.

A keretek Dathe-féle jellegüek. A röpülőlyuk lent van; mert a tapasztalás arra tanitott bennünket, hogy: habár a röpülőlyuk fönt, vagy lent való alkalmazására egyaránt annyi a pro mint a kontra, nálunk mégis helyesebb, ha lent hagyjuk a röpülőlyukat.

A kaptár oldalait kivülről szalmával, vagy sással boritják, léccel szoritván azt le. Az ajtót szintén eként csinálják melegtartóssá. Ha pavillon összeállitására kivánnók használni a kaptárt, azon esetre ajánlatosabb a szalmaburkolatot vékony deszkával egészen beboritni; igy az időjárás minden viszontagsága ellen tartósabb lesz s a méheket is jobban védi a kaptár.

Az egészkereteknek a költőtérben való használata ellen sokan kifogást tettek ugyan, hogy t. i. a kezelés állitólag ügyetlen volna; de ez az állitás elfogadhatólag megokolva nincs. Mert a gyakorlati méhész tudja legjobban, hogy: habár ezen keretek a mézürben föl nem használhatók, mindazonáltal ugy szaporitási célból, mint a beteleléshez, a költőtérben megbecsülhetetlenek. A királyné ugyanis — mint tudva van — nem szivesen megy a keretlécen át a következő keretre; az egészkeretekkel el van ez kerülve, mig a félkeretek között tétováz az anya és ez okvetetlenül veszteség. A kitelelésre pedig — szintén a keretről keretre való mászástól, s az ezzel járó esetleges megdermedéstől óvandó meg a méheket — az egészkeret hasonlithatatlanul jobb a félkeretnél.

Hogy a királynét a mézürtől távol lehessen tartani, a kaptárban a Vogel-féléhez hasonló csatorna volt kezdetben alkalmazva; de ez a mód a kaptár kipróbálásának évében már tökéletlennek bizonyulván, helyébe a Hannemann-féle átjárót, mint sokkal megfelelőbbet alkalmazzuk.

A kaptár kifogástalan célszerüsége, egyszerüsége és olcsósága arra buzditotta az ország méhészeit, hogy azt az országos méhészegyesület is hivatalos kaptárul fogadta el. S most már azon szerencsés helyzetben vagyunk, hogy határozottan megállapitott, egyöntetü mérettel rendszeresitett országos kaptárunk van; mely körülménynek a méhészet ügyére-javára messze kiható üdvös voltát immár észlelhettük is.

2. *Az egyesületi vándorkaptár.* (64. ábra.) A méhekkel való vándorlás, azaz a távolabb eső méhlegelőknek a kihasználása, mint rendkivüli előnyt nyujtó tényező, az okszerü méhészet meghonosulása előtt már ismeretes volt. Már báró Ehrenfels (Bienenzucht nach Grundsätzen der Theorie und Erfahrung, Prága, 1829) kiemeli ezen sarkalatos elv nagy hasznát. A lünneburgi és alsóausztriai méhészek is évtizedek óta ismerik a vándorlás szép eredményeit. — Hazánk méhészeti flórája szintén kivánatossá teszi a vándorlást s épen ennek inditó okából kifolyólag, a volt délmagyarországi méhészegyesület — hoszszu és minden körülményt figyelembe vevő próbák után — e célra is megállapitott egy kap-

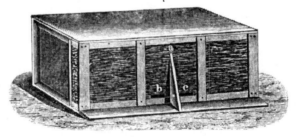

64. ábra.

tárrendszert, mely a jelzett iránynak teljesen megfelel. Némi eltéréssel a *Dzierzon-féle fekvő-, vagy ikerkaptár mása ez.* Leirását ime, itt közlöm.

Hossza 118¹|₂ cm., mely közepén egy haránt metsző választódeszka által két egyenlő részre oszlik. Mindenik részben 13 Datheféle keret és egy fournir-deszkából készült belső ajtó fér el. A belső ajtó a kaptár terjedelmének szükség szerinti szabályozására való, tehát beljebb tolható, vagy kijebb huzható. Kivül még egy ajtó zárja a kaptárt. A külső ajtó felső része levehető redőkkel van ellátva, melyek mögött rostélyzatot alkalmaznak, hogy vándorláskor azon át friss levegő hatolhasson a kaptárba. A két, egyenként 12 cm. hosszu és 3 cm. magas röpülőlyuk egymástól 26 cm. távolságra esik (b—c) s közöttük egy választódeszka (a) van, mely vándorláskor a röpülődeszkával együtt levehető a kaptárról.

Magassága 39 cm., melyből a padlódeszka és keret közötti ür 1¹|₂ cm.-t, a keret 30¹|₂ cm.-t foglal el; a keretek fölött pedig

7 cm. szabadépitkezési tér marad. — E rendszert sokan elitélik ugyan, s mint elavult elvekből kifolyót, az ujabb iránynyal össze nem férhetőnek jelzik; de Dzierzon abeli meggyőződésén, hogy a szabadépitkezésre szolgáló tér a helyes kitelelést biztositja, az ellenvetések mit sem változtatnak. S Dzierzon e rendszerének kifogástalanul hasznos és előnyös voltáról magam is annyira meggyőződtem, hogy eléggé nem is · dicsérhetem azt.

A kaptár *szélessége* 25 cm., vagyis a délmagyarországi, most már országos méhészegyesület hivatalos mérete.

Ezen kettős, vagy ikerkaptár előnyei, hogy két családnak ad szállást; *kettőt 45 cm. távolságban párhuzamosan egymás mellé, ezekre keresztben ismét kettőt fektetve, nyolc ilyen kaptárt lehet a 65. ábra szerint egy födél alá helyczni. Minélfogva a legszükebb helyen is nagy állományu méhest lehet létesiteni. Vándorláskor pedig a duc fölállitása és lcbontása nagyon hamar eszközölhető lévén, igen előnyös a méhészre,* ki-

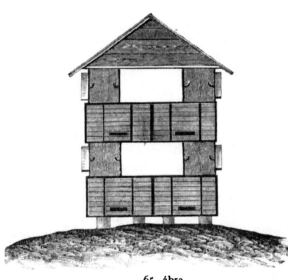

vált, ha esetleg reggel késön érkezik a tanyára és sietve üti föl a ducot, hogy zárva volt méhei minél hamarabb röpülhessenek, s maga a méhész is gyorsan elhelyezkedjék a vándortanyán.

65. ábra.

Minthogy a kaptár jó hosszu, ennélfogva a vándoruton a szekér rázását, az út egyenetlenségeit minden kár nélkül megbirja; értékét tehát utaink rosszasága is emeli.

A jó kitelelés sikerét a szabadépitkezési téren kivül a kettős kaptár közös fala is elősegiti, mert a két család egymást melegiti. Végre, hogy a mézelésre szintén kitünő szolgálatu, ezt hosszu éveken át gyüjtött statisztikai adataim és összehasonlitásaim fényesen igazolják.

A kaptár készitése olcsó és igen egyszerü, bárki megcsinálhatja; a hozzávaló anyag legfölebb 1 frt. 30 krba kerül. Előállitása a következő módon történik:

Egy 4¹|₂ cm. vastag deszkából a kaptár hosszának megfelelő 4 drb. ugynevezett félfát vágunk, melyeket a végeiken szintén

7*

olyan vastag félfákkal összekötvén, bedeszkázzuk. Ezek a kaptár hátulsó és homlokfalai, melyekbe a kereteket tartó eresztékeket véssük, vagy párkányzatot szögezzük; a homlokzaton még röpülő-lyukat is nyitunk. Most a választófalat illesztjük belé, fenék- és tetődeszkát teszünk rá, azután az ajtót is megkészitvén, a fala-zattól kiálló félfák párkányzatába szalmaburkolatot boritunk, lécekkel a kaptár falazatára szoritjuk azt és készen van a kaptár.

A röpülőlyuk a fenékdeszkától 3 cm. magasan jön, s a kettő között választódeszka van. Ugy a *választó-*, mint a *röpülődeszka*, a vándorlás alkalmával, a szekérre való rakodás könnyebbségére, levehetők.

A duc fölé deszkatetőt alkalmazunk, melyet kampók segit-ségével a fölső kaptárokra kapcsolunk. A tetőt össze lehet hajtani, hogy vándorláskor minél kevesebb helyet foglaljon el a szekéren. Egy hosszu szekéren két ilyen duc elfér. A fölállitáskor az alsó két kaptárt vánkosfákra fektetjük, hogy a föld nedvessége kevésbé árthasson nekik. Ha asztalossal csináltatjuk a kaptárokat, 4 frtba kerülnek; egy-egy család részére tehát csak 2 frt. a befekte-tési tőke.

A befektetés összege — mint minden üzletnél — ugy a méhészetben is nagy szerepet játszik. Miután pedig igen sokan vannak, akik anyagi helyzetükből kifolyólag képtelenek a méhé-szetre nagyobb összegeket áldozni, mégis szép haszonnal üzhetik azt, ha az olcsó ikerkaptárt választják, melynél jobbat, épen ezen okból, nem is ajánlhatnék nekik. Az ikerkaptárral ugyanazon, sokszor még szebb eredmény érhető el, mint az 5—7 forintos, bármely rendszerü kaptárral; sőt a vándorlásra szolgáló előnyeit tekintve, ezeken tul is tesz.

Az ikerkaptár Délmagyarországon nagyban el van már ter-jedve s napról napra tért hódit. Saját méhtelepemen is 120 ilyen kaptár van jelenleg ducokban fölállitva.

De mivel semmi sem tökéletes, amit emberi kéz alkot, ugy az ikerkaptárnak is megvannak a saját hiányai, melyekre a méhész-közönséget figyelmeztetni kötelességemnek tartom. Főhibája, hogy csak egy oldalról nyitható föl, ami az átvizsgálás lehető gyors eszközlésének szempontjából kissé alkalmatlan, minthogy a méhész az összes kereteket kénytelen kiszedni. Nem valami gyakori az ilyen eset ugyan, mindazonáltal idővesztegetéssel jár. A másik kellemetlenség pedig abban áll, hogy néha ki akarván a királynét fogni, a szabadépitkezési térbe rejtőzik s célunkat meghiusitja.

Az ikerkaptárt ezek dacára is, a legjobb szándékkal ajánlom a méhészkedőknek; mert tudtommal teljesen kifogástalan kaptár nem·is létezik, a szóban forgó pedig annyi előnynyel bir, hogy csekély hiányait bizvást elnézhetjük. Magam is 15 ducban, tehát 240 családdal méhészkedem ilyen kaptárokban és nemcsak vándorlási tekintetben, hanem egyuttal a kitelelést és mézelést illetőleg is, teljesen meg vagyok elégedve. — *Terjesztését főleg a pórnép között kell támogatnunk, mert bátran nevezhetjük a földmüvesek és szegényebb sorsuak kaptárának.* (Magyar Méh, 1878. 10. sz.)

XXXIV.
Szüzsejt-gyár.

Életem legszebb napjait a méhészetnek szenteltem; elmélkedve és a gyakorlati téren buvárkodva, e kedvenc foglalkozásomban azon meggyőződésre jutottam, hogy nem mindig a legdrágább kaptár a legjobb, hanem hogy az termi meg fáradtságunk gyümölcsét, a hasznot, *melyet olcsón szerzünk be és a legcélszerübb módon kezelünk.* Ennélfogva nem holmi kaptárrendszerek föltalálásán gondolkoztam, hanem igen is behatóan foglalkoztam a gyakorlati méhészettel és ennek főcéljával, hogy t. i. miképen kell a méhekkel és mézzel ugy elbánni, hogy a legtöbb hasznunk legyen. Sajnosan tapasztaltam — és velem együtt bizonyára mindazok, akik a méhészettel nagyobb mértékben foglalkoznak — hogy legszebb mézünk még potom áron is alig adható el. Többféle oka van ennek. Először is: nem ismerjük a kereskedelmi kutforrásokat; másodszor: termékeink lelkiismeretlen kereskedők kezeibe kerülnek, kik azokat meghamisitják; harmadszor: *nem tudunk az átalános izléshez alkalmazkodni, stb.*

Méhészeti termékeink európai kereskedelmének tanulmányozásából annak a tudatára jutottam, *hogy a legszebb pörgetett mézet is csak olcsón és nehezen, a szüzsejtes mézet ellenben bármikor és bármely nagy mennyiségben, jutányos áron adhatjuk el.* Hogy azonban ilyen irányu méhészkedést folytassunk, számolnunk kell ama nehézségekkel, melyek a szüzsejtek előállitását lényegesen gátolják; mert, mint tudjuk, a szüzsejtek csak igen lassan, sőt némelykor sehogyan sem termelhetők. Már pedig a méhészeti termékek kereskedelmének ezen irányba való terelésére nézve fötényezőként szerepel a jelzett akadályoknak a leküzdése, vagyis a szüzsejteknek minél nagyobb mennyiségben és lehető legkönnyebb módon való előállitása. Ezen fontos és nagy jelentőségü kérdéssel tudtommal eddig még senki sem foglalkozott. Kötelességemnek tekintem tehát, hogy ezérdemü hosszabb tanulmányozásom és kisérleteim eredményével: *a szüzsejtek gyári előállitásával* a nagy méhészközönséget részletesen megismertessem.

Kezdetben ugy állitottam elő a szüzsejtet, hogy egy méhcsaládot sejtközfalakkal ellátván, mézzel erősen etettem. A végszámadásból azonban az tünt ki, hogy a méz nagy részét fiasitásra forditották a méhek. Miértis e módot, mint meg nem felelőt, célra nem juttatót, mellőztem.

Később olyan időre halasztottam a szüzsejtek előállitását, amikor a méhek kivülről is jól hordtak. Ez esetben már volt hasznom; de az eredmény még mindig nem elégitett ki, hanem arra ösztönzött, hogy kisérleteimet tovább folytassam. Igyekezetemet végre a legszebb siker koronázta, *s most már bármikor és minden viszonyok között, aránylag csekély költséggel, a legszebb szüzsejtet képes vagyok méheimmel készittetni.* Eljárásom a következő:

A célra állókaptárt használok, mely belső magasságában a homlokfallal egyenközüen függő dróthálózattal két részre osztható. E választófal közepére Hannemann-féle átjárót illesztek, melyen a dolgozóméhek közlekedhetnek, ellenben az anya kénytelen a számára rendelt helyen maradni. A kaptár homlokzat felőli részébe — minden eresztékbe 4, a három osztályba tehát összesen 12 keretet függesztve — a fiasitásos és himporos lépeket, s a petézésre szükséges üres sejteket rakom. Ezek után behelyezem a jól beillő dróthálózatot, ügyelvén arra, hogy hézag ne mutatkozzék, melyen az anya esetleg átjöhetne. A drótszövetü választófal után sejtközfalakkal beragasztott félkereteket függesztek be. Azért használok félkereteket, mert az egészkeretekben levő szüzsejtek a szállitás alkalmával hamar összezuzódnak, tehát nem célszerüek. A keretek szélessége azonban különböző is lehet. Dathe ugyanis $3^1|_2$ cm.-re határozta meg a keretszélességet, t. i. maga a keretléc $2^1|_2$, a távolsági szög pedig 1 cm.; én azonban ennél szélesebbeket is használok a szüzsejt gyártására, t. i. olyanokat, melyeknek léce 4, a távolsági szögekkel együtt tehát 5 cm. széles. Azért használok szélesebb kereteket, mivel ezek kiépitve és mézzel telitve, izlésesebbek, kivánatosabbak, nem kell annyi sejtközfalat használnom és végre: a méhek hajlandóbbak a cellákat meghosszabbitni, mintsem uj épitményt kezdeni. Vigyázni kell arra, hogy ilyen széles keretek a kaptárban közvetetlenül egymás mellé ne kerüljenek; mert nagyon könnyen megtörténik, hogy a méhek a sejtközfalakat a nagy távolság miatt nem épitik ki, hanem a léc szélén kezdenek épitni, ami — természetesen — rendetlenséget okoz és meggátolandó. A gyakorlatból meritett ezen tapasztaláson okulva, a kereteket aként rendezem el, hogy egy Dathe-féle és egy általam alkalmazott szélesebb keret váltakozva függjenek a kaptárban; minek folytán az épités a legszebb rendben történik és a leggyönyörübb eredményt érjük el. Miután a keretek ily módon el lettek rendezve, következik az etetőedények befüggesztése.

Az etetőedények fából valók, vályu alakuak, s $^3|_4$ klg.-nyi méz fér beléjük. A méz fölé — nehogy a méhek bele fulladjanak — lécecskéket teszek. Minden keretsorba akasztunk egy vályut, *tiszta mézzel* töltvén meg azokat. Hogy a kaptárban levő, télire szükséges himporkészletet ne fogyaszszák a méhek, de az épitéshez okvetetlenül szükséges légenyt mégse nélkülözzék, nagyon ajánlatos a mézzel telt egyik vályuba egy kávéskanálnyi lisztet keverni, mely a himport pótolja.

A méhek a mézet eleintén a költőtérben rakják el, s a fiasitást szükebb térre szoritják; de később a gyárban is dolgoznak és a legszebb szüzsejteket csinálják.

A vályukat csak este szabad mézzel megtölteni; mert ha nappal is erőltetjük a sejtépitést, a kivülről való hordást elhanyagolják a méhek, sőt rablást is támaszthatunk a telepen.

A szüzsejtek készitése gyorsan halad; egy-egy kaptárban tavasztól őszig 100 kgr. szüzsejtes mézet állithatunk elő. *Jó hordáskor* a kaptárba beadott pörgetett méz és a nyert szüzsejtek között sulybeli veszteséget nem tapasztaltam, sőt a legtöbb esetben nyereség volt a végeredmény. Ha ellenben a külső hordás szünetel, 25 kgr. beadott szürt méz után 21 kgr. szüzsejtet kaptam; a 4 kgr. veszteség minden bizonynyal a költésre és épitésre ment föl.

Amikor a szüzsejtek már tökéletesen be vannak födve, ki lehet azokat szedni. Ez alkalommal a *költőtér átvizsgálandó;* az ott talált mézes lépeket kiszedjük, s üresekkel pótoljuk. Ha üres lépeink nem volnának, a mézzel telteket kipörgetjük és a költőtérbe visszaakasztjuk, hogy az anyának módjában legyen a szük körre szoritott fiasitást új petézés által gyarapitni.

Miután ez az egész művelet nem más, mint üzletszerü méhészeti ipar, ennélfogva szükségesnek látom az eljárás jövedelmességét a tisztelt méhészközönség előtt számokban is kifejteni.

Kiadás:

25 kgr. szürt méz, à 35 kr.	8 frt 75 kr.
10 keret, à 3 kr.	— frt 30 kr.
10 sejtközfal, à 7 kr.	— frt 70 kr.
Liszt	— frt 25 kr.
A szállitáshoz szükséges láda és papiros	1 frt — kr.
Összesen:	11 frt — kr.

Jövedelem:

21 kgr. szüzsejtes méz, à 70 kr.	14 frt 70 kr.

A 25 kgr. szürt mézen tehát 3 frt 70 kr., egy métermázsán pedig 14 frt 80 kr. tiszta haszon marad, ezen kivül a család népe is hatalmasan meggyarapodván, szintén számottevő nyereségként tekintendő.

Igaz ugyan, hogy a szüzsejtes mézet eddig kénytelenek voltunk idehaza szintén olcsón eladni; de most már rendelkezésünkre állanak a jutányosabb értékesitési piacok. A szüzsejtgyártás kimutatott jövedelmező volta szolgáljon mindenkinek serkentőül, aki a méhészetből nagyobb hasznot kivánna huzni; mert hiszen tagadhatatlan, hogy a csekély haszon lankasztja a méhészet iránti buzgalmat.

A szüzsejtgyártás rendszerét legujabban aként módositottam, hogy az anyát 4 keret költéssel ellátott és Hannemann-féle rostélylyal körülvett kalitkába zártam; a népet a fönt emlitett módon etettem. Az eredmény még jobb volt.

XXXV.

Figyelő kaptárok.

Ezeket leginkább tanintézetekben vagy egyes, szintén buvárkodni szerető méhészek használják, csakis tudományos kutatási és kisérletezési célokra, hogy a méhek háztartási szervezete, állami rendszere, munkálkodása, stb. köze-

66. ábra.

lebbről megfigyelhető legyen. Alakja olyan tehát, hogy a méhész a méhcsaládot a kaptár megnyitása nélkül is, bármikor áttekintheti. (66. ábra.) Ennélfogva a kaptár oly keskeny, hogy csak egy keret fér el a szélességében, s jobbról és balról üveglapok képezik a falazatot. A keret egyik oldaláról a másikra a keret fölső lécén alkalmazott lyukakon át közelednek a méhek. A keretek csuklón függnek, úgy, hogy a kaptárból — mint egy ajtószárny — kifordithatók.

A figyelő kaptárok fontossága tisztán elméleti jelentőségü. Helyeselném, ha ezek elterjednének, mert meg vagyok arról győződve, hogy ilyen uton is nyernénk követőket. Aki ily közelről figyeli meg a méh bámulandó tulajdonságait, mindenesetre tenyészteni is fogja azt.

MÉHÉSZETI SEGÉDESZKÖZÖK.

Az egyszerüség barátja, a fölösleges befektetéseknek tehát ellensége vagyok; méhtelepemet is ezen elv alapján rendeztem be. Szükségtelennek is tartom mindazon méhészeti segédeszközök legnagyobb részének a fölsorolását, melyeket a méhészeti kereskedelmi cégek, mint állitólag okvetetlenül szükségeseket, hangos dicsérettel árulnak. Csupán azon eszközöket emlitem föl itt, melyek a méhcsaládok, mész és viasz kezeléséhez nélkülözhetetlenek és melyeknek hiányában okszerüen méhészkedni igen nehéz.

1. *A mézpörgető gép.* A méhészetben korszakot alkotó ezen készüléket Hruschka,. cs. és kir. nyugalmazott őrnagy Dolóban (Olaszország) találta ki, s a német és osztrák méhészek brünni vándorgyülésén nemsokára be is mutatta. A gépet később Schmidl, ingolstadti méhész és mintakészitő tökéletesbitette s neki a jelenleg is divó alakot adta. A pörgetőgép a sejtekből a röpitőerő (távolitó = centrifugális) természeti törvényének alapján üriti ki a mézet.

Hruschka egy mézes keretet — miután annak a sejtjeit lefödelezte — zsinegre kötvén, a zsineg végét kezébe fogta s a keretet körben forgatta, hogy meggyőződjék, ha vajon a középpontból ható (centrifugális) erő következtében kipörög-e a lép tartalma. Ezen törvényen alapulólag szerkesztette ő az első, persze nagyon kezdetleges mézpörgetőt, melyben a mézeslépek egy zsineg által forgásba lenditett tengelyre helyezve, ürittettek ki. E találmány hasznát a gyakorlati méhészetre nézve dicsérőleg el kell ismernünk. Mert először: lehetővé teszi, hogy a mézzel telt lépet kiüritvén, ismét visszahelyezhetjük a kaptárba s igy ugyanazon lép több évig is használható, miáltal a költséges viaszépitéstől mentve vannak a méhek; másodszor: a heresejtek épitését jobban korlátozhatjuk és harmadszor: tiszta szinmézet produkálhatunk.

Ma már nagyon különböző szer- kezetü pörgetőgépek vannak hasz- nálatban. Egyiket a korong tengelyére csavart zsineg segitségével, a másikat szíjjal (transmissio), vagy fogaskere- kekkel forgatják. Az utóbbi azonban fülsértő recsegésével és zakatolásával kellemetlen lármát csap.

A legegyszerübb és legelterjedtebb a Schmidl-féle mézpörgető (67. ábra), mely horgonylemezből készült henger- alaku bödön, s faalkotmányon nyug- szik, fenekével a földtől 30 cm. ma- gasan. A tengelyből, melynek két acél vége pörzsölyben forog, fönt és lent 4—4 küllő ágazik ki. Minden fölső

67. ábra.

küllő az alatta levővel a végeiken léccel van összekötve. Az eként keletkezett motolla spárgával, vagy horganyozott dróttal van körül hálózva. A kereteket az alsó küllőkre helyezik, ugy, hogy a hálózatra düljenek (lásd a 68. ábrán a behálózott motollában levő keretet). A kerékkel hajtott ten- gely forgása közben a méz a bö- dön oldalára pörög s onnét a fe- nékre gyül össze, végre a csapon egy oda tett edénybe folyik.

Fekvő helyzetben is (69. ábra) készitnek mézpörgetőt, még pedig olyképen, hogy a kereteket a tengely karjaira fektetvén, mind- két oldalukon egyszerre pörgetik ki. Ilyent először hazánk jó hirü méhésze: Kühne Ferenc szerkesz- tett s „Hungariá"-nák nevezte el

68. ábra.

azt. De kivüle egy külföldi cég is terjeszt a saját neve alatt ily gépeket, még pedig Bühne, Lobanban, porosz Sziléziában.

Habár az e téren nyilvánuló törekvést is örömmel elismerem, mégis csak az álló pörgetőhöz ragaszkodom, mely egyszerübb s tisztább és jobb munkát végez.

Legujabban a legfinomabb minőségü bádogból csinálnak valódi remek kivitelben, mégis olcsó pörgetőket (70. ábra), melyekben különösen a méhészeti kiállitásokon gyönyörködhetünk. Szerkezetük nagyobbrészt olyan, hogy a keretet egy dróthálóba fektetvén, tesszük a pörgetőbe, melynek motollája csuklóra jár és a lépeket magában megforditja, anélkül, hogy kivennők azokat.

69 ábra

A számtalan módon szerkesztett különféle pörgetők közül megemlitem még Zimmermann Lajos, la asphei (Németország) iparos dicséretre méltó igyekezettel összeállitott gépét (71 ábra), mely fehéren zománcozott öntött vasból van és oly finom, annyira sima, akár csak a legszebb porcellánkészitmény. A kereteket szíj hajtja, müködése tehát kellemesen csöndes, zajt nem ütő.

70. ábra.

2. *A sejtközfalakat készitő prés.* A gyakorlati méhészetben okvetetlenül szükséges ezen eszköz föltalálása Mehring Jánosnak, a frankenthali (Rajna-vidék) mesternek és a „Das neue Einwesensystem" (Frankenthal, Friedrich Albert) cimü eredeti mű szerzőjének az érdemeit dicséri. Ö volt a müvésziesen készitett szép sejtközfalak első kiállitója. Az első müpprést fából csinálták, melyről a Bienenzeitung 1857-iki évfolyama hozta az első közleményt; a német-osztrák méhészek 1858-ban Stuttgartban tartott nyolcadik vándorgyüléssel kapcsolatos kiállitásán bemutattatván, az első dijjal lett kitüntetve. A sejtközfalak forgalomba hozatala kezdetben — a sok ellentétes jelentések folytán — nem részesült a kellő méltánylásban; s előnye csak később, amióta a prés vasból s ennek segitségével a mülépek egyöntetüen készültek, lett

elismerve ugy, hogy jelenleg alig van már méhész, aki eredménynyel ne használná azokat.

A sejtközfalak készitési módja igen egyszerü és könnyü; viaszát minden méhész földolgozhatja vele s a mülépek különben költséges vételétől mentve van. A készités többféleképen történik és pedig: 1. a viasztáblák öntése és ezeknek a sejtek fenekeit kinyomó két vaslap között való sajtolásával; 2. a mülépeknek egy vastáblán, préselés nélkül történő készitése által, melyeket a méhek szintén csakhamar kiépitnek, és 3. hengerek segitségével.

A viasztáblák öntése ismét különféle módu. A legmegszokottabb eljárás a következő: A viaszt egy vizzel telt üstben fölolvasztjuk (fölforralni nem kell), azután egy simára gyalult és két végén erős drótból való fogóval ellátott deszkatáblát vizzel megnedvesitvén, a folyékony viaszon áthuzzuk. Aszerint, hogy minő vastagságu viaszlapokat akarunk kapni, többször ismételvén ezt, a deszkát hideg vizbe mártjuk, a széleit levágjuk, mire a viaszlemez leválik. Fa helyett üveg-, vagy pléhtáblát is használhatunk. Ha már bizonyos számu viaszlapot öntöttünk, illetve mártottunk, hozzáfoghatunk a préseléshez.

Sajtolás előtt a prést szódával, szappannal, vagy még helyesebben: mézes vizzel megnedvesitjük. A viaszlemezt, szükség esetén magát a prést is, meleg vizbe mártjuk, hogy a meglágyult viaszon tökéletesebbek legyenek a sejtnyomok. A mülépeket késsel, óvatosan fejtjük le

71. ábra.

a vaslapról, hogy meg ne sérüljenek. A sajtoláshoz bármiféle kisebb, de erős kézi prést használhatunk. Egy könyomatu préssel naponta 5—6 kgr. sejtközfalat könnyen készithetünk.

A mülépeknek egy vaslapon, préselés nélkül való készitése szintén egyszerüen megy. A vaslapot mézes vizzel megnedvesitjük, egy lágy viaszlemezt fektetünk rá, s meleg vizbe mártott törülközővel gyorsan lenyomjuk. A sejtközfalakat vonalzó és mézes, vagy cukros vizbe mártott kés segitségével körül vágjuk.

Ilyen présesk különféle nagyságban Greve Hermannál Neumagdeburgban (Mecklenburg) kaphatók. Egy 26 cm. hosszu s 19 cm. szélesnek az ára 18 márka; a 39 cm. hosszu és 25 cm. széles 30 márkába kerül. (72. ábra.) Minden körülmények között a kisebbet ajánlom; még a nagyobb méhesek számára is megfelelőbb ez, mivel amaz, t. i. a nagyobbik két lépnek kicsi, egynek pedig fölötte nagy; emellett a kezelése nehézkes és sokkal drágább is. Az amerikai hengerprés ára, melyet Grevénél szintén meg lehet kapni, 180 márka.

Egyidő óta gipszből is csinálnak mülépprést. Missingbrodt, Hacknichenből (porosz Szilézia, rothenbergi kerület) állitott ki

ilyet, s nála igen olcsón: 4¹|₂ márkáért kapható. Miután ilyen préssel még nem dolgoztam, meg sem birálhatom; a Neisseben tartott kiállitás birálóbizottságának jelentése szerint minden igénynek tökéletesen megfelel.

A mülépek sajtolására a legegyszerübb és legolcsóbb mód a Ritsche-féle prés (73. ábra) használása, mely nálunk is el van terjedve, s átalánosan kedvelt eszköz. Érdemes is arra, hogy a legmelegebben ajánljam; mert a szegényebb sorsu méhész is meg-

72. ábra.

szerezheti, hogy segitségével az oksz erüség követelményei szerint méhészkedjék. Használata egyszerü, könnyü és oly gyors munkát lehet vele végezni, hogy még a kevésbé gyakorlott kezdő is 3—4 kgr. viaszt képes óránként földolgozni.

Préselés előtt a vaslapokat szódával, vagy mézes vizzel megkefélik s a mülép tömegének megfelelő olvasztott viaszt öntenek egy kanállal a prés vizszintesen fekvő lapjára, melyre a másik lapot gyorsan rábocsátják s jól lenyomják. Ezután a gépet hideg vizbe mártva, megfürösztik, hogy a viaszlap a lemezekről könnyen leváljék.

73. ábra.

A gép — olcsó áránál fogva (7—8 frt.), a vele végezhető szép munkát és az ebből keletkező szép hasznot tekintve — érdemes arra, hogy minden méhész beszerezze.

A hengermüködésü müléppréseket (74. ábra) Amerikában gyártják; a leghiresebb cégek: Pelham, Root, stb. Utóbbi időben Greve, Magdeburgban is késziti e hengereket; melyek azonban a sejtközfalaknak inkább iparszerü előállitásával foglalkozók részére valók, mert a gép kezelése nagy ügyességet és szakavatottságot követel. A vele készitett mülépek nagyon szépek és tökéletesek. (75. ábra.)

Végül fölemlitem az e téren fölmutatott ujdonságokat, aminő a Körbs-féle, pléhlemezekre öntött, vagy üvegre ragasztott, egyoldalu mülép is, melyet a méhek állitólag szintén kiépitnek és egyedül mézbehordásra használnak. A tapasztalás azonban azt bizonyitja, hogy a méhek nem törődnek Körbs intentioival, hanem a természet szabályaihoz ragaszkodva, a pléhlemezeket ott hagyják és a keret szélén kezdenek saját tetszésük szerint épitni. Ezen tapasztalat s a pléh-, vagy üveglemezek sulyos és alkalmatlan volta arra birtak, hogy a Körbs-féle mülépeket a lomtárba helyezzem.

74. ábra.

Ma már teljes cellamagasságu mülépek is vannak forgalomban, hogy a méhek az épitéstől mentve legyenek. De ezek is olyan nehezek, ügyetlenek, áruk pedig oly borsos, hogy használatukat szintén nem ajánlhatom.

Maradjunk tehát a Ritsche-féle présnél, melynek kezelése egyszerü, könnyü, ára olcsó, készitményei kifogástalanok; s melylyel viaszkészleteinket évről évre földolgozhatjuk, de egyuttal az épitkezésre is tért engedünk a méheknek. És ez utóbbi körülmény semmikép sem csorbit a mézhozamon; sőt ellenkezőleg: előmozditja a munkásságot és tevékenységet, tehát haszonnal jár. *Méhesemen más préssel — habár mindegyiket kipróbáltam — nem is dolgozom, s örömmel tanuskodom ezen méhészeti segédeszköz hasznossága mellett.*

75. ábra.

A sejtközfalaknak a keretekbe való ragasztása szintén könnyü munka; nem is kell hozzá egyéb készülék, mint az ugynevezett mülépragasztó deszka, melyet magunk csinálunk. Ugyanis: a keretnél valamivel nagyobb deszkácskára egy másik, ennél kisebb és oly vékonyra gyalult deszkalapot szögezünk, mint a keretléc szélességének a fele. A keretet a ragasztódeszkára fektetve, a keskenyebb deszkalap tehát épen a keretbe és pedig a lécek szélességének a feléig mélyedve illik. A sejtközfalat most a deszkalapra fektetjük, s széleit, ahol a keretléceket érintik, olvadt gyanta- és viaszkeverék végig csurgatásával oda ragasztjuk. Pár pillanat alatt megfagy a ragasztás, s ekkor a másik oldalon is megragasztjuk a mülépet. Ha sietni akarunk, több ragasztódeszkát használunk, hogy a viasz megfagyására se kelljen várni. Egy gyakorlott ember e módon egy nap 400 lap sejtközfalat is beragaszthat.

Mielőtt a ragasztáshoz fognánk, a mülépeket körül kell metszeni, hogy egyrészt a keretbe illjenek, másrészt a kellő módon ki legyenek szabva. A mülép azon szélét ugyanis, mely a keret felső lécéhez lesz ragasztva, vonalzóval egyenesre vágjuk. Jobb-

76. ábra.

és balfelől csak mintegy három ujjnyi hoszszan szabjuk ki a sejtközfalat akkorára, hogy épen a lécekhez ragaszthassuk; azon tul végig és alsó szélét is, egy cm.-nyivel kisebbre metszük, mint a keret, minélfogva a lécektől ugyanannyi távolságban függ az a keretben. Az eként való beragasztás azért is helyes, mert a mülép a kaptárban a melegségtől megnyulik s ha körös körül a keretléchez volna ragasztva, megpuposodnék s kiépitve is tökéletlen, rendetlen munka lenne. Épités közben, kivált ha kedvező idő jár, azért a hézagokat is kiegészitik a méhek, s oly telt lesz a keret, mint a 76. ábrán bemutatott, már teljesen kiépitett mülép.

A sejtközfal emlitett módu kiszabásához — hogy a dolog gyorsabban menjen — magunk csinálunk keskeny lécből való ugynevezett szabdaló keretet.

3. *Anyásitó készülék.* Ezen kitünő, s a méhészetben nélkülözhetetlen eszköz Friedrich, bécsi méhésznek a találmánya. Alakjára nézve egy favályu, époly hosszu, mint a kaptár szélessége és kereten függ, minélfogva épugy, mint a lépes keretek, a kaptárba akasztható. (77. ábra.) A vályut egy kis vékony deszka egy kisebb és egy nagyobb részre osztja; mely választófal a vályu

fenekétől 1 cm. magasságban 1'|₂ cm. átmérőjü lyukkal van ellátva. Amikor az anyátlan népnek királynét akarunk adni, a vályut megtöltjük mézzel s a nagyobb osztályban — hogy a méhek a mézbe ne fulladjanak — lécecskéket, a kisebb osztályban pedig átlyukgatott fournirdeszka-darabot fektetünk a mézre. Az anyát e fournirdeszkára helyezzük, s hogy ki ne jöhessen, az ő osztályát dróthálózattal befödjük. Ha most e vályut a kaptárba függesztjük, a méhek azonnal a méz szürcsöléséhez fognak, mely a választó-deszkán alkalmazott lyukon át a kisebb osztályban is azon arányban apad, amelyben a méhek a nagyobb osztályból fogyasztják.

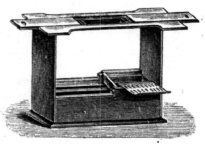

Ennek következtén a fournirdesz-kácskán ülő, s annak likacsain át magát tápláló királyné egyre alább száll, mig végre a két osztályt egyesitő lyukhoz jut, melyen át a néppel megismerkedvén, minden baj nélkül egyesül is azzal.

Az anyásitásnak ez a módja a legbiztosabb. Kisérleteimnél eddig egyetlen esetben sem történt, hogy a nép a királynét ellenséges indulatból megölte volna;

77. ábra.

söt a meg nem termékenyült királynékkal tett próbáim is — melyeket pedig a méhek nagy ellenszenvvel szoktak fogadni — nagy meglepetésemre tökéletesen sikerültek. Ennélfogva nagyon ajánlom ezen készülék használatát, mely az anyaketreceknél és kupakoknál sokkal egyszerübb kezelésü és sikere mégis biztosabb. Az utóbbi eszközök csak azon esetben volnának használandók, ha egy kaptárban több királynét akarnánk későbbi szükségletre, egyszerre, de csak rövid időre, tartalékba helyezni. Hideg időben nagyon ajánlatos, ha a vályuba elzárt anyához néhány *kisérő méhet* teszünk, hogy azt — mivel a hideg iránt sokkal érzékenyebb, s tehát hamarabb megdermed, mint a dolgozóméhek — melengessék.

Ezeken kivül hengeralaku, drótszövetü kalitkát is használnak az anyásitáshoz (78. ábra). Az eszköz egyik végén szög van, hogy annak segitségével a keretbe illeszthető legyen. A másik végének nyilását viaszszal ragasztják be. A kisérő méhekkel e kalitkába zárt anyát az árva nép rövid idő mulva kiszabaditja, lerágván az emlitett viaszt.

78. ábra.

4. *Füstölök.* Akik nem dohányzók, vagy a dohányzásba már beleuntak, okosan teszik, ha szükség esetén helyes szerkezetü

füstölöt használnak; mert a füst az egyetlen fegyver, amelylyel az esetleg — kivált erőszakos mütétek alkalmával — rakoncátlankodó méheket megfékezni lehet. Ilyen alkalmakra nélkülözhetetlen a füstölő, ámbár sokan visszaéléseket követnek el vele s a méhekben jelentékeny károkat tesznek. A legközönségesebb füstölő eszköz a *pipa*, vagy a *szivar*. A tulajdonképeni füstölőket *csak nagy mütéteknél vegyük elő, vagy nemdohányzók használják.*

a) *A méhészpipa* legelterjedtebb alakjában levehető födéllel, s ennek kúpján 5 cm. hosszu és fölső végével előre hajló, vékony kéménynyel van ellátva, melyen át a füst a méhek közé fujható (79. ábra). Ilyen pipákat a legmegfelelőbb alakban az országos méhészegyesületnél olcsón lehet kapni.

Nemdohányzók részére legajánlatosabb a 80. ábra

79. ábra.

szerinti pipa; melyet *a*-nál lecsavarván, öblét dohánynyal töltik meg s ugyanazon nyilásnál meg is gyujtják. Mikor már a dohány fölülete jól ég, melyet a *b* szopókánál is lehet szítani, a *c* szopókát ismét rácsavarják és ugyancsak *c*-nél belé fujván, a füst *b*-nél tolul ki a méhekre. Nagyon praktikus és olcsó eszköz, melyet vándorló tótjaink is árulnak.

b) *A közönséges füstölőt* mindenki ismeri. Ez egy egyszerü kézi fuvó, melynek csöve bádogból való, s szintén olyan anyagu tartóba vezet, melyben rongy, fataplő, stb. ég. A füst innét egy, a vége felé vékonyuló csövön hatol ki.

80. ábra.

c) *A Prokop-féle füstölő* (81. ábra) nagyon alkalmas, olcsó és könnyü eszköz. Ez is kézi fuvó, nyél nélkül, de felső lapján a hüvelykujj részére egy fülkével; miáltal a kezelése nagyon könnyü. Csöve a közepén szintén öblösebb, s ajtóra szolgál, hogy a füstölő anyagot belé lehessen tenni. Terjesztőjénél: Prokopnál, Brünnben kapható.

d) *A Jordán- és Frei-féle füstölők* kevés eltéréssel egyforma szer-

81. ábra.

kezetüek. Mindkettő csigaszerü rugóra jár; fuvójuk hossza 12, átmérőjük 5 cm. s börrel vannak bevonva. Alsó végükön a balkéz hüvelykujja számára börből való fül, felső végükön pedig a kanóc részére egy levehető, átlyukgatott s börrel bevont cső van. Használat közben a bőr a likacsokat befödi, ellenben szüneteléskor — hogy a tüz el ne aludjék — a bőrtakarót visszatolják.

8

e) *A Dathe-féle füstölő.* Nagyobb mütétekhez, mint: egyesités, kidobolás, kábitás, vagy a faüregekbe, falrepedésekbe megvonult rajok befogása, stb. Dathe egy különös füstölőt ajánl, melyet méhágyunak is nevez. A készülék szerkezete a kályhához hasonlit; alsó része ugyanis hengeralaku, ajtóval és belül rostélylyal, melyre a füstölő anyagot teszik. A kályha tetejéből a fuvóba egy cső vezet, mely egy szellentyün át a füstöt magába huzza és egyszersmind tovább adja.

f) *Az amerikai Smoker* (82. ábra) egyszerü, négyszögalaku fuvó, felső lapján egy hengerrel, melynek keskenyedő végét le lehet csavarni. A rongy, tapló, stb. a hengerben ég. Szintén nagyon célszerü és könnyü, miértis rövid idő alatt nagyban elterjedt s most már az országos méhészeti egyesületnél is kapható.

82. ábra.

g) *A Zähringer-féle füstölöt* (83. ábra), melyet Baden nagyhercegségben használnak, szintén ajánlják. Ezt is dohánynyal töltik meg, mert könnyen ég benne. 1 kilogramm dohány állitólag egy nagyobb méhes számára is elég.

5. *A kerettartó bak* minden méhészetben nélkülözhetetlen. A családok átvizsgálásakor a kiszedett kereteket szoktuk ráakasztani. Báró Berlepsch és többen mások is, nyitott formába ajánlják; én azonban más meggyőződést vallok. A nyilt bakon függő lépekről ugyanis sok fiatal méh lehull, az anya is a földre eshet, az idegen méhek támadása, sőt rablás is bekövetkezhet; minélfogva határozottan ellene vagyok az ilyen baknak. Hanem azt ajánlom, hogy *a léptartó öt oldalról bedeszkázott legyen, a hatodik oldalt is ajtóval lehessen elzárni.* Az emlitett eshetőségek e módon nem következhetnek be; s mürajkészitésnél, rajok szállitásánál, mézeslépek behordására (pl. pörgetéskor is) kitünően használható. Evég-

83. ábra.

ből, hogy könnyü legyen, legjobb, vékony, 1'|₄ cm.-es deszkából csinálni, szemelőtt tartva természetesen, hogy lehetőleg erős legyen, miértis a deszkákat a szögleteken egymásba kell ereszteni és ugyanott bádoglemezzel beboritni.

6. *A keretfogó* (84. ábra) a lépeknek a kaptárból való kiszedésére és visszarakására okvetetlenül szükséges; nélküle tökéletlen, hosszadalmas, majdnem lehetetlen a keretek kezelése. Legmegfelelőbb az alakja, ha az orra hosszu, kissé görbült és erős; ilyen

legyen a nyele is, hogy a kereteket biztos fogással tarthassuk. Fogó helyett némelyek az ugynevezett sejtvillát ajánlják, mely

84. ábra.

azonban célszerüségi tekintetben a fogó mögött áll és már csak azért sem használnám, mivel a sejteket megsérti s a mézeslépekben pocsékolást okoz.

7. A kaparó (85. ábra) erős, vastag drótból, 30—35 cm. hosszura csinálják; végén kampós és vékonyra van lapitva. Arra való, hogy a kaptár fenekére gyült hulladékot — a keretek kisze-

85. ábra.

dése nélkül — az alsó keretsor alatt benyulva, kikotorjuk, vagy a kaptár oldalain található rendellenes épitkezéseket is lekaparjuk. Meleg éghajlatunk alatt a moly nagyon gyorsan fejlődvén, e kis szerszám minél gyakoribb használatát el ne mulasszuk.

8. *Eresztéktisztitó* (86. ábra). Minthogy a méhek az eresztékeket gyantával és viaszszal rendesen be szokták ragasztani,

86. ábra.

miáltal a keretek kiszedése és berakása nagyon meg van nehezitve: mulhatatlanul szükséges a véséseket időről időre kitisztitni. E célra való ezen erős, végén horogszerüen meggörbült eszköz.

9. *A sejtkés* (87. ábra), a rendetlen épitkezés szabályozására, a heresejtek kimetszésére és a mézeslépek lefödelezésére is használják. Legjobb erre a széles, erős, acélból készült kétélü s görbe

87. ábra.

nyelü kés. A bécsi simeringi kiállitás óta szöges hengerek is jöttek forgalomba a mézeslépek megnyitására (Waben-Igel); de nem váltak be, mert tökéletlen munkát végeznek és forgás közben többnyire megakadnak. Az ugynevezett sejttéglázó még hasznosabbnak bizonyult, mely forró vizzel megtöltve, a sejtfödeleket fölolvasztja.

10. *Sejtnyitó kés a mézeslépek számára* (88. ábra). A mézeslépek viaszfödeleinek a leszelésére még a legalkal-

88. ábra.

masabb eszköznek mondható. A pörgetéshez nélkülözhetetlenül szükséges ezen két élü kést a legfinomabb acélból csinálják;

8*

hossza 30—32 cm., s nyelének tövében derékszögben meg van görbitve. Ha jó élesre köszörüljük, könnyen és gyorsan megy vele a födelezés.

11. *A mézkanál* a vakolóhoz hasonló, vasból készült szerszám, melyet a méz méregetésére szoktunk használni.

12. *Lúdtoll* nélkül lehetetlen méhészkedni. A kaptárok fenekein levő szemét kitisztitására és a méheknek a lépekről való lesöprésére szükséges ez, mely célra a lúd szárnyának az erősebb tollait használjuk. A méhek lesöprését óvatosan kell végezni, nehogy megsérüljenek. Lúdtoll helyett némelyek keskeny szőrseprőt használnak.

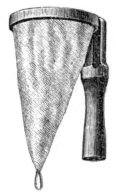

89. ábra.

13. *Etetővályu és tányér.* Az etetővályut *fournirdeszkából* csinálják; alakja hosszu és keskeny, mindkét végén a keret magasságának megfelelő lécekkel van ellátva, melyek fönt össze lévén kötve, a vályu épugy, mint a keret, a kaptárba függeszthető. Hogy a méz a hézagokon át ne szivároghasson, a vályut — mielőtt mézzel megtöltenök — 3—4 óráig vizbe állitjuk, vagy — ami még helyesebb — a hézagokat turóenyvvel betapasztjuk. A mézre átlyukgatott uszó födelecskét, vagy apró, vékony léceket fektetünk, hogy a méhek a mézbe ne fulladjanak és mégis fölszürcsölhessék azt. Egy ilyen vályuba rendesen $^2|_4$—$^3|_4$ kgr. méz fér, de nagyobbra is készithető.

A kasok alá rendszerint tányérokban adjuk a mézet. Az edényt a lépek magasságához képest téglára állitjuk. A mézre szintén apró léceskéket, nádszáldarabokat, stb. kell tenni, különben sok méh belefullad.

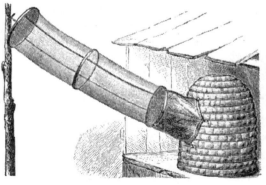

90. ábra.

14. *Rajfogók* nélkül a rajzás idején nem boldogulhat a méhész. A rajok befogását különböző eszközökkel lehet foganatositni. A legközönségesebb mód a kassal való befogás. E célra egy kisebb kast hosszu, de könnyü póznára kötnek, hogy a magas faágakon megvonult rajt is mászkálás nélkül le lehessen hozni. A faágat ugyanis, melyen a raj ül, hosszu nyelü horoggal megrántják s a

méhgomoly az alája tartott kasba hull. Kas helyett könnyebb és megfelelőbb használatu a 89. ábra szerinti rajfogó zacskó.

A rajfogó zsák (90. ábra) főleg nagy méheseken, s ott, hol kellő fölvigyázat van, jó szolgálatot tesz, kivált, az előrajok befogására, mert e módon a legnehézkesebb, királyné sem megy veszendőbe. Az ilyen zsákot leginkább Lünneburgban használják. Ritka szövetből készül, 70—90 cm. hosszu, átmérője 20—25 cm. és spanyolnádból való, korcba varrt karikákkal feszitik ki. Az egyik végét a kas röpülőlyukára illesztve, faszögekkel oda tűzik, másik végét pedig egy földbe vert karóhoz kötik. A kivonuló rajt e módon könnyedén be lehet fogni. E zacskót, melyet Dathenál Eysthrupban kaptam, magam is több év óta eredménynyel használom.

15. *A rajföcskendezőt* leginkább akkor veszszük elő, ha a raj alkalmatlan helyre ült, s nagyon mérges. A 91. ábra szerinti főcskendező bádogból van, csöve $4^1|_2$ cm. átmérőjü; egyik végén a kihuzható és betolható dugó jár, melynek müködése a vizet a cső másik, sűrün átlyukgatott végén pörmetezve hajtja ki.

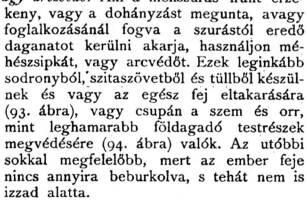

Ujabban hydronette-föcskendezők vannak forgalomban, melyek igen célszerüek, mert állandó sugárban lövellik a vizet. Minden virág- és magkereskedésben árulják, mert a virágok öntözésére és fölfrissitésére is kiválóan alkalmas készülék. (92. ábra.)

91. ábra.

92. ábra.

16. *Méhészsipka, vagy arczvédő.* Aki a méhszurás iránt érzékeny, vagy a dohányzást megunta, avagy foglalkozásánál fogva a szurástól eredő daganatot kerülni akarja, használjon méhészsipkát, vagy arcvédőt. Ezek leginkább sodronyból, szitaszövetből és tüllből készülnek és vagy az egész fej eltakarására (93. ábra), vagy csupán a szem és orr, mint leghamarabb földagadó testrészek megvédésére (94. ábra) valók. Az utóbbi sokkal megfelelőbb, mert az ember feje nincs annyira beburkolva, s tehát nem is izzad alatta.

Ezeken kivül még egy kisebb eszköz is van a szem védelmére, az ugynevezett méhész-pápaszem, mely a szemüveghez

93. ábra.

hasonló, csakhogy az üveget finom sodronyszövet pótolja, mely a szemre egészen ráborul.

17. *Keretlécet szabdaló láda.* A kereteket maga, a méhész is megkészitheti. A keretlécek egyenlő nagyságban való szabdalását a 95. ábra alatti készülékkel eszközöljük. A lécek ugyanis, melyeket szintén magunk fürészelhetünk, a keretmetsző ládába fektetve, a láda oldalain látható vágásokban járó fürészszel a szükséges hosszuságban kiszabjuk. Akár egész-, vagy félkerethez, minden egyes rész pontosan egyenlő nagyságu, s a keretek is egybevágók lesznek igy; ami az egyöntetüség szempontjából kivánatos is.

94. ábra.

18. *Keretszögező ráma.* A kiszabott keretrészeket a 96. ábrában bemutatott keretszögező ráma vágányaiba éleikkel beillesztvén, a középen levő forgóval a ráma oldalaihoz szoritjuk, azután a kivánt módon összeszögezzük. A muhka oly pontos és gyors, hogy az egész- és félkeretek szögezésére magunk által is megkészithető ezen eszköz használatát mindenkinek a legjobb akarattal tanácslom.

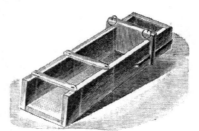

95. ábra.

19. *A Hannemann-féle rács* rendeltetése az anyát szükebb körre zárni, s igy a fiasitást a méhész belátása szerint korlátozni. Cinklemezből, vagy keményen sajtolt papirosból készitik, s minden kereskedelmi méhtelepen kapható. Az ugynevezett anyavárak is ilyen rostélyzattal készülnek, melyek két-három keretre valók s főleg szüzsejtek előállitása alkalmával nagyon jól használhatók.

96. ábra.

20. *Távolsági kapcsok.* A keretek egymástól egyenlő távolságban való tartására a szögek helyett most már kapcsokat is használnak. Ezeket pléhből csinálják, s igen olcsók és célszerüek.

97. ábra.

21. *Itatóedények.* Bizonyos körülmények között az itatóedényt is eredménynyel lehet alkalmazni, melynek tárgyalására később még visszatérek. A Ziebold-féle itatóüveg (97. ábra) egyik leg-

ajánlatosabb eszköz, melyet egy reá illő ládácskával befödve, télen át a költőtért takaró fedődeszkácskák helyére fektetnek. Akinek ilyen nincs, a 98. ábra szerinti készüléket is eredménynyel használhatja, mely szintugy megfelel a célnak és ezt maga a méhész is könnyen összeállithatja.

22. *Mézes kancsó.* A 99. ábrán egy szintén igen célszerü edényt mutatok be, melylyel a méz pancsolását s elcsöpögtetését kerülhetjük el és igy a tiszta kezelést kényelmesen végezhetjük. Kivált a kisebb üvegekbe való méztöltögetést igen megkönnyiti ezen

98. ábra.

100. ábra.

99. ábra.

eszköz, mely a tölcsérrel egyben levén, egy csöpp mézet sem csurgat el. Beszerzését tehát nagyon ajánlatosnak tartom.

23. *A pörmetező* (100. ábra) a családok egyesitése, a könnyen hozzáférhető helyen megtelepedett raj befogása alkalmára, vagy a méhek bármi célu kezelésére, kivált, mikor dühösek, nagyon jónak bizonyult kis eszköz. Higitott mézzel megtöltve, csöves nyelén át finom, ködszerü pörmetezéssel fujható az a méhekre, minek következtén egészen lecsendesül a legmérgesebb nép is.

ÖTÖDIK SZAKASZ.

A MÉHEK KEZELÉSE.

XXXVI.

A méhészet okszerü berendezése.

Minden gazdasági és ipari foglalkozásnak, épugy a méhészetnek az alapját is, a berendezés okszerüsége képezi. Ez teszi lehetővé, hogy a kezelés helyes és jövedelmező legyen. Tapasztalásból tudjuk, hogy a célirányosan alkalmazott, habár csekélyebb beruházási tőke jobban fizethet, mint a helytelenül alkalmazott nagyobb befektetés. Ennélfogva szükségesnek tartom ezen fontos kérdéssel alaposan foglalkozni, mindenek előtt tekintetbe véve a méhész vagyoni viszonyait és azon irányt, melyet követni akar.

A vagyonos méhész, *ki nagyobb befektetési tőke fölött rendelkezik,* a méhek után önmaga állandóan nem néz, *s másból is meg tud élni;* méhesét másként is rendezi be, mint aki *csekélyebb összegecske* beruházásával azon föltételt köti a kicsinyben megkezdett méhészethez, hogy azt a várt jövedelemből rövid idő mulva *fölszaporithassa* s anyagi helyzetén javitva, életszükségleteit abból födözhesse.

A vagyonos ember nagyobb fényüzést engedhet meg magának s méhesét nagyarányu alapon rendezheti be, mely amellett, hogy a méhek kezelésére alkalmazott egyén fizetését és az egyéb költségeket meghozza, a befektetési tőkét még szépen kamatoztathatja is. Nagyon helyesnek vélem tehát, ha a jobbmódu méhész pavillont emel s méheinek egy részét abba lakolja el, melyről báró Berlepsch joggal mondta, hogy *a világ legszebb méhháza.* A pavillonépités annál dicsérendőbb törekvés, mivel az első sorban tekintetbe veendő hasznossági szempont mellett oda kell hatni, hogy hazánk méhészeti hirnevét szépészeti irányban is emeljük. A pavillonok, főleg, ha többesben állittatnak föl, ugy az érdeklődő hazai közönség, mint a látogatásunkra jövő idegenek előtt a legkellemesebb benyomást teszik, s kétségtelen, hogy kedvező hir kel rólunk szárnyra.

Legajánlatosabb a pavillonokat 3 emeletre épitni, minthogy e módon olcsóbba kerülnek. Egy ilyen pavillon az országos méhészeti egyesület alacsony mézürrel biró kaptáraival 90 méhcsalád részére berendezve, téglaalapzattal, ugyan ilyen anyagu oszlopokkal és zsindelytetővel körülbelül 4—500 frtba kerülne. De ha ebben is a szem előtt tartandó takarékosság elveit követve, a kaptárok készitését oly időben eszközöljük, amikor munkahiány miatt az asztalosok olcsóbb bérért dolgoznak: a pavillon kevesebbe kerül. A pavillon egyik-másik kaptárát szüzsejt-gyártásra is berendezheti a méhész, *hogy a mézért jobb árt s ennélfogva méhészetéből tetemes hasznot nyerjen.*

Méhesek berendezésére nagyon ajánlom az egyesületi vándorkaptárt is; mert mézelés tekintetében és a vándorlásra való alkalmas volta miatt mindenki örömmel el fogja ismerni, hogy érdemes a dicséretre és arra, hogy egy méhesből se hiányozzék.

A terjedelmes méhesben néhány átmeneti kaptár is alkalmazandó, melyekben a méhész a tartalékos anyákat kitünő sikerrel kitelelheti. E körülmény nagy előnyét és fontosságát csak azok itélhetik meg, kik már kénytelenek voltak jó drágán venni a királynét, vagy a legszebb népeket kellett egyesitniök.

Végre el ne mulassza a méhész, hogy telepén szaporitási célra közönséges kasokat is tartson. A mürajok készitése válik igy fölöslegessé, melyek bennünket méz dolgában okvetetlenül megröviditnek.

Az eként berendezett méhes vezetését és kezelését azonban csakis az e szakmában jártas, ügyes méhészre lehet bízni, ki — ha a méhes kezdetben kisebb arányu — asztalos, kertész, stb. minőségben is alkalmazható volna. Mindenesetre oda iparkodjék a tulajdonos, hogy méhésze később csakis a méhtelepen legyen elfoglalva. Egy ügyes méhész 400 családot könnyen kezelhet, mely állományba 60—70 kast is beleértek. Rajzás idején azonban a kasok különös éber ellenőrzést igényelnek.

Számokkal is be akarom bizonyitni, hogy a méhészet nagyobb befektetéssel s az e célra külön fizetett egyének dijazása mellett is szépen jövedelmez. *Indittatva is érzem magamat, hogy hazám nagyobb birtokosait arra buzditsam, miként az élvezetet gazdagon nyujtó méhészeti élet tevékenységében részt vegyenek s hazánk méhészetét, saját hasznuk érdekében is, fényre emelni közreműködjenek.* A számok kimutatásánál föltételezem, hogy a méhes állományának szaporodása a kezdetben beszerzett családoktól ered, melyeknek számát — nagyarányu méhesről levén szó — mindjárt magasra is veszem, mert okvetetlenül ez a legolcsóbb és leghelyesebb alapvetés egy nagy méheshez.

Befektetés:

100 kas méh, à 5 frt.	500 frt	— kr.
180 család részére 2 pavillon	1000 frt	— kr.
118 ikerkaptár vándorlásra, 236 család részére, à 4 frt.	472 frt	— kr.
14 átmeneti kaptár, à 3 frt.	42 frt	— kr.
Összesen:	2014 frt	— kr.

Kezelési költségek:

Egy főméhész évi fizetése	500 frt	— kr.
Vándorlás és rajzás alkalmával szükséges segitő személyzet dijazása	120 frt	— kr.
Deszka, szög, papiros, stb. költségek	60 frt	— kr.
Összesen:	680 frt	— kr.

Bevételek a második évben:

416 Dzierzon-kaptárból egyenként csak 8 kgr. méztermés, összesen
    33 mm. és 28 kgr., mely szüzsejtekké földolgozva, 20 mm.
    lesz; ebből eladható 16 mm., à 70 frt . . . . 1120 frt — kr.
10 mm. pörgetett méz, à 35 frt . . . . 350 frt — kr.
                                        Összesen: 1470 frt — kr.

Mérleg:

Befektetés:	Kezelési költség:		Bevétel:
2014	+	680.	
	2694.		1476.

2694 frt befektetési és kezelési költség után tehát 1476 frt volna a második évben a jövedelem, melyből a 680 frt kezelési költséget levonván: 796 frt tiszta haszon marad, mely a 2014 frt beruházási tőkének 39$\frac{1}{2}$%-a. Kérdem: a gazdaságnak melyik ága képes ezt fölmutatni? Tudtommal még csak megközelitőleg is, egy sem.

Ezenkivül tekintetbe veendők a méhész asztalosmunkái is (mert — mint emlitém — ehez értőt kell alkalmazni), melyek nagyobb gazdaságban szép összegre rugnának. Hát a fölszaporodott méhcsaládok értéke nem-e szintén haszon?! Ez is szép összeget képvisel.

Számokkal mutattam ki tehát, hogy nagyobb befektetés és kezelési költség mellett is lehet méhészkedni, még pedig bő haszonnal.

A szegényebb sorsuak méhészeti berendezése a most leirttól természetesen nagyon eltér. A drága épitkezési és kezelési költségek egészen elmaradnak. Kaptárait a méhész maga készitheti, ami egy kis jóakarat és ügyesség mellett nem nagy mesterség, főleg, ha jól készült minta áll rendelkezésére. Méheit is maga kezeli, ápolja, 40—50 családot egyedül is könnyen gondozhatván.

Kaptárul a Dzierzon-féle, kitünően mézelő ikerkaptárt ajánlom, mely szerény külsejével kis helyen elfér, költséges épitkezésre nem szorul, vándorlásra, valamint a kitelelésre nagyon alkalmas; *mindezeknél fogva a szegényebb sorsuak kaptárának méltán jelezhető.* Ezekhez néhány állókaptárt is szerezhet a méhész, hogy mézét földolgozhassa. Ajánlatosnak tartom a XXXIII. tétel alatt tárgyalt országos méhészegyesületi állókaptárt, melyet pavillonszerüen össze lehet rakni.

Nagyon célszerünek tapasztaltam azt is, ha a méhész saját lakóházának a födelét hátul, ahol kevésbé jönnek-mennek, zsindelyereszszel megtoldja, s állókaptárait oda helyezi. Gyarmathai tanyámon ilyen födél alatt áll 106 kaptárom, melyek az idő minden viszontagságai ellen védve vannak. Mi sem természetesebb, mint az, hogy a méhek tető alatt való tartására ez a legolcsóbb épitkezési mód. Megjegyzem azonban, hogy csak akkor alkalmazható e mód, ha a ház möge is a mi területünk még és ha ez éjszakra nem esik. Különben bármely más irány megfelel; a napsugarak és a szél ellen fásitással lehet a méheket megvédeni.

Figyelmeztetem a méhészeket, hogy a Dzierzon-féle egyes állókaptárokat ne használják; ezeknek a készitése drágább, fölállitásuk alkalmatlan s végre az állomány növekedésével utban állanak. A kaptárok megválasztásában is egyöntetü terv szerint járjon el a méhész, s vegye figyelembe azon valószinüséget, hogy méhese bővül, gyarapszik, nagyobb lesz. Azért ajánlom tehát a fenjelzett megtoldható kaptárt, melyet hatossá, vagy nyolcassá egészitvén ki, pavillonszerüen is összeállithatunk. A szerényebb igényü méhész is gyönyörködhet tehát a pavillon hasznában és szépségében.

Nem tartom fölöslegesnek, ha néhány átmeneti és közönséges kas a kisebb méhesen is van. Az elsőkben — mint már másutt is kifejtettem — kitünően lehet a tartalékanyákat kitelelni; a kasok pedig rajzás végett tartandók.

Egy kisebb méhes üzemét is kimutatom itt számokban, melyek serkentésül szolgálhatnak mindazoknak, kik eddig a méhészettel még nem foglalkoztak.

Ez alkalommal 50 családra tervezem a méhest; 32 nép Dzierzon-féle ikerkaptárokban, tehát 2 ducban, 8 törzs egy nyolcas-, vagy két négyes állókaptárban, 3 család átmeneti kaptárokban és 7 nép közönséges kasokban van. Itt is föltételezem azon eljárást, hogy a kezdetben beszerzett néhány törzsből maga a méhész szaporitja tovább az állományt; sőt az ikerkaptárokat is maga késziti.

Befektetés:

7 kas méh, à 5 frt	35 frt — kr.
Egy nyolcaskaptár	32 frt — kr.
Anyag a 16 ikerkaptárhoz, à 1 frt. 40 kr.	22 frt 40 kr.
A két duc tetőjének anyaga	3 frt 20 kr.
3 Szensz-féle átmeneti kas à 3 frt	9 frt — kr.
Kezelési eszközök	27 frt — kr.
Deszka, szög, papiros, stb.	12 frt 40 kr.
Összesen:	141 frt — kr.

Bevétel:

40 Dzierzon-kaptár után törzsenként csak 7 kgr., összesen 280 kgr. méz, melyből 250 kgr. szüzsejtekre dolgoztatván föl, lesz

210 kgr. szüzsejt, à 70 frt	147 frt — kr.
Összesen:	147 frt — kr.

Ezen kivül a háztartás számára marad 31 kgr. méz és a méhszaporulat, mely szintén eladható, vagy a tőkéhez számitható.

A kimutatás fényesen igazolja, mily jövedelmező a méhészet, mely a második évben a befektetett tőkét esetleg teljesen visszatériti, sőt tisztahasznot is ad; rendes kezelés mellett tehát 100°|₀-os kamatot hoz, még akkor is, ha — mint azt a kimutatásban is alapul vettem — csak 7 kgr. az átlagos méztermés. A számitás semmi esetre sem vérmes, sőt ellenkezőleg szerény, de annál biztosabb.

Mindezen tények elég bizonyitékai a méhészet nemzetgazdasági fontosságának; miértis főleg a szegényebb néposztály anyagi fölsegitésének eszközlésére volna hivatva, miután csekély beruházásra biztos szép jövedelmet hoz, földbirtokot nem föltételez; szóval, Auerbach hirneves német iró szavaival élve: *„a méh a szegények legelömarháját képviseli."* A méhtenyésztés átalánositása, terjesztése, fölkarolása minden uton-módon teljesitendő föladatunk tehát.

XXXVII.

A méhek téli ápolása. — Az első kiröpülés és átvizsgálás.

A méhészetben gyakorlatilag elfogadott időszámitás az évet január hó elsejével kezdeni, amikor a rajzási, mézelési és üzleti eredményeinket zárószámadással tüntethetjük ki. Én is január hó elsejétől számitva kezdem meg az évet és időszaki sorrendben fogom a méhészeti teendőket fölsorolni. A méhészeti munkákban naptári sorrend szerint előirt tennivalók citálási módját azonban mellőzni fogom; mert az éghajlati és időjárási körülményektől függőleg, a méhek körül végzendő munkák nem mindig egy időre esnek, s a zavar kész.

Tél folyamán kiváló gondot kell forditni arra, hogy a méhesben föltétlen csend uralkodjék, mely a méhekre nézve létkérdés. Némely szakmunka azonban a tulságig követelő e tekintetben. Habár a leghatározottabban kardoskodom azért, hogy· télen ne háborgassuk a méheket, mégis ki kell jelentenem, hogy némely kényszeritő esetben ráreszánhatjuk magunkat az átvizsgálásra. Tapasztalásaim bizonyitják, hogy a hideg időben megzavart családaimnak sem lett semmi bajuk. Ám azért gondunk legyen arra, nehogy kopogás, dorombolás, rázkódtatás zavarja a méheket.

Igyekezzünk főleg az egereket ártalmatlanokká tenni, melyek a méhészt néha nagyon megkárosithatják. A Dzierzon-kaptárok röpülőlyukain alkalmazott tolókák jó szolgálatot tesznek az egerek betolakodása ellen.

A szelek és viharok nagy ártalmukra lehetnek a méheknek; különösen amelyek a röpülőlyuk közelében vannak, sokat szenvednek, sőt lehullanak és megdermednek. Tapasztalásból bizonyithatom, hogy *a szél sokkal több kárt okozhat a téli nyugalomban levő méhekben, mint bármily nagyfoku, de különben csendes hideg.* A tolókák s ugyancsak a röpülőlyukakon alkalmazható deszkaellenzők meggátolják a szél és vihar hatását.

A méhek moraját is figyelje meg néha a méhész, s ha a szokott csendes zümmögésnél erősebb foku, tartósabb zajt hall, ami rendesen olyankor következik be, ha a méz elcukrosodott, amin okvetetlenül segiteni kell.

A németek szomjusági kórnak nevezik ezt az állapotot, melytől ők szinte irtóznak, s a tél rémképének tekintik. Nálunk ritkább esetü, s aként segitünk rajta, hogy a röpülőlyukon vizet föcskendezünk a kaptárba, vagy a költőfészek fölé itatóüveget teszünk.

Az erősebb családokban a fiasitás február hó elején rendesen már megkezdődik; a gyöngébbek jóval később kezdenek költeni. A tisztulási kiröpülés után azonban már átalában jól folyik a petézés. De Dzierzon azt állitja, hogy minél későbben kezd az anya petézni, annál hamarabb gyarapodik a család. És ez valósággal igy is van; mert a fiasitás nagyon korai megkezdésének esetén a viz és himpor után való törekvés folytán kiröpülő méhek közül naponta nagyon sok elpusztul. De viszont az ellenkezőt is tapasztaltam, t. i., *hogy az idejekorán beállott petézés következtén a népek óriásokká fejlődtek, mig ellenben a későn fiasitni kezdő családok öreg méhei mindegyre elhullván, a törzs néptelen maradt.* Legjobban gyarapodnak a családok akkor, ha a költés február hóban kezdődik meg. A nagyon korai, pl. a január havi petézés nagyon megviselheti a népet, amennyiben a táplálék bővebb fogyasztása folytán a bélsártól tulterhelt méhek vérhast kaphatnak.

Az első kiröpülést kiváló figyelemmel kell kisérnünk; a méhek egészségi állapotáról ilyenkor győződhetünk meg legjobban. Ha a nép még langymelegben sem mozdulna ki a kaptárból, a kaptárt kivülről megkopogtatjuk, vagy a röpülőlyukon erősen belehelünk; s ha ez nem használna, belülről kell a kaptárt megvizsgálni. Ilyenkor rendesen azt fogjuk találni, hogy a nép vagy megfogyott s életerőben hanyatlott, vagy egészen kiveszett. Az utóbbi bajon már nincs mit segitni; az elgyöngült családot pedig vegyük gondos ápolás alá.

Ha a kiröpüléskor még hó boritja a földet, vagy a föld fagyos, a kaptárok körül a havat eltisztitjuk és polyvát hintünk a földre. A hó fénye különben megkápráztatja a méheket, melyek ilyenkor ugyis nagyon elgyöngültek, s lehullván, hamar megdermednek; de ha a polyvára esnek, mégis kevésbé pusztulhatnak el.

Az első kiröpülés a népek fejlődésére igen nagyfontosságu; ha ez a kellő időben meg nem történhet, a vérhas veszedelme fenyegeti a méheket. Ezért örül a méhész az első kiröpülésnek oly nagyon; mely alkalommal a duzzadt méhek himpormaradékkal kevert, vörhenyes szinü ürüléktől szoktak megszabadulni, s igy megtisztulván, újult erővel és kedvvel látnak a fiasitás ápolásához.

A gyöngébb rajoknak a tisztulási kiröpülésre való serkentését sokan aként ajánlják, hogy langyos hig mézet föcskendeznek, vagy meleg lehelletet fujnak rá. Én azonban mellőzendőnek tartom ezt; mert minden méh, mely kiüritési vágyat érez, okvetetlenül és ingerlés nélkül is kiröpül. E föltevés mellett bizonyit azon tapasztalat, hogy vérhas, vagy a beálló kiüritési inger esetén, némely·méh még a fagyponton aluli hidegben is kitör a kaptárból.

Határozottan hátrányosnak tartom azon eljárást is, melylyel egyik-másik méhész a méhek első kiröpülését elhalasztani igyekszik; mert ki tudja, vajon a rossz időjárást nem fogja-e még rosszabb követni?!

A méhek első kiröpülése csak ritkán történik teljes erővel, mert a nép között sok olyan is van, melyek még nem vágyódnak a szabadba.

Azon kaptárokból, melyeken a röpülőlyuk éjszak felé irányul, az első kiröpülés a rendes időn túl átalában valamivel később szokott történni, ami azonban ritkán válik a nép hátrányára.

Ha a tisztuló kiröpülés alkalmával netalán lehullanának és megdermednének a méhek, a méhész ne sajnálja a fáradtságot, szedje össze ezeket egy pohárba és adja be valamely gyengébb családhoz; *mert tavaszkor minden méhnek kétszeres az értéke.*

Langyos meleg idő beálltával azonnal kezdje meg a méhész a kaptárok átvizsgálását; figyelje meg a petézést és ennek terjedelmét. Ha kevés a fiasitás, az anya valószinüleg hibás; amely kaptárban pedig egyátalán nem költ a nép, bizonyosan hiányzik a királyné. A kaptár alaposan átvizsgálandó ilyenkor, hogy a valódi tényállásról kétségtelenül meggyőződjünk. Ha megtaláltuk az anyát, s látszólag ép testü is az, semmi különös rendelkezésre nincs szükség; mert szem előtt tartandó, hogy némely nép csak későn serken a fiasitási tevékenységre. Ennek tekintetbe vételével azt ajánlom, hogy a netán némileg hiányos anyával biró családok alaposabb rendbehozatalával is várjunk még.

Az átvizsgálásnál a népesség ereje és a mézkészletek mennyisége is figyelembe veendő. A fölötte gyönge családok nem igérnek eredményt, sőt állandó költséget és bajt okoznak. Táplálék nélkül szintén hátra marad, vagy egészen elpusztul a nép. A legtöbb mézre épen tavaszszal lévén szüksége a családnak, az esetleges ebeli hiányon rögtön segitni kell, hogy a fiasitás kellő arányban menjen.

Ugyanekkor a kaparó segitségével távolitsa el a méhész a kaptár fenekén összegyült holt méheket, viaszhulladékot, s egyéb szemetet. A viasztörmeléket el lehet tenni s később fölolvasztva, sejtközfalak készitésére fölhasználni.

Ha esetleg penészes, vagy roncsolt lépet találnánk a kaptárban, az ilyeneket mindenesetre ki kell metszeni; a méhek később kiegészitik azokat.

A kaptárok átvizsgálása után a röpülőlyukat szükre hagyjuk, hogy — kivált ha a család gyöngébb népességü — az esetleges rablás ellen jobban védekezhessenek a méhek.

Végül: a szalma béllést a költőtér fölé és az ajtó mögé vissza helyezzük; mert most annyival inkább ügyeljünk arra, *hogy a méhek melegen legyenek, mivel a napról napra gyarapodó fiasitás állandó meleget kiván.*

A kasok belső állapotának ellenőrzése már sokkal nehezebb, s a teendők iránt nem lehetünk biztosan tájékoztatva. Ezeknél csakis a méhész tapasztaltsága, gyakorlati érzéke és a méhek magatartásán alapuló itélő képessége irányozza a teendőket. A nép ereje ezekben is kiváló gonddal figyelendő meg, mely kora tavaszszal nagyobbnak tünik föl, mint a Dzierzon-féle kaptárokban. A méhek elevensége megnyugtató jelenség; az anyátlan nép gyáva, tunya, tétovázó szokott lenni. A mézkészletek felől a kasok sulya adhat tájékozást.

Egyébiránt a kasokban levő családok állapotát a méhek hangadásáról is meg lehet itélni; mely irányu tájékozottságunkat azonban a tapasztalás sokkal jobban gyarapitja, mint a legjelesebb szakmunka. *A jólétnek és rendnek* a jele, ha a méhek csendes, kedélyes morajt hallatnak; nagyobb foku hidegben erősebb a moraj, s ha a hideget bent is érzi a nép, már akkor zúg, zsibong. *Az anyátlanság* kezdetben hangos, panaszos zajról ismerhető föl, mely különösen fájdalmas, siránkozó lesz, ha füstöt bocsátunk be a röpülőlyukon. Később nem oly föltünők többé e hangnyilvánitások, s anyátlanságát tétlenséggel árulja el a nép. *Az éhséget* halk, rezgő hangon panaszolja a méh. Szóval: kedélyállapotát föltünő hangárnyalatokkal jelzi a méh; a szorgalmas és mindenre kiterjedő figyelemmel ténykedő méhész hamar meg fogja azokat érteni.

Átvizsgálás után az előrelátó méhész osztályozni szokta a családokat, I., II., III. és IV. számu jelzésekkel ellátván azokat, mely jelek: kitünő, jó, középszerü és kétséges minősitvényei a népek állapotának s a további intézkedésekre nézve mintegy utmutatásul szolgálnak.

XXXVIII.
A tavaszi vándorlás.

Akinek a viszonyai megengedik, hogy méheit az ő vidékénél jobb méhlegelővel biró tájékra szállitsa és ebből hasznot nyerjen, ne tétovázzon semmit, hanem keljen utra méheivel, azaz vándoroljon oda, hol a mézelésre jobb kilátásai lesznek. *A tavaszi vándorlás* első föltétele, hogy ott, hova a méheket szállitjuk, *erdő legyen a közelben*, mely még a kevésbé kedvező időjárásban is kitünő méhlegelőt ad. A márcziusban már virágzó némely erdei fa és egyéb növény, mint a mogyoró, som, ibolya, jácint, stb. a himpor és méz gazdagon teritett asztalai. Tekintetbe veendő azon fontos körülmény is, hogy a szelek és viharok erejét az erdő megtöri, s a méhek körülbelül egyharmadszor több napon hordhatnak az erdőben, mintha fátlan vidéken volnának; nagyon természetes tehát a családok gyarapodása és ezzel a méhész haszna is tetemesen növekszik. Végül szintén nagyra becsülendő előny az is, hogy az erdőben fölállitott kaptárok népének a vesztesége mindig csekélyebb szokott lenni, mint a szabadban álló családoké. Ennek értékét — különösen szeles esztendőkben — azok tudják leginkább megbecsülni, akik összehasonlitó próbát tettek már.

Természetesen itt is, mint minden gazdasági intézkedésünknél, tekintetbe jön a költség és a várható haszon közötti arány. Számitásba kell venni a fuvart, a pásztor, őr, vagy csősz bérét. Nagyobb számu méhtörzsekkel vándorolva, könnyebben viselhető a költség, mert egy-egy kaptárra kevesebb esik; ellenben csak 10—20 családdal kelvén utra, ugyanazon kiadásaink volnának, mint a nagyobb állománynyal. Nagyon ajánlatosnak tartom tehát, hogy több méhész szövetkezve, méhcsaládaik számaránya szerint viseli a vándorlás költségét.

A vándorlás okvetetlenül az egyesületi fekvőkaptárokkal, vagy kasokkal történjék. Gondosan ügyeljen a méhész arra, hogy a jelzett kaptárformák bármelyikével szándékozván utra kelni, a népeknek elég mézkészletük legyen, nehogy az esetleg beköszöntő alkalmatlan időben ki nem röpülhetvén, tönkre menjenek; jó időben pedig a mézfölösleget ugyis visszakapja a méhész. A kaptárokban levő téli szalmabéllés maradjon bent, mig állandó meleg idő következik. A vándorkaptárok belső, fournirdeszkaajtáját a keretekig kell tolni és mellé vert szögekkel jól oda erősiteni, hogy a kereteket szorosan tartsa, s szállitás közben ezek meg ne sérüljenek. A vándorkaptárokat nagyon célszerüen lehet szekérre rakni. A két röpülőlyuk között levő választódeszkát, valamint a röpülődeszkákat leszedjük, a szekér fenekére hintett szalmára 4 kaptárt hosszában fektetünk, melyekre keresztben 8 kaptárt rakunk, s kötéllel körül és a szekér oldalaihoz lekötjük; végre ezek fölé ismét hosszában, 4 kaptárt helyezünk és jó erősen, minden irányban, lekötjük. A kaptárokon a röpülőlyukak nyitva hagyandók, mert utazás közben ugyis nyugtalanok a méhek, a kaptárban nagyobb forróság keletkezik, s ha a röpülőlyukat elzárnók, a nép egy része meg is fulladna. *Mindenesetre nyitott legyen tehát a vándorutra vitt kaptáron a röpülőlyuk.* Az előadott módon fölrakodva, a legrosszabb utakon is veszedelem nélkül szállithatók a méhek, amit torontáli vándorlásaimban elégszer tapasztaltam. A vándorlás mindig éjjel történjék; ha a távolság nagy volna, s a célzott helyre késői reggelen lehetne csak megérkezni, jó lesz a kaptárokat ponyvával betakarni, hogy a beállott világosság ne ingerelje a népet a kiröpülés megkisérlésére.

A kasokat kupjaikra állitva, szalma közé helyezve, ugy rakjuk a szekérre, hogy a lépek élei a szekéroldal felé irányuljanak. Kora tavaszszal nem oly lényeges ugyan az ekénti intézkedés, mert a lépek öregek, kevésbé törékenyek, a melegség sem nagyfoku még, hogy a lépekben kár eshetnék; mindazonáltal ebben is jó az elővigyázat. A kasokat egyenként ritka szövetü lepellel kell lekötni, közeiket szalmával jól kitömni és kötéllel össze- s a szekéroldalhoz szoritni.

Egy hosszu szekérre 35—40 kast is föl lehet rakni, ha kivált széles a szekér és három sor is elfér benne. A lünneburgiaknak vándorlási célra külön szekereik vannak, ezekre egymás fölött két sor kast föl lehet rakni (101. ábra) s a szekéren 70—80 kas szállitható egyszerre. Igavonó barmaink ekkora megterhelését — különösen a mi gyarló utainkon — semmiesetre sem ajánlanám.

A szállitás lassu hajtással, óvatosan történjék, mert a méheket a rázás fölötte nyugtalanitja, ingerli. Ennek lehető elkerülése nagyon kivánatos. Akik állandóan, azaz évről évre vándorutra kelnek és a költséget nem sajnálják, a 102. ábrán látható kaptár-szállitó szekeret használják. Gyakorlati hasznossága azonban — nehézkességénél fogva — nincs bebizonyitva.

Célhoz érve, legsürgősebb teendőnk a lerakodás és a méhek fölszabaditása, hogy — ugyis seregestől ostromolván a kijáró

101. ábra.

utat — kiröpülhessenek. A röpülődeszkákat, valamint a röpülő-lyukak között levő választódeszkát természetesen szintén sietve föl kell rakni. A kaptárok helyéül fákkal körülvett tisztás tért jelöljünk ki az erdőben; s mihelyt a fölállitással készen vagyunk, gondoskodjunk arról is, hogy a méhek a közelben kaphassa-nak vizet.

XXXIX.
Az anyák szabálytalanságai és az anyátlanság.

A méhészeti müvek szerzői az anyák szabálytalanságait és az anyátlanságot többnyire betegségnek jellegzik. Ezek nézetét nem oszthatom; mert a betegségek testi kórság jelei által nyil-vánulnak, melyeket alig lehet orvosolni. Holott a kérdéses álla-potokban olyan szabályoktól való eltérések merülnek föl, melyeken minden gyógykezelés nélkül, egyszerü intézkedésekkel szoktunk segitni és a családot ezek által rendbe is hoztuk.

A méhek első vizsgálásakor csak azon családokat tekintjük tökéleteseknek, melyeknek anyái hibátlanok és éppen ennélfogva rendes, zárt soru, szép fiasitásuk van. Nem elég, hogy az anya ne hiányozzék: termékenyitettnek is kell lennie.

Az anyasági szabálytalanságok többfélék lehetnek; vannak olyan családok, melyeknek először *hibás az anyjuk,* másodszor amelyek *árvák,* azaz *anyátlanok* és harmadszor *álanyások.*

1. *Hibás szervezetü, vagy hiányos fejlettségü* az anya akkor, ha vén, megcsonkitott, terméketlen, vagy fejlődésében hátramaradt.

Ha meg nem termékenyülhetett a királyné, akkor nem is petéz, vagy csak herepetét tojik; miértis *herepetéző anyának* nevezik.

102. ábra.

A *vén anya* már nem képes föladatának teljesen megfelelni, azaz nem petéz elegendő bőven. A fiatal királynék között is találkozik ilyen, ámde e rendellenesség a tökéletlen megtermékenyülésnek tulajdonitandó. A vénülő anya ebeli hiányossága azon jelenségben mutatkozik, hogy a petézésben eleintén lankad, ké-sőbb dolgozó- és herepetéket egyaránt rak, végre csupán herepetéket tojik, még a dolgozó sejteket is azokkal töltvén meg. Minthogy pedig a herefiasitásnak szükek azok, a méhek a cellákat kidomboritják, azaz puposan födik be, melyet *puposfiasitásnak* mondunk.

A *hibás szervezetü anyák* fölváltva dolgozó- és herepetét rak-nak; ezt *csonka petézésnek* nevezik a méhészek. Ilyen esetben vala-mely szervezeti akadály hátráltatja az anyát a rendes petézésben, vagy pedig a peték alkalmatlanok a kifejlődésre, mert csirájuk üres, vagy elhalt. De az is előfordulhat, hogy épen nem tojik az anya, mert a termékenyülés alkalmával a nemzőszervek bedugultak; *vagy hosszu utra történt tovaszállitáskor s a helytelen becsomagolás következtén vált terméketlenné az anya.*

Az anyák megcsonkulásának okai különféle eredetüek lehetnek. Legtöbbnyire maguk a méhek csonkitják meg ellenséges indulatból az anyát, mely alkalommal ennek a szárnyait, vagy lábait igyekeznek megbénitni. Az *első esetben* még használható az anya; *az utóbbiban* a sérülés fokától függ a királyné további petézőképessége. Igen gyakori azon eset is, hogy a rajok szállitása alkalmával, kivált ha a királyné 5—6 napig egy ketrecben el van zárva, a méhek megcsonkitják, amit ezek rendesen fölszabaditási szándékból tesznek. *Miértis az anyának ketrecben való elzárása, mint helytelen és veszedelmes következményü intézkedés, mellőzendő.* Végre azt is tapasztaltam már, hogy a méhek akkor is megcsonkitják az anyát, ha ez a nép rajzási vágyának eleget tenni nem tud, vagy nem akar. Ilyenkor az anyát a kaptárban ide s tova hurcolják, mintegy ostromolják és egy-két lábán rendesen megcsonkitják.

2. *Az anyátlan népek egészen árvák, vagy olyanok szoktak lenni, melyeknek királyné nevelésre alkalmas nyilt fiasitásuk, avagy már kikelt, de még meg nem termékenyült anyjuk van.* Ez utóbbiakat félanyátlanoknak szokás nevezni, mert megvan ugyan a királyné, de csak megtermékenyülve használ a családnak. De minthogy a kiteleléskor, azaz kora tavaszszal rendesen még nincsenek herék, ennélfogva a megtermékenyülés csak későn történik, vagy egészen elmarad. E szabálytalanságot okvetetlenül rendezni kell.

Az egészen elárvult népnek teljesen hiányzik az anyja, s módjában sincs, hogy azt pótolhassa.

3. *Az álanyás* családok tulajdonképen szintén anyátlanok; de közülük egy, vagy több dolgozó petézik, mely tojásokból azonban hereivadék lesz és minthogy dolgozósejtekben fejlődtek, ugynevezett törpeheréknek mondják azokat. Ez a költés is pupos, a szabálytalanság könnyen felismerhető tehát. Az ilyen, petézni képes dolgozókat *álanyáknak*, vagy *herepetéző dolgozóknak* és az ilyen népeket *hereköltöknek* nevezzük. Ha a nép hosszabb ideig anyátlan, rendesen hereköltővé lesz. Minthogy e rendellenes állapot a nép további létét veszélyezteti, igyekezzék a méhész azon minél előbb segíteni. Az anyátlanná lett család nyugtalanságával árulja el a bajt, a méhek nagy sietséggel futkosnak a kaptárból ki és be, rövid időre kiröpülnek és panaszos, siránkozó hangot hallatnak. Fölnyitva a kaptárt, azt látjuk, hogy a méhek nem ülnek a lépeken, mint rendesen szokták, hanem el vannak széledve a kaptárban, mintha az anyát minden zugban keresnék. Legnyugtalanabbak olyankor, ha anyanevelésre alkalmas fiasitás, vagy pete nincs a kaptárban. A rajok azonban kevésbé árulják el a királyné elvesztését s néha a legtapasztaltabb méhészt is tévutra vezetik.

XL.

Az anyák szabálytalanságainak és az anyátlanságnak rendezése és a méhek egyesítése.

A testileg *hibás*, vagy szervezetükben *hiányos* anyákkal biró népek rendezése a királyné állapotától és a méhész belátásától függ. Amig a terméketlen, vén és hiányos szervezetü királyné azonnali kicserélése megokolt, addig a hibás, megcsonkitott anyákkal szemben a hasznavehetőség még tekintetbe jöhet. Mihelyt a már meg nem felelő anyát eltávolitottuk, az *anyásitó vályucskában* azonnal beadható az új anya a családnak, melyet a nép csakhamar elfogad. Ha tartalékos királynékkal nem rendelkeznék a méhész, azon esetben anyabölcsöt használjon a célra, melyet azonban két napig kupakkal kell leboritni. Anyabölcső hiányában pedig bepetézett lépet függesztünk a kaptárba, melyből anyát nevel magának a nép. Anyásitás előtt tekintetbe veendő a nép ereje; mert elgyöngült családokkal kár volna tovább bibelődni. Sokkal célszerübb az ilyeneket más néppel egyesitni, semhogy kétséges életü, gyönge családokkal egész nyáron bajlódni; melyek még a rabló méhek támadásainak is minduntalan ki vannak téve.

Az ugynevezett *félanyátlan* népeket szintén a most emlitett módon anyásitjuk, vagy egyesitjük; csakhogy anyabölcsők, vagy még meg nem termékenyült királynék helyett már petéző királynékat használunk, melyeket az anyásitó készülékben haladéktalanul beadhatjuk a kaptárokba.

Az *egészen árva* népet ajánlatos minél előbb rendbe hozni; mert ha a szabálytalan állapot tartós volna, könnyen hereköltövé válnék, vagy elerőtlenednék a család, azaz népe megfogyna, miután a szomszédos kaptárokba csempészik be magukat.

Az *álanyás törzsek* rendezése mindenesetre a legtöbb nehézséggel jár. E baj a méhész türelmét erős próbára teszi; mert nemcsak az egyesités nehéz, mivel a föl nem igen ismerhető álanyát kikeresni lehetetlen, hanem ha rendes anyát adunk is az álanyás népnek, s ha még 2—4 napig zár alatt tartjuk is azt, rendesen leölik. Mert az álanyás nép épugy ragaszkodik a petéző dolgozóhoz, mint a rendes állapotu család a saját királynéjához. A hereköltő népek anyásitását báró Berlepsch aként ajánlja, hogy a kaptár egész épitményét kiszedvén, a még bent maradt méheket kicsapjuk a kaptárból, a lépekről pedig *távolabbi helyen* lesöpörjük a népet. A méhek visszaröpülnek a kaptárra; de az álanya, mely ki nem röpülvén, a saját otthonára nem talál, s a röpüléstől is már elszokott, odavesz. Most pedig petét, fiatal méheket és egy idősebb termékeny királynét adunk a népnek, mely a vénebb anyát inkább elfogadja, mint a fiatalt. — Az álanyás család egyesitését más néppel akként foganatositjuk, hogy mindkettőt megfüstölvén, borsosmenta-szeszszel kevert cukros, vagy mézes vizzel megföcskendezzük, amitől egyszaguakká lesznek s az egyesitett nép hamar összebarátkozik.

Az álanyás családok egyesitésére Dathe a következő eljárást tartja célirányosnak:

Ingó rendszerü kaptárokból először kifogjuk a rendes állapotu család anyját, az egyesitendő két népet pedig lesöpörjük; a kasokból kidoboljuk s mindenik népet külön kasba tesszük. A kifogott királynét egy harmadik kaptár tetejébe zárjuk. Ezután a két népet megfüstölvén s mézzel megföcskendezvén, egy ládába együvé öntjük és jól összerázzuk s végre a királynéhoz betesszük. Rövid időn a legszebb barátság uralkodik az igy egygyé lett nép között.

Az álanyásságon pete és fiatal méhek egyszerü beadásával nem mindig segitünk; mert az öreg méhek a bölcsők készitését megakadályozzák és ragaszkodva a herepetéző dolgozókhoz, a régi, rendellenes állapotot igyekeznek föntartani.

Gravenhorstnak a hereköltés megszüntetésére irányuló legujabb módját is előadom. A hereköltő népet 3—4 lépre kell szoritni. A mézürben egy mürajocskát helyezünk el, melyet mézzel és vizzel ellátva, 3—4 napig teljesen zárva tartunk. Mikor már az anyabölcsők épitése szépen előre haladt, s a kaptárban levő két nép egyszaguvá lett, a hereköltő népet a keretekről lesöpörjük, a fedődeszkákat leszedjük, mire a fenékdeszkán levő méhek a mürajhoz fölmennek és annak népével minden akadály nélkül egyesülnek. Magam is többször alkalmaztam a legjobb eredménynyel e módot, s nagyon ajánlom is azt.

Ezen, sok oldalról ajánlott és célszerüeknek bizonyult eljárások dacára, mégis csak azon nézetet vallom, hogy az álanyás népek rendbehozatalára a legegyszerübb intézmény abból áll, ha ezeket más családokkal egyesitjük és pedig különösen azért, *mivel a hereköltő népek hosszas anyátlanság folytán keletkeztek* s épen ezért a méhek már öregek lévén, nem sokára el is halnának, a család tehát szemlátomást fogy és egészen ki is pusztul, ha petével és fiatal méhekkel föl nem segitik. A fiasitással és fiatal méhekkel való fölsegités azonban mindig költséges és más családok rovására történik. S ha már a költést más kaptárokból elszedni nem sajnáljuk, inkább készitsünk mürajt, mely a hereköltő népet pótolni fogja.

Az álanyás népet sokan a méhestől távolabb eső helyre vive, egyszerüen lesöprik a keretekről, a kaptárból is mind kicsapják a méheket, melyek volt helyükre sietnek vissza, de mivel saját

kaptárukat már nem találják ott, a szomszédos családokhoz kérez-
kednek be.

A méhek egyesítése ugy eszközölhető legjobban, ha az egye-
sitendő családokat távolabb, pl. egynegyed órányi messzeségre
visszük és ott ejtjük meg a mütétet. De ha evégett távolabb
menni bajos volna, s helyben kell a dolgot végeznünk, akkor a
gyöngébb népet rakjuk át az erősebbhez, hogy annál kevesebb
méh széledjen el. Különben a régi helyre visszaröpülő méhek
rendesen a közeli kaptárokba csempészik be magukat. Épen ezért
— ha csak lehetséges és a körülmények megengedik — *legtaná-*
csosabb a gyönge népet a szomszédos családdal egyesitni, mely esetben
egyetlen méh sem vesz el.

A méhek egyesitésének módja a kaptárrendszertől függ. A
keretes kaptárokkal igy járunk el: Az anyátlan törzs kereteit a
méhekkel együtt a vele egyesitendő család kaptárának a méz-
ürébe függesztjük, s miután a fedődeszkácskák közül a leghátulsót
kivettük, a két népet megfüstöljük és a kaptárt becsukván, az
egyesülés szépen megtörténik. A röpülőlyukon is jó lesz egy kis
füstöt a kaptárba ereszteni. Ha valamely anyás rajocskát kiván-
nánk egy anyátlan néphez átrakni, akkor is ajánlatos a most
elmondott eljárás. A kaptárokban maradt méheket kisöpörjük s
az új otthon röpülődeszkájára tesszük, honnét be fognak kérez-
kedni. Hogy a régi lakásba ismét vissza ne jőjjenek, az üres
kaptárt eltávolitjuk onnét, vagy ha ez nem lehet, legalább a
röpülőlyukat kell rajta elzárni.

Legalkalmasabb időpont az egyesitésre az estéhez közelgő
óra; de ha hüvös idő jár, ajánlatosabb az egyesitést a nap
melegebb szakán megtenni.

Miután méhtelepemen ezer, meg ezer családot egyesitettem
már, s a hosszadalmas mütétekre nincs érkezésem, más eljárást
kellett követnem; mely mindenkor bevált és melyet ime itt közlök.

Tavaszszal és őszszel inkább elfogadják a méhek az idegen
családtól credő népbeli szaporodást, mint nyáron, amikor az egyesités
nem oly könnyen sikerül. Tavaszszal, vagy őszszel szándékozván tehát
egyesitni, mindenek előtt az anyát fogjuk ki. Most az átrakandó
méheket mézes vizzel megföcskendezzük és a keretekről egy, a meg-
erősitendő méhcsalád kaptárának a röpülőlyukához vezető, s körül-
párkányzott deszkalapra söpörjük, honnét szépen bevonulnak a kaptárba
és ott, mivel megföcskendeztük őket, hamar összebarátkoznak. A mütét
után a királynét anyásitó készülékben visszaadjuk a népnek.

Nyáron nehezebben megy a dolog; tehát óvatosabban kell
eljárni. A beosztandó népet először mézzel megvendégeljük, s ha
jól teleszívták magukat, vizzel a dermedtségig megföcskendezzük

és a megerősitendő nép kereteire tesszük. Marakodást ilyen egye-
sitéskor soha sem tapasztaltam még. Természetes, hogy a
királynét ilyenkor is előbb ki kell fogni.

Kasokkal az ilyen egyesitési mód, mint különben minden
más egyéb mütét is, nehezebben megy. Az anyátlan népet először
kidoboljuk és mézes vizzel megföcskendezzük. Az anyás kast
pedig csucsára állitva, mindkét népet jól megfüstöljük és a kidobolt
méheket amazokhoz öntjük; a kast kendővel lekötvén, jól össze-
rázzuk, hogy a méhek megzavarodjanak. Mire fölocsudnak, meg
is történik az egyesülés. A kast estig sötét, árnyékos helyen
tartjuk s csak ekkor állitjuk a helyére, amikor a kendőt le is
bontjuk róla. Ha netalán ellenségeskedő nyugtalanságot vennénk
észre, rögtön füsttel alázzuk meg a méheket.

XLI.
Gyönge családok.

Akármily sikerült legyen is a kitelelés, gyönge népek mindig
szoktak lenni; melyek — ha anyjuk nem pusztult el és tartalékos
királynéink nincsenek — az elárvult családok anyásitására jól
fölhasználhatók. Ha azonban tartalékos anyák fölött is rendel-
keznénk és azokat el nem adhatnók, azon esetre — föltéve, hogy
az idő még nem volna korai — mürajokat készithetünk. De ha
korai volna még ez, akkor oda kell törekednünk, hogy ezen
népecskéket továbbra is föntartsuk, mig a méhállomány meg nem
erősödött és a mürajok készitésének ideje be nem következett.

A gyönge családok fölsegitésénél egyik főfeltétel, hogy az
anyákat mindenkor fogjuk ki és zárjuk kupak alá, vagy anyásitó
készülékben adjuk vissza; különben sokszor megtörténhet azon,
károsodással járó eset, hogy a segitségül beadott idegen méhek
az anyát megölik.

A gyönge népek további ápolása abból áll, hogy azokat
szük helyre szoritva, jó melegen berendezzük, befödött mézzel és
himporral kellőleg ellátjuk. A hig mézzel való fölsegitést, vagy
spekulativ-etetést egyátalán ne alkalmazzuk még; mert a népet
ingerelnők, izgatnók ezzel, s nem a kivánt célt érnők el, hanem
könnyen megtörténhetnék, hogy az ilyen gyönge népecske egy
napos órában a *kaptárból kiköltözve valamely szomszédos családdal
egyesül, s ilyenkor az anya rendesen elvesz.* Nagyon ajánlatos a
gyönge családok kaptárain a röpülőlyukat megszükitni, s a kijárás
elé — ugy, ahogyan ez nálam szokás — pléhrácsokat alkalmazni,
melyeken át a királyné ki nem jöhet, de amelyek a dolgozóknak
utját nem állják. Ezen igen célszerü eszköz a Hannemann-féle

átjáró, melyet minden méhészeti egyesületnél, vagy kereskedelmi méhtelepen meg lehet szerezni. Az ilyen rácsokat eddig 4·4 mm. széles nyilásu átjárókká készitették; de miután ezeken a kisebb anyák átbujhattak, most 4·2 mm. nyilásokkal csinálják.

XLII.
A haszonból való, vagy spekulativ-etetés.

A méhészek már régen ismerik a méhek azon ösztönszerü tulajdonságát, hogy bármely lisztnemü anyagra örömest mennek, s azt kosárkáikban haza is hordják. A malmokban akárhányszor észlelhettük már, hogy egész sereg méh sürög-forog, serénykedik a lisztgyüjtésben. Nemcsak a méz, hanem a lisztnemü anyagok gyüjtése körül is lázas igyekezetet fejt ki tehát a méh.

Ennek tudata inditotta azután a méhészeket arra, hogy a gyüjtést akkor, amikor a mi beavatkozásunk is előnyére válhat a családoknak, elősegitsük, könnyebbé tegyük méheink részére.

Különösen dr. Dzierzon és boldogult báró Berlepsch ajánlották a mézet is a haszonból való etetés céljára, mely oda irányul, hogy a méheket oly időben, amikor kivülről még nincs hordás, vagy szünetel az, eleséggel ellássuk, s ezáltal a családot a fiasitásra fokozott mértékben ösztönözvén, gyarapodását, fejlődését elősegitsük.

A haszonból való etetéshez azon jogos reményt füzheti a méhész, hogy a népek kellőleg megerősödve, a bekövetkező jó hordás idején busásan visszafizetik a reájuk forditott költséget. És e számitás nem alap nélküli; Lünneburgban pl. spekulativ-etetés nélkül nem is képes eredményt elérni a méhész, mert ott egyedül ez biztositja a kellő szaporodást és a későbbi hasznot. Dacára annak, hogy nálunk a lünneburgiakéhoz képest hasonlithatatlanul jobb a tavaszi mézelés: a spekulativ-etetés okszerü alkalmazásának mi is igen nagy hasznát vehetjük.

A haszonból való etetésnek jelenleg szokásban levő módját azonban nem alkalmazom; attól teljesen eltérő eljárást követek s ezt a következő szakaszban előadott módszerrel kapcsolatosan használom; mert azt tapasztaltam, hogy a spekulativ-etetés ugy, ahogyan azt dr. Dzierzon, báró Berlepsch, Dathe, Hilbert, stb. ajánlják, nem fizeti ki magát.

Az eljárás többféle módon eszközölhető. Ilyen a legártatlanabb és legolcsóbb módszer: a lisztetetés, melyet már kora tavaszszal, a méhek első kiröpülése után, azonnal foganatositni lehet. A méhes közelében egy üres kaptárba liszttel megtöltött üres lépeket függesztünk, s a méheket mézzel oda csaljuk. A nép csakhamar rászokik a lisztre és nagy szorgalommal hordja azt saját otthonába. A lisztetetéssel azon elővigyázatra sem szorulunk, hogy azt estefelé beszüntessük; mert az idő hüvösebbre fordultával a méhek maguk is fölhagynak a hordással. *A liszt után addig vágyódik a nép, amig a természetben himport bőven nem talál.* Voltak évek, amikor $1^1|_2$—2 métermázsa lisztet etettem föl méheimmel, rendesen azt tapasztalván, hogy minél kedvezőtlenebb volt az ősz, annál nagyobb is volt tavaszszal a liszt után való vágy. Minthogy tanyai méhesem egészen magában áll a környéken, ennélfogva a lisztes lépeket a szabadba is kitehetem, idegen méh nem jön arra. Érdekes ilyenkor a száz-, meg százezer méh lázas sietségét s ügyességét látni, amint a lisztet — a korpától külön választva — hamarosan fölszedik. A lisztetetésnek az az eredménye, hogy a méhek ideje korán fehérnyedéket kapnak, melyet talán csak pár héttel később szerezhettek volna be és a siker szemmel látható, amennyiben — mint minden spekulativ-etetés után, ugy ezen esetben is a fiasitás, kivált az erősebb családoknál, fokozottabb mérvü.

Különös jelenség a méhek életében, hogy a lépekben saját kaptáraikba beadott liszthez hozzá sem nyulnak; ellenben az üres kaptárokba függesztett lisztes sejtek tartalmát haza hordják.

A tiszta mézzel való spekulativ-etetés ugy, amiként a lünneburgiak szokták, hasznos ugyan, de nagyon költséges; ennélfogva senkinek sem ajánlom. A dr. Dzierzon és báró Berlepsch-féle módot, t. i. a családoknak vizes mézzel való etetését sem alkalmazom többé. Egy időben, különösen 1873-, 1874- és 1875-ben én is nagyban és főleg a szabadban gyakoroltam ezt; de a nagy költség miatt ismét abba hagytam. A tojással és mézes tejjel való, Hilbert-féle etetést (Bienenzeitung, 1874. 22. sz.) — melyet már báró Ehrenfels a juhtejjel való etetéssel megelőzött — szintén beszüntettem, ámbár a petézésre hatalmas befolyásu volt. Hilbert a tojás sárgáját a fehérjével összekeveri s cukrot tesz közé; továbbá egy liter forralt tejbe $^1|_4$ kilo cukrot, vagy mézet kever és ezt a méheknek a kaptárba adja.

Végre: Weigandt, eschbachi (Nassau) lelkész spekulativ-etetési módját (Bienenzeitung, 1878. 23. sz.) is megemlitem, mely cukor-, vagy méz- és lisztkeverékkel történik. Alkalmazása a következő: $^1|_2$ kilo lisztet egy kevés vizzel és néhány szem sóval, vagy borral jól összekevernek s a csomókat szétnyomnak; azután 1—2 liter vizben föloldott 1 kilo cukor, vagy $1^1|_2$ kilo méz jön hozzá, s az egészet ismét jól összekeverik; az igy készült pép több napig is eltartható. Etetés előtt a fölhasználandó mennyiségü pépet ugyanannyi vizzel fölhigitva adják a kaptárba, melyet a méhek mohón fölszívnak. E módon a legolcsóbban juttatunk a méheknek légenytartalmu táplálékot. Magam is huzamosabb ideig kisérleteztem ezen etetési móddal, s az eredmény kielégitett; miértis szükség esetén, t. i. ha a nép igen gyönge volna és kedvezőtlen idő miatt a méhek ki nem röpülhetnének, ezen eljárást követem.

A spekulativ-etetésnél követendő alapelvek:

1. Szép, enyhe idő beálltával, ne nagyon korán kezdjük meg. Mert ha rossz időben ösztönözzük a méheket a fiasitásra, akkor nagyobb foku meleget kell fejleszteniük, nyugtalanok lesznek és kiröpülnek, s a kellemetlen idő megtizedeli őket. A korai spekulativ-etetés következtén a költés fokozottabb mérvben terjedvén, ha az esetleg jelentkező hidegebb időben a méhek összébbhuzódnak, akkor a fiasitás — kivált a csekélyebb népességü kaptárban — meghül és elpusztul.

2. A családok kellő eleséggel legyenek ellátva; mert: miután a királyné többet petézik, a táplálék jobban fogy; s ha ennek szükségét szenvedné a nép, a méhész a várt eredményt el nem érheti, mert a méhek a fiasitást kihurcolják, sőt a további költést esetleg be is szüntetik.

3. Végre: a haszonból való etetésre használt méz minőségére is gondos figyelemmel legyünk. Az erjedésre hajló és netalán már bomlásnak indult mézzel való etetés okvetetlenül költésrothadást okozna, amint ez Gyarmathától 15 kilométernyire eső egyik szomszédomnál, egy igen buzgó méhésznél megtörtént, kinek méhei kétharmadrészben tönkre is mentek.

XLIII.
A méheknek a kitelelést követő második átvizsgálása.

A tökéletes kitelelést csak akkor foganatosithatjuk, ha az időjárás már megállapodott és tavaszi jellegét reménylhetőleg megtartja. Ekkor a kaptárok szalmabéllését kiszedvén, a kaptár belsejében összegyült hulladékot eltávolitjuk, mely alkalommal a családok állapotát, erejét, az anya jelenlétét megfigyeljük. A méhész további teendője az átvizsgálás eredményétől függ. A különös intézkedéseket igénylő gyönge népek megjelölendők. Főleg a családok megerősitése.— mihelyt a körülmények megengedik — azonnal foganatositandó. Az eljárást a következő tétel alatt fogom részletesen tárgyalni.

Igen helyesen cselekszünk, ha az erősebb családokkal épittetünk, minthogy ilyenkor szép dolgozólépeket szoktak késziteni; a kevésbé tulságos épités különben is kedvező befolyással van a méhekre, mert munkásságukat fokozza az, kettőzött erővel hordván a mézet, hogy a hézagokat minél előbb kiépithessék.

A második átvizsgálás alkalmával talált téli mézfölösleget legjobb lesz a kaptárokból kiszedni. Ezt természetesen nagy elővigyázattal kell eszközölnünk, különös figyelemmel a mézelési, hordási viszonyokra, az időjárásra, a flóra fejlődésére. Mert ha e föltételek hiányoznának, akkor a mézfölösleg elszedését jobb időre kell halasztanunk. *A téli készletekből fönmaradt mézfölöslegnek a kellő időben való elszedése azon föltünő jelenséggel jár, hogy a méhek lázas tevékenységet fejtenek ki, s munkásságuk nagy mértékben fokozódik.*

A kasok második átvizsgálása alkalmával a viaszépitmény szabályozására kell a fősulyt fektetni. A méhészkés segitségével a penészes és megsérült lépet kimetszük, melyek lerombolásától igy a méheket mentjük föl, amit különben a gyöngébb népek el sem végezhetnének. Dr. Dzierzon azt ajánlja, hogy e tavaszi barkácsolást, vagy élesmetszést jó rövidre alkalmazzuk, mivel a nép annál több igyekezettel lát akkor a munkához. (Rationelle Bienenzucht, Dzierzon, 262. l.); mig báró Berlepsch épen az ellenkezőt tanácsolja (Die Biene, báró Berlepsch, 409. l.). Ő t. i. elitéli az élesmetszést, s egészen fölöslegesnek, sőt károsnak mondja. Szerény véleményem szerint mind a két tekintély szélsőségbe megy; *a népes kast én sohasem bolygatom meg azért, hogy épitményét visszamessem, hanem a lépépités rendezését tökéletesen a méhekre bizom; ellenben a gyöngébb családokon, melyeknek tulságos épitményük van, segitni szoktam, mert nagyon könnyen megeshetik, hogy ezeknek a lépeibe moly üt tanyát és tönkre teszi az egész kast.*

A kasok második átvizsgálásakor észlelt gyöngébb népek fölsegitését ilyenkor már azon móddal is eszközölni lehet, hogy déli időben, amikor legélénkebb a röpülés, egy erős és egy gyönge családdal helyet cserélünk. A népesebb kas kijáró méheit a gyöngébb család kapja és rövid időn föl is gyarapodik. Ezen eljárás — kivált oly időben alkalmazva, amikor az első mézelés gazdag — nem lehet a királynékra veszedelmes. De arra gondunk legyen, hogy a gyöngébb népnek ne hiányozzék az anyja; különben a fölsegités kárba veszne.

A helycsere utján eszközölt megerősitést sokan megbizhatónak és célszerünek mondják ugyan, de tapasztalataim az ellenkezőről is tanuskodnak. Voltak ugyanis eseteim, hogy a silányabb családot helycseréléssel igyekezvén fölsegitni, kegyetlen marakodás lett az eredmény.

XLIV.

A gyönge családok fölsegitése, lépépités, s a spekulativ-etetés legcélszerübb alkalmazása.

Ha a kitelelés és a kaptárok második átvizsgálása megtörtént, s a főtényezőkről meggyőződött a méhész: akkor a további intézkedést is könnyen meghatározhatja. A családok további kezelésének körébe tartozik különösen ama fontos és a méhek életébe vágó ténykedés is, melylyel a gyönge népek fölsegitését célozzuk. Csak akkor foganatositható ez teljes eredménynyel, ha az I. és II. osztályozásu családok tökéletes jó erőben vannak, mely körülmény azáltal ismerhető föl, ha a méhek az utolsó, t. i. az ablak mögött függő lépen is, vagy magán az ablakon nyüzsögnek. A viszonyoktól függőleg rendesen április 20-ika tájától május 15-ig terjedő időközben érik el a méhek a fejlettség e fokát; mely időnek előre való meghatározása a betelelt népek erejétől és különösen az időjárástól függ. *A gyönge családok fölsegitésére csakis teljes erejükben levő törzseket lehet fölhasználni; ez legyen e dologban az irányadó elv.*

A fölsegitést tehát eként eszközöljük: A legerősebb család kereteit kiszedvén, *az anyát kikeressük és visszahelyezzük a kaptárba;* a többi keretről pedig annyi méhet söprünk a gyönge család kaptárába, amennyinek elvételét amaz megbirja, s a lépeket az erős törzsnek visszaadjuk. A gyönge családnak csak két lépet hagyunk, *egyet mézzel és egyet himporral telten;* de ellátjuk lépkezdésekkel, azaz viaszdarabokkal, melyeket viasz- és gyantakeverékkel ragasztunk a keretek felső lécéhez. A családot kezdetben szük, tehát melegebb helyre szoritjuk, mivel a kisebb ürt bátrabban kiépitik a méhek, mint a tágas, nagy térséget. A fiasitásos lépekkel sietni kell, hogy meg ne hüljenek; a gyönge családnak ezekből is csak egyet-egyet adunk, mert a több fiasitást talán nem is volnának képesek kikölteni, t. i. a kellő táplálékkal ellátni és melengetni. Annyira óvatosak legyünk ebben, hogy a leggyöngébb népnek pl. csak befödött, tehát már érettebb fiasitást adjunk, mely csakhamar kikelvén, a család fiatal méhekkel gyarapodik és a további fölsegitésre nyilt költés is adható neki. Az eljárás ezentul is ismétlendő; az időpont meghatározása azonban a család erejének és fejlődésének fokától függ. Mindig azon elvet kövesse a méhész, hogy ami sok, az meg is árt; mely gyakorlati szabály különösen itt emelkedik érvényre. Ennélfogva ajánlatos, hogy a méhész naplót vezessen, melybe a tájékozás szempontjából minden előforduló esetet följegyez.

Amikor már a gyönge család is teljes erőre jutott, s mint önálló és jövedelmet biztositó tényező szerepelhet, akkor a fölsegitést beszüntetjük. *Az ilyen népek — kivált a föhordás idején — kitünö szolgálatot tesznek ; mert már csak azért sem rajozván, mivel lépeik régiek, feketék: a fölszaporodott nép sok mézet gyüjt be; vagy ha szaporitni akarunk, a mürajok készitésére nagyon alkalmas törzsekké válnak,* mert a fiatal méhek által fejlesztett belsö meleg következtén az anya az üres sejteket szorgalmasan bepetézi s a böségben található fiasitás a mesterséges szaporitásra forditható.

A családok ily módon való egyenlösitéséböl még azon haszna is van a méhésznek, *hogy a lépeitöl megfosztott nép a legszebb dolgozósejteket épiti, ugyannyira, hogy az épitmény megujitásának ezen eljárás a legcélszerübb módja.* Az újépitményben nyert eredmény a méhészetre nézve igen fontos tényezö; valódi életkedv és erö csak ott pezseg, ahol a méhek ujonan épitnek. Igyekezzék hát a méhész a családokat arra serkenteni. A jelzett módon kezelt családok egyébiránt a szaporitás iránt is nagy hajlamot mutatnak. Az újépitményt az anya csakhamar telepetézi, s a nép rajzási elökészületeket tesz és ha esetleg meg nem gátoltatik, csakugyan ki is bocsátja a rajt.

Hogy az épitéssel az ilyen család minél gyorsabban elöre haladjon, *a spekulativ-etetés gyakorlati alkalmazását melegen ajánlom. Ezen esetben juttathatja érvényre a méhész kevesebb költséggel és mégis haszonnal a speculativ-etetés alkalmazását, mely a méhek fejlödésére meglepö hatással van.* A Weigandt-féle haszonból való etetési módot ajánlom, mely a többieknél sokkal olcsóbb, egyszerübb és a célnak mégis jobban megfelel. Ha az I. és II. osztály alá sorozott anyatörzsek a kedvezötlen idöjárás folytán netalán nem volnának képesek a gyöngébb családok fölsegitésére a kellö fiasitást szolgáltatni, azon esetben szintén a föntemlitett haszonból való etetési módot, mint a petézést olcsón elösegitö eljárást ajánlom.

A haszonból való etetés okvetetlenül a kaptárban, még pedig etetövályukból eszközöltessék. A méhész gondja oda irányuljon, hogy a lépeitöl megfosztott család legfölebb három hét alatt kiépitse a kaptárt. A méhek ilyenkor csak dolgozósejtet épitnek; mig ellenben az elsö fiasitás kikelése után már nagyon hajlandók a heresejtek épitésére átmenni; amit mindenesetre gátoljon meg a méhész. Az épitményétöl megfosztott családoknak sejtközfalakat adni nem tanácsos, mert ezek a sok méh sulya alatt kitágulnak és ezáltal a herefiasitásra alkalmasokká válnak. Sejtközfalak beadását csak 3 hét után ajánlom, amely idöpontig — kivált, ha speculativ-etetéssel siettetjük az épitést — nagyon szép dolgozólépeket épittethetünk a családdal.

Alig hiszem, hogy hazám méhészei között volna valaki, aki a haszonból való etetést oly nagy mértékben gyakorolta volna, mint én; már méhészetem kereskedelmi irányánál fogva is főcélom mindig az volt, hogy minél több méhet neveljek. Igy pl. 1874-ben 3 mázsa lisztet és 41 mázsa mézet etettem föl; az 1875., 1876. és 1877. években cukrostejjel ingereltem méheimet a fiasitásra, s ebből naponta 30 itcét fogyasztattam el velük. De ugyanekkor, hiteles följegyzéseimen alapuló, azon tapasztalást szereztem, hogy a méhek fejlődése a spekulativ-etetés költségeivel nem állott kedvező arányban. Miértis az utóbb emlitett etetési módozat mellőzésével az előbb jelzettet fogadtam el, mely a méhész javára azon biztos hasznot hozza, hogy:

1. a gyönge népek — *tekintet nélkül a mézelés főidényére* — kitünően fölgyarapithatók és ezáltal a jó hordás alkalmára szép eredménynyel kecsegtetnek;

2. a dolgozólépek nagy mértékben és igen jó minőségben fölszaporithatók;

3. a fiasitásuktól megfosztott családok nemhogy megsilányulnának, hanem esetleg a szaporitásra, rajzásra is alkalmasokká lesznek; végre:

4. az ezen eljárásból eredő haszon a költségeket nagyban fölülmulja.

Mindezeknél fogva ezen mód alkalmazását minden méhésznek ajánlom.

Különben a lisztnek számitásból való e'etését se mulassza el senki. A légenynek a kaptárba juttatására ez a legártatlanabb mód, mely már kora tavaszszal alkalmazható és épen ezért igen ajánlatos. A kivitelre nézve leghelyesebb volna, ha az egész község méhészei etetnék a méheket liszttel, amint ezt a torontáliak egyszerre teszik, kik az összehangzó egyetértés és az igaz méhészbaráti jóindulat által vezérelve, ezen hasznos eredményü eljárást egyöntetüen gyakorolják. A lisztetetést kivéve, minden haszonból való etetés, ugy a Weigandt-féle megkezdésekor is, mindenki vegye fontolóra, hogy azt tovább folytatva, csak akkor lehet beszüntetni, amikor a mézelés már javában megindult; ellenkező esetben alkalmat adunk az ugyis fölhevült méhek rablási ingerének, mely, ha egyszer kitört, csak nagy nehezen fojtható el.

XLV.

A méhek nyalánksága és a rablás.

A méhek szerzési vágya és nyalánksága arra ösztönzi őket, hogy bárhonnét is szerezzenek édes nedvet. E vágy kielégitésére nem egyedül az éhség ingerli őket, hanem a minél több vagyon begyüjtésének határtalan ösztöne. Tudva ezt, a kiteléstől kezdve a betelelésig figyelemmel kell kisérnünk méheinket; mert a kellő fölvigyázat hiján nagyon könnyen megesik, hogy a gyönge családokhoz idegen méhek tolakodnak és kirabolják őket. Olyankor, amikor nincs hordás, a rablási kisérletek gyakoriabbak; de azt is tapasztalták már, hogy a leggazdagabb mézeléskor is fordultak elő rablások. Dr. Dzierzon (Bienenzeitung, 1848, 18. l.) és Vogel is tesznek emlitést s magam is többször meggyőződtem erről, még pedig főleg repcemézeléskor, mely — ugy látszik — nagyon ingerelni szokta a méheket. A kellő éberséget soha el ne mulaszszuk tehát, mert sokkal könnyebb a rablásnak elejét venni, mintsem azt — ha már egyszer folyamatban van — beszüntetni. Mindenekelőtt a gyönge, különösen pedig az anyátlan népeket tartsuk figyelemmel; erőtlenségük és szabálytalanságuk következményeként ezek gyávák, bátortalanok szoktak lenni, a támadást kellő erélylyel visszautasitni nem képesek és ennélfogva a rablók nyalánkságának martalékai lesznek. Gyakran megesik az is, hogy a távolabbról hozott és még tájékozni nem tudó méheket is megtámadják, sőt ki is rabolják a többi család népei.

Rendesen a legerősebb és legmézesebb családok méhei szoktak rabolni, mert ezek a legbátrabbak is; mig ellenben a kevés készletekkel biró népek tunyák és inkább tönkre mennek, vagy kaptáraikat elhagyják, semhogy a rablást megkisérlenék.

A rablás megakadályozására a méhésztekintélyek a következő óvóintézkedéseket ajánlják:

1. A család legyen oly erős, hogy az épitményt egészen belepje. Az ilyen nép elszántan védelmezi magát; mire a rablók a támadást rövid tusa után ösztönszerüleg beszüntetik és tovaszállnak.

2. A kaptárokon *rosszul záró ajtót, fölösleges nyilást, repedést ne türjünk;* az ezeken átható méz- és viaszszag a nyalánk méheket odacsalja s a kaptár megrohanására, kirablására ingerli.

3. Nappal soha se etessük a méheket; mert a méz elcsöpögtetése, vagy csak a szaga is, amit a mézesedényeknek, etetővályuknak és a kaptárnak fölnyitása terjeszt, nagyon hamar előidézi a rablást. A gyönge népek rendezését csak korán reggel, vagy későn este eszközöljük és különösen a mézzel megtöltött vályukat óvatosan helyezzük el. Ha a mézhordás teljes szünetelésekor kellene a kaptárok belső tartalmát kiszedni, s a kereteket tartó bak nem zárt oldalu, okvetetlenül takarjuk le kendővel a lépeket és a netalán kapott fölösleges mézes sejteket rögtön vigyük be; mert ha hosszabb ideig kint tartjuk a kereteket, a méhek oda-

csődülnek és rabolni fognak. Elodázhatatlan teendőinket ilyenkor legtanácsosabb majd itt, majd amott végezni a méhesen, hogy a méhek kevésbé csoportosuljanak egy hely felé.

Ezek a dr. Dzierzon, báró Berlepsch, Dathe stb. által terjesztett átalános alapelvek, melyek a gyakorlatban alkalmazva, helyeseknek is bizonyulnak. De minthogy nem minden évben van módunk az 1-ső pont alatt elmondott föltétellel, t. i. erős családdokkal rendelkezni; s miután saját méhesemen is igen sok gyönge népet telelek ki, melyek kereskedelmi irányu üzletemben nagy hasznot hoznak: ennélfogva kötelességemnek tartom az ezekkel követett bánásmódomat is leirni.

Egyik főfeladat arról gondoskodni, hogy a családnak erős és ép anyja és a család a viszonyokhoz képest *szükebb helyre legyen összeszoritva.* A röpülőlyukat megszükitjük s vele szemben, haránt elhelyezve, üveg-, vagy deszkalapocskát alkalmazunk; ennél még jobb, ha — miként méhesemen 27 év óta gyakorlatban van — a röpülőlyuk fölé egy darabka rongyot ugy szögezünk, hogy alsó széle $\frac{1}{2}$ cm.-nyire takarja a röpülőlyuk nyilását és alatta a méhek — azzal érintkezve — könnyen ki- és bejárnak. *A nagyon gyönge népességü* kaptárokon ajánlatos a röpülőlyukat foghagymával bedörzsölni. Ily módon leggyöngébb családait is megvédheti a méhész. Miután telepemen a kevés népességü családocskák kitelelése — melyeket rendesen csak május hó vége felé adok el — igen fontos tényezőt képviselnek, ennélfogva a szóban levő kérdéshez azon öntudattal nyultam, hogy az előadott móddal, mely tökéletesen megfelel, helyes irányt követek.

A kasokban lakó családokat ugy védhetjük meg legcélszerübben, ha pl. a délmagyarországi kupos kas alját földdel körülhányjuk, vagy bojtorjánnal körülkoszoruzzuk; avagy végre ugy ezen, mint bármely másféle kason a röpülőlyukat ronggyal elfüggönyözzük.

A rablás fölismerése a kezdő méhésznek — kivált, ha a megtámadott nép nem védi magát — nem könnyü dolog; *alapos gyanut kelthet azonban ama jelenség, ha a család gyönge, s mégis nagyszámu méhet látunk ki- és beröpülni.* Mint már emlitém: sokkal könnyebb a méheket a rablótámadásoktól megvédeni, mintsem a már kitört rablást megfékezni. A rablók — melyekről még most is sokan azt hiszik, hogy külön méhfaj (nem régen is, egy, különben igen müvelt uri ember el akarta velem hitetni, hogy szomszédja rablóméheket tart, melyek az ő méhesét tönkre tették) — kezdetben külsőleg semmiben sem különböznek a többi méhektől; de később sötétek, végre fényes feketék lesznek, ami főleg a marakodás- és ezzel kapcsolatosan a szőr lekoptatásának, különösen pedig a mézzel való bekenődésnek a következménye szokott lenni. Kezdetben, amikor a megtámadott család nem védi magát, s a rablást első tekintetre nehezen lehet fölismerni, a következő jelek árulják el azt: a méhek nagy izgatottsággal, vagy néha egész nyugodtan, de élénken röpülnek ki és be, sokszor ki- és befutkosnak; a kiröpülő, dagadt potrohu méhek tovaszállnak, melyek közül ha nehányat megvizsgálunk, a mézgyomorban régi mézet találunk; a kaptárt fölnyitván, a lépeken ide- s tovafutkosó méheket veszünk észre, melyek a föltalált mézet sietve szürcsölik; a már több idő óta tartó rablás nyomaiként pedig lerágott sejtfödeleket, üres cellákat, hulladékot, lemorzsolt, elcukrosodott mézet lelünk a kaptárban. Ha védi magát a nép, a rablást a külső jelekről is könynyen észrevehetjük; a méhek szárnyaik-, vagy lábaiknál fogva hurcolják egymást, a röpülőlyuk előtt (de a kaptárban is) kegyetlen öldöklésbe keverednek, s rendesen a tulnyomó, támadó sereg lesz a győztes.

A bekövetkezett rablást teljes erővel igyekezzünk elfojtani; az intézkedések sürgősen eszközlendők, egy percig sem szabad késedelmeskedni. A tétovázás a megtámadott család létét kérdésessé tenné; különben másutt is dolga lévén a méhésznek, azért is sietnie kell a rablás elfojtásával, mert bibelődésekre nem fecsérelheti idejét.

Legelső teendő a röpülőlyuk rögtöni elzárása. A bent rekedt rablókat az ajtón kell kiereszteni; sietve távoznak ők ezen az uton, mert legjobban érzik, hogy helyzetük nem valami kedélyes. A fölnyitott ajtón a kaptárbeli méhek is ki szoktak jönni, melyeket az ajtó sietős becsukása után a röpülőlyukon lehet beereszteni. Hogy azonban — kivált nagy forróságban — a méhek a teljesen elzárt kaptárban ne szenvedjenek, a röpülőlyukat később megnyitjuk, s a kaptárt, vagy kast egy kendővel leboritjuk, miáltal a rablók hátráltatva lesznek a kaptárba hatolni. A pavillonban levő, vagy többesben egybe csinált kaptárokon pedig legtanácsosabb a röpülőlyuk elé nagyobb vászondarabot szögezni. *A szomszédkaptáron el ne feledjük a röpülőlyukat szintén megszükitni, nehogy a rablók ott is megpróbálkozzanak betolakodni.* Báró Berlepsch a rablás ellen azon célszerü módot ajánla, hogy a röpülőlyukat torlaszoljuk el agyaggal és azon át vesszővel szurjunk akkora nyilást, hogy egyszerre csak egy méh közlekedhessék.

Némely méhész föcskendezővel önti le, vagy füsttel kábitja el a rablóméheket; mások hagymával, petróleummal, stb. kenik be a megtámadott kaptár bejárását, s fölbátoritásul cukros bort adnak a szorongatott népnek; végre — hogy a megtámadott családot fölbőszitsék, — a röpülőlyukat hangyasavval dörzsölik be. Ámde mindeme védekezés bizonytalan eredményü. Azon, állitólagos célszerü utasitást is teljesen sikertelennek tartom, mely szerint iparkodjunk kikutatni, hogy a rablóméhek mely kaptárból valók, s azokat időnként zárjuk el. Azon körülmény, hogy a rablók rendesen több kaptárból, sőt idegen méhesről jönnek, kétséges értéküvé teszi a tanácsot.

Dathe nagyon ajánlja a gyönge népek mézeslépeinek teljes kiszedését és a család éjjelenként való etetését. De én nem képzelem, hogy e tanács a gyakorlati alkalmazásra beválnék; *mert a fiasitásos lépek felső szélein is van méz s ha ezeket kiszedjük, a költés lesz veszélyeztetve, ha pedig bent hagyjuk, ellene teszünk a tanácsnak. Sőt az is való, hogy a rablóméhek — ha mézet nem találnának a kaptárban — még a fiasitásos sejtekben levő táplálékot is elhordják; ezt pedig, mint annál veszedelmesebb bajt — mindenesetre meg kell gátolni.* Lünneburgban ugy szokták a rablást megakadályozni, hogy a kast oldalvást lefektetik, s a méhek annak alsó, t. i. nyilt részére kénytelenek röpülni. Azt állitják, hogy mindenkor biztos ez az eljárás, mert azonnal beszünteti a rablást.

Én aként fojtom el a rablást, hogy a megtámadott kaptárt kendővel letakarom és este fiatal méhek által ellepett keretet adok neki. A lepelt harmad napig rajta hagyom és csak este felé veszem le róla; a siker biztos. Azon módot is célszerünek találom, hogy — különösen kasban levő nép támadtatván meg — a támadó helyére állitom és viszont, azaz: egymás helyét egyszerüen elcserélem.

Kezdő méhészeknek leginkább ajánlom, hogy a megtámadott népet pincébe, vagy más hüvös helyre vivén, az általam javasolt módon erősitsék meg és csak 2—3 nap mulva tegyék ki ismét a régi helyére.

Vannak esetek, amikor a rablást megakadályozni nem lehet. Ilyet életemben csak egyszer észleltem, még pedig 1879-ik évi junius hó 21-től 28-ig, *mely alkalommal méhesemen 670 gyönge és erős család népe egyaránt, minden különbség és önvédelem nélkül rabolta egymást.* Embereimmel mindent elkövettem, hogy e forradalmat elfojtsam, de hasztalanul; a rablás teljes nyolc napig tartott és csak azután kezdték a méhek magukat védeni. Ezen átalános rablás látszólagos oka az volt, hogy a mézelést, mely a fehér lóheréből bőven folyt, egy éjszaknyugoti szél hirtelen beszüntette; a rablás azonnal be is következett. Azon körülményt pedig, hogy a méhek nem védelmezték magukat, az egyenlő szagnak tulajdonitom, mely az akkor egyedül virágzó fehér lóheréről ment át a méhekre. Ezen esetből következtetve, a speculativ-etetésből is eredhet rablás, ha az etetést hirtelen beszüntetjük.

10*

Sokan azt hiszik, hogy a rablóméhek a megtámadott család anyját leölik; ez tévedés. Mert ha rablás esetén vesz el az anya, biztosra vehetjük, hogy saját népe ölte meg. Sokszor meggyőződtem erről, kivált olasz méheimmel, melyek tulajdon királynéjukat több izben ide s tova hurcolták a kaptárban; ami valószinüleg izgatottságuk folytán történt.

Azt is tapasztaljuk, hogy a megtámadott család népe — kétségbeejtő állapotának mintegy tudatára jutván — maga is a rablókhoz szegődvén, saját otthonának a kifosztásához lát és az egyik, vagy másik rabló nép kaptárába hordja a zsákmányt.

XLVI.
Átalános utasitások a mézelés és rajzás idejéig.

Nem elég a méheket szerencsésen áttelelni, hanem oda kell törekednünk, hogy a mézelés elérkeztéig lehető legjobb állapotban is legyenek és hasznot hozzanak, mert hiszen ezen célnak az elérése képezi a méhész tulajdonképeni föladatát. Ebeli igyekezetében érvényesitheti leginkább a méhész előrelátását, ügyességét és tapintatosságát, melyekkel a családok fejlődésében a kedvező, vagy kedvezőtlen fordulatokat fölismervén, teendőit célszerüen irányitni képes.

A gondos méhész a méhek röpülését éber figyelemmel kiséri; mert némely család minden fölerősités, odaadó ápolás és szorgalmas gondozás dacára sem haladván előre, különös intézkedést igényel. Az ilyen esetekben rendesen a királynékban keresendő a hiba, melyek — habár fiatalok és külsőleg épek is — a várakozásnak azért sokszor nem képesek megfelelni. Innét van az, hogy egyenlően kezelt családok közül némelyek a legörvendetesebben gyarapodnak, mig mások a középszerüséget sem haladják túl. Ilyenkor a királynét minden tétovázás nélkül el kell távolitnunk, mert bármiként bánunk is vele, *még ha fiasitással kedveznénk is a népnek*, nem érünk célt.

Gondunk legyen továbbá arra, hogy a családok ne zavartassanak; a gyakori átvizsgálás, rendezés, stb. szükségtelen. Az ilyféle bolygatás legalább 2—3 órára mindig megakadályozza munkájukban a méheket.

Ügyeljünk arra, hogy a költőtér a nép mennyiségéhez képest alkalmazkodjék, azaz bővüljön, vagy szükebbre szoruljon. A tulságos nagy térben a méhek — kivált, ha hüvös, esős az idő — fáznak; ellenben, nagyon kis helyre szoritva, fejlődésüket hátráltatnók.

Alkalmatlan időben, amikor pl. az esőzés hosszan tart, vagy ha megszünt is, de ismételten beállt, a méhek táplálékkészletére főgondunk legyen. Amely család szükséget szenved, okvetetlenül fölsegitendő mézzel, mert sokszor megesik, hogy ilyen válságos időben a mézhiányt szenvedő családok elpusztulnak. Ha a méz elfogyott volna és a hordási kilátások nem a legbiztatóbbak, adjunk kandiszt a méheknek, mely most épugy, mint máskor is, kitünő szolgálatot tesz. Ellenben ha a jó hordás békövetkeztével is találunk még téli mézkészletet a kaptárban, szedjük azt ki; minél kevesebb méz van a kaptárban, annál nagyobb szorgalommal hordanak a méhek.

XLVII.

A méhek tovaszállitása.

A méhészet jövedelmezősége azon iránytól függ, amelyet annak üzésével követünk; az odaadó szorgalomnak is döntő szerep jutván ebben, mert hiszen tudnivaló, hogy minden ténykedésünknek ez a rugója.

A méhészet legjövedelmezőbb iránya a pörgetett és szüzsejtes méz előállitása, főleg pedig az élőméhekkel, s megtermékenyült fiatal anyákkal való kereskedés. A méhészeti iparnak az utóbbi irányban való meghonosulása tetemes jövedelmet hozna a hazai méhészeknek. Maga Németország — mely ugyan a legtöbb méhet rendeli a külföldről — évenként 5000-nyi rajt s külön körülbelül ugyanannyi királynét importál; s ennek legnagyobb részét Magyarország szállithatná, mivel méheinket ott már régóta ismerik, s ezek bármely fajjal minden tekintetben kiállják a versenyt. Nem kellene tehát egyéb, csak egy kis vállalkozási szellem s az alább következő utasitásoknak lelkiismeretes teljesitése.

A méhekkel való kereskedés főkellékei ezek:

1. A közelben vasuti állomás, minthogy a méhek a kocsin való hosszas rázást és a nap közvetlenül ható sugarait nem türik.

2. Jól kezelt méhes, melyen a családok erősek, egészségesek s minden kaptárban legalább 3 kilónyi élőméh nyüzsög.

3. A királynék egy évnél idősebbek ne legyenek.

4. A tovaszállitásra szükséges ládák készletben tartása. Ezen négyszögü, 30 cm. magas és 25 cm. széles ládák fournirdeszkából készülnek; minden oldalon, ugyszintén a födéldeszkákban is, ablakok és ezek átmérőjén 4 cm. magas lécek vannak, melyeknek az a rendeltetése, hogy a postán a láda mellé helyezett tárgyak, csomagok a méhektől a levegőt el ne zárhassák. Az utravaló táp-

lálék a födél alatt levő, $1^r_{|2}$ cm. vastag deszkából készült vályucs-
kába tétetik, melynek tartalma $^3|_4$ kgr. fölforralt és kihütött pörgetett
méz. A vályu szögleteit — nehogy ott a méz kiszivárogjon,
kicsöpögjön — turóenyvvel ki kell tapasztani. A méz fölé vászon-
darabkát boritunk, melyet apró lécecskékkel a vályu oldalaihoz
foglalva, odaszögezünk, jól ügyelve arra, hogy a vályu oldalait
a szögek meg ne repesszék, ki ne tördeljék. (E figyelmeztetéseim
mellőzése sok kárt okozhat, kivált, ha a csomagot szekérpostán
kell messzebb utra tovaszállitni.) Ha még hüvös az idő, a mézhez
$5^o|_o$-nyi vizet keverjünk, vagy pedig ritkább vászonnal boritsuk le
a vályut; különben a méz sürü volta miatt a méhek utközben
nem táplálkozhatván, igen könnyen elpusztulnak. Hideg időben a
födéldeszkából az ablakot kihagyhatjuk, vagy ha már benne van,
ragasszuk be papirral. Mielőtt a méheket a ládácskába helyeznők,
vizsgáljuk meg ezt jól, a kiálló szögeket görbitsük el, *a görcsös
helyeket* pedig ragasszuk be szintén papirral. A szögek kiálló
hegyein a postahivatalnokok, vagy szolgák megsérthetik magukat;
a deszkában levő görcs pedig utközben kieshetik s a támadt
lyukon a méhek kirontanak és a postaszemélyzetnek kellemetlen-
séget okoznak. Becsomagolás után a ládácskát megmérjük és sulyát
a födelére jegyezzük.

5. A méhek szétküldése május eleje előtt ne kezdődjék.
Ilyenkor már erősek, népesek a családok és fiatal méh is elég van
a kaptárokban; az időjárás is állandóbb s a rajok további léte
nincs annyira veszélyeztetve. *A szállitó époly érdeklödéssel visel-
tessék eziránt, mint a megrendelő.* Az érdek kölcsönös szemmel-
tartását már azért is ajánlom, mert a rendelők között sok a kezdő,
kik a netáni hiányokat annak tulajdonitják, hogy a küldött méh
nem jó faju, vagy a szállitó volt hanyag, fölületes. Május hó
folyamán e kellemetlen eshetőségeknek kevésbé vagyunk kitéve.
A szállitandó család népe mindig legalább 1 kgr. sulyu legyen,
hogy a továbbfejlődés lehetőségéhez e tekintetben kétség ne férjen.
A szállitás, a következő pontban leirt körülmények figyelembe
vétele mellett, kora reggel történjék, amikor minden méh odahaza
van. De ha ez lehetetlen, azon esetben tanácsos a kaptárt, vagy
tartalmát az elszállitásig hüvös szobába, vagy még jobban, pin-
cébe tenni.

A szétküldendő méhek elcsomagolása a következő módon
eszközlendő:

a) A kaptárból mindenekelőtt *kifogván az anyát,* kupak alá
zárjuk. A méheket pedig megpörmetezzük és belölük 1 kgr. súlyut
a lépekről a szállitóládácskába söprünk. Ha a súly felöl tisztában
vagyunk, a királynét a méhek közé tevén, a kupak alól fölsza-

baditjuk. Ekkor a födelet a ládácskára szögezzük, melyet azonban előbb megforditunk, hogy meggyőződjünk arról, vajon a vályut takaró vászon nem-e tulságosan sok mézet bocsát át, avagy ellenkezőleg nem nagyon sürü-e a vászon? Az első esetben ott, hol erősen szivárog a méz, fölolvasztott viaszszal kenjük be, a másodikban ritkább szövésüvel cseréljük ki a vászont.

Végre: a láda cimezésekor a postaszemélyzet figyelmeztetéseül föltünő nagy betükkel jelezni kell a ládán, hogy: *vigyázva, föl nem dönteni, levegőt, stb.*

Ama család fönmaradt népét, melytől az elszállitásra szánt méheket elvettük, a fiasitással együtt vissza helyezzük a kaptárba. De ha csak annyi nép maradt volna, hogy a fiasitást tovább ápolni képtelen, ajánlatosabb azt, valamint a fiasitást is, gyöngébb családokhoz beosztani. A költéses lépekről ugyanis egy, gyöngébb család röpülődeszkájára támasztott s körülpárkányzott deszkalapra söpörjük a méheket, melyek a röpülőlyukon szépen bevonulnak és mert mézet visznek, örömmel fogadják ott őket. A fiasitást pedig keretenként osztjuk el a gyengébb családok közt, ügyelvén arra, nehogy a népet a költéssel egyszerre tulterheljük. Az üresen maradt kaptárt végre eltávolitjuk, vagy ha ez nem lehetséges, a röpülőlyukat elzárjuk, hogy a méhek régi lakásukba ne térhessenek vissza, hanem a szomszédos kaptárokba csempésszék be magukat.

De ha a szállitandó nép elvétele után is még elég méh marad a kaptárban, akkor mint mürajt kezeljük tovább.

A továbbitandó méhck királynéjának ketrecben való elzárását, amint azt igen sok megrendelő kivánja, nem ajánlom. Nagyon sok évi tapasztalatból állithatom, hogy ez esetben az anyák jó része idő előtt elpusztul; mert szük helyre elzárva, a méhek ostromának, zaklatásainak vannak kitéve és főleg az összezsufolás által keletkezett melegség folytán annyira elcsigázódnak, hogy a fölszabaditás után hamarosan végük lesz. Ezen, mindenesetre káros következményü állapot elkerülése végett tanácsosabb az anyát a méhek közé szabadon bocsátani.

b) *A méhész anyákat nevel* és megtermékenyülésük után ezeket használja föl az elárusitásra. A méheket, melyek az utnak inditandó rajt képezik, egyes családokból söpri össze, melyekhez, ha lecsillapitás végett megpermetezi őket, bátran hozzáadhatja a fiatal anyát. Biztosithatom a méhészeket, hogy az ily eljárással legkevésbé sincs veszélyeztetve az anya; számtalan rajt szállitottam már igy, anélkül, hogy a legcsekélyebb kárt szenvedtem volna. A szállitás e módja ugy is eszközölhető, hogy a méhész valamely család idősebb anyát adja az utrakelő rajnak, ellenben a fiatal királynét magának tartja meg s anyásitó készülékben helyezi az anyátlanná tett nép kaptárába.

c) A természetes rajok elszállitása a legegyszerübb eljárás, főleg, ha öreg anyával kivonult előrajt küldünk utra, mely az 1 kgr. átlagos sulyt rendesen megüti. A rajokra várni azonban nagyon unalmas és bizonytalan dolog, kivált, ha a megrendelés megszabott határidőre szól. Ez esetben nincs egyéb mód, mint mürajt készitni, hogy a megrendelés teljesithető legyen.

d) Akinek Dzierzon kaptárai nincsenek s az elszállitandó méheket a kasokból kénytelen kivenni: a kidobolást ajánlom; *mely eljárást a mürajok készitési módjának tárgyalásánál fogom kifejteni.* A visszamaradt kassal való elbánás kétféle lehet: vagy benne hagyjuk a méheket és lépeket, az eshetőségre bizván a jövőt; vagy kiszedjük és keretekbe illesztjük a sejteket, ami bibelődéssel jár ugyan és gyakorlottságot követel, de amannál biztosabb sikerü. Az utóbbi esetben a kast hosszában ketté vágjuk, a lépeket óvatosan kiszedjük s a népet lesöpörvén, a sejteket keretekbe illesztjük. Ha elég nép van még, mesterséges rajt csinálunk s ezt a régi kas helyére állitjuk, vagy ha ez nem lehet, félórányi távolságra visszük, hogy kijáró népe a régi helyre vissza ne menjen. A kasok kidobolása és a jelzett módon való átlakolása nagyon ajánlatos eljárás, melylyel egyszersmind Dzierzon-kaptárokat népesithetünk be; másrészt pedig a kidobolt kas benmaradt népének további fejlődését sem kell ellenőriznünk, amiben biztos tájékozásunk nem is lehet és épen ezért a család jövője is kétes.

Az elárusitandó méhek szállitásának itt leirt módjai közül a legegyszerübb az a) alatt előadott eljárás, melyet mindenkinek, akik a méhek kereskedésével foglalkoznak, ajánlok.

A szállitás a vasuti állomásig — az esetleg beállható eső, vagy nagy forróság miatt — födött kocsin, vagy talyigán történjék. Forró nyáron az indulás előtt a méheket megföcskendezzük, s ezt a föladáskor megismételjük.

A méhek pusztulása az uton május 15-ig 1½, 15-től 31-ig 3, juniusban már 5%-ot tesz; miértis a junius hóban való szállitást egészen beszüntettem.

Az anyákat egy 8 cm. magas és 12 cm. hosszu ládikában, 2—300 méh kiséretében szoktam szétküldeni. A ládácska époly szerkezetü, mint aminőt a rajok szállitására használok, csakhogy — nagyon természetesen — kisebb. Ha egy megrendelőnek több királynét küldök, e dobozokat léccel összekapcsolom és egy szállitólevéllel adom föl.

A rajok küldésére szükséges láda kiállitása — a mézet, vásznot, szállitólevelet, stb. is ide értve — 1 frt. 25 krba kerül;

ellenben a királyné szállitásához való fölszerelés összes költsége csak 30 kr.

Bemutatom itt Frank Bentonnak, az élelmes amerikainak a szállitóládáját, aminökben ő Cyprus szigetén és Syriában való tartózkodása alkalmával küldött méheket Európába és Amerikába. A hosszukás doboz (103. ábra) mindkét végén kerek nyilásba illő tok van. Az a-val jelzett tokba vizet öntenek, mely egy parányi nyiláson a szükséges mennyiségben szivárog. A D alatt levő tok a mézet tartalmazza, az utra való eleséget szintén a szükséges arányban szolgáltatván. A méhek a B—C dróthálózaton át kellő levegőt kapnak; az oldalt, b—b-vel jelölt likacskák is errevalók, melyek — ha a dróthálózat véletlenül betakartatnék — kitünő szolgálatot tesznek. Ilyen ládákban kaptam Larnakkából 2 cyprusi anyát, melyek a három heti utazás dacára a legegészségesebb állapotban érkeztek meg. Sőt ugy értesültem, hogy Benton Amerikába is szállitott igy méheket s azok a 8 heti hajózás után szerencsésen megérkeztek.

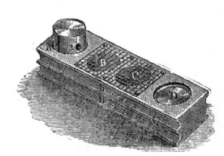

103. ábra.

A kivitelt illetőleg a következőket jegyzem meg: csakis a legpontosabb és leglelkiismeretesebb eljárással vagyunk képesek ezirányban eredményeket elérni. Sokan kezdeményezték már a méhek szétküldését és ismét fölhagytak vele, mert a sok bibelődéstől és a megrendelők követeléseitől visszariadtak, de főleg azért, mivel a szükséges eljárási módokat nem értették. Ámde ezért ne ijedjünk meg a dologtól; *a méhekkel való kereskedés a méztermelésnél jobban jövedelmez,* miértis kitartást ajánlok e téren. Ezer, meg ezer rajt küldöztem szét Európa legtöbb országába, sőt Amerikába is és bizonyithatom, hogy jövedelmezőbb az, mint bármely más állattenyésztési ága a gazdaságnak; s méhünk a tengeren túl is becsülettel megfelelvén hivatásának, átalános közkedveltségben részesül.

A rajok értékesitésének főpiacai: Cseh-, Morva- és Németország. Hirdetésekre a Bienenzeitungot (Nördlingen, Bajorország), Deutscher Bienenfreundot (Crimitschau, Szászország), a Brünner Bienet (Brünn), a Bienen-Vatert (Bécs, Simering) és az Österreichisch-Ungarische Bienenzeitungot (Bécs) ajánlom.

XLVIII.

A rajzásról.

I. *Az előraj.* — Ha báró Ehrenfels szavaival élve, azt mondjuk, *hogy a méhészet a mezőgazdaság költészete*, ugy jogosan hozzátehetjük, *hogy a méhészetnek költészete pedig a rajzás*, melynek zsongása és látványossága örömmel tölti el s reménynyel teljes munkára serkenti a méhészt.

Minden élő állatban, ugy a méhben is erősen ki van fejlődve a fajföntartás ösztöne, a szaporodási vágy. E természeti tulajdonság a méheknél a rajzásban nyilvánul, mely csakis kedvező időjáráskor, azaz: gazdag mézelés alkalmával jelentkezik, és pedig leginkább akkor, ha a kaptár terjedelme a család népességének már meg nem felel.

A rajzás főfeltételei a következők: 1. ha őszszel, a beteleléskor erős volt a család, 2. ha a kitelelés jól sikerült, 3. a családok előadott tavaszi ápolásának módja, 4. a költőtér meleg volta, 5. a virágok jó mézelése és 6. nedves, meleg időjárás. Az elsorolt föltételek kedvező összhangzása a rajzási hajlamot nagy mértékben növeli.

A méhekben fölébredt rajzási ösztönt nagyon bajos megfékezni; sőt az ennek megakadályozására rendesen foganatositott és igen kedvelt eljárás, t. i. a költőtér megnagyobbitása sem használ mindig. A rajzási hajlam először is anyabölcsők épitésében nyilvánul, melyeket az anya — hogy a fiatal királynék egymás után érjenek meg — 1—8 napi időközben petéz be, de esetleg 16 nap is eltelik ezalatt. Alig fejlődtek a pondrók bábokká s ezek nymphák-, végre királynékká, az anya máris féltékeny s a bölcsők megsemmisitésére törekszik. Csakhogy a méhek megakadályozzák ezt, minden lépten-nyomon követvén az anyát, melynek támadásait a bölcsők ellen, elháritják. Az anya — érezvén, hogy biztonságban nem lesz — az anyabölcsők megérése előtt 7—8 nappal, a hozzá szegődött nép buzditására, *azzal együtt elhagyja a régi otthont, hogy magának új háztartást alapitson.* A kivonulás szép, kedvező időben, d. e. 10 és d. u. 3 óra között szokott történni. Ha az idő kedvezőtlenül változatos, a kivonulás esetleg a jelzett időn tul is bekövetkezik. Ez az *előraj.* — Rossz időben, amikor a méhek nem rajozhatnak, az időközben megérett királynékat az anyaházban táplálják, mig vagy megrajzik a nép, vagy beszüntetvén a rajzási készülődést, a fiatal anyákat megöli. Máskor pedig lerombolják az anyabölcsőket és ujakat épitnek, hogy alkalmas idő bekövetkeztén kirajozhassanak. Megesik azonban néha, hogy az előraj minden készülődés nélkül kivonul. Rendesen olyankor történik ez, amikor a telepen több szomszédos család egyszerre rajzik s a vágy a még teljesen elő nem készült népben is annyira fölébred, hogy nem vár tovább, hanem rajt ereszt, mielőtt még kész anyabölcsői volnának. Az ilyen előrajokat az utóraj csak 14—16 nap mulva szokta követni.

II. *Az utóraj.* Ha az előraj kivonulván, az időjárás továbbra is kedvez, a törzs népe pedig nem nagyon fogyott meg, s egy királyné kikelése után a méhek a többi anyabölcsőt nem rontják le: a család még tovább is rajozhat. Ebeli szándékának az a jele, hogy a kibujt fiatal királyné által szintén féltékenységből megsemmisiteni akart anyabölcsőket megvédi. Ha az anyabölcsők közül egy, vagy több már megérett volna, s a bent levő királyné a cella födelét átrágta, bölcsőjét elhagyni még nem mervén, félelmének különös hangon ad kifejezést; báró Berlepsch szerint kérdést intéz, ha vajon van-e már királyné a kaptárban, mely aztán a „kvák"— „kvák" hangu kérdésre „tü"—„tü"—„tü" feleletet ad rögtön. A királynék e különös — hogy ugy mondjam — párbeszéde a kaptár közelében jól hallható. A nép között szabadon járó anya ilyenkor — épugy, mint az előrajzáskor — az anyabölcsőkben tartózkodó királynékat — melyeket a nép szeretettel táplál — meg nem semmisithetvén: hozzászegődött pártjával kirajzik. Ezt nevezzük *utórajnak;* az anya különös hangadása után némelyek tütölő rajnak is mondják. Az utóraj az előraj kivonulása után rendesen a 8—9-ik napon jelentkezik; kivételes esetekben, pl. ha alkalmatlan idő jár, később hagyja el a kaptárt. Ha a család még tovább is akar rajozni, azon esetre a kvákolás és tütölés hangversenye tovább ismétlődik, mig a második, kiválóan kedvező időjárásban pedig a harmadik, sőt negyedik utórajt nem ereszti a törzs. Az ilyen utórajok nem szabályos időközökben jelentkeznek, hanem azon egymásutánban, ahogyan az anyabölcsők megérnek. Kivonulásuk reggeli 8 órától esti 7 óráig tartó időközben történhetik. A kvákolás és tütölés megszüntével biztosak lehetünk afelől, hogy a törzs nem rajzik tovább, amit abból is következtethetünk, hogy a kaptár előtt rendesen holt fiatal királynék találhatók, melyeket, mint fölöslegeseket, maga a törzs népe pusztitott ki. A királyné megválasztásánál föltünő a méhek magatartása, melylyel sem az anya szépsége, sem a testarányok által nem vezéreltetvén, néha a legfejlettebb és legszebb királynékat ölik meg, hogy egy kis feketét és csunyát tarthassanak meg maguknak.

Ha az utórajok a kivonulásban kedvezőtlen időjárás által lennének gátolva, s az anyabölcsőkben több királyné megérik, akkor a kvákolásnak és tütölésnek vége-hossza nincs, mig a várva várt szép órák be nem következnek és a méh ki nem rajzik. Ekkor a bölcsőkben őrzött királynék is kirohannak, miáltal gyakran megtörténik, hogy az utórajok több anyával jelennek meg. Magam is nem egyszer 12—18 királynét fogtam ki a rajból. Saját észleléseim alapján állithatom is, hogy nálunk, Délmagyarországon az utórajok rendesen több anyával jelentkeznek. Annak a bizonyitéka ez, hogy vidékünkön a rajzási kedv igen élénk; ennélfogva sok bölcsőt is épitnek a méhek.

Az anyák ily tömeges kivonulása következménye lehet aztán, hogy a rajt eresztett család árván marad. Az e lehetőséggel járó károsodás elkerülése végett nagyon ajánlatos ugy a kasokba, mint a Dzierzon-féle kaptárokba, a fölösleges anyák közül egyet a kirajzott törzsnek visszaadni. Ha az igy beadott anya fölösleges, a nép le fogja szurni; ellenben, ha nem maradt ott anya, a visszatett királynét, mely a nép jövőjét biztositja, szeretettel fogadják a méhek.

III. *Tütölő elöraj.* Rajzás közben megtörténhet, hogy a királyné elvesz, vagy idegen, de néha saját népe által is leöletik; sokszor pedig az öreg és nehézkes anya a földre hullva, pusztul el. A raj ilyenkor régi otthonába tér vissza, s megvárja, mig az új anya kikel. És ha a törzs esetleg ujból rajozni szándékozik, a kvákolás és tütölés épugy megindul, mint az utórajoknál; miértis ezt *tütölő elörajnak* nevezzük.

IV. *Szüzrajok.* Nagyon kedvezően alkalmas időjáráskor az előrajok szépen gyarapodván, szintén előkészületeket tesznek a rajzásra és meg is rajoznak, ha ebeli szándékukban a méhész meg nem gátolja őket. E szaporodást *szüzrajnak* mondjuk; némelyek — nagyon helyesen — *unokarajnak* nevezik.

Végre: miután a rajzás elméletét és különféle nemeit — az átalános fogalmak és a gyakorlat alapján — egész terjedelmében letárgyaltam volna, kötelességemnek tartom saját tapasztalataimat is elősorolni. Előre bocsátom, hogy nem akarom ezeket a méhészközönségre erőszakolni; hiszen a valóságról mindenki a saját tapasztalásaiból győződhet meg. S lehet, hogy észleléseim hazánk délvidékének a speciálitása, ami idővel okvetetlenül ki fog derülni. Legyen az én közlésem most bármi okból kiinduló, tapasztalásaimat el nem hallgatom, hanem helyénvalónak találom, hogy azokat egész terjedelmükben jelezzem. Megjegyzem még, hogy ellenőrzési eljárásom mindenkor a leglelkiismeretesebb volt s az a sok raj, mely telepeimen előjött, elég alkalmat nyujtott arra, hogy a tévedés ott elő ne forduljon, ahol ténykörülmények megállapitásáról volt szó.

Már 1873-ban, a természetes rajok kivitelénél több megrendelőm arról panaszkodott, hogy terméketlen királynét kapott.

Eleintén tütölő rajoknak tartottam azokat; később, a panaszok ismétlődésével szigoru ellenőrzés alá vevén a dolgot, mindenik rajt tüzetesen megvizsgáltam s azon meglepetés ért, hogy az előraj, az átalános elmélettel összeütközőleg, nagyobbrészt fiatal anyával jelen meg. Egyesületünk szaklapjában, az Ungarische Bieneben azonnal fölemlitettem a dolgot; amire rögtön akadt egy támadóm, aki az észlelést tévedésnek, vagy méheimnek a telepemen történt helytelen fölállitásának és kezelésének tulajdonitotta. Csak Henny Sebestyén, nagy-zsámi főesperes és buzgó méhész szólalt föl mellettem, kijelentvén, hogy ő is már régóta ugyanazt tapasztalta. Minthogy itt tehát a tapasztalás dönthetett csak, ennélfogva elő-rajaimat azontul még szorosabban ellenőrzendő, mindeniket a szobába vittem és alaposan megvizsgáltam.

Kilenc évi lelkiismeretes munka után a leghatározottabban állithatom, hogy az előrajok a legtöbbször terméketlen, azaz fiatal királynékkal jelennek meg; amiről a következő statisztikai kimu-tatással szolgálhatok:

Év	Előraj termékeny anyával.	Előraj fiatal anyával.	Előraj öreg és fiatal anyákkal egyszerre.
1873	9	113	—
1874	8	63	—
1875	9	132	—
1876	61	153	26
1877	—	—	—
1878	8	34	9
1879	34	92	16
1880	22	62	11
1881	27	112	32

Az is mindenesetre föltünő jelenség, hogy oly rajok is jöttek, melyeknek az átalános elmélettel homlokegyenest öreg és fiatal anyjuk volt egyszerre; mely esetben a méhek a fiatal királynét kipusztitották. Észlelésemet ezentul sok buzgó méhész figyelemben tartotta, kik tapasztalásom mellett bizonyitanak. Igy 1880-ban Szensz, Plech, Kolleth, Bauer, Welter és Beck, billéti, Brassoványi, sándorházi, Reiter, Kneip és Uhli, lovrini, Schulz, Schüssler és Aubermann, csanádi, Bősz, oszterni és végre Pinkert, knézi méhé-szek az Ungarische Biene 12-ik számában, egy hosszabb nyilat-kozatban észlelésemet helyeslik és osztják.

Az átalános jelenség okvetetlenül odamutat, hogy a királyné-ban van az ok, melyeket a rajozni akaró méhek a kaptárban ide s tova üzvén, hurcolván, végre elpusztitnak. Sokszor volt alkalmam ennek a tényéről is meggyőződni, s nem egyszer szabaditottam föl az üldözött királynékat, melyek már megbénitva, vagy félig kiéhezve, a biztos pusztulás elé néztek. Számtalanszor találtam holt királynékat a méhek által körülvéve, vagy a kaptár elé kihurcolva.

Az ilyen tapasztalások után biztosan állithatom, hogy a királynékat maguk a méhek támadják meg, még pedig azért, mivel rajozni nem akarnak. Hogy miért nem akar némely anya a rajjal kivonulni, arra nézve nincs biztos tájékozásom; csak gyanitom, hogy az öreg királyné nehézkes teste lesz a legfőbb akadály, különösen azzal idézvén elő ezt, hogy a petézést nem szüntetik be. *Pedig az átalános tapasztalás arról győz meg bennünket, hogy az anyák a peterakást a rajzás előtt 2—3 nappal beszüntetik, hogy testileg kevésbé kimerülve, képesek legyenek a rajt követni.*

Véleményem szerint ezen körülmény eredményezi ama rendellenességet, hogy az előrajok nagyobbrészt *rajzó, vagy primärbölcsökből* származott királynékkal, vagy öreg és fiatal anyákkal egyszerre jelennek meg. Az utóbbi körülmény — azt hiszem — annak tulajdonitható, hogy a bölcsökben levő érett királynék kvákolása végre rajzásra inditotta a kaptárban szabadon mozgó öreg anyát s a fiatal királynék kirontva, szintén a rajjal tartanak. Hogy a méhek ilyenkor az öreg királynét előbb meg nem semmisitik, annak tulajdonitom, hogy nem minden népnél egyenlő a rajzási hajlam, minélfogva az öreg anya ellen nem is ingerült.

Még egyszer ismétlem, hogy a rajzás folyamatának most előadott eredménye a délmagyarországi viszonyokat tünteti föl, s ennélfogva nem átalános jellegü. Kötelességemnek tartottam a jelenségeket mindazonáltal fölsorolni s a természet e kivételes rendjére a t. méhészközönséget figyelmeztetni. Egyuttal bizonyságot szereztünk ezzel magunknak afelől, hogy egyrészt mily roppant befolyással van nemcsak az emberre, de az állat életrendjére is az éghajlat; másrészt megerősitve hisszük ama örökigazságot, hogy: *minél többet lapozgatunk a természet nagy könyvében, annál több rejtélyre és titokra lelünk, melyeket gyarló eszünkkel megmagyarázni nem mindig vagyunk képesek.*

XLIX.
A rajzás előjelei.

Rendesen azon családok szoktak rajozni, melyeknek erővel teljes, fiatal királynéjuk van, tavasszal jó népesek, kaptáruk jórészt *új lépekkel* van kiépitve és a sejtek fiasitással és petével telvék. Az ennyire gyarapodott törzsek hozzálátnak a rajzási előkészületekhez, t. i. a lépek széleire anyaházakat épitnek, melyeket a királyné sokszor már az épités kezdetén bepetéz. A rajzás biztos előjeleiként tekinthető azon állapot, amikor az anyabölcsők és a herefiasitás be vannak födve és érettek; mely jelenség után 2—3 napra ki is szokott a raj jönni. Előbb azonban néhány fürkésző méh az üres kaptárokban, faodukban, ágakon, bokrokon, stb. lakást keres a raj számára. *E jelenség azonban csak az előrajok kivonulása előtt mutatkozik; az utórajok minden előkészület nélkül szoktak kijönni.* A nagyon erős családok népe sokszor a röpülőlyuk előtt csoportban tartózkodik, vagy a röpülődeszkán fürtben csüng, ami nem mindig rajzási vágyat árul el ugyan, de igen sokszor szintén annak a jeléül tekintendő. Ha ugyanis a méhek a hordást hirtelen beszüntetve, a röpülőlyuk előtt már a délelőtti 9—12 óra közén is — a nap sugarainak kitéve — gomolyban függnek; ha a mézzel, vagy himporral hazaérkező méhek készleteiket nem viszik a kaptárba, hanem a kint levő csomóhoz csatlakoznak; ha a herék már kora reggel kiröpdösnek; amikor egyes méhek a kaptárból kiszaladnak, de tova nem szállanak és testükkel rezegnek, szárnyaikkal csapkodnak, néha a méhgomolyon kószálnak és azonnal visszasietnek; végre, *ha azt látjuk, hogy a méhek a kaptárból kirohannak és — mintha előjátékot tartanának, a röpülőlyuk előtt röpdösnek:* akkor meg lehetünk győződve, hogy a raj néhány másodperc mulva kivonul. Különösen az utóbb jelzett körülmény biztos hirnöke a rajzásnak; melyet észrevevén, a rajfogó zsák alkalmazásával elkerüljük a raj lesésének és befogásának kellemetlenségeit.

Ha közvetetlenül a rajzás előtt fölnyitjuk a kaptárt, láthatjuk, hogy a méhek fejeiket a sejtekbe dugják, s mézet szürcsölnek, mely utravalóul és az új háztartásban az első élelmiszükséglet gyanánt szolgál. *A méhek ezen előrelátó gondoskodása az ő finoman kifejlett ösztönüket bizonyitja,* melylyel rajzás alkalmán körülbelül 1 kgr.-nyi mézet visznek magukkal, hogy új otthonukban még azon esetre se érezzenek szükséget, ha tartós rossz idő állana be. Más tekintetben is előnyös a méhészre, ha a raj ily teherrel megrakodva kel utra, mert hamarosan iparkodik valamely fa ágára, vagy a neki legalkalmasabb helyre letelepedni. Az általam tenyésztett számtalan faju méhek közül — az e tekintetben tett megfigyeléseim folytán állithatom, hogy a mi méhünk, a magyar faj, leghosszasabban tétováz, mig a leereszkedésre a legalkalmasabb helyet megtalálta.

Hogy a rajzáshoz a királyné, avagy a méhek adják-e a jelt, eziránt eltérők a nézetek. A tapasztalt méhészek, u. m. báró Berlepsch, Huber, Dönhof, stb. több izben azt tapasztalták, hogy a raj az anya által adott jelre vonult ki; mig ellenben dr. Dzierzon, Spitzner és mások állitása szerint a dolgozók kezdeményezik a rajzást. Nagyon valószinü, hogy mind a két állitás helyes; mindazonáltal azon szerény nézetet vallom, mely szerint az olyan esetek, amikor a királyné intézi a raj kiindulását, a kivételekhez tartoznak. Mint a méhállam összes életmüködését, tehát az épitést, petézés mérvét, a mézgyüjtést, stb., ugy a rajzást is a dolgozók irányitják; az anyabölcsőket is ők épitik és kényszeritik az anyát, hogy azokat bepetézze; majd a raj megtelepedésére alkalmas helyet fürkésznek ki és a külső befolyás hatása alatt valószinüleg a rajzásra is megadják a jelt. Onnét is következtetem ezt, hogy hosszu tapasztalásaimban nem volt még alkalmam a rajzó csapat élén öreg királynét látni; de igenis akárhányszor meggyőződtem már arról, hogy a dolgozók a rajozni nem akaró anyát a kaptárban ide s tova hurcolják, megbénitják, sőt megölni is képesek; számtalan példáját láttam ennek.

A rajzás alkalmával a fiatal és öreg anyák magatartása közt is különbség van. Az előrajokkal az öreg anya rendesen a nép közepette jelen meg, nehézkesen, mintegy gondolkozva indul utnak; sokszor földre is esik, sőt bátorságát elveszitve, csakhamar visszatér, miáltal a rajzás egy-két napra elodázódik, vagy egészen meghiúsul. Az utórajokkal azonban a fiatal, rendesen a bölcsökből akkor kibujt anyák már a raj elején kirohannak a kaptárból, s könnyedén röpdösnek.

A rajzó nép az anyát nagy figyelemmel kiséri és ha netalán elvesz, akkor azonnal visszatér a kaptárba; ott · aztán keresi, kutatja az eltünt királynét, melynek mélyebb hangu zsongása árulná el, ha jelen volna.

Az előrajok rendesen fürt alakban csüngnek a faágon; az utórajok ellenben igen gyakran több csomócskára eloszolva, mindenik a maga királynéjával külön-külön rajocskát képez és ugy vonul meg valamely alkalmas helyen. Ha a méhész beavatkozása az eként történt apróbb csomócskákra való oszlást meg nem türné, azaz egygyé ütné a rajt: akkor a dolgozók a fiatal királynékat egynek a kivételével mind elpusztitják. Ez alkalommal nem az anyák szebb és erősebb voltára való tekintet vezérli a méheket, mert sokszor egy igénytelen kis fekete anyát választanak ki, a többit pedig — ha még oly szépek és nagyok is — leölik.

L.

A rajzás ideje és a rajok letelepedése.

Hazai méhfajunk különös és föltünő sajátsága, hogy a rajzáskor igen sokáig tétováz, mig valamely fára, vagy más alkalmas helyre leül; ellenben a fekete, olasz, vagy a cyprusi méhek két-három perc alatt összesereglenek és fürtben csüngnek. A mi méheink jó ideig szertekóvályognak, s ha már ki is szemelték a helyet, ahol megüljenek, igen gyakran ismét elhagyják azt, hogy véglegesen és pedig leginkább magasan telepedjenek le.

A rajok megtelepedését illetőleg — ismét eltérő véleményeket vallva — némelyek azt állitják, hogy a dolgozóméhek, mások ellenben, hogy az anyák adják meg a jelt a megvonulásra. Tapasztalásaim alapján mondhatom, hogy az előrajoknál rendesen a dolgozóméhek, mig az utórajoknál többnyire a fiatal anyák ülnek le először. Azon körülmény is igazolja állitásomat, hogy az előrajokkal kivonuló öreg anya csak nehézkesen követi a méhek kanyarodásait és legtöbbször utolsóként érkezik be a megszálló rajhoz; mig a fiatal, fürge királynék mindenütt elől vannak és sietve iparkodnak a kiszemelt helyen megpihenni.

A rajnak azon célból való megföcskendezése, hogy minél előbb letelepedjék, nem sokat ér, mert a méheknek csak egy része lesz nedves, mig a többi tovább kóvályog. Ha azonban valamely alkalmatlan helyről kivánjuk a rajt elüzni, a föcskendező, melyet a segédeszközök sorában fölemlitettem, jó szolgálatot tesz.

104. ábra.

Méheink inkább magas fákra, mint bokrokra ülnek; ha azonban fa, cserje, bokor egyátalán nincs, akkor keritéseken, háztetők ereszein, sőt néha élő állatokon szállnak meg. Magam is szemtanuja voltam egyszer, hogy a raj egy 2 éves borjura telepedett. Szegény pára, majdhogy bele nem döglött, ugy össze-vissza szurkálták a méhek.

Ott, hol a méhes közelében magasak a fák és attól lehet tartani, hogy a rajok befogása sok nehézséggel fog járni, célszerü lesz a 104. ábra szerint lépeket akasztani a fára, melyekre a méhek örömmel összesereglenek s a raj ily módon könnyen befogható.

Csak ritkán fordul elő, hogy a rajok megszöknének; a fürtben csüngő raj egyhamar el sem hagyja a helyét, sőt többször volt alkalmam meggyőződni, hogy a raj 16—24 órán át is egy helyen függött.

A rajzás hazánk déli vidékén rendesen május hó közepe felé szokott bekövetkezni. Aki azonban méheit már korai tavaszszal erdőbe viszi, 10—12 nappal hamarabb fog rajt kapni; mely eredmény már magában véve is megérdemli a vándorlást. A főrajzási idő mindazonáltal junius hó elejére esik, amikor a gyöngébb népek előrajai és a jobb családok utórajai seregestől jelentkeznek.

11

A juniusban esett rajok a téli táplálékszükségletet még könnyen behordhatják; de gyönge, azaz kevés népességü rajt egymagában ne türjön meg a méhész, hanem egyesitse azokat és adjon nekik kiépitett kereteket, vagy sejtközfalakat. A juliusi és augusztusi rajok léte már nagyon kétséges; miértis inkább terhére vannak a méhésznek, mert téli eleséggel kell őket ellátni. Ez pedig — ha a méhész épen élőméhekkel nem kereskedik, vagy minden áron szaporitni nem akar — igen költséges eljárás. *Ennélfogva aként intézze méheinek kezelését a méhész, hogy a szaporitás mellett méze is legyen, ami okszerü rendezéssel és beosztással el is érhető.*

A rajok leginkább meleg, csendes időben, főleg, ha az égboltozat váltakozva derült és borult, s rövid tartamu, de meg-megújuló esők járnak, szoktak kivonulni. A virágok is gazdagon mézelnek, ha ilyen kedvező idő jár; aminek következménye, hogy a rajok egyre-másra jelentkeznek. Az előrajok d. e. 10 és d. u. 3 óra között szoktak legtöbbnyire kivonulni; mig az utórajok kevésbé alkalmazkodván a nap szakához, reggeli 7 és esti 7 óra közén jelennek meg, nem válogatva a melegebb időben, mint amazok, még ha hüvös is a levegő, elhagyják a régi lakást.

A rajzás legnagyobb akadálya mindenesetre a szárazság és szél, amikor a mézelés is szünetel. A délnyugoti lanyha szellő azonban, amikor a légkör vizpárákkal szokott telve lenni, kivételt képez, mert azon különös sajátsága van, hogy a mézelést fokozza, s ennélfogva a rajzást is elősegiti.

A rajzáshoz azonban nem egyedüli föltétel a bő mézelés. Voltak évek, amikor csak ugy folyt a méz, de azért rajt nem kaptam; máskor meg csekélyebb hordás mellett is bőven volt rajam, *amit leginkább a gazdag harmatozásnak s igy a hig méznek és ezzel kapcsolatosan az erősen fejlödő fiasitásnak köszönhettem.*

LI.

A rajok befogása.

Emlitettem, hogy mielőtt a rajok régi otthonukat elhagynák, mézet szivnak magukba, hogy az új háztartás szükségletei az első napokon födözve legyenek. A teher sulya alatt a méhek elfáradva, valamely alkalmas helyen letelepednek. Vannak esetek, amikor az előrajokkal jövő öreg, nehézkes és talán testileg hibás anya a méheket nem képes követni és a földre hull; minek következtén a már letelepedő félben levő raj — királynéja vesztét fölismervén — fölkerekedik és az anyakaptárba visszaröpül. Ilyen esetre a tapasztalt méhészek az elveszett királyné fölkeresését tanácsolják, mely rendesen a kaptártól nem messze, a földön szokott heverni. Ha sikerült az anyát meglelni, pohárba tesszük, melyet papirossal befödvén, szájával lefelé az anyakaptár helyére állitjuk és egy üres kast boritunk rá; az anyakast pedig néhány lépéssel távolabb helyezzük. A kijáró méhek most mind a régi helyükre mennek vissza, holis az anyával egyesülvén, rajt képeznek.

A többek által ajánlott ezen eljárás látszólag helyesnek igérkezik ugyan, de célszerüségében mégis kételkedem; mert az ilyen öreg, félig megcsonkitott királynéban ugyis kevés már az életerő, s kevés hasznát venné a méhész. Ha tehát el is vesz, a kár nem olyan nagy, annál is inkább, mivel a tütölő előraj nemsokára megjelennék, melynek több reményre jogositó fiatal anyja van.

Amint letelepedett a raj, azonnal meggyőződhetünk arról, vajon van-e királynéja, vagy nincs. Az első esetben a méhek egy tömegben, fürtöt képezve, csüngnek és ha a rajfogó kasba rázzuk, s a földre tesszük, ott is nyugodtan viselkednek. Ellenkező esetben a letelepedés helyén ide-oda futkosnak a méhek és keresgélnek, vagy hamarosan eltávoznak onnét. Ha pedig ilyenkor összesöpörve az anyátlan rajt, kasba tesszük, egyenként, vagy kisebb csoportokban megszöknek és az anyatörzshöz sietnek vissza, minthogy az anyátlan raj fön nem tarthatja magát. *Ezen eshetőség csak az előrajokkal szokott megtörténni, mert a fiatal anyák rajzás közben nem vesznek el,* minthogy még a dolgozóknál is fürgébbek lévén, a veszedelemnek nincsenek kitéve. De viszont azt is tapasztaltam már, hogy az utórajok, befogás után a földre állitva, a kast elhagyták. Ámde ennek oka onnét ered, *hogy a méhek a királyné megválasztásában nem tudván megegyezni, a fiatal anyákat mind leölik.*

Rajzáskor nem mindenik nép egyenlően indulatos; az egyik raj nagyon mérges, mások meg egészen szelidek. Mindazonáltal ajánlatos, ha valaki a szurástól fél, méhészsapkát használni a befogásnál.

A rajok befogásának módja a méhek különféle helyzetü letelepedésétől függ. Néha alacsony faágra, vagy bokorra száll a raj, honnét nagyon könnyen belerázhatjuk a kasba. Máskor a magas fák ágai közé ül, honnét csak létrán fölmászva, sokkal nehezebben hozhatjuk le.

A nagyon magas helyre letelepedett raj befogása sokszor veszedelemmel is járhatván, inkább riasszuk el onnét a föcskendezővel, melyet készenlétben kell tartani.

Néha sürü bokorba, sőt falrepedésbe rejtőzik a raj, honnét csak erős füsttel zavarható ki, mely alkalommal a kast a rajcsomóhoz lehetőleg közel tartjuk, hogy a méhek azonnal bele is vonulhassanak.

11*

A rajok befogásakor átalában, de különösen, ha bajosabb hozzájuk férni, alkalmazza a méhész a föcskendezőt, vagy permetezőt, melyeknek használata nagyban megkönnyiti a befogást. A faágak közt megült raj bajosan vehető le; föl kell mászni a fára, s a méhgomolyt lehetőleg megközelitvén, rápermetezünk és egy tollsöprővel az alája tartott kasba söpörjük. Ha sürü ágak közt foglalt helyet a raj, bizony, meglehetős nehéz a befogás; a söprés még ingerültebbé is teszi a méheket, miértis a mézes vizzel való permetezéssel és erős füsttel igyekezzünk őket jámborabbakká tenni.

A magyar faju méh azon különös sajátságánál fogva, hogy rajzás alkalmával magas helyre szeret letelepedni, egyik méhesen se hiányozzék a hosszu pózna, melyre a rajfogó kast kötvén, könnyebben boldogulunk. A kast ugyanis a raj alá tartva, mindig följebb emeljük, mig végre a méhfürt a kasban lóg; ekkor az ágat egy biztos rántással, ütéssel hirtelen megrengetvén, az egész méhgomoly a kasba hull. Ha az ág nagyon erős volna, akkor egy horoggal ellátott másik pózna segitségével jól megrázzuk azt és a raj ismét a kasba hull. A nagyon alkalmatlan helyen megvonult rajokkal rendesen ugy szoktam bánni, hogy egy póznára söprőt kötök és azzal az odatartott kasba hajtom a méheket, melyeket előbb jól megföcskendeztem.

A rajok letelepedésében ama föltünő jelenséget észlelhetjük, hogy ott, ahol valamely raj már megült volt, a később jövő rajok is előszeretettel vonulnak meg. Ennek oka onnét eredhet, hogy a méhek kellemes virágillatot s a rajzáskor őket jellegző különös szagot hagynak hátra, ami a többi méhet is odacsalja. Alkalmatlan helyen sok bajt okozhat e körülmény; miértis — nehogy oda ismételten letelepedjék· valamely más raj — ha egyet már onnét befogtunk, föcskendezzük meg jól, vagy kenjük be marhatrágyával azt a helyet.

Ha a méhes közelében nem volnának fák (ami bizony elég ártalmára lenne a méhcsaládoknak), akkor póznákat kell fölállitanunk, melyekre méhfüvel jól bedörzsölt üres kasokat kötünk, hova a rajok többnyire bevonulnak.

A rajok legkönnyebb befogását a rajfogó zacskóval eszközölhetjük, melynek használata különösen Lünneburgban divatos és melyről a méhészeti segédeszközök tárgyalásánál én is megemlékeztem. A rajfogó zacskó alkalmazása által a rajok után való mászkálással járó kellemetlenségektől mentve vagyunk és azon eshetőség sem következhet be, hogy a rajok összeröpülvén, nagy zürzavart okozzanak. Nálam is megtörtént egyszer, 1876-ban, hogy egy helyen 11 raj jött össze, s végtelen sok bajom volt, mig a dolgot rendbe hoztam.

A rajfogó zsák alkalmazása azonban csak ugy ér valamit, ha a méhész éber figyelemmel kiséri a méhtörzsek magatartását és a kéznél levő zsákot a rajzási mozgalom kezdetén azonnal a kas röpülőlyukára illeszti, másik végét pedig egy póznára köti. Pár perc mulva kijön a raj, s a kifeszitett zsákba kénytelen vonulni, mely módon aztán a méhész rendelkezésére áll. Nagyobb méheseken több ilyen rajfogó szükséges, melyeknek alkalmazása idővesztség nélkül, gyors és biztos, könnyü és kényelmes eljárás.

Az oly méheseken, ahol a rajfogó zsákot nem használják, vagy a kellő fölvigyázat hiányzik, a rajok gyakran összeröpülnek, azaz: egyesülve, egy helyen telepednek le. Ha ilyenkor hasonnemü rajok, azaz: előrajok elő-, utórajok utórajokkal egyesülnek, csekélyebb a baj; ellenben, ha különnemü rajok röpültek össze, ennek igen sokszor marakodás a következménye, melyben rendesen a fiatal, terméketlen anyák esnek áldozatul, de néha az öreg királyné is elpusztul.

Az utórajok egymástól való szétkülönitése nem okvetetlenül szükséges, mert ezek rendesen ugyis egyesittetnek; de a királynék sem oly értékesek, hogy azok végett külön intézkedés lenne szükséges. De az előrajok összeröpüléséből már jelentékenyebb kár volna, mert egy megtermékenyült, tehát értékesebb anya semmisülne meg; ezeket tanácsosabb lesz szétválasztani. Méhesemen igy eszközlöm ezt: Mihelyt a rajbefogás megtörtént, a méheket egy 20—25 cm. széles és 1 méter hosszu, folyosó alaku ládába öntöm, melynek egyik vége be van deszkázva, mig a másik, nyitott végéhez egy ládácskát támasztok. Most néhány méhet besöprök ide, mire a zsongás folytán a többiek is utánuk vonulnak, mely alkalommal a királynékat kifogom, anyásitó készülékbe teszem; azután a népet ketté osztom és az anyásitókban elzárt királynékkal együtt, külön-külön kaptárba lakolom. Amikor elő- és utóraj egyesült, gondunk legyen arra, hogy a régi, azaz a megtermékenyült anya maradjon meg, mert a fiatal királynét okvetetlenül megölnék.

LII.

Mürajkészités.

Többször emlitettem már, hogy a Dzierzon-kaptárnak nem az a rendeltetése, hogy benne szaporitás céljából tenyésszük a méheket. A kaptár alakja és szerkezete határozottan arra vall, hogy főleg mézelésre szolgáljon és pedig annál is inkább, mivel a kezelés aként intézhető, hogy a méhek rajzási hajlamának bármikor gátot vethetünk. Kár volna tehát magunkat a sikeresebb előnytől, t. i. a mézelés eredményétől megfosztani, mikor a szaporitás a kasokkal eszközölhető. Ennélfogva a Dzierzon-kaptároknak szaporitásra való használása helyett inkább mézelésre irányitsuk a dolgot.

Ámde vannak olyan méhészek is, akik kasokat nem tartanak, hanem Dzierzon-kaptárokból kivánják csekély állományuk létszámát emelni, avagy foglalkozásuk nem engedi meg, hogy a természetes rajokat várják, lessék. Müvem e tétele azoknak szól tehát, akik mesterséges uton akarják méhcsaládaik szaporitását eszközölni.

Mindenek előtt az a kérdés, hogy számban mennyire mehetünk a szaporitással. A méhész érdekeit szem előtt tartva és saját tapasztalásaimból kiindulva, arra figyelmeztetek mindenkit, hogy a szaporitással minél óvatosabb legyen. A keretes rendszerü kaptár kétélü fegyver, melynek épugy nagy hasznát vehetjük, mint amily kárt is okozhatunk vele magunknak, ha t. i. a kellő tapintatossággal és mérséklettel eljárni nem tudunk.

Kedvező jó időben elég, ha az állomány arányához képest 25°|₀-ot szaporitunk, azaz minden 4 család után egy mürajt készitünk. Középszerü, vagy silány esztendőben semmikép se szaporitsunk, mert csak magunkat kárositanók meg. *A kezdők épen ilyenkor szoktak csalódni.* Mert azon hiszemben, hogy méheik szaporitásával vagyonukat növelik, nyakra-főre csinálják a murajokat, melyeket a kedvezőtlen idő beálltával kész mézzel kénytelenek táplálni; pedig nagyon sokszor még igy sem érnek célt, eredményre többé nem vergődnek, mert nemcsak a murajok, hanem az anyatörzsek is meggyöngülvén, a kellő mézkészletet még egyesitve sem képesek beszerezni, s igy egy darabig még tengődvén, végre tönkremennek. Ellenben: ha az anyacsalád csak kevésbé vétetnék igénybe, téli szükségletét mostohább viszonyok között is behordhatja és a következő évben még fölösleges mézet is ad.

A murajok készitésének különféle módját ismerjük. Legcélszerübb, ha a méhésznek két telepe van, vagy a murajokat a méhestől távolabb eső helyre viheti. Ezzel azt éri el, hogy a murajhoz adott méhek azonnal munkájuk után látnak, mert a kijáró nép nem ismervén a röpülés táját, a murajnál marad. Kisebb méheseken azonban alig foganatositható ez, s murajait a telepen kénytelen hagyni a méhész.

A murajt lehetőleg minél korábban kell készitni, hogy a bekövetkezett jó hordáskor már mint önálló tényező, azaz megtermékenyült anyával és elég néppel szerepelhessen. Erre való tekintettel, a murajt a természetes rajzás előtt 10—14 nappal készitjük; *főelönye e módon abban állván, hogy az előrajoknál hamarabb lát a munkához.*

A készítés főfeltétele, hogy az anyatörzsek erősek, népesek, gazdagok legyenek, azaz 12—14 fiasításos fél-, vagy 6—7 egészkerettel birjanak és eként biztosak legyünk afelől, hogy a keretek csekély részének elvétele esetén is még hasznot hoznak.

Ezen átalánosságok előrebocsátása után áttérek a kivitel különböző módozataira.

1. *Müraj, megtermékenyült anyával.* Ezek készítésének szempontjából is már nagy előny, ha a méhésznek tartalékos királynéi vannak, melyeket most nagyon jól fölhasználhat. A tartalékos anyával készült müraj azonnal tovább gyarapodhatván, az új család léte biztosítottabb. A müraj készítéséhez a kerettartó bakot használjuk, melyet kendővel betakarva, kaptártól kaptárhoz viszünk, *mindenünnen 4 fiasításos lépet veszünk ki a rajtuk ülő méhekkel együtt, gondosan ügyelve arra, hogy a királynét valamelyik kaptárból el ne vigyük,* mert ezzel okvetetlenül nagy kárt okoznánk. Ha 16 keretet már összeszedtünk és az új gyarmat számára mézről és himporról is gondoskodtunk (mely a fiasításos lépek sejtjeiben rendesen lenni szokott), akkor a méhestől lehetőleg 1 kilométernyi távolra menvén, ott, vagy ha ez lehetetlen volna, a méhtelepen egy üres és előbb jól kitisztogatott kaptárba rakjuk át a bakon levő kereteket. A tartalékos királynét pedig anyásító készülékben adjuk a murajhoz, melyből rendesen a következő éjjel már kiszabadul és másnap munka után lát, azaz: petézni fog.

A méhestől távolabb eső helyen fölállított müraj azonnal dolgozni kezd, fiasítása részére mézet, vizet és himport hord. A telepen maradt müraj számára azonban mind a három élelmi cikkről magunknak kell gondoskodni. Mézet és himport a fiasításos keretekben már adtunk a murajnak; még csak a víz hiányzik, melyet egy üres lépbe, vagy vályucskába töltve adjuk a népnek, még pedig mindaddig, míg a fiatal méhek az első kiröpülést meg nem teszik.

Azért kell a telepen maradó murajokról minden tekintetben eként gondoskodni, *mert az öreg méhek az anyakaptárba visszaröpülvén, a fiatal, még ki nem járó méheket magukra hagyják, melyek kezdetben még istápolásra szorulnak.*

2. *Müraj, anyabölcsővel.* Ha tartalékos királynéink nem volnának, anyabölcsővel csinálunk murajt. Föltéve, hogy anyabölcsők még nem találhatók a kaptárokban, a müraj készítése előtt 6—8 nappal egy erős családot meganyátlanítunk, mely azonnal anyabölcsők építéséhez lát. Amikor már az anyabölcsők be vannak födve, a murajt a fönt említett módon megkészíthetjük és 1—2 nappal később a költőtérbe, vagy még jobban: a keretek fölé

kupak alá egy anyabölcsőt helyezünk, melyet 24 óra mulva fölszabadithatunk.

Célszerü eljárás az is, melyet alkalmazni szoktam, hogy t. i. ha a müraj elkészült, az anyabölcsőt — hogy ki ne hüljön — méhek kiséretében rögtön anyásitó készülékbe teszem, mely módon a nép azonnal elfogadja.

A bölcsők kimetszésekor vigyáznunk kell, hogy azokat meg ne nyomjuk. Épigy őrködjünk, amikor távolabb helyre visszük, nehogy kihüljenek, vagy megsérüljenek. A lépekbe való beillesztéskor szintén gondunk legyen arra, hogy kárt ne tegyünk bennük. Ilyenkor a lépből a bölcső terjedelmének megfelelő helyet kell előbb kimetszenünk, melybe a bölcsőt szépen beleillesztjük.

Ha a mürajkészitést valamely okból későbbre kellene halasztani, a meganyátlanitott nép anyabölcsőit egynek a kivételével boritsuk le kupakkal. A fiatal királynék időközben esetleg kikelnek, s a mürajokhoz anyásitó készülékben adhatók, melyeket a nép minden akadékoskodás nélkül elfogad.

3. *Müraj, anya és anyabölcsö nélkül.* A müraj készitésének mindenesetre ez a legegyszerübb módja, amikor az új nép a beadott petéből nevel magának anyát. Az eljárás e módját azonban nem ajánlom, mert nagyon hosszadalmas, sok idő megy veszendőbe, mig a nép rendbe jön; holott, ha a fönt jelzett módon anyabölcsőkről gondoskodunk, 6—9 nappal hamarabb célt érünk. Dacára annak, hogy a mürajkészités e módja a legkésedelmesebb, mint egyszerü és bibelödéssel nem járó, leginkább el van terjedve.

Ez alkalommal figyelmeztetem a méhészt, hogy azon esetben, ha a mürajt utólagosan fiasitással akarja megerösitni, csak az anya kikelése után tegye ezt; mert ha a mürajnak akkor ad friss fiasitást, vagy épen petét, amikor az anya még nem bujt ki, azon esetben az anyabölcsőket lerombolja a nép és a beadott fiasitásból fog magának anyát nevelni. Számtalanszor tapasztaltam már ezt; de a méhek e különös cselekedetének okát kipuhatolnom eddig még nem sikerült.

4. *A család megosztása.* — Ezen eljárás csak oly méheseken alkalmazható, ahol helyükből elmozditható egyeskaptárok vannak. A megosztandó család kaptára mellé egy üres kaptárt állitva, ebbe a királynét 2—3 fiasitásos léppel és 3—4 sejtközfallal áttesszük; mindkét kaptárt pedig oldalt valamivel odább állitjuk. A méhek most régi helyükön nem találván otthonra, megoszlanak, azaz részben az anyanéphez, részben a mürajhoz mennek be. Ezen eljárásnál tekintettel kell lenni arra, hogy a müraj kaptára az anyatörzséhez hasonlitson, mert különben a bevonuláskor idegenkednének a méhek s a régi lakást keresnék föl. Az anyjától megfosztott népnek tartalékos királynét, vagy anyabölcsőt, az

anyával készült mürajnak pedig fiasitást kell *később* adni. Az utóbbi intézkedés alkalmán mindig számolnunk kell azzal, *hogy van-e annyi népe a mürajnak, mely a neki adandó fiasitást befödni, azaz dajkálni képes.*

5. *Gyüjtött müraj.* — A mürajkészités most jelzendő nagyon egyszerü módja abból áll, hogy a méhész este felé egy szállitó ládával kaptártól kaptárhoz menve, a röpülőlyuk előtt kint ülő méheket megpermetezvén, a ládába söpri. De mivel ezek rendszerint már öregek, fiatalokról is kell gondoskodni; ezért nehány fiasitásos lépről fiatal méheket is söprünk a gyüjtött néphez. Most kaptárba lakolván, azonnal adunk neki mézet, mert a kint ülő méhek üresek levén, hamar kiéheznek és hozzá még mérgesek is, s a velük való bánás annál nehezebb. Az igy gyüjtött mürajt okvetetlenül még azon este távolabbi helyre kell átvinnünk, mert különben az öreg méhek régi kaptárukba térnek vissza s a müraj mit sem érne. Szintén még ugyanazon este tartalékos anyát is adunk neki; a méhek ilyenkor erősen meg levén zavarodva, észre sem veszik az idegen királynét, melyet másnap már elfogadnak. Ha tartalékkirálynénk nem volna, anyabölcsőt, ennek hiányában pedig friss fiasitást, vagy petét adunk a népnek, mely eként önerejéből anyásodik meg. Ne feledjük, hogy az igy készült müraj nagy részben öreg méhekből áll, melyek hamarosan fogynak; miértis kellő fiasitással is ellássuk az új törzset.

6. *Óriási müraj.* — A következő módon készitem ezt: Egy erős családot mindenestől átlakolok egy másik, üres kaptárba; azután valamelyik szintén jó erős törzs fiasitásos lépeit lesöpörvén, *a kimozditott család üresen maradt kaptárába* függesztem. A más kaptárba átlakolt család kijáró méhei visszatérvén, ezen fiasitást ápolni fogják. De mert itt most királyné nincs, tartalékos anyával, vagy kész anyabölcsővel segitünk a hiányon. A fiasitásától megfosztott családnak közfalakat, vagy lépkezdéseket függesztünk be, s hogy ezeket a nép minél hamarabb kiépitse és a királyné bepetézze, spekulativ etetjük a családot. Végre a kiszállásolt rajt, melynek kijáró méhei jórészt haza jöttek, nehány napig — amig ugyanis látjuk, hogy méhei már kijönnek — vizzel tartjuk. A további teendőket maguk végzik már.

Ha azonban a mürajt sem anyával, sem anyabölcsővel nem csinálhattuk volna, amiért aztán önerejéből lenne kénytelen a nép meganyásodni: biztosak lehetünk arról, hogy 15—16 nap mulva egy erős rajt kapunk.

Ezen szaporitási mód, melyet évek óta gyakorlok, s mint kitünő eljárást, bátran ajánlhatok, különösen a mi délmagyarországi viszonyainknak igen szép sikerrel felel meg. Tapasztalásaim mondatják ezt velem, ki sok száz mürajt készitettem már igy s a mód előnyét jogosultan dicsérhetem.

Megjegyzem azonban, hogy ugy ezen, mint bármely mürajkészitési eljárás a méztermelés kilátását megcsökkenti. Ezt nem is lehet csudálni, mert a természet rendszeres müködésében rejlik a dolog, s hatásköre a lehetőség törvénye által van megszabva. Hiszen tudnivaló dolog, hogy a háztartásában, államrendjében megbolygatott méhcsalád első igyekezete magát újból a régi állapotra gyarapitni; lehetetlen tehát azt várnunk, hogy ezirányu rendezkedésében még mézzel is fölötte gazdagon fizessen. Annak is eljön az ideje, amikor ily módon jutalmazza ápolóját; de várjuk be azt türelemmel. Egyelőre elégedjünk meg ama, mindenesetre megnyugtató szép előnynyel, hogy állományunk létszámát csekélyebb mézérték árán emeljük s igy méhesünk létét sem kockáztatjuk aként, ahogyan azt sokan teszik, amidőn minden okszerüséget mellőzve, méhcsaládaikat a mürajkészitéssel tulságig meggyöngitik. A szaporitás e módja azt is eredményezi, hogy új sejteket kapunk, melyek megbecsülhetetlen hasznunkra lesznek. Az egész mütét csekély áldozatba, t. i. a spekulativ-etetésbe kerül; de ne sajnáljuk azt, mert a kamatokat bőven meghozza s a gyarmat jövője is biztositva van.

7. *Berlepsch-féle müraj.* A hires mester, báró Berlepsch, Die Biene cimü nagyszabásu munkájának 490-ik lapján emlitést tesz a müraj készitésének egy különös módjáról, melynek alkalmazása szintén sikeres eredményü és ott is kivihető, ahol a kaptárt ide- s továállitni nem egykönnyen lehet, pl. ha pavillonban áll vagy többes a kaptár. Az eljárás a következő: Egy igen erős családot más kaptárba lakolunk át; az igy megürült kaptárba pedig a többi néptől összeszedett 16—18 költéses keretet függesztünk, rajtuk hagyván a fiatal méheket is. Minden lépet okvetetlenül jól meg kell vizsgálnunk, nehogy valamely család anyját is a mürajhoz csempésszük. Az átlakolt törzs kijáró méhei többnyire a régi helyükön levő mürajhoz jövén vissza, tetemesen megnépesitik ezt; a fiasitásból kikelő méhek is naponta gyarapitván a számot, a müraj óriássá lesz és 15—16 nap mulva erős rajt ereszt, sőt, ha meg nem akadályozzuk ebben, másodszor is megrajik. Másodszori rajzása azonban nem kivánatos; inkább oda hassunk, hogy a müraj föltétlenül behordhassa a téli mézszükségletet és tavaszszal annál biztatóbb reményt füzzünk hozzá.

Báró Berlepsch több esetről tesz emlitést, melyekben az ilyen mürajok összes mézkészlete alig tett ki 4 fontot és 3 hét alatt mégis minden lép végig telve volt mézzel, s kénytelen volt azt a költötérből kiszedni, nehogy a fiasitás meg legyen gátolva. E módon egy-egy müraj 70 font, sőt még ennél is több mézet adott.

8. *Dr. Dzierzon*, minden méhész mestere, a mürajok készitésének szintén egy kitünő módját alkalmazza. Egy erős családot ugyanis jó korán — ha az idő megengedi, április hó vége felé — meganyátlanit és 8—10 nap mulva annyi részre osztja, ahány anyabölcsős keretet talál benne. Az anyák kikelése után minden mürajocskát sorra fölerősiti, vagyis fiasitást ad neki és idővel teljes családokká növeli. *E mód alkalmazhatásának is, épugy, mint minden mesterséges szaporitásnak, erős, népes családokat fölmutatható méhes képezi az alaptökéjét, mely a fiasitást bőven szolgáltatva, a mürajok nagygyá való növelését lehetővé teszi.*

9. *Kasokból nyert mürajok, Dzierzon-kaptárokba lakolva.* Oly alkalommal, amikor a kasok — jó idő dacára sem akarnak rajozni, a méhésznek pedig nincs szándéka a kidobolással bajlódni, a következő módon eszközli a szaporitást: Este felé, amikor a méhek már otthon vannak, a kast egy üres ládához vivén, karimájával a láda széléhez üti, melybe a lent csüngő méhek eként lehullanak. A már készen tartott cukros, vagy mézes vizzel rögtön meg kell permetezni a ládába hullt méheket, mert gyomraik üresek lévén, hamar fölszállanak és rendesen oly ingerültek, hogy a méhészt visszavonulásra kényszeritik. Ha e módon körülbelül egy kgr.-nyi sulyra hozta föl a méhész a mürajt, akkor valamely távolabb eső helyre vivén, Dzierzon-kaptárba helyezi és tartalékos anyát ad neki; de ha ilyen nincs, éretlen fiasitással segit rajta, melyet esetleg a kasokból is kivághat és melyből a müraj királynét nevel magának. Minthogy a ládába ütött méhek rendesen többnyire öregek és ennélfogva már rövid ideig élnek, el ne feledjük a többször is emlegetett módon fiatal néppel, vagy költéssel fölerősiteni a mürajt, aminek rövid idő alatt okvetetlenül meg kell történnie. A szaporitás e módja különösen ott alkalmazható jól, ahol a kasos rendszerről a keretesre szándékozik a méhész átmenni, vagy a rajok megjelenésére nem leshet.

10. *A kasok kidobolása.* A méhállomány kidobolással való szaporitását csakis kasokkal eszközlik. A Dzierzon-kaptárokból is ki lehet a népet dobolni, csakhogy ezt nem szokták alkalmazni, mivel a keretek kiszedhetése folytán sokkal kényelmesebben is csinálhatjuk a mürajt.

Valamely erősen telt kast reggel, amikor még, vagy este, amikor már otthon vannak a méhek, szobába vivén, csucsára állitjuk, még pedig egy, e célra készült olyan tokba, amelybe beleillik és szilárdan áll. Ilyen tok hiányában gödröt ásunk, vagy egyéb módon helyezzük biztos állásba a kast. Az eként fején állô kas karimájára egy másik kast boritunk és ott, ahol a kettő egymást érinti, kendővel körül kötjük, hogy a méhek ki ne jöhessenek. Az alsó, azaz telt kason a csúcs felé lyukat nyitunk (a lünneburgi kasokon ugyis fönt levén a röpülőlyuk, fölösleges másikat is furni), melyen át a szükséges füstölést eszközöljük. Mielőtt a doboláshoz fognánk, az alsó kast egyszer-kétszer megkoppantjuk, hogy a méheket eként megriasszuk, melyek rögtön a méznek esnek és annyit szívnak magukba, amennyi csak a mézhólyagjukba fér s igy utravalóval kellőleg ellátják magukat. Ekkor a fönt emlitett lyukon füstöt eresztünk a kasba, de nem dohányfüstöt, mert ez bóditóan hat a méhekre — és megkezdhetjük a dobolást. A lünneburgiak kézzel teszik ezt, de amelyet époly eredményt érve el, s az épitményt sem kárositva meg, két fácskával is eszközölhetünk. A kast kezdetben a csúcsnál kell veregetni és azon arányban, amint a méhek fölfelé huzódnak — amiről a zsongás ad jel — a dobolással mi is követjük őket.

105. ábra.

A 105. ábrán magát Gravenhorst, éjszak-németországi hirneves méhészt mutatom be, amint a lünneburgi kasokkal a kidobolást végzi.

A kidobolás nem mindig szokott az óhajtott módon sikerülni. Szép, meleg napokon rendesen hamar fölvonulnak a méhek; mig ellenben, ha hüvös idő jár, tovább tart a dobolás. *Ily esetekben jó lesz a méheket a mütét előtt vizzel higitott langyos mézzel fölizgatni, mire aztán mozgékonyabbak lesznek.* Némelykor mégis megtörténik, hogy az anya nagyon későre jön föl, ami leginkább nehézkességének, esetleg bénaságának tulajdonitható. Rendes körülmények között 15—20 percbe kerül a kidobolás. Ennyi idő elteltével meggyőződést szerezhetünk magunknak arról, ha vajon följött-e az anya és van-e elég nép az üres kasban. Az ellenkezőt tapasztalván, folytatnunk kell a dobolást mindaddig, mig a kivánt eredményt el nem értük. Figyelmeztetem a méhészt, hogy lehetnek esetek, amikor egy óránál is tovább dobol és mégsincs birtokában az anya. *Ilyenkor meg lehetünk győződve, hogy vagy nincs a kas népének királynéja, vagy, ha van is, de terméketlen s a méhésznek nem tünt föl.* A bizonytalan sikerü és hosszadalmas bajlódás kikerülése végett tanácsos tehát a kidobolás előtt megfigyelni, hogy van-e királyné a kasban; amiről a *nyilt fiasitás* fog tanuságot tenni. És ha anyátlan a család, kár a kidobolással vesződni.

Ha a kas épitménye fehér és ennélfogva lágy volna, akkor óvatosan kell a dobolást végezni; épigy vigyázzunk, ha a lépekben friss, tehát folyékonyabb méz van. Az első esetben az épitmény megsérülhetne, a másodikban a kicsurgó méz a méheket bekenné; mely eshetőségek, a kártól eltekintve, a mütétet meg is akadályozhatnák. *Főleg a bükköny virágzásakor tapasztaltam ezen állapotot, mikoris e növényről hordván a méhek, a lépekben csupa hig, nagyon folyékony méz volt s a kidobolást nem lehetett foganatositani.*

A kidobolt rajt nem lehet a méhesen fölállitani, mert az öreg méhek régi helyükre mennének vissza és a raj néptelen maradna; ezen okból valamely távolabbi helyre visszük. De ha ez nem lehetséges, *akkor a kidobolt rajt az anyakas helyére tesszük, mely esetben az elmozditott nép kijáró méhei is hozzácsatlakoznak.* Épen ezért csekélyebbre is készithetjük a mürajt, azaz: kevesebb népet dobolunk ki, ha az anyakas helyére állitjuk. De egyuttal emezt is (t. i. a régi törzset) figyelemmel kell gondoznunk, istápolnunk, vagyis az első napokon vizzel, de még * helyesebben: higitott mézzel tartsuk.

11. *Egy másik*, majdnem biztos sikerü eljárás a mesterséges szaporitásra abból áll, hogy az anyakast, kidobolás után, *valamelyik erős család helyére* állitjuk; mely esetben — még közepes viszonyok között is — 15—18 nap mulva erős rajt bocsát. Az eljárás megismételhető; vagyis: rajzás után, szép déli időben, ha még anyabölcsők vannak a kasban, ujból egy másik, erős nép helyére tesszük. Az anyabölcsők érettségéhez képest 2—5 nap mulva másodszor rajzik a kas. Dathe azt ajánlja ezen eljárás mellett, hogy a rajt az anyakas helyére tegyük; én azonban szükségtelennek tartom, mert a természetes raj öreg méhei megmaradnak, s az ily korai rajok léte különben sem kétséges.

12. *Hannemann-féle óriási müraj.* — A nem annyira szaporitás, mint inkább méznyerés célját szolgáló és az utóbbi időben nagy föltünést keltett, érdekes és haszonnal járó eme kezelési módot is szükségesnek tartom itt megismertetni.

Hannemann, a dél-brasiliai Rio Grande de Sul tartományban lakó német méhész, az óriási rajok készitését azon esetre ajánlja, amikor a méhész többé nem szándékozik szaporitni, s méheiből a lehető legnagyobb hasznot szeretné nyerni.

E célból rajzási időben elővesz a méhész egy erre készült ládát, vagy hordót, melynek ürtartalma 50—58 ezer köbhüvelyk és födele lépkezdésekkel, s hogy a lépek le ne szakadjanak, keresztben erős lécekkel van ellátva, mely utóbbiak — hogy nagyobb terhet is könnyen megbirjanak — kivülről a ládához, vagy hordóhoz szögeztetnek. Az igy előkészitett ládába (hordó) a *méhszita* (szintén Hannemann találmánya) segitségével szállitja a méhész a rajokat, még pedig ugy a heréktől, mint a királynéktól szépen elkülönitve. A méhszita négyszög alakban, pléhből készül; 15 cm. magas és 21 cm. széles; fölül vászonnal van ellátva, melyet — hogy a méhek fölülről ki ne jöhessenek — zsineggel zacskószerüen össze lehet húzni. A rajok e szitába jönnek, melynek likacsain át a herék és királynék kiválasztása nagyon gyorsan megy. Mikor már a láda, vagy hordó körülbelül félig van méhekkel, amihez rendesen 16—18 kgr. méh szükséges, akkor a királynékat zár alatt az óriási kaptár különböző pontjain elhelyezi a méhész. Ha a telepen egyebütt lenne szükség anyára, a zár alól ki lehet venni és fölhasználni azokat.

Az óriási rajhoz zár alatt beadott királynék egyedüli rendeltetése tehát nem is volna más, mint a méheket a kiköltözéstől visszatartani; s ez tökéletesen sikerül is és az óriási müraj azonnal megkezdi munkáját. Hannemann szerint az ilyen raj — közepes esztendőben is — 60—90—150 kgr. mézet képes gyüjteni. (Bienenzeitung, 1877. 15., 16. és 17. sz.)

A most közölt eljárást Newmann, amerikai méhész annyiban módositotta, hogy az óriási néphez csak egy királynét ad, mely teljes szabadsággal rendelkezvén, petézésével fokozott munkásságra serkenti a méheket. (American Bee, 1879. 4. sz.)

A mézeltetés ezen módja Amerikában sok követőre talált, akik a Hannemann-féle eljárásnál jobbnak dicsérik és azt is állitják, hogy a méhek ilyetén kezelésével nagyobb mézelési eredmény mutatható föl.

Hannemann utasitása szerint magam is készitvén már ilyen óriási murajt, saját sikereimről is beszámolok. — 1881-ben sok rajom levén, megkisérlettem a Hannemann-féle óriási népet összeállitni. A hozzávaló szitát átjáró rácsokból és vászonból készitettem, melylyel a dolgozóméheknek a heréktől és királynéktól való elkülönitése pompásan ment. (Mellékesen megjegyezve, a rajoknak a sok herétől való megszabaditására egyéb esetekben is kitünő szolgálatot tesz az ilyen szita.) A rajokat egymásután egy öreg, egyfenekü mézeshordóba tettem, melynek száját megtágitva és röpülődeszkával ellátva, röpülőlyuknak alkalmaztam. A hordó különböző részein 6 királynét helyeztem zár alá, t. i.

drótkalitkában függesztvén be őket. Az óriási raj 16'|₂ kgr. méhből állott, melyhez 14 rajra volt szükségem. A mürajt junius hó 8-án készitettem és minthogy kitünő mézelés volt, munkáját rögtön megkezdette. A 14 raj együttes munkálkodását valóban érdekes volt nézni. Oly erőt fejtett ki, hogy a hordót mindenesetre rövid idő mulva kiépitette volna, ha — sajnos! — a hosszan tartó szárazság be nem áll. Ennek következtén az épités csak a hordó feléig haladt s ezt sem töltvén meg mézzel, a végeredmény csak 71 kgr. méz lett.

Nevezetes, de egyszersmind természetes jelenség volt e mürajnál, hogy a méhek napról napra fogytak, s julius hó vége felé már oly csekély volt a létszám, hogy a müraj önálló müködését kénytelen voltam beszüntetni. Nincs is efölött mit csudál-kozni, mert hiszen tudnivaló, hogy a méh, kivált munkaidőben, hamar elpusztul, s az anyák zár alatt levén, a veszteség nem lett fiasitás által pótolva.

Hogy az eredmény között mutatkozó különbségről meggyő-ződhessem, a Hannemann-féle óriással egyidejüleg 14 rajt álli-tottam föl, összesen 17 kgr. sulyt kitevő néppel. Ezek átlag 7 kgr., összesen tehát 98 kgr. mézet gyüjtvén, egyenként való müködé-sükben 20 kgr. mézzel multák fölül az óriást. Az eként tett kisérlet után itéletet még nem mondhatok ugyan, de az eredmény mégis azon meggyőződést növeli bennem, hogy egyes rajokkal — külö-nösen, ha jó erősekre készitjük őket — több hasznot aratunk, mint az ilyen óriásokkal, *melyek — ha a jó időt el nem találjuk velük — amellett, hogy mit sem eredményeznek, míg saját létüket is kockáztatjuk, mert az elhulló öreg méhek helyébe nem kelnek fiatalok.*

Különben azt hiszem, hogy ott, hol a méhész szaporitásra nem gondol, 3—4 raj — egyesitve és egy királynéval ellátva — a legjobb szolgálatokat teszi. Magam is már többször megpró-báltam ezt, s mondhatom, hogy az eredmény kitünő volt.

LIII.

A Dzierzon-kaptárok természetes rajoztatása.

A keretes rendszerü kaptárok határozott irányu rendeltetése a méztermelés levén, kár a rajzásra használni azokat. Ámbár az ezekből nyert természetes rajok nagyobbak, mint a kasok rajai, mert a kaptár terjedelmesebb, a törzs is népesebb tehát; de épen a keretes kaptár terjedelmesebb voltából ered, hogy egyenlő viszonyok között 8—14 nappal később rajoznak, mint a kasok. E körülmény a méhek további fejlődésére nézve hátrányos, miértis a kaptárok természetes rajoztatását nem tartom ajánlatosnak. A spekulativ-etetés utján kifejthetjük ugyan a méhek szaporitási vágyát és a lünneburgiak módja szerint kényszerithetjük őket a rajzásra; de e költséges eljárásra nem szivesen szánja magát a méhész, sőt föltétlenül ajánlani ezt, magam sem volnék hajlandó, mert tapasztalásból tudom, hogy a spekulativ-etetés utján szerzett rajt drágán fizeti meg a méhész.

Dacára ennek, sok méhész mégis ily módon kivánja állományát szaporitni; miértis ezek számára itt közlendő *saját eljárásomat ajánlom, mely mindenesetre célhoz vezet,* sőt melyet — ha már Dzierzon-kaptárokból kell szaporitnunk — *a mürajkészitésnél többre becsülök,* mivel a törzsek erejét a mürajnál kevésbé meriti ki és mégis elősegiti a szaporitást.

A méheket rajzásra kényszeritő ezen eljárás a következő módon eszközlendő: *Egy igen erős családot meganyátlanitunk, 8 nap mulva minden törzsszel, melyet rajoztatni akarunk, szintén igy bánunk el, azaz: királynéikat elszedvén, másfelé alkalmazzuk azokat.* Ezen mütétet követő 3-ik napon az először meganyátlanitott kaptárból kivesszük a fiasitásos kereteket, melyeken ilyenkor már több befödött anyabölcsőt találunk; ezeket kimetszük és a később meganyátlanitott népek költőterébe egyet-egyet beadunk; amire 6—8 nap mulva a tütölő előrajok megjelennek és ezeket pár nap mulva a második, azaz: az utórajok követik.

Eltekintve tehát azon előnytől, hogy az idősebb királynékat eladhatjuk, vagy másfelé használhatjuk föl, s ezáltal fiatal anyákra is szert teszünk: már annálfogva is, hogy e szaporitási mód természetes alapon történik, s korántsem gyöngiti annyira a népeket, mint a mürajkészités azon nagyban elterjedt módja, mely szerint egy családot két részre osztanak és a méhész két gyönge néppel küzdve, sokszor érzékenyen károsodik — lehetetlen be nem látni, hogy a most ajánlottam eljárás jóval üdvösebb.

Megjegyzem még, hogy a Dzierzon-kaptárok rajzásra való kényszeritése, tehát a most előadott utmutatás követése esetén a meganyátlanitás azon mértékben történjék, amilyenben az anyabölcsőkre szükségünk van. A bölcsőikből kikelt fiatal királynékra pedig gondunk legyen, főleg a megtermékenyülést kisérvén figyelemmel. Ha ez a rendes időn belül meg nem történnék, akkor adjunk nyilt fiasitást, vagy friss petét a népnek, mely a megtermékenyülést előmozditja. De ha az anya elpusztult volna, a méhek azonnal anyabölcsőt épitnek, miáltal anyátlansági állapotukat jelzik, melyen a méhész esetleg ugy is segithet, hogy termékeny tartalékkirálynét ad a népnek.

LIV.

A szaporitásnak melyik iránya érdemli meg az elsőbbséget?

Azt hiszem: munkám irányából kitünik azon álláspont is, melyet ezen kérdéssel szemben elfoglalok. Miután a méhek szaporodását hosszu évek során át folyton tanulmányoztam és szakavatott méhészekkel megvitattam és minthogy e tárgyra vonatkozó összehasonlitó próbák, nem különben számos évi statisztikai följegyzések állanak rendelkezésemre: elfogulatlanul lépek a nyilvánosság elé. Határozottan kijelenthetem tehát, *hogy a méhészet csak akkor hoz teljes hasznot, ha a szaporitás természetes rajzás utján történik,* ámbár a mürajok barátai annyi előnyt tudnak összehordani, hogy a kezdő, *de még a gyakorlott méhész is tétováz* és az erdőt a sok fa miatt nem látja. A főpontok, melyekkel kardoskodnak, a következők:

1. A müraj bármikor készithető, ha ezt a méhész alkalmasnak és célszerünek találja.

2. A müraj a méhész által meghatározott minőségben, pl. erősre, gyöngére, királynéval, vagy anélkül, stb. csinálható.

3. Mürajokat előre meghatározott mennyiségben lehet készitni, vagyis a szaporodás korlátozható és a méhész meg van kimélve a természetes rajzásnál mulhatatlanul szükséges leskelődéstől és időt rabló unalmas várakozástól, valamint ama eshetőségtől, hogy azok néha minden ellenőrzés dacára, mégis megszöknek. Az anyák sincsenek kitéve annak, hogy rajzás közben nehézkes, vagy megcsonkitott voltuknál fogva elvesszenek és a nép árván maradjon.

Igaz, hogy a természetes rajzásnál ezen esetek mind előfordulhatnak, s a rajokra való várakozás nagyon kellemetlen, kivált, ha a méhész más irányban van elfoglalva; de azért ezen is segithetünk. Minden községben találunk öreg embereket, akik ily dologra csekély dijért vállalkoznak. Elismerem ugyan, hogy ez a kérdés a rajoztatás Achilles sarka, *mert költséggel jár;* s mégis ezt ajánlom, különösen, ha a méhes 30—40 kaptáron fölül áll.

De nézzük már most, mik a murajkészités hátrányai? *Első sorban is az,* hogy gyakorlottságot, szakértelmet követel; kezdő, könnyed gondolkozásu, vagy vérmes reményü méhész kezében kétélü fegyver e mütét, melylyel méheit és önmagát egyaránt sujthatja.

Másodszor: valódi szakértelemmel készitett murajokkal a szaporitás az állománynak csak 25°|o-áig mehet; ellenben természetes rajzás utján egy-egy család 2—3 szaporulatot is ad, ami a murajoztatásnak 8—12-szerese. Ennélfogva a természetes rajzás egy évi eredménye a murajkészités 8—12 évi sikerével ér föl.

Harmadszor: a mürajok — a méhek háztartásába való erőszakos beavatkozás következtén — csak később kapnak anyát, ami a méhek fejlödésére bizonyára hátrányos.

Negyedszer: a természetes rajoknál már kezdetben meglevő természetes aránya a kijáró és fiatal méheknek, mely a gyarapodásra oly nagyfontosságu: a mürajoknál alig található. Ezeknél átalában, de különösen, ha a méhesen maradnak, vagy az öreg, vagy a fiatal méhek vannak túlsulyban. E körülmény pedig már magában véve megzavarja a méhállam rendjét; mert — amint tudjuk is — minden korbeli méhnek megvan a kiszabott teendője, s az ezirányban beálló aránytalanságok e teendők egyikének, vagy másikának a rovására hatnak.

Hivatkozom a lünneburgi méhészekre, akik csakis természetes uton szaporitnak, s a méhészet sok jövedelmet hoz nekik. *De hivatkozhatom magamra is*, ki a természetes és mesterséges szaporitás minden módja között észlelhető különbséget sok-sok évig tartott összehasonlitó példákból tudtam meg és ama meggyőződésre jutottam, *hogy a müraj költségesebb és egyuttal több gondozásra is szorul, mint a természetes raj.*

Ötödször: a mürajkészités okvetetlenül megfoszt bennünket a mézhozamnak egy jelentékeny részétől és ez egymagában is elég fontos ok arra nézve, hogy azt ott és akkor, ahol és amikor lehetséges, mellőzzük. Ha tekintetbe vesszük, hogy jól rajzó években a szaporodás könnyen és minden erőltetés nélkül megy és a megelőző évben esetleg viselt költséget és elmulasztott rajzást kamatokkal együtt behozza: a mürajkészités valóban fölöslegessé válik.

Hatodszor: a mürajkészités által képtelenné lesz a család arra, hogy esetleges rossz időben a szaporulatot, vagy gyöngébb népeket mézzel fölsegithesse. Pedig ezt okvetetlenül mindig szemelőtt kell tartani; mert aki méhészkedni és szaporitni akar, arról is gondoskodjék, hogy méheinek jövője biztositva legyen, amit ugy eszközölhet, ha Dzierzon-féle kaptárait inkább mézelésre, mint mürajkészitésre használja.

Az előadottakból kitünik, hogy *a mürajkészités hiveit főleg a kényelmi tekintetek vezérlik*, amelyeket én, a természetes rajzással *mindenesetre együtt járó reális haszonért* szivesen föláldozok.

Aki azonban mégis csak mürajok után vágyik, nézetem szerint legokosabban teszi, ha kasokat használ e célra, melyekkel szintén különféle módon csinálhat mürajokat. Az eljárás mikéntjét épen a mürajkészités tétele alatt fejtegettem; válasszon kiki tetszése szerint azok közül. A kasokat pedig — ha nagyban akar szaporitni — zsarolja meg; mert ezek a méhes teherhordozói és mézelés tekintetében ugyis a

Dzierzon-kaptárok mögött jóval messze maradnak, de a szaporításban ezeket fölülmulják.

Volt rá eset, hogy ugyanazon kast egy évben 2-szer, 3-szor is kidoboltam; azonkivül elküldtem még a tisztesfüre is, hol a kizsarolt nép összeszedte magát és a kitelelésre is képes lett. Természetes, hogy az ily erőltetett eljárás mellett igen sok nép tönkre megy, többnyire anyátlanság és elnéptelenedés következtében pusztulván el (jegyzeteim 34°/₀-ot mutatnak ki); de e veszteséget nem fájlalja a méhész, mert hiszen 2—300°/₀-ot szaporitott már, az igy tönkre jutott népek busás hasznot hoztak tehát.

LV.

A kasos méhészkedés legegyszerübb átvitele Dzierzon-rendszerre.

Az okszerü méhészet terjedésével annyival is inkább fontossá vált e kérdés, mert az ügy iránti érdeklődésből igen sok méhész szélsőségekre engedi magát elragadtatni; *azaz a kasokon hirtelen túl akar adni, duzzadt reményeket füzvén a Dzierzon-kaptárokhoz, azt számitja már előre is, hogy mézeshordóit a legrövidebb idő alatt megtöltheti.* E gömbölyü számitásból kiindulva, azon szerencsétlen elhatározásra szánja magát, hogy kasait száműzi; miértis a következő tavaszon a kasok lépeit kimetszi, s a méhek lesöprése után keretekbe illeszti és a méhekkel együtt kaptárokba rakja át.

Ezt az eljárást nem helyeslem; inkább *mészárlásnak*, mint okszerüségnek nevezem. Mert, eltekintve attól, hogy a méhek, lépek, fiasitás mézzel bekenődnek, hogy a királyné igen könnyen elveszhet, hogy a gyönge, lágy sejtek leszakadoznak, összeomlanak: a mütétnél még igen sok méh el is pusztul, a fiasitásban a kés, fogdosás, rakosgatás, nyomkodás sok kárt tesz; a méz és a fiasitásos sejtekben levő táplálék minden felé folyik. A romboló pocsék munka nemcsak célszerütlenné és undoritóvá, hanem eredményében kétségessé is teszi az eljárást; mert amely néppel igy bánunk, sokáig sínyli azt, hosszu idő telik bele, mig magához tér, s a méhésznek inkább gondot okoz, semhogy hasznára válnék.

A Dzierzon-rendszerre való átmenetel a következő módok sokkal ajánlatosabb követésével eszközölhető.

1. Egy, már egészen megtelt kast egy keretekkel ellátott ládácskára állitunk; a keretekbe lépkezdéseket, vagy még helyesebben: sejtközfalakat ragasztunk. Kedvező időjáráskor a nép lejön és a ládában épitni fog; majd a királyné is követi a méheket és a sejteket bepetézi. Ekkor a kast a ládácskáról leemelvén, más helyre tesszük. Az új gyarmatban marad tehát a királyné, a kijáró nép és a legutóbbi fiasitás. De mivel a kis lakás a gyarapodó

népnek nem sokára szűk lesz, kaptárt állitunk helyére, melybe a családot átlakolván, sejtközfalakat, vagy lépkezdéseket is adunk és a kaptár csakhamar ki is épül.

De ezen mód nem mindig biztos sikerü. Saját tapasztalásaimból mondhatom, hogy a méhek, kiváltképen pedig az anya, csak rendkivül kedvező évben jönnek le a ládácskába. Ennélfogva biztosabb az eljárás, ha a ládát a kas tetejére helyezzük és csupán sejtközfalakat függesztünk belé, mert ez esetben a méhek nagyon hajlandók a heresejt épitésére, amit mindenáron meg kell gátolni. *Még jobb, ha kiépitett lépeket adhatunk a ládácskába, melyek netán kimustrált kasokból maradtak meg és most jól fölhasználhatók.*

Az ilyen, ládácskákkal megtoldott kasokat az átmeneti kaptárok sorában irtam le, melyek, mint Paulik-, Göndöcs- és Szenszféle átmeneti kasok, ismeretesek. A különbség csupán az alkalmazásban van; a szóban forgó esetben ugyanis *nem mézelés céljából,* hanem azért toldjuk meg a kast a föléje helyezett ládácskával, *hogy az fiasitási telep legyen.* Miértis oda kell hatnunk, hogy a méhek a királynéval együtt fölmenjenek. Könnyen elérjük ezt is, ha egy fiasitásos lépet függesztünk a ládácskába, vagy a kason dobolunk, mire az anya a nép egy kis részével fölmegy és a sejteket bepetézi.

Mikor már az anya a ládában fiasit, le lehet azt venni és a kas helyére állitni, minek folytán ennek a kijáró méhei is mind a ládát gyarapitván, a müraj nagyobb helyet igényel, azért tehát kaptárba lakoljuk át. Nagyon természetes, hogy gondunk legyen arra, mikép a királyné az új gyarmatnál legyen.

Ha a mesterséges módon igy megoszlott és helyéről elmozditott kastól még egy természetes rajt akarnánk kapni, azon esetre állitsuk azt azonnal egy erős kas helyére, s 15—18 nap mulva egy tütölő előrajt fog adni.

2. Legcélszerübb és legegyszerübb eljárás azonban a természetes rajokat megvárni és a keretes kaptárokat azokkal benépesitni. Tagadhatatlan ugyan, hogy a murajkészités az emberi fölény beavatkozási hatalmának a bizonyitéka, ámde a tapasztalás minden lépten-nyomon azt igazolja, hogy a murajok sem minőségben, sem mennyiségben nem versenyezhetnek a természetes rajokkal. Arról is meggyőződhetünk, hogy a nagy méhesek többnyire természetes rajzás után szaporodtak föl. Legajánlatosabb is, ha a méhész mindaddig, mig a célzott létszámot el nem érte, a természetes rajzásnál marad; s ha a kasokat ezután már nem akarja tovább megtartani, teljes kirajzásuk után a lépeket kimetszi és keretekbe szabva, a kaptárokban alkalmazza. A kast szükségtelen ilyenkor ketté vágni, mivel a fiasitás már mind kikelt, az ezt

kimélendő óvatosság fölöslegessé vált; hanem sejtkéssel szedjük ki egyenként a lépeket. Hogy pedig a dolog annál kényelmesebben menjen és a méhekben se tegyünk kárt, a kast néhányszor a ládához ütjük, mire a méhek lehullanak. Ha a kivágott lépek darabosak volnának, s a keretekben nem tartanának, cérnával kell azokat átkötni. Másod-, vagy harmadnapon — amikor a méhek a lépeket már a keretek széleihez épitették — eltávolitható a cérna. *Csak kitünő jó esztendőben kockáztathatja a méhész azon eljárást, hogy a kidobolt kast megtartván, szerencsét próbál vele. Nekem is volt már többször alkalmam ezt megkisérleni, s az ilyen családok helyre jöttek és téli szükségleteiket még jól behordták.*

3. *Azon méhészek, akik egyéb elfoglaltságuknál fogva a rajok megjelenését be nem várhatják,* de mindamellett erős szaporodást óhajtanak, a kast egyszerüen kidobolva, a népet Dzierzon-kaptárba lakolják és az anyakas helyére teszik, hogy a kijáró méhek a mürajnál maradjanak, mely eként igen fontos tényezője lesz a méhesnek. Ha a kezdő ezen mürajt etetné is, ugy még azon évben kiépiti magát és hasznot hoz. A kidobolt kast pedig egy másik erős család helyére teszi és 10—12 nap mulva *ujra kidobolja; mely alkalommal a mürajnak anyabölcsöt ad és szintén a kidobolt kas helyére állitja.* A másodszor kidobolt kast ismételten egy erős nép helyére tevén, 3—4 nap mulva a harmadik szaporulatot adja, azaz megrajik. *De most már jó lesz a kas egész épitményét kiszedve, a helyére állitandó Dzierzon-kaptár kereteibe illeszteni.*

Ha a méhész több kassal bánik el ily módon, rövid idő alatt több Dzierzon-kaptárt benépesithet s a kivánt létszámot csakhamar eléri, *anélkül, hogy a méhek és a fiasitás mészárlásával és a mézeslépek pocsékolásával kinlódnék.* Ezzel együtt elvetendő a kasok őszi átlakoltatása is, mely már azért sem ajánlatos, mert a méheknek a téli berendezésre kellő idejük nem maradván, gyakran érzékenyen szenvednek.

A rajok elszállásolására a Dzierzon-féle ikerkaptárt ajánlom, mely egyenként mindenütt fölállitható, s egyuttal mind a két osztálya benépesithető. Öszszel, amikor már nem röpülnek a méhek, e Dzierzon-kaptárokat összeszedve, ducba rakjuk, s eképen egy keretes rendszerrel szervezett méhest megalapitván, tovább kezeljük és fejlesztjük azt.

Ilyen módon bárki is biztos sikerrel kezdhet az okszerü méhészkedéshez, vagyis kasairól átmehet a keretes kaptárokra, melyekkel egészen új világ tárul föl előtte, s mézelés tekintetében több hasznot is ér el, mint a kasos rendszerrel. De viszont e körülmény még nem zárja ki annak a helyességét, hogy a méhész néhány kast is tartson,

*melyek — mint a méhes teherhordói — a Dzierzon-kaptárokkal való
harmonikus összeköttetésben szép hasznot hozhatnak.*

LVI.

A rajoztatás mérvének meghatározása.

A méhészek véleménye e kérdés iránt nagyon eltérő; a tárgy
felől sokan és sokféleképpen irtak is már. Igy pl. dr. Dzierzon 100,
báró Berlepsch 50, Lehzen 200, Huber ismét $50^{\circ}|_{0}$ szaporitást
ajánlanak. Minthogy saját méhtenyésztésemben szaporitás a főcél,
s telepem kezelésének üzleti irányánál fogva kénytelen vagyok
ezt teljes erővel eszközölni: bátran hozzászólhatok a kérdéshez.

Az évi szaporitás arányát százalékokban meghatározni igen
nehéz; mert ami egyik évben sok, az a másikban kevés lehet.
A szaporitás mérve attól is függ, hogy minő rendszerü kaptárokból
eszközöljük azt. A kasok néha $2—400^{\circ}|_{0}$-os szaporodást is adhatnak,
s a rajok mégis kitünően gyarapodnak; mig a keretes kaptárokkal
— nézetem szerint — a $25^{\circ}|_{0}$ szaporitás nagyon is elég, sőt a
méztermelést már ez is csökkenti. A szaporitás e két irányát jól
meg kell tehát különböztetnünk; mert mig a kasokat bátran
engedheti rajozni a méhész, addig a keretes kaptár megeről-
tetésétől óva intem.

Egyébiránt a méhészkedési iránytól is, melyet követünk, igen
sok függ. Mert ha pl. élőméhek elárusitására törekszünk, akkor
még augusztus hóban is rajoztathatunk, s a mürajok készitését
is erőltethetjük; ámbár ez irányban se tévesszük el a helyes utat
és gondoskodjunk, hogy ugy a természetes, mint a mesterséges
szaporitás mögött mézkészletek legyenek, vagyis oly méhes álljon,
mely ezen elkésett és kiéhezett rajokat téli eleséggel elláthassa.

Az erőltetett szaporitásnak más körülmény is lehet a rugója,
nevezetesen: a családok ereje. Mert habár a téli eleség, *mint
legfőbb tényező* biztositásának a lehetősége jön először is tekintetbe,
mely nélkül a szaporitásra gondolni sem lehet: a családok népes-
ségét is előmozditnunk kell. Segitségünkre lehet e tekintetben
némely méhtartók ma is divó vandal szokása, *a méhek lekénezése.*
Ha ugyanis viszonyaink megengedik, megakadályozzuk ezt, a
méheket egyesités céljából megszerezzük, s gyöngébb családaink
gyarapitására fölhasználjuk. Némi kis költséggel jár ez ugyan,
de azért mégis előnyösebb mód annál, mintha kész méhtörzseket
vásárolnánk.

*Egészen más irány követendő akkor, ha fötörekvésünket a méz-
termelésre kivánjuk forditni.* Ilyen esetben már junius hó közepe
táján be kell szüntetni a rajzást, hogy a méhek munkássága a

mézgyüjtésben összpontosuljon. *Ezért elég,* ha 25°|₀-ig szaporitunk. Többre megyünk e módon, mindenesetre, mint azok, akik a rajzást erőltetik; *melynek igazságát 30 évi tapasztalásból meritvén, minden kezdőnek szivére kötöm.*

LVII.

Milyen erősek legyenek a rajok?

A gyakorlat meggyőzött bennünket arról, hogy a kas természetes *elörajának* a sulya rendesen $1^3|_4$—$2^1|_4$ kgr. között váltakozik. Az előrajok átlagos sulya tehát $1^1|_2$ kgr.-ra tehető. A Dzierzonkaptárokból jövő rajok ellenben nehezebbek, rendesen $^1|_2$ kgr.-mal sulyosabbak.

Vannak ugyan egyes kivételek, amikor az előrajok $2^3|_4$—$3^1|_4$ kgr. nehezek is, de ezen jelenségek nagyon ritkák.

Az utórajok $^1|_4$—$^3|_4$ kgr.-osok szoktak lenni.

Mézelési viszonyainkat tekintve, az előrajokat, mint önálló tényezőket, mindig fölállithatjuk; mert téli élelmüket begyüjteni, sőt gazdag mézeléskor még ezen fölül is hordani képesek. Másképen van ez az utórajoknál, melyek későbben, s hozzá még meg nem termékenyült anyával és kevesebb néppel jönnek. Ezek kezelésénél a méhész első teendője a rajt oly állapotra hozni, hogy biztos jövőnek nézzen elébe. A célt sikeritő egyetlen eljárás, mellyel a rajnak a téli szükséglet beszerzésére módot nyujtunk, s kellő erővel leendő betelelését lehetővé tesszük: az egyesités. Hogy azonban mily téves nézeteket vall egyik-másik méhész eziránt, arról számtalanszor meggyőződtem. Sokan a leggyöngébb rajocskát is, mint önálló tényezőt magában, minden további gondozás nélkül, fölállitják, azon számitással hitegetvén magukat, hogy a jó Isten segitségével esztendőre elég erős anyanéppé válhat. De hogy az ily rajok még a tél folyamán, vagy legfölebb tavaszszal végelgyöngülésben rendesen elpusztulnak, az kézzel fogható dolog. És mikor már a körömégést érzik, elmélkednek az egyesitésről; csakhogy ilyenkor már elkéstek ettől. Miértis sokkal helyesebb a véletlenben nem annyira bizni és kevesebb, de jó rajokról gondoskodni, mintsem a szaporulatot kockáztatni; *mert bizony gyakoriabbak a gyönge, sőt esetleg rossz mézelési évek, mintsem a jók, vagy jobbak.*

Ennélfogva az utórajok sulya is 1—$1^1|_2$ kgr.-ra okvetetlenül pótolandó, hogy az esetleg rövid tartamu mézelésből is meggyarapodhassék. *Ha tehát a méhész a gyönge rajokat is meg akarja tartani, segitse föl azokat 2—3 lép fiasitással, hogy erőre jussanak. De nem mindenki szánja el magát oly könnyen arra, hogy biztos, ép és erős anyakaptárait ily módon meggyöngitse, ennélfogva — mint okszerü eljárást — az egyesitést ajánlom.*

LVIII.

A rajzás megakadályozása.

Ha már a méhész többé nem kiván szaporitni, s telepén kasok vannak, ez esetben jól teszi, ha eladja azokat, mert a kasok főjövedelme nem a mézelésből, hanem a szaporitásból áll. És ha mégis meg akarja ezeket tartani, akadályozza meg a rajzást. E célból messe ki az anyabölcsőket; de mivel ezen eljárás nem mindig sikerül, mert a bölcsők egy része olyan rejtett helyen lehet, ahova a méhész nem fér: más módhoz kell nyulni. Abból áll ez, hogy a rajzásra készülő kast déltájon, amikor kiröpülő méheinek legtöbbje a legelőn jár, egy gyöngébb kas helyére állitjuk és viszont; miáltal kijáró népét elvesztvén, rajzási kedve is egyelőre elmulik. A harmadik és legmegbizhatóbb eljárás pedig az, ha a kas tetejére ládát helyezünk, melybe biztos eredmény céljából lépkezdésekkel ellátott kereteket teszünk, mire a méhek nemsokára müködni fognak ott. De ha még ekkor is vonakodnék a nép oda fölvonulni, adjunk a ládácskába egy bepetézett lépet, mely okvetetlenül fölcsalja a méheket. A Paulik-, Szensz-, stb. féle átmeneti kasok a legalkalmasabbak erre, melyekről ismertetést is közöltem e munka elején.

Amikor olyan kas további rajzását akarja a méhész beszüntetni, amelyik már egy rajt adott, leghelyesebben tesz, ha a kapott rajt az anyakas helyére állitja, hogy kiröpülő méheit elveszitvén, rajzási kedve is elmuljék.

Ha pedig utórajokból is eleget kapott a méhész, s ezek további jelentkezését akarja megszüntetni, akkor vágja jól vissza a lépeket, csak az anyabölcsőket hagyván meg; a rajzási hajlam mindenesetre elmúlik; másfelől a tulsok épitmény gondozásától lesz a meggyöngült anyanép fölmentve, de mi több: a viaszmoly pusztitásától is megóva, melynek különben ki volna téve a kas.

De némely méhész — mint már emlitém — foglalkozásának más irányánál fogva nem ügyelhet a rajzásra, s csekély méhállománya mellé őrt sem állithat; ily méhészek — föltéve, hogy kasonként csak egy rajt kivánnak — legjobban cselekszenek, ha az anyakast kidobolják *és a dobolás által nyert rajt az anyacsalád helyére állitják.* Az eljárás mikéntjét már fönebb közöltem.

A keretes rendszerü kaptárok rajzásának a megakadályozása sokkal könnyebb és biztosabb, mint a kasoké.

Az e célból követendő eljárás leirását annyival is inkább szükségesnek tartom, mert a rajzás megakadályozása biztositja a kaptár mézelését. A főkellékek arra nézve, hogy a mozgatható szerkezetü, vagy Dzierzon-féle kaptárok ne rajozzanak, a következő pontokban foglalvák:

1. Sötétebb szinü, azaz: öregebb viaszépitmény.

2. A heresejtek meg nem türése; melyeknek épitése — amint tudjuk — annak a jele, hogy a család rajozni szándékozik.

3. A fiasitás korlátozása, amit a Hannemann-féle rácscsal biztosan elérhetünk.

4. A méz gyakori elszedése, miáltal a méhek szaporitási vágyát szintén lehütjük és munkásságukat az üres sejtek megtöltésére irányitjuk. És végre, ha mindez nem használ:

5. az anyabölcsők elpusztitása; ami nagyobb bajlódással jár ugyan, de a Dzierzon-kaptárokkal biztos sikerü.

Tapasztalásaim határozottan arról tanuskodnak, hogy amely család épitménye fekete, nem igen rajzik; minden iparkodása inkább oda irányul, hogy minél több mézet szerezzen be. Ellenben az új épitménynyel biró népek csakhamar megteszik a rajzási előkészületet és alkalmas időben ki is vonul a raj.

LIX.
A rajoknak Dzierzon-kaptárokban, vagy kasokban való elszállásolása.

A rajzási idő közeledtével a méhész vizsgálja meg az üres kaptárokat és kasokat, s készitse elő azokat a rajok befogadására. Gondosan ügyeljen arra, hogy büzösek, piszkosak, penészesek, főleg az egerek ürüléke által bemocskoltak ne legyenek és a pókok bennük ne tanyázzanak. Az olyan kaptárt, melyben vérhastól elpusztult, vagy e bajban szenvedett méhek laktak, luggal jól meg kell mosni; mert a vérhas foltjai kellemetlen szaguak és kivált télen, amikor a kaptárban gőzök fejlődnek, a méhek ártalmát okozzák. Az oly kaptárokat is, melyekben költésrothadás pusztitott, luggal jól meg kell mosni és megszáradás után salycilsavval kifüstölni. Elég ebből az erjedést gátló szerből egy késhegynyit venni, melyet a kaptárban gyertya lángja fölött egy kanálban elégetünk; ezután a kaptár ajtaját és a röpülőlyukat be kell zárni, hogy a füst egy ideig bent maradjon.

Ezen elővigyázati intézkedések megtétele után az álló kaptárok költőterét 10—12 fél-, vagy 5—6 egészkerettel, melyekbe lépkezdéseket ragasztunk és a fedődeszkácskákkal, fölszereljük. A fekvőkaptárokba 5—6 keretet teszünk. A könnyebb elbánás végett szalmából font kis kasba fogott rajt most letakarva, a kaptárhoz visszük, melynek fenékdeszkájára egy, szintén deszkából való hidat illesztünk és ennek másik szélét — segitség hiányában — botra támasztván, a rajt erre rázzuk. Megelőzőleg jó lesz a kast körül veregetni s egyszer-kétszer a földhöz koppantani, hogy a raj a kas csúcsában egy gomolyba gyülve, könnyebben a hidra lehessen önteni. Mihelyt a méhek a keretekben levő viasz szagát megérezték, vagy közülük nehányat a kaptárba söpörtünk, melyek odabent örömzsongást hallatnak, az egész raj szépen bevonul. A gyakorlott méhésznek nincs szüksége e hidacskára, mert a rajt oly ügyesen be tudja dobni a kaptárba, hogy egy méh sem esik mellé. Ehez azonban bizonyos határozottság és gyakorlat szükséges, melyet idővel minden méhész elsajátithat magának. Ujabb időben tölcséreket is használnak a rajoknak a kaptárokba való beöntésére; de én fölöslegesnek tartom azokat, mivel nélkülük is célt érünk.

A rajokat a megjelenés után 1—2 óra mulva szállásoljuk el, amikor már a rajzással járó forrongásuk megszünt és az utórajok a fölösleges királynékat megsemmisitették.

Ha okszerüen akar a méhész eljárni, akkor adjon minden rajnak egy bepetézett és egy mézes lépet. Ezzel azt éri el, hogy a raj nem szökik meg, rövid idő alatt szépen gyarapodik, rossz időben eleséggel van ellátva, s végre, ha a királyné a termékenyülési kiröpülés alkalmával, vagy más befolyás következtén netán elpusztulna, a méhek képesek legyenek maguknak új anyát nevelni, vagy *árvaságukat jelezni.* Ezen előnyök megérdemlik, hogy a rajról igy gondoskodjék a méhész.

Rendkivül kedvező évektől eltekintve, ne számitson a méhész arra, hogy rajai a kaptárokat kiépitsék. Annál kevésbé reménykedjék ebben, mert a viaszépitmény sulya háromnegyed részben mézet képvisel, ami — eltekintve a költés ápolására szükséges méztől — oly mézmennyiség, melyet a raj alig képes — rendkivül gazdag hordást nem számitva — begyüjteni.

A mülépeknek előrajoknál való alkalmazása mézmegtakaritással nem jár; összehasonlitó kisérleteim bizonyitják ezt. A méhek azon erélyének tudható ez be, hogy kezdetben, mig viaszpalotájuk nincs, hatványozott szorgalommal dolgoznak. *Mihelyt azonban az első fiasitás kikelt, ajánlatos a rajnak sejtközfalakat adni;* mert ezen túl hajlandók heresejtet épitni, az pedig megakadályozandó.

Az utórajoknak már nemcsak tanácsos, de szükséges is mülépet, vagy kiépitett kereteket adni. Ezek gyöngébbek, s kevesebb idejük is levén a gyüjtésre — mert később jelentkeznek — az ilyen gondozás jó hatással lesz fejlődésükre.

Mindenesetre leghelyesebb azonban az utórajokat egyesitni és nekik még ezen esetben is egy bepetézett és egy mézes lépet adni. Lássuk el őket kiépitett lépekkel is, hogy az épitéstől mentve legyenek; kész lépek hiányában adjunk nekik sejtközfalakat, melyek ilyen alkalommal szintén kitünő szolgálatot tesznek. Ha mindezen előrelátó intézkedés dacára — főleg rossz időjárás esetén — a rajok gyarapodása nem oly biztató, hogy nyugodtan nézhetnénk a betelelés elé: segitsünk rajtuk az erősebb családok vagyonának fölöslegével, hogy a telelésre képesekké növelődjenek.

A gyakorlatban átalánosan divó azon gyarló elvet, hogy a méhektől csak elszedni, de szegénykéknek adni mit sem kell, határozottan kárhoztatom. Innét van az, hogy az állattenyésztés legmostohább ágánál, a méhészetnél sokkal gyakoriabbak azon elszomoritó jelentések, melyekben egyik-másik méhész arról kesereg, hogy méhei éhen haltak, mint az állattenyésztés más irányánál. Pedig ha tekintetbe veszszük, hogy egyéb állatainkra, pl. a szarvasmarhára, sertésre, baromfira, stb.-re mennyi gondot forditunk; ha meggondoljuk, hogy mennyi költséget és fáradtságot áldozunk egy csikó nevelésére: méltán csudálkoznunk kell azon, hogy méheinkkel oly mostohán bánunk, s gondatlanságból, vagy fukarságból esetleg éhen hagyjuk őket pusztulni. Annyival inkább föltünő ezen elszomoritó tény, **mivel 15 jól kezelt Dzierzon-kaptár annyi hasznot ad, mint egy jó fejős tehén.**

A rajoknak kasokban való elszállásolása egészen egyszerü. A faágon, vagy egyebütt megtelepedett rajt azonnal a végleges lakásául szolgáló kasba fogjuk, vagy a rajfogóból ebbe lakoljuk és a kiszemelt helyen fölállitjuk. Tény, hogy ezek nincsenek a méhész teljes befolyása alatt, fejlődésük tehát első sorban a természet esetlegességeitől függ. Mindazonáltal ezek gondozását is — különösen, ha előrajok — aként lehet irányitni, hogy gyarapodásuk gyorsabb menetü legyen. E célból — a már jelzett eljárások mellett — oly kasokban szállásoljuk el őket, melyeknek népei a mult őszszel egyesittettek, vagy esetleg a tél folyamán mentek tönkre és melyek egészben, vagy részben kiépitvék.

Az utórajokkal pedig nem marad egyéb hátra, mint — amit már többször hangsulyoztam — egyesitni, vagy szükségből etetni azokat; a kasban levő családokkal époly könnyen mehet az etetés, mint azokkal, melyek Dzierzon-kaptárokban vannak.

Rajainknak kasokban való elszállásolásával is biztos alapra fektetjük méhészetünket, s ha a javasolt eljárást követjük, nincs mit félnünk a kockázattól. Határozottan károsnak tartom azonban az utórajokkal is, önmagukban meghagyva, igy tenni; mert vajmi gyakran azon eshetőségnek nézhetünk elébe, hogy a méhek a kellő föltételek hiányában, a kétséges tél folyamán tönkre mehetnek.

LX.

Anyanevelés.

Bármily csekély állományu legyen is méhészetünk, a királynék nevelésével is okvetetlenül foglalkoznunk kell. Csak ez esetben intézkedhetünk minden oly alkalommal önállóan és sikeresen, amikor az anyaság kérdése, a fődolog, rendezve van. Ilyen esetek például, ha az anya elvesz, megcsonkul, már vén, vagy a nép hereköltővé lett, stb., s a kész tartalékos királynék rendelkezésünkre állanak és velük érzékeny károsodástól óvjuk meg méheinket. Ki kételkednék abban, hogy a mondott eshetőségekre a tartalékanyák — ha fiatalok és megtermékenyültek — megbecsülhetetlen hasznot nyujtanak, s a méhészt nagy zavaroktól mentik meg, főleg, ha olyanok a körülmények, hogy 1—5 hétig kellene várnia, mig termékeny királyné birtokába jutna. Azért is ajánlatos az anyák nevelése, hogy a különben ép és egészséges, de vén királynékat őszszel fiatalokkal lehessen fölcserélni.

Az anyák nevelésére néhány keretet magában foglaló és apró rajocskákkal benépesitett kaptárokat használunk, melyek nagyon alkalmasak arra, hogy a királynék megtermékenyülését ellenőrizhessük, szükség esetében azokat kényelmesen kivehessük és ismételten ujakat nevelhessünk. Aki pedig idegen méhfajokat tenyészt, az anyák ily módon való nevelését épen nem mellőzheti, mert a tiszta vérbeli megtermékenyülés csak ilyen uton biztositható.

Az anyanevelést bárminő keretes kaptárban eszközölhetjük; de a könnyü kezelés és különösen a célszerü tovaszállitás szempontjából ajánlatos, ha a XIX-ik tétel alatt fölemlitett olcsó anyanevelő kaptárokat használjuk. Ezekbe három keretet függesztünk, még pedig sorrend szerint egy mézes, egy bepetézett és egy üres lépet és 2—3 napra egy pincébe tesszük; azután, ha csak lehet, távolabbi helyre visszük, vagy ha ez lehetetlen, a méhesen is hagyhatjuk. Utóbbi esetben a kijáró méhek régi otthonukba visszatérnek, miértis a rajocskát vizzel, vagy még jobban: mézes, esetleg cukros vizzel kell tartani. A méhek rendesen 2—3 napos álcát használnak királynéik nevelésére; de ha a méhész siettetni akarná a dolgot, akkor a második napon kupak alatt egy anyabölcsőt ad a népecskének; anyabölcső hiányában pedig bevárja, mig a méhek maguk nevelnek királynét.

Sokan azt állitják, hogy a gyönge népektől, vagy másodrendü bölcsökből származott királynék sohasem oly szépek és erősek, mint a rajzáskor született, azaz: elsőrendü bölcsökből kikelt anyák, azzal érvelve ebeli észleléseik mellett, hogy az erősebb népek jobban táplálják a pondrót, mint a gyöngébbek és hogy az elsőrendü anyabölcsőt nagyobbra épitik, mint a másodrendüt; miértis az anyák állitólag jobban kifejlődnek. Ezen állitás tévedésen alapul s egyszerűen nem való, amit számtalan példával bizonyithatnék be, mert hosszu időn át foglalkozván a kérdés megoldásával, tömérdek összehasonlitó kisérletet tettem, melyek azon meggyőződést keltették bennem, hogy a kétféle anyabölcsőből és főleg a gyöngébb és erősebb népeknél kikelt anyák között sem nagyságban, sem termékenységben és életszivósságban különbség nincs. De hogyan is volna az különben lehetséges, hogy a gyöngébb népek a királynépondrót kellőleg fejleszteni nem képesek, *mig ellenben a dolgozókat és heréket tökéletesekké nevelhetik ?!*

Aki a méhek családias életrendjét érdeklődő figyelemmel kiséri, észreveheti azon szeretetet és ragaszkodást, melylyel az anyabölcsök és anya iránt viseltetnek; azt is tapasztalhatta, hogy inkább maguk éhen vesznek el, semhogy királynéjukat nélkülözni engednék, amiről leginkább akkor győződhetünk meg, ha a család éhségben pusztul el, amikor rendesen az anya hal el legutóljára. Ebből arra is lehet következtetni, hogy az anyabölcsőben fejlődő pondrót sem hagyják kellő táplálék nélkül a méhek.

Az ilyen apró népecskék királynéi rendszerint később termékenyülnek meg. Onnét van ez, hogy a csekély népesség miatt hiányzik az életmelegség és ösztön, ami a termékenyülési vágyat siettetné és igy később következik az be.

Az anyanevelő családocskáknak a megraboltatás ellen való megóvására gondot kell forditni, mit a rablás tárgyalásakor javasolt elővigyázati rendszabályok megtartásával eszközlünk. Ha netalán mégis megtámadnák az ilyen apró népet a rablók, rögtön kamrába, vagy pincébe kell vinnünk.

Akiknek korai anyákra nincs szükségük, leghelyesebben cselekszenek, ha az utórajokat 3—4 apróbb családocskára s mint ugyanannyi anyanevelő népet, kezelik; mely esetben petét sem kell segitségül nekik adni, s a cél mégis el lesz érve.

A különféle méhfajok tiszta tenyésztése — elvi kérdés, de még inkább kereskedelmi érdek szempontjából — igen fontos tényezőként szerepel a méhészetben; s habár sok nehézséget okoz és nem egyszeri csalódással jár, mégis szépen jövedelmez.

Miután — amint tudjuk — az anya a kaptáron kivül termékenyül meg és a herékkel való találkozás az esetlegességre van bizva: ennélfogva a méhészek különféle fogásokat használnak arra nézve, hogy az anyák párzását ugyanazon herékkel lehetőleg biztositsák. Többféle módot ajánlanak is erre, melyeknek követése a tiszta nevelést némileg elérhetővé is teszi.

A Dzierzon által ajánlott eljárás abban áll, hogy a méhész 11 óra felé (a mi melegebb éghajlatunk alatt már 9 órakor), amikor még nem röpülnek a herék, langyos hig mézet föcskendezünk az anyanevelő kaptárba a röpülőlyukon át, minek következtén a méhek és velük együtt az anya és herék is, előjátékra, s idővel az anya és herék párosodásra ingereltetnek. Dr. Dzierzon akkor is alkalmazza e módot, ha a tulajdon fajbeli herék a kiröpülést már beszüntették; mert ilyenkor a méhek, a megtermékenyitendő anyák és az idegen faju herék ujból fölhevülnek és a párzás nagyon valószinüvé lesz.

Ezen rendszert Dathe is elfogadta, azon módositással, hogy az idegen anyával és herével biró népecskét naponta több órára egy sötét és hüvös helyre elzárta és a megtermékenyülés céljából akkor vitte föl, mikor a többi here már nem röpült ki és higitott mézzel izgatván a méheket, a pároztatást megkisérlette. (Anleitung zu Italianisiren. Nimburg a. W., 1867, 65. l.)

Dathe azonban később ezen eljárással — mert bizonytalannak és a rablást könnyen előidézőnek mutatkozott — fölhagyott és Köhlert megelőzőleg — ki a Dathe-féle megtermékenyitési módot nem ismervén, ezt, mint a saját rendszerét terjesztette, sőt ezért tetemes jutalmat is nyert és vele a méhészeket egy ideig nagy izgatottságban tartotta — következő eljárást ajánlott: a fiatal királyné, kikelése után 24 órával, kupak alá téve, 4 napra elzárja, mialatt a népecske rendesen röpköd; a 4-ik nap estéjén fölszabaditván az anyát, a kis rajt pincébe viszi és másnap, d. u. 3—4 óra között — amikor a méhesbeli herék a kiröpülést beszüntették — a kaptárt fölhozza, mire a benne levő dolgozók és idegen faju herék, s igen sokszor a királyné is, kiröpülnek. A termékenyülés az első napon nem történhet meg, mert azt a tájékozásnak szánja az anya; csak később párosodik a királyné. Miértis a kaptárocska este ujból a pincébe kerül, s másnap délután a jelzett oraközben ismét fölhozzák, hogy a pároztatást megkiséreljük. Ezen módot tartják a legbiztosabbnak, ámbár részemről a kövekezőket előnyösebbeknek tekintem:

Első esetben, t. i. kora tavaszszal igyekezzék a méhész a rendelkezésére álló idegen faju családait herékkel minélelőbb ellátni, ami igen könnyen megy, ha az illető kaptár költőterébe heresejteket függeszt és a népet spekulativ erősen eteti, ezáltal a méheket a fiasitásra izgatván. Ily módon 2—3 héttel hamarabb lesznek herék a kaptárban. Mikor a herefiasitás már be van födve, a méhész hozzáláthat a mürajocskák készitéséhez, mindig azon méhek petéit használván föl ezekhez, amelyeknek a fajából anyát akar nevelni; ugyanezt teszi a hereköltéssel is. Ha most keresztezési kisérletet szándékozunk tenni, kedvünk szerint intézzük a dolgot, azaz: mindig azon fiasitást használjuk, melyből a párzást kivánjuk eszközölni. Ily intézkedéssel 14—18 nappal előbb jutunk azon tényezők birtokába, melyek a tiszta, vagy a keresztezési fajok előállitására szükségesek. Ezen eljárásnál is fölmerülhet azonban ama nehézség, mely sok tekintetben akadályul szolgál és a megtermékenyülést elodázza, s ez a kora tavaszszal beállani szokott változó és rossz időjárás, mely a kitüzött cél elérése tekintetében nagyon alkalmatlan lehet. Még az a baj is jelentkezhet, hogy a közbejött akadálynál fogva a méhes többi családaiban is megérhetnek a herék és a tiszta fajbeli párosodás kétségessé lesz.

A második esetben: legbiztosabban ugy eszközölhető a párzás, ha az anyanevelő kaptárokat távolabb levő erdőbe, vagy olyan helyre visszük, ahol közelükben nincsenek méhek. Magam is igy tevén, a tőlem 4 km.-nyire eső erdőben a megtermékenyülés rendesen jól sikerült. Akinek az idegen méhfajok tenyésztése jövedelmi forrásul szolgál, kövesse ezen eljárást, mint amely egyedül vezet biztos eredményre. Egyébiránt az idegen faju méhekért való rajongás láza ma már megszünt. A sok költekezés után meggyőződtek a méhészek arról, hogy a honi faj épen oly jó, talán még különb is, mint az idegen méh; ennélfogva a saját méhünket kezdik többre becsülni és okszerüen ápolni, ami az eredménynek mindenesetre sarkköve.

A tudomány érdekében és ezzel kapcsolatosan a buvárkodás szempontjából azonban érdemes idegen méheket is tenyészteni. E célból az olasz fajt ajánlom, mely a külföldiek közt a legérdekesebb, szelid természeténél fogva a vele való bánás kellemes és pompás külsejükkel igazán gyönyörködtetik a méhészt.

LXI.

A méhfajokról.

A méhek természetrajzában jeleztem már ugyan a különböző méhfajokat, mindazonáltal szükségesnek tartom azokkal részletesebben is foglalkozni. Annyival is inkább jónak vélem ezt, mivel a méhészek körében még ma is érdeklődés tárgyai a külföldi méhfajok, sokan pedig drága áron rendelik meg azokat, anélkül, hogy biztosan tudnák, vajon miért adnak pénzt.

Alig létezik oly méhfaj, melyet ne tenyésztettem volna; ennélfogva ezeknek a tapasztalaton alapuló jellegzéséhez bizvást hozzáfogok, azon meggyőződés vezérelvén, hogy ezzel méhésztársaimnak szolgálatot teszek.

1. Fekete méhfajok.

a) *A közönséges fekete méh.* Német méhnek is nevezik (Die Honig-Biene, Vogel, Manheim, 1880. F. Schneider. 172. l.), mely elnevezés azonban téves felfogásból ered, mert miután Európa minden országában található, jogosabban európai fekete méhnek volna nevezendő. Tény, hogy külső tulajdonságaira és belső természetére nézve e faj, egyes vonásokban, az éghajlati és mézelési viszonyok alakulása szerint, változik és épen ugy, mint az ember, vagy más állat, a földrajzi elterjedés különféle jelenségeinek megfelelően, kisebb-nagyobb eltérésekkel válfajokat képez. E körülményt — miután a fajok a főjellegben egymással megegyeznek — kiemelem.

Vannak ugyanis sötétebb és világosabb árnyalatu fekete méhek, melyek a potroh gyürüinek tekintetében szintén változók; némelyiknek a feje fekete, testének egyéb része barna, másiknak pedig a teste fekete és feje barnás. Az első válfaj Olaszországban található, mig a második Lengyelországban él. Testre nézve ezek valamivel nagyobbak és tömöttebbek a magyar méhnél.

A fekete méhek ellen a németek — kivált az utolsó évtizedek óta — sok kifogást tesznek és a legerélyesebben igyekeznek azokat kiküszöbölni. Voltak és vannak ugyan sokan — és báró Berlepsch is ezek közé tartozott — akik a fekete méh mellett szólaltak föl, de hiába: az olasz, krajnai, cyprusi, magyar, stb. méhek a legkeresettebbek most.

Vasmegyében én is tenyésztettem a fekete méhet, hol az állandó légáramlatok folytán, a különben is zordon éghajlatu vidék nem a legkellemesebb, s a méhészetre sem a legalkalmasabb. Mégis azt tapasztaltam, hogy a fekete méh ily viszonyok között nagyon jól tenyészik és jó tulajdonságai miatt nem érdemli meg a most uralkodó ellenszenvet. Miértis kár más fajjal pótolni, — kivéve, ha a méhész nagyobb rajzási ösztönt és szebb külső mezt kivánna méheibe ojtani, mi célból a jobban rajzó és csinosabb külsejü idegen méhek heréivel való keresztezés okadatolva volna.

b) *A görög, vagy hymetusi méh.* A méhet már az ókori görögök is nagy tiszteletben tartották és házilag tenyésztették is. Erről tanuskodik Virgil az ő Georgikonjában, amidőn a méhek kezelésére útmutatásokat ad, melyek közül sok még ma is helyeseknek bizonyul. A méz pedig oly becses volt a legrégibb időkben is a görögöknél, hogy isteneiknek áldoztak azzal. Legjobban kedvelték a hymetusi mézet, s fölfogásuk szerint az Olympuson is ezzel étkeztek.

Volt alkalmam a görög méhet hazájában megismerni és termékét izlelni; de ugy azt, mint ezt, szépségben és jóságban egyaránt tulszárnyalja a mi méhünk és mézünk.

A görög méh nagyobb a mienknél; szine sötét barna, gyürüi bronz-szinüek, tora apró, sötét sárga pelyhekkel van ellepve; átalában hasonlit az olasz méhhez, csakhogy ennél sötétebb szinezetü, s ezért nem oly szép.

A görögök ugyanolyan kasokban tenyésztik méheiket, mint a délmagyarországi méhészek, t. i. a cukorsüveg-alakuban, melyeket szőllővesszőből fonnak és szarvasmarha ürülékével megtapasztva, szalmaköpenynyel burkolnak.

A görög méh, hazájában, nagyon szorgalmas. Magam is valóban csudálkoztam azon, hogy honnét szerzi be a mézet, mert körülnézve, csak itt-amott láttam egy-egy virágocskát, melyek a nap forró sugarai által kiégetett meredek sziklahegyeken diszlettek s az egész méhlegelőt képezték.

c) *A lünneburgi méh.* Ezen igen érdekes és hasznos faj, mely külsőleg a közönséges fekete méhvel azonos, tulajdonaira nézve külön válfajjá hazájának mézelési és tenyésztési viszonyaiból fejlődött. Nagy rajzási ösztöne különösen azáltal idéztetett elő, hogy a lünneburgi méhész a hanga virágzására és mézelésére számitva, a tavaszi petézést a több éven át betaposva tartott és nagyon hevitő hanga mézzel való spekulativ-etetés utján, a kellő időben erőlteti. E méz hatása oly föltünő, hogy ott, hol különben sokkal későbbre esnék a rajzás ideje, mint nálunk, már május végén, vagy junius elején jelentkeznek a rajok és nem tartozik a kivételes esetekhez, hogy a lünneburgi kas, melyet a IX-ik tételben leirtam, 4—5 rajt bocsát egy nyáron. E családokat augusztus hóban a hangavidékre szállitják, hogy ott télire való mézszükségleteiket beszerezhessék.

A hanga-méh más vidéken, mint épen hazájában, t. i. Németország Hannover tartományában, nem bizonyult hasznosnak; ennélfogva kifelé nincs nagy kelete. Magam is két évig méhészkedtem lünneburgi kasokban elszállásolt két hanga-méhcsaláddal; de tulságos rajzási hajlamuk folytán végre olyannyira elgyöngültek, hogy fölhagytam velük. Jellemző azon különös sajátságuk, hogy gyöngeségük dacára is, még mindig rajzottak, ugy, hogy végre a rajok legfölebb egy pár száz méhet számláltak.

Báró Berlepsch a hanga-méhet a Németországban általa ismert méhfajok közül a legutolsónak jellegezte, arra buzditván a lünneburgiakat, hogy más fajta méhet tartsanak. Részemről e nézetet nem helyeselhetem, mert tapasztalásból ismerem az eredményeket, miket a lünneburgiak méheikkel elérnek. A nevezett nagymester is elismeri ezeket, minthogy a lünneburgiakat a világ legértelmesebb méhészeinek nyilvánitja. E tekintetben a báróval egy véleményen vagyok, azon hozzáadással, hogy a lünneburgi

13

méhész ismerve éghajlati viszonyait és méheit, méhészkedésében csakis ezekkel képes eredményt elérni, s más méhekkel kevésbé boldogul. Annak a bizonyitéka ez, *hogy ami néhol rossz, az másutt jó is lehet.*

d) *A kaukázusi méh* először dr. Butlerow, szt.-pétervári tanár által hozatott Európába és mint ujdonság, rövid idő alatt elterjedt, a wladikawkasi méhészek alig győzvén távoli hazájukból elég anyát exportálni. A kaukázusi méh valamivel karcsubb testalkatu, mint a fekete méh; egérszürke szinü, szép sárga gyürükkel diszitve; igen jámbor természetü és csak a legvégső esetben lép föl támadólag. Petézés, fiasitás tekintetében egészen megfelel; a rajok rendesen erősek és különösen ősz felé jól tartják magukat. Ámde munkásságuk iránt sok kifogás hallható, amiről különösen Hilbert, maciejewoi földbirtokos a német-osztrák méhészek 1881-iki erfurti vándorgyülésén rövid szavakkal igy tanuskodott: „A kaukázusi méh jámbor, lusta és rajzásra nem hajlandó." (Bienenzeitung, 1881, 282. l.). E jellemzést én is helyesnek tartom, mert a kaukázusi méh valóban lomha, s hazai méhünkkel nem is versenyezhet. Igaz, hogy jámbor természeténél fogva csak akkor szúr, ha erőltetve gerjesztik az önvédelemre, de e jó tulajdonság még nem elég ok arra, hogy olyan méhet tenyészszünk, melynek egyetlen erénye abból áll, hogy fájdalmat nem okoz.

A legjobb hirü kereskedelmi méhtelepek tulajdonosai tenyésztik e méhfajt; Dathenál Eystrupban és Günthernél Gisperslebenben egy királyné 14—16 márkáért (7—8 frt.) kapható.

Meggyőződésem, hogy a kaukázusi méh tenyésztésével a méhészek rövid idő mulva föl fognak hagyni, mert Európa bármely más fajtája többet ér annál.

2. Szines méhek.

a) *A magyar méh.* Hazai fajunk az olasz és fekete méh között foglal helyet; a krajnai méhtől csak a szakavatott méhész különböztetheti meg. Az egyetlen eltérés a röpülésben észlelhető; a krajnai méh ugyan is lejtve kering, mig ellenben a magyar nyilegyenesen tovaröppen. A magyar méh külsejére nézve szürkés, gyürüi sárgák, pelyhei szintén sárgás szinüek; teste valamivel vékonyabb, mint a fekete méhé. Legszebb minőségben Délmagyarországon található, hol igen sok nép tökéletesen olasz jellegü, amennyiben a potroh gyürüi sokkal szélesebbek és világos sárga szinüek. Ezen szebb szinezet azonban csak a lapályos helyeken élők jellege, mig a hegyes vidéken tenyészők már sötétebbek. Ilyenek pl. a krassó-szörénymegyei, s különösen az Oravicza környékén található méhek, melyek a buzáti-, nádasi- és hódosiaktól

föltünően különböznek. Az utóbbi helyeken a legszebb szineze-
tüekre akadtam.

Tulajdonságait illetőleg bátran kimondhatom, hogy a magyar
méh a legjobb fajokkal vetekedhet, sőt az olasz, krajnai, egyp-
tomi és kaukázusi méheknél jobbnak tartom és ez nem is tulzás,
mert habár rajzási tekintetben nem olyan tulszapora, mint a krajnai,
de az olasz méhnél szaporább levén, ezek között a középutat
követi. Ily arányban van méhünk a petézés tekintetében is; mert
mig a krajnai méh középszerü mézelési viszonyok között készleteit
a költésre forditja, addig a magyar méh eziránban is mintegy
gazdálkodva viselkedik; de azért oly szélsőségig nem megy, mint
az olasz méh, mert mig ez utóbbi őszszel rendesen a felére apad
és egyesitésre szorul, addig a mienk jó erőben tartja magát, s
csak nagyon silány esztendőben kell egyesitni.

Hordás, gyüjtés tekintetében is mindenkor igyekezik hivatását
teljesiteni a magyar méh, mely még a kellemetlen időben is kijár
és sokszor seregestől odavesz. Ez és rablási vágya azt bizonyitják,
hogy szerzési ösztöne nagyfoku és amennyiben rablás alkalmával
önmagának, s a méhésznek egyaránt kárt okoz, kifogás alá esik.

Méheink — kitünő tulajdonságaiknál fogva — a külföldön is
nagyon ismeretesek és kedveltek. Terjesztésükkel én 1873 óta
foglalkozom, s Európa és Amerika majdnem minden államaiba
közel 6000 rajt és 8500 királynét exportáltam, s mondhatom,
hogy Oroszország Tukum, Sehmen és Riga (Liffland) vidékeitől
kezdve, egészen Amerikának Illinois, Ohio és Kentucky államáig
a legnagyobb kelendősége van méhünknek és mindenütt dicsé-
retet arat.

Kezdeményezésem folytán méhünknek a külföldre való küldé-
sével ma már sok méhész foglalkozik, kik az elért eredmény által
fölbátoritva és az export módjaiba avatva, a méhészeti ipar ezen
irányának gyakorlásával többnyire igen szép jövedelmi forrást
biztositottak maguknak.

*Ápoljuk tehát értékes méhfajunkat teljes odaadással, óvakodjunk
minden keresztezéstől, mert ezzel legfölebb csak rontani fogunk e
hasznos rovar értékén.*

b) *A krajnai méhet* legelőször báró Rothschütz, smereki, most
weixelburgi földbirtokos és méhész exportálta a külföldre. Jó
tulajdonságai miatt e méh csakhamar köztetszésben részesült és
annyira keresett lett, hogy Krajnában most már sok cég foglal-
kozik a kivitelével. A krajnai méh nagyban üzött tenyésztésével
egy ideig én is foglalkoztam, sőt elég meggondolatlanul: méheimet
krajnai fajjal kereszteztem. De tévedésemet még elég jókor belátva,
tiszta honi fajunkhoz visszatértem és hosszas tapasztalásaimból

13*

kiindulva, most határozottan állithatom, hogy a magyar méh a krajnainál minden tekintetben jobb s az elsőbbséget megérdemli. De viszont igazságtalan volnék, ha a krajnai méhről tapasztalt jó tulajdonságot, t. i. a nagy szorgalmat és szaporaságot ki nem emelném, elismerve, hogy munkásságának erénye főleg az őszi mézelés alkalmán jut érvényre. Ama gyakran hallott jó tulajdonságukra pedig, hogy csak szándékosan fölingerelt haragjukban szurnak, kijelentem, hogy e dicséret csak mese; mert biz' azok époly dühösek tudnak lenni, mint a mieink, melyek néha valóban kellemetlenek.

Hogy a krajnai méh tartósabb, szivósabb és edzettebb életü, mint a többi faj, mivel a zordon alpesek éghajlatához szokott, szintén csak reklámnak szolgáló dicsérő ének, mely már azért is lehetetlen, mert minden méh csak bizonyos foku hőmérsékletben szokott kiröpülni, azon alul pedig a kaptárban marad. Ha a krajnai méhről hangzó dicséret csakugyan való volna, azon esetben pl. a németek sokkal okosabban cselekednének, ha ahelyett, hogy a méheket a délibb éghajlatokról hozatják, Svéd- és Norvégországból importálnák. Ám a szóban forgó állitás a gyakorlatban valótlannak bizonyult, mert az olasz, cyprusi, stb. méhek még a zordonabb éghajlatnak is megfelelnek, sőt jobbak, mint bármely éjszaki vidékről hozott fajok.

c) *A bolgár méh.* Azért jelzem bolgárnak, mert tény, hogy ezen faj, mielőtt hazánkban, különösen Délmagyarországon elterjedt volna, Bulgáriában, főleg a Balkán déli részén, kitünően tenyészett. Hogy mi e méhfajt onnét kaptuk, kitünik a volt Bánság első helytartójának, Merczy Kolos gróf táborszernagynak a jegyzeteiből, ki 1819-ben a Balkánról hozatott méheket, s azoknak tenyésztését az akkoriban visszafoglalt Bánságban terjesztette. Nagy érdemeül ismerjük el ezt neki, aki a Bánság gazdasági fejlődéseért igen sokat tett. Szintén ő hozta be Magyarországba a szerb sertést és terjesztője volt a mangolica fajnak. — Hogy a volt Bánságba a Balkánról került a méh, azon körülmény is emellett bizonyit, hogy méhészeink jelenleg is a Balkánon divó cukorsüveg alaku kasban tenyésztik a méhet és méheink teljesen hasonlók a bolgár méhekhez.

Kazánlik és Eskizagrán vidékén, hol a méhészet az ott uralkodó rendkivül kellemes éghajlat és dusgazdag flóra kedvezéséből nagyon el van terjedve, a bolgár méh a legszebb és az olasztól csak valamivel sötétebb sárga szinezete által különbözik.

d) *A hercegovinai és dalmát méh.* Ilyeneket Kolowrat-Kratowsky gróf, csehországi főur és lelkes méhész 1882-ben hozott először hazájába. Magam nem méhészkedtem ezekkel, de volt alkalmam azokat megfigyelni és oly méhészekkel értekezni, kik velük foglalkoztak. Külsőleg az olasz és a magyar méh között a középjelleget viselik, a tort sűrű, sárgás szőr födvén, a potroh pedig széles és bronz-szinü gyürükkel levén övezve. Ezen méhek tulajdonságait Kolowrat gróf tolmácsa, a szintén lelkes brüxi méhész: Cori, nagyon dicsérte, sőt az olasz méhnél jobbnak állitotta. Mindazonáltal 1884-ben már fölhagytak velük és az állitólag még jobb cyprusi méhvel helyettesitették.

3. Sárga méhfajok.

a) *Az olasz méh* hazájában is teljes szépségében csak némely tájon, még pedig Mira, Bologna és Milano vidékén és a Garda és Lago-Maggiore tavak körül található. Azonkivül Helvecia déli kantonjaiban is tenyészik, különösen Tessinben, Pollegio és Bellinzona tájékán, hol Mona, Chevalier, dr. Blumhof, stb. e méhet szép szinezetben nevelik és terjesztik.

Az olasz méhre a méhészek figyelmét először Baldenstein, volt sardiniai kapitány és a baldensteini kastély (Helvécia) tulajdonosa, keltette föl. A hirneves kapitány (meghalt 1878-ban, 94 éves korában) 1843-ban hozatott magának egy olasz méhcsaládot, melyről a Bienenzeitung 1848-iki számában megemlékezett.

Dzierzon az első olasz népet 1853-ban kapta, a bécsi gazdasági egyesület utján Mirából, honnét ezt Prollius asszony a hires méhésznek szerencsésen megküldötte. Ezen első szállitási kisérlet sikerülte után számos méhészeti kereskedelmi telep létesült, melyek az olasz méhet hamar elterjesztették.

Az olasz méh külsejére nézve sárga, gyürüi szélesek, narancsszinüek és a potroh és tor szőrözete világos. Röpülés közben e méh áttetsző aranysárga, s ilyenkor a legszebb levén, látványossága a méhésznek valódi élvezetet nyujt.

A királynék szine változó; egyik világos, a másik sötétebb; vannak szélesebb és keskenyebb gyürükkel ékesitettek. De láttam már olyat is, melynek gyürüit nem lehetett megkülönböztetni, amennyiben potroha sárga volt és kissé kékes árnyalatban játszott. Volt már alkalmam oly anyát is látni, mely a magyar méh barna szinén is túltett. Föltünő és jellegző az olasz királynéknál, hogy az utolsó gyürü a potrohot egészen a fulánkig végig bevonja, mely rendesen aranysárga, vagy bronz-szinü.

A herék nagyon hasonlitnak a magyar méh heréihez; a csekély különbség csak annyi, hogy az olasz herék hasa és szőrözete valamivel világosabb; de vannak sötétebbek is.

Az olasz méh nagyságra nézve szintén kevéssé tér el a mienktől, t. i. valamivel vékonyabb; ezt különösen a heréken vesszük észre. Szinbeli nagy változatossága azon véleményre szolgáltat okot, hogy nem állandó faj. Ezen föltevést az is támogatja, hogy néha a legszebb aranysárga szinü királynétól sötétebb dolgozók, mig ellenben a sötét szinü anyától pompás világos méhek származnak. E körülmény határozottan az egyéni erőre (atavismus) mutat, mely szerint a sötétebb, vagy világosabb elsődök jutnak érvényre.

Az olasz méh tulajdonságairól saját tapasztalásaimon alapuló meggyőződéseim vannak, miután dr. Dzierzontól Karlsmarktból, Monatól Bellinzonából és Sartoritól Milanóból királynékat kapván, azokkal sok népet olaszositottam. Tapasztalásaim a következők:

1. Mindenek előtt föltünő, hogy az olasz méh átalában kevesebb mézet gyüjt, mint a mi hazai fajunk; mely körülmény azon oknak tulajdonitandó, hogy az olasz népek sohasem fejlődnek oly erőre, mint a mieink és hogy az olasz méh — szerfölött kapzsi természeténél fogva — bármily alkalmatlan időben kiröpül és épen ezért sokszor halomra pusztul.

2. Az olasz anyák rövidebb életüek a mi királynéinknál. Ennek okát nem tudom ugyan megmagyarázni, de tény, hogy két évnél idősebb olasz anyát nem birtam méhesemen tovább életben tartani. Gyakran előfordul, hogy már az első évben elvesznek, ami a család gyarapodására elég kár. Eme elvitázhatatlan érzékenység nagy hibája az olasz méhnek, kivált azon esetekben, amikor a méhész a tiszta fajbeli nevelésre sulyt fektet.

3. Az olasz méhnek sok méhész által hiresztelt jámborságáról mit sem tudok; époly mérgesek tudnak ezek is lenni, mint a mi fajunk. Azt azonban el kell ismernem, hogy nem oly dühösek, mint a fekete méhek.

4. A fiasitást az olasz családok tagadhatatlanul korábban kezdik meg, mint a többi fajok. De ezen tulajdonságukat ne előnynek, hanem inkább hátránynak tekintsük; mert a korai költés azon veszedelem eshetőségének van kitéve, hogy rossz idő bekövetkeztével meghülhet, vagy a fiatal méhek az első kiröpüléskor megtizedeltetnek. A korai fiasitásnak — tartósan alkalmatlan idő beálltával — vérhas is lehet a következménye.

5. Az olasz népek a herék kiirtásával jobban sietnek, s ezen irányu előrelátó ösztönükkel a mieinket fölülmulják ugyan, de ezt sem tekintem nagy előnynek; *mert a herepusztitás együttesen jár a költés hanyatlásával, s ha ez utóbbi rohamos, a család ereje okvetetlenül csökken és a kitelelés kétséges lehet.*

6. Miután az olasz méh jóval előbb korlátozza és korábban be is szünteti a petézést, mint a mi fajtánk, ennélfogva a beteleléskor gyöngébbek is a családok és egyesités nélkül nem

telelnek ki jól. *Már pedig az ily állapot a méhesben birt tőkét fogja apasztani.*

Hogy az olasz méh különösen Németországban kedvelt, azt főleg szép szinezetének és a kereskedelmi méhtelepek tulajdonosai által szerte kürtölt hireszteléseknek köszönheti. Az utóbbi körülmény pedig azon föltünő jelenségben leli magyarázatát, hogy még mindig akadnak méhészek, akik egy olasz nemesitett anyáért *33 márkát* (18 frt.) és egy rajért *42 márkát* (23 frt.) fizetnek; amig tehát az ilyen *nemesitett olasz méhek* utáni rajongók ki nem fogynak, az ezen irányban üzött szédelgés sem szünik meg.

Az olasz méh Magyarország déli vidékén — sőt több oldalról nyert értesüléseim szerint hazánk más részén sem felel meg, azt, mint saját gyakorlatomból meritett meggyőződést és valóságos tényt bizonyithatom. Ezért az olasz méh tenyésztésével egészen föl is hagytam. Mindamellett nem sajnálom, hogy e fajjal több évig méhészkedtem, mert a szüznemzés (parthenogenesis) elméletét, a méhek élettartamának hosszuságát, a tiszta faj tenyésztésének nehézségeit és módját, végre a röpülési távolságot az olasz méhekkel való közvetetlen érintkezésből tanulmányoztam és ezáltal ezen irányban is bővitettem ismeretkörömet.

Ami végre az olasz és magyar méh keresztezését illeti, arról szintén nem jelezhetek valami különöst, mert általa a mi fajunk sem egyik, sem másik irányban mit sem nyer.

b) *A cyprusi méh.* Az olasz méhet kivéve, egy fajjal sem tüntettek oly nagyban, mint a cyprusi méhvel, mely a német méhészek közt uralkodott szép egyetértést és békét hosszabb időre meg is zavarta. A véleménykülönbségből eredő kellemetlen veszekedésnek e méh miatt vége-hossza nem volt.

Az első importálás érdeme gróf Kolowrat-Kratowszky, cseh mágnást illeti, ki Hruby kastélyánál fekvő méhesén 1866-ban honositotta meg a cyprusi méhet. Az első hozatal azonban csakhamar elpusztult s a gróf kénytelen volt Cyprus szigetéről ujból méheket rendelni, melyek 1869-ben megérkezvén, szerencsésen meg is maradtak.

Ezen fajt Cori, a brüxi irodafőnök és lelkes méhész ismertette meg először a Bienenzeitung lapjain „Miscellen über edle Bienenracen und über die Veredlung der Landrace" cimü cikkelyeiben; minek folytán a nemes grófot minden felől ostromolták cyprusi anyákért, melyeket csakugyan nagylelküen ki is osztott és az uj faj Németországban mihamarabb elterjedt.

Az ügy iránt érdeklődvén, magam is rendeltem Coritól ilyen királynét, habár meg voltam győződve, hogy hazai fajunkat pótolni nem lesz képes. Az anya csakugyan szerencsésen megérkezett és miután számára egy óriási rajt készitettem, rövid idő mulva módomban volt cyprusi méheket csudálni.

Az anya abban különbözik az olasztól, hogy szines gyürüi szélesebbek, potroha hosszabb és karcsubb, vége egészen világos sárga, a pelyhek sürüek és majdnem fehérek.

A herék szintén világosabbak, mint az olasz faj heréi, a gyürük keskenyek, s vörösben játszó narancssárga szinüek.

Legszebbek azonban a dolgozók, melyek karcsu termetüek, s alkatukban a darázshoz nagyon hasonlitnak; két övük széles és gyönyörü aranyszinü, a többi sötét fekete és fényes. Nagy szorgalmában — és valószinüleg természeti tulajdonságából kifolyólag — pelyheit csakhamar elkoptatja, miáltal a potroh ellentétes szinezetei még inkább föltünnek.

A cyprusi méh erényeihez tartozik, hogy igen jól telel és a hosszabb és keményebb hideggel is dacol; továbbá: a fiasitásban kielégitő, amennyiben az anyák szorgalmasan petéznek, s hivatásuk teljesitésében ernyedetlenek; végre: hogy a gyüjtésben fáradhatatlanok.

Árnyoldala azonban különösen ama kellemetlen tulajdonságában rejlik, hogy rendesen oly dühös, hogy csak nagyon ritkán lehet a kaptárhoz közeledni és azt fölnyitva, a népet kezelni. Föltünő jelenség még az is, hogy e gyönyörü faj, ha föl van izgatva, egyhamar le nem csillapodik.

A fulánkot sohasem tekintettem ugyan valami visszariasztó fegyvernek, mégis megvallom, hogy a cyprusi méhek támadásai a kedélyesség határain messze túlmennek, s a velük való bánást keservessé teszik. Nem tagadom, hogy a mi fajunk közt is vannak mérges családok, de ezeknél a füst csillapitó hatást tesz, mig a cyprusi méhek a füsttől még dühösebbekké lesznek. Ugyanezt tapasztaltam a Benton által egyenesen Larnakából küldött méhekkel is, melyek oly förtelmesen vadak voltak, hogy szokásom ellenére, arcvédő nélkül meg sem közelithettem a kaptárt.

Párhuzamot vonva a cyprusi és a magyar méh között, kijelenthetem, mikép: az előbbi tetszetősebb külsejü ugyan, *de kereken tagadom, hogy valamely más erényben* a mienknél bármi tekintetben is értékesebb volna és azt fölülmulni képes lenne. Époly kevés hasznát találtam a keresztezési egyedeknek is, melyek semmi tekintetben sem bátoritnak föl a további kisérletekre, miután az uj ivadék époly dühös, mint az importált eredeti faj.

El kell ismernem azonban, hogy a cyprusi méh, mint eredeti faj, jellegét állandóan megtartja, ami a szigeten több ezer év óta tartó tenyésztés eredménye. E tekintetben az olasztól eltér, mely majd világosabb, majd pedig sötétebb szinben található. Azért tehát minden méhésznek, akik a tetszetős és állandó szinezetre sulyt fektetnek, az e célnak legmegfelelőbb cyprusi faj tenyésztését ajánlom.

A cyprusi méhnek Magyarországra nézve átalában valami különös fontossága nincs; sőt ott, ahol fekete fajt tenyésztenek és keresztezni szándékoznak, e célra a magyar méh használatát tanácsosabbnak tartom, mely a várakozásnak minden tekintetben meg fog felelni.

4. Kultur-fajok.

A különböző méhfajok ismertetése után bátorkodom végre a keresztezésekre és az ezekből leszármazó egyedek következetes beltenyésztésére vonatkozólag — válfajok nevelése szempontjából — néhány megjegyzést kockáztatni.

A keresztezést — ugy hiszem — mindenki helyeselni fogja, főleg, ha saját fajunknak tetszetősebb külső szint kivánunk adni, vagy elméleti tudományunkat bővitni akarjuk. Az eljárás módja abból áll, hogy a vérkeverésre kiválasztott idegen faj petéiből anyákat nevelünk és azokat a nemesitendő, vagy tulajdon fajunk heréivel párositjuk. Az eljárás által azon előnyben részesül a méhész, hogy a szüznemzésnél fogva idegen faju heréi lesznek és a további nemesitési kisérleteket lehetővé teszi.

A vérfölfrissités egy másik módja: hogy valamely idegen családnál a hereszaporitásra fektetünk sulyt és saját méheink királynéit lehetőleg azokkal párositjuk.

Ami azonban az ilyen keresztezésekből származott népeknek válfajok alkotása szempontjából való tovább tenyésztését illeti, elméletileg megállja ugyan a helyét, de a gyakorlatban kivihetetlen; mert nem szigeten élünk, s az azon túl előforduló párosodás jellege a fiasitáson külsőleg föl nem ismerhető, tehát a sötétben tapogatózunk.

Dathe és Köhler biztosnak állitják ugyan az ő eljárásukat, mely szerint szüz anyával egy rajocskát készitnek és ehez idegen heréket adnak. A népecskét azután pincébe viszik és csak délután 4—6 óra között hozzák föl ismét a szabadba, amikor már a herék nem röpködnek. A kis család méhei azonnal kiröpülnek, rövid idő mulva többnyire az anya is követi őket, természetesen a herék által kisérve, mely alkalommal a párosodás is meg szokott történni. Ámde valóságban másként áll a dolog. A méhész ugyanis néha 10—12 napon át kénytelen kaptárait a pincébe le- és viszont onnét fölcipelni és mégis gyakran megtörténik azon váratlan és boszantó esemény, hogy a királyné más heréktől termékenyül meg. Rajtam kivül igen sok más méhészen is megtörtént már ez.

A keresztezett népek további tiszta tenyésztése tehát — mindaddig, mig az anyák megtermékenyülésére vonatkozólag más eljárás nem áll rendelkezésünkre — meddő kisérlet marad, melylyel kár az időt vesztegetni.

Vogel Vilmos, a Bienenzeitung szerkesztője és a Die Honigbiene méhészeti szakmunkának a szerzője, könyvének harmadik szakaszában kijelenti azonban, hogy: *vannak méhészek, kik a válfajok létesitésében kételkednek, mit megbocsáthatatlan merészségnek (unverzeihliche Keckheit) nevez, minthogy az ilyen méhek előállitása — habár sok nehézséggel és fáradtsággal jár — mégis keresztül vihető.*

Ezzel szemben a tisztelt olvasó figyelmébe ajánlom: mérlegelje azon akadályokat, melyek az emlős állatok között a válfajok alkotása körül szintén fölmerülnek, dacára annak, hogy a megtermékenyülés, tehát a keresztezési ivadékok közti következetes párzás föltétlen lehetősége is a tenyésztő kezeiben van. E téren is azt tapasztaljuk, hogy bármily következetesen és kitartóan törekedjünk a kitüzött cél felé, mégis mily ritkán sikerül valamely állandó válfajt létrehozni. Ha tehát már itt, hol a saját vérü párosodás körül semmiféle akadály nincs, s az eredmény mégis kétséges: akkor könnyen érthető, hogy milyenek a nehézségek ott, ahol a megtermékenyülés a mi hatáskörünkön kivül esik. De hiszen nincs is az egész föld kerekségén méhész — még Vogelt és Köhlert is idesorolva — aki képes volna a keresztezési egyedek ivadékaiból meghatározni, hogy az anyák melyik fajoknak a heréivel párosultak; mert a mezt illető eltérések oly csekélyek, hogy azokat még a legszakavatottabb szem sem tudja megkülönböztetni.

A fölmerülő nehézségeket Vogel — munkájának 265. és 266. lapjain elismeri ugyan, de egyuttal ki is jelenti, hogy a Köhlerféle megtermékenyitési eljárással, melynél jobbat nem ismerünk, *a nehézségek legyőzhetők. Aki azonban e nehézkes, időt rabló, s egyuttal tökéletlen párositási eljárást ismeri*, az tisztában van azzal, hogy ilyképen beltenyészet utján fejleszteni valamely válfajt lehetetlen. *A „merészség" mindenesetre ott nyilvánul, ahol az ilyen állitásokat anélkül kockáztatják, hogy azok megerősitésére a gyakorlati életből bizonyitékokat lehetne fölhozni; mert mindeddig nem volt rá eset, hogy valaki új méhfajokat hozott volna létre. Ennélfogva e kérdés, akadémiai értékén kivül, fontossággal nem bir.*

Végre: némelyek azt is emlegetik, hogy a tulajdon fajnak időnként való vérfölfrissitése célszerü, sőt esetleg nagyobb eredmények elérésére *okvetetlenül szükséges, mert az állandó beltenyésztésnél a fajok hanyatlanak.* Ez épolyan anomalia, mint a kulturfajok tenyésztéséről szóló állitás; mert méhecskénk Vogel, Köhler, Günther, stbiek elméletének dacára is, a mai napig fön tudta magát anélkül tartani, hogy külső, vagy belső tulajdonságaira nézve hanyatlott volna. *Ha az aranyszínü olasz méh erényeit már Aristoteles olyanoknak ismerte, mint Dzierzon és mások és a cyprusi sem szorult még eddig vérfölfrissitésre: akkor csak joggal föltehető, hogy a mi fajunk minden további okoskodás és vérkeverés nélkül ezután is teljesen kielégíti igényeinket.* Vidékünkön ismerek a hegyek közt román községeket, hol a lelkészektől nyert hiteles adatok szerint 150—200 év óta tenyésztik a méhet, más községből idegen fajt soha, már csak azért sem hozva be, mivel a babonás nép szerencsétlenségnek tartja azt. Épigy hivatkozhatom dr. Dzierzonra, ki 1878-ban tartotta olasz méhei behozatalának 25 éves jubileumát, mely időn keresztül — de azóta is — a hires mester minden fölfrissités nélkül nevelte Prollius asszonyságtól hozott méheit. Pedig aki a nagymester legutóbbi olasz faját látta, meggyőződhetett arról, hogy azok épen olyan szépek, mint az Olaszország legjobbhirü kereskedelmi méhtelepeiről importált eredeti méhek.

Mindeme körülmények határozottan megdöntik azon ferde állitást, melyek a méhészvilágot ámitni igyekeznek.

106. ábra.

Végre rajzban még bemutatom a Meliponákat és Trigonákat, melyek Brasiliában és a cubai szigeten otthonosak, s melyek „Filipe Pocy" nyomán egy méhfajt képeznek, (Memorias de la Isla de Cuba), ellenben Drory nyomán két külön méhfajt képviselnek. (Rucher du sud-onest 1873.) A Meliponák szinte nagyobb családban élnek s egy anya felett rendelkeznek. Fészkök viaszból áll — de rendetlen épitkezésü, hasonló a darázséhoz, mézet is hordanak és készletben tartanak ilyet, mert téli időben a dolgozók élnek és táplálkozásra igényt tartanak. A dolgozók nagyobbak az anyánál, fullánkjok nincsen, ellenben époly dühösek mint a méhek, azzal a különbséggel, hogy körmeikkel kapaszkodnak az emberek hajaiba és ilyképen kellemetlenkednek.

LXII.

A mézelésről.

A méhészkedés föcélja a mézelés jó alkalmának teljes mértékben való kihasználása; csak az a valódi mester, aki sikeresen el is éri ezt. Ennélfogva a föfeltétel, hogy a minél szebb eredményhez vezető tényezőket okszerüen fölhasználjuk. Mindenek előtt pedig az a dolog alapja, hogy a méhcsaládokat a hordás idejére népesekké, erősekké növeljük, hogy a virágnedvekből minél többet gyüjtsenek be.

Figyelmünket először is a XLV-ik tételben előadott kezelési mód alkalmazására irányitsuk, melylyel a gyöngébb népeket oly állapotba helyezzük, hogy a mézeléskor azok is szép eredménynyel örvendeztetnek meg bennünket. A családok kezelése és rendezése körül gondoskodjunk arról, hogy a hordás kilátására a begyülő méznek helye legyen a kaptárban. Miértis a netalán megmaradt téli készleteket kiszedjük és helyettük üres lépeket rakunk be. Kezdetben csak a költőtérre szoritkozzék ez; de ha gazdag a hordás és a méz bőven szaporodik, a mézürt is beakgathatjuk üres lépekkel. Eleintén elég, ha 2—3 keretet teszünk oda és később, különösen, amikor a tetődeszkán kezdenek a méhek épitni, több lépet is beadhatunk. Kiépitett keretek hiányában lépkezdéseket ragasztunk a keretekbe és azokat függesztjük a kaptárba. A sejtközfalak alkalmazása ilyenkor nagyon ajánlatos; mert eltekintve attól, hogy a méhek a viaszépitéstől fölmentetvén, mézmegtakaritást eszközlünk, még azon haszonnal is jár ez, hogy a méhek a legszebb szüzsejteket állitják elő, melyeket a pörgetett mézhez képest jobban értékesithetünk. Akinek sejtközfalai nem volnának, kénytelen a kereteket egészen a méhekkel kiépittetni; de ez esetben a mi éghajlatunk alatt többnyire heresejteket készitnek a méhek, melyek sok bajt okozhatnak a méhésznek, kivált, ha a királyné föl talál jönni a mézürbe és az ott levő heresejteket bepetézi. Ennek megakadályozására báró Berlepsch a Vogel-féle csatorna alkalmazását mint a legjobb ellenintézkedést ajánlotta. De minthogy annak hátrányairól alaposan meggyőződtem, ennélfogva a tisztelt méhészközönséget annak a használatától óva intem. Habár igaz, hogy az anya — a kaptár csatornával lévén ellátva — a mézürbe föl nem juthat, s a sejteket be nem petézheti, — de époly igaz az is, hogy a méhek a csatornán át nem örömest járnak a mézürbe és inkább szünetelnek, vagy a munkát szükebb körre szoritják. Nagyrészt onnét is ered ez, hogy az elzárt költőtérben a nagy forróság zsibbasztólag hat a méhekre.

A Vogel-féle csatorna helyett dróthálózatot ajánlok, melynek közepén Hannemann-féle átjáró van és mely az állókaptárokban a költőtér keretein, vagy a kereteket tartó ereszték fölé szögezett párkányzaton nyugszik. E rácsozat ezen esetben is épugy, mint a szüzsejtgyártás alkalmával, visszatartja a királynét a mézürtől, s hátrányai nincsenek is, mint a Vogel-féle csatornának, mert a méhek akadály nélkül közlekedhetnek és ami szintén lényeges körülmény: a tulságos forróságtól nem szenvednek. Hogy a dróthálózat meg ne görbülhessen, léc-, vagy erős pléhkeretre szögezzük, mely épen a kaptárba illik.

Ilyen dróthálózatot már régóta használok és mivel a célnak tökéletesen megfelel, nem tudom eléggé dicsérni.

A mézelés minél szebb eredményeinek elérésére — dr. Dzierzon nyomán — a következő föltételek szükségesek: 1. *Jó méhlegelő*, 2. *alkalmas időjárás*, 3. *erős, népes családok*, 4. *lépkészletek*, és 5. *a petézésnek időközönként való okszerü korlátozása.* Az utóbbi föltétel alatt azt érti a nagymester, hogy az anyát rövid időre, körülbelül 3—4 hétre a kaptárból eltávolitsuk, vagy ugyanott elzárjuk. Ezáltal a petézés megszünvén, a fiasitás táplálására különben forditott mézzel is a készlet gyarapodik. (Rationelle Bienenzucht, Dzierzon, 216. és 217. l. és Bienenzeitung, 1864.) *Ezen eljárást báró Berlepsch gyémántszabálynak nevezi és nagyon melegen ajánlja.* (Die Biene, báró Berlepsch, 511. l.)

Ilyen módon én már 1873-ban meganyátlanitottam néhány népet; 1875—1879 közén már nagyban üztem ezt. Már azért is cselekedtem igy, mivel mézelés szempontjából legerősebb családaimat fosztván meg királynéiktól, nemcsak több mézem lett, hanem az elszedett anyákat jutányosan el is adhattam.

Voltak azonban évek, amikor sok családdal hasonlóképpen bántam el, de a jelzett előnyök dacára, hasznom mégsem volt; mert népeim leapadtak, aminek — tekintve a méhek halálozási arányát — be kellett következnie. Ennélfogva kénytelen voltam öszszel erősen egyesitni; vagy, ha ezt nem tettem, tavaszszal annyi gyönge népem volt, hogy az anyátlanitásból nyert haszon tényleg semmivé vált.

Dr. Dzierzon azt is ajánlja továbbá, hogy a királynét csak 10—14 napra, esetleg ennél is rövidebb időre, zárjuk kupak alá. A petézés e módon nem szünetel oly sokáig, s egyuttal a nép ujból való meganyátlanitása sem jár nehézséggel. Ámde ezen intézkedés sem felel meg a várakozásnak; mert ha csak rövid napokra zárjuk el az anyát, a mézmegtakaritás igen csekély lesz, sőt ezt is a leendő fiasitásra forditja a nép, mivel a petézési vágyának kielégitésében visszatartott királyné a fölszabaditás után annál fokozottabb ösztönnel rakja a petét, s a mulasztást pár nap alatt pótolni igyekszik. Ellenben: ha hosszabb időre zárjuk el az anyát, a méhek anyabölcsőket épitnek és a visszaadott királynét ellenséges indulattal fogadják.

Különben ez még nem volna a legnagyobb baj, mert az anyabölcsők eltávolitása után a királynéval ujból csakhamar megbarátkoznak. Az intézkedés legfőbb hátránya abban rejlik, hogy a 10—14 napig elzárt és igy elcsigázott anya — az állatkinzás ezen uj neme folytán — csak igen rövid életü lesz már. Számadatokkal mutathatom ezt ki; miértis az anyátlanitást — *egy eset kivételével, amikor t. i. azon szándékkal tesszük azt, hogy az illető családot, mint önálló népet őszre meg akarjuk szüntetni, azaz másikkal egyesitjük* — mint helytelen eljárást, határozottan elvetendőnek tartom. Ez ellen én már 1875-ben, az Ungarische Biene első számában, állást foglaltam; ami akkor a támadt véleménykülönbségek miatt, nagyon ingerült polemiára adott alkalmat. *Erre első auktoritásainkhoz, nevezetesen dr. Dzierzonhoz, s szives és nemes érzelmü tanácsadómhoz: báró Berlepschhez fordultam, akik válaszaikban határozottan az anyátlanitás ellen nyilatkoztak* (Ungarische Biene, 1875. 2. sz.) *és ezzel egyuttal saját elméleteiket meg is cáfolták.* Ezen, az emberi életben igen gyakran előforduló jelenségre Seneca azt mondja: „Docendo dicitur."

Mindazonáltal tény, hogy a petézés korlátozása, bizonyos körülmények között, hatalmas eszköz a mézkészletek fölhalmozására. Miértis — mint ennek elősegitőjét — a Hannemann-féle rácsot azon alkalmazásban ajánlom, amint már a szüzsejtek előállitásánál előadtam. Ez esetben a méhész egészen a saját belátása szerint 1—2—3, stb. keretre szoritván a petézést, a mézelésre dolgoztat és egyuttal a méheket a fönebb emlitett természetellenes bánásmódtól megkiméli és létüket nem veszélyezteti.

Végül: dr. Dzierzonnak a mézelés minél szebb eredményü elérésére vonatkozó utasitásait bátorkodom az alábbiakban kiegészitni, a mézelés tekintetében a legmagasabb igények kielégitésére kivánatos levén ugyanis, hogy: *1. a kaptárok — különösen a déli napsugaraknak kitéve ne legyenek; 2. a kaptár belső terjedelme a mézelési viszonyoknak megfeleljen és végre 3. ha a mézelés másutt kedvezőbb és egyéb körülmények megengedik, vándoroljon a méhész, mely intézkedés a mézbeszerzésnek hatalmas és méltánylandó eszköze.*

LXIII.
A mézhordás és a méhek munkásságának serkentése.

Mint minden állatnál, ugy a méhnél is bizonyos természeti ösztönök, mondhatni: egyéni hajlamok vehetők észre. E tekintetben a figyelő méhész azon körülményről szerezhet tapasztalatot, hogy egyenlően erős rajok munkássága nem mindig egy irányu és eredményü, sőt néha nagyon is különböző. Mig az egyik raj például a népesedésben elérhetetlen, addig a másik a mézhordásban tünteti ki magát. A tevékenység e különböző irányának alapját az anyákban találjuk, melyek, habár valóságban nem uralkodnak — mert ezt a dolgozók a külső befolyás hatása alatt teszik —, szervezeti tulajdonságaikkal a méhek tevékenységét és munkálkodását mindazonáltal befolyásolják. Nem egyszer tapasztaljuk, hogy tavaszszal némely rajok rövid idő alatt óriásokká válnak, mig a szomszéd család egy állapotban marad, vagy csak igen lassan fejlődik. Kicserélve azonban az anyákat, a munkás raj meglomhul, mig ellenben a másik teljes mértékben kifejti tevékenységét, népessége gyorsan szaporodik és a mézelésben is egyre gazdagabb lesz; az anyával tehát a munkásság, tevékenység szerepe is kicserélődött.

E jelenség az oka annak, hogy a mézelési eredmények egyenlő viszonyok dacára, kaptáronként nagyon különbözők lehetnek. Hogy mit képes egy erős nép behordani, arról báró Berlepsch, munkájának 123-ik lapján tesz emlitést, hol tapasztalatait közli, mely szerint egy családja 24 óra alatt 8—10 font mézet gyüjtött. Ezen eredményt Kaden, majnai, Stein, hallei és Szensz, billéti méhészek fölülmulták, amennyiben az első 22 fontot, a második 28 fontot, a harmadik 6 kgr.-ot kapott egy-egy családtól 24 óra alatt.

Miután egy méh minden kiröpüléskor — báró Berlepsch szerint — csak 1 régi gran mézet képes hazahozni, 1 font méz pedig 7680 grant és 28 font 215040 grant tesz, ennélfogva Stein méhei 215040-szer voltak kénytelenek kiröpülni, hogy az emlitett mézmennyiséget behozhassák.

Magam is emlékszem egy időre, amikor erős kaptáraim 6 nap alatt mézzel teltek meg, minden kaptárra átlag 21 font méz jutott. E kiváló eredmény a repce virágzásának idejében következett be, mely növény mézforrásai minden más méhlegelőnél gazdagabbak.

A méhek életében azonban oly rendkivüli esetek is fordulnak elő, amelyekben egyes népeknél tétlenséget, a munka iránt közönyt tapasztalunk. De ezek a kivételekhez tartoznak, s mint emlitém, az anyák hiányosságával, vagy a kezelési hibákkal szoros összefüggésben állanak; *mert arról meg lehetünk győződve, hogy rendes viszonyok között rest méh egyátalán nem létezik.*

Ily rendkivüli körülmény a következő esetekben fordulhat elő:

1. Ha a rajnak terméketlen, hibás, vén, vagy hereköltő anyja van.

2. Ha a méhek lakása tulságosan bő, ami különösen változó időjáráskor a nép munkásságát nagy mértékben lelohasztja.

3. Ha lakását a család annyira benépesiti, hogy ott meg sem fér. Ez esetben szaporitása szándéka mellett okszerü lesz mürajt késziteni; vagy ha a méhész ezt nem akarná, ajánlatos 3—4 fiasitásos keretet kivenni és a rajtuk ülő néppel együtt gyöngébb rajoknak beadni, helyükbe pedig üres dolgozó sejteket,

vagy erősebb, azaz vastagabb sejtközfalakat befüggeszteni. Azért vastagabbakat, mivel a vékonyabb müsejt az ezt ellepő méhek sokaságától és a kaptárban uralgó meleg következtében megnyulik, s herefiasitásra válik alkalmassá.

4. Ha a méhek a kaptár levegőjének tulságos forróságától szenvednének.

5. Ha a rajnak a méz és himpor nagy készlete miatt helye már nem volna.

6. Ha a népesség legnagyobb része a költésen tapad. Ilyenkor czélszerü a fiasitásból valamit más kaptárokba átrakni. Ez utóbbi eset gyakrabban szokott előfordulni, sem mint a méhész hinné. Magam is a braunschweigi mester, Gravenhorst által lettem e jelenségre figyelmeztetve, ki a méhek időnkénti tétlenségét leginkább e körülményen alapulónak tapasztalta.

A méhek munkásságának serkentő eszközei pedig a következők:

1. Egy-két napi speculativ etetés, ami a népet munkára ösztönzi.

2. Csekély mértékben való viaszépités, mely a méhek tevékenységét nagyban előmozditja. Hogy az épitésnek a család szorgalmára mily hatása van, azt a rajoknál észlelhetjük, melyek a kiépitett lakással biró népekhez képest kettőzött erővel müködnek.

3. A mézkészletek időnkénti kipörgetése, melylyel ujból munkásságra serkentjük a méheket.

LXIV.

A mézről.

A méheket már az ókortól kezdve háziállatként tekintette és tekinti ma is az emberiség; s mint ilyent, a legnagyobb szeretettel ápolta a hajdanban és ápolja most is. A nád- és répacukor fölfedezéseig (Augsburgban készült 1573-ban az első répacukorgyár) a méh, illetve terméke, a méz, nélkülözhetetlen volt. Különben, a vegyészeti tudomány előrehaladottságának dacára, még ma sem vagyunk képesek mézet mesterséges uton előállitni, mely körülmény ujból a méhtenyésztés nemzetgazdasági fontosságát bizonyitja s azt igazolja, hogy azzal foglalkozni érdemes.

A méz — vegyi elemezés szerint — a következő 8 alkotó részből áll:

1. Szőllő- vagy gyümölcscukor. C. 12, H. 24, O. 12.
2. Nád- vagy szemescukor. C. 12, H. 22, O. 11.
3. Mézgacukor.
4. Manna vagy virágos kőrisfacukor.
5. Tejsavany vagy tejcukor.

6. Illó olaj.

7. Viasz és

8. barnás festőanyag.

Az alkotó részek fölismerése a következőleg eszközölhető. Köztudomásu, hogy a méz, ha hosszabb ideig üvegben áll, átlátszó kristályprizmákat képez, melyek tökéletlen virágos káposzta formában csoportosulnak és csakis górcső segitségével vehetők észre. Ez a szőllőcukor. Meglehetősen fehér szinü, nem igen édes; a szőllőlének főrészét képezi. A száritott gyümölcs fehér kiizzadása és a jó malátacukor csaknem egészen tiszta szőllőcukorból állanak. A mézben csak a világosság behatása alatt képződik. E körülményben rejlik talán annak az oka, hogy a méhek a kaptár minden nyilását óvatosan beragasztják és a mézzel telt sejteket csakhamar befödik. *Ennélfogva mintegy intésül szolgálhat ez arra, hogy a kaptár fölösleges nyitogatása és a sejtek gyakori kivétele nem a legcélszerübb eljárás.*

Ha az üvegbe a megkristályosodott gyümölcscukor eltávolitása után elégséges mennyiségü higitott borszeszt töltünk, az üvegben azonnal két réteg képződik, melyek közül a felső és könnyebb a borszeszben föloldódott nád- vagy szemescukrot tartalmazza. A fehér vagy sárga kandisz és a répából készült cukor azonosak a nádcukorral, de nem mindig találhatók teljesen tiszta állapotban. *E cukor képezi a méz főalkotó részét és ez adja meg neki a kellő édességet.* Az alsó réteg tartalmazza a nyákcukrot, mely a szőllő- és nádcukorból kiválasztva soha meg nem keményedik.

A mézben található viasz fölforralás utján választható ki; az illó olaj pedig, melytől a méz szaga ered, csak részben választható ki hideg borszeszszel.

Végre a barna festőanyag, mely különösen öreg mézben mutatkozik, a szőllő- és nádcukor eltávolitása után az üveg fenekére ülepszik.

Légenyt a méz nem tartalmaz; miértis a méhek tisztán mézből megélni nem képesek.

Dr. Dönhof (Bienenzeitung XV. 14. sz.) a fenyőmézben 1. szőlőcukrot, 2. nyálkát, 3. savanyt és valami sajátságos illatu anyagot talált. Dr. Dzierzon ezen méznél vérhast előidéző tulajdonságot észlelt, melynek okát abban vélte találni, hogy feltünő savanyu és vizenyős természeténél fogva igen könnyen savi erjedésbe megy e méz. Ugyanezen alkotó részeket, s ennélfogva szintugy ama hajlandóságot találjuk a pohánkamézben is; mely okból ez utóbbi époly veszedelmes a méhek kitelelésére, mint amaz.

A méz szine és illata azonos ama virágokéval, melyekből a méhek gyüjtötték.

A méz fajsulya 1·415—1·440 között váltakozik; melynek megállapitására a cukormérőt (sachrometer) használjuk aként, hogy ezt 1 rész mézből és 3 rész vizből álló folyadékba tesszük, s a készüléken jelző számot hárommal megsorozzuk; a nyert eredmény lesz a méz sulya.

A méz rendesen 70—85°|₀ cukrot tartalmaz; ezen arányon aluli cukortartalmu méz már vizzel van keverve. A délmagyarországi, különösen a Temes- és Krassó-Szörénymegyékben termelt mézek cukortartalma 84°|₀, ellenben a torontálmegyei mézben 79°|₀ cukrot találhatni.

A virágok kelyheiben képződő édes nedv nem egészen azonos a cellákba behordott mézzel. Az édes nedv a virágok kelyheiben nectárnak neveztetik, ez mézzé átalakul vagy invertálodik csakis a méhek nyálváladékainak hozzájárulásával, mely alkalommal a nádcukor részben gyümölcs-, szőllőcukorrá átváltozik, de hozzá jő még hangya-sav is, mely a méznek tartósságát biztositja. Az invertálást már a kiröpülő méhek kezdeményezik, de véglegesen a fiatal méhek befejezik, melyek több pollennel táplálkozva, erre inkább képesitvék. — A méz fölös viztartalma a méhek által elválasztatik. Dr. Dzierzon szerint a kaptáron kivül olyképen, hogy a viz a méhek gyomrából a bélbe átszivárog és onnét mint hig ürülék a szabadban kifecskendeztetik. A nagy mester tapasztalatai alapján (Bienenzeitung 1895. 21. sz.) a méz rendesen már tömöritve hozatik a kaptárba. — Sajnálom, hogy a kifecskendezésnek eljárását még nem észleltem, de arról is győződtem meg: hogy a méz is nagyobbrészt mint hig folyadék hozatik a kaptárba, ennek tömöritését pedig a méhek eszközlik olyképen, hogy gyomruk az ebben fellelhető mirigyek segitségével elválasztják a felesleg vizrészeket; s miután ez erőltetett eljárásnál erősen zsongnak és meleget előállitanak — ennélfogva a meleg a vizrészeket felemészti. Tehát tévedésen alapul azon vélemény, miszerint a vizrészek elpárolgás utján a sejtekben, — tömörülne, ezt egyedül csak a méhek végzik, mert a méz hydroskopikus természetü lévén, a kaptárnak gőzeit magához vonzza és ilyképen a méhek közremüködése nélkül vékonynyá maradna.

A méz különféleségeit a virágok, vagy virágrészek határozzák meg, amelyekről a méhek gyüjtöttek.

1. *Méz a virágkelyhekből.* Ez — mint a kifejezés is jelzi — egyenesen a virágokból származik, melyeknek illatát — azok illóolajtartalma szerint — kisebb-nagyobb mértékben megtartja. Hazánk legfinomabb mézei: a vad jáczint, a gyümölcsfák, az akácz, a dinnye, a fehér lóhere és a tisztesfű virágaiból származnak.

2. *Méz a levelek hónaljáról.* Különösen a bükkönyön képződik ez, melynek virága nem mézel; ellenben levelének szárain ott, hol ezek a törzsből kiágaznak, a cukros vizhez teljesen hasonló, szagtalan édes nedv fejlődik. Alkalmas időben a bükköny nagyon gazdagon mézel; ilyenkor csöppekben izzadja a mézet.

3. *Méz a gyümölcsökből.* A gyümölcsből eredő édes nedv, mint méz, tulajdonképen emlitést sem érdemel, mert jövedelemként számba sem vehető. Mindazonáltal szükségesnek látom e pontról részletesebben szólni; mert némelyek, különösen egyes szőllőbirtokosok rossz szemmel nézik méhecskéink munkáját és azzal vádolják szegénykéket, *hogy a szöllőben kárt tesznek.* Ez ellen azonban ünnepélyesen tiltakozom, az ilyen állitást koholmánynak nyilvánitom; különösen följogositva érezvén magamat erre azáltal, hogy oly vidéken lakom, ahol terjedelmes szőllők vannak, magam is bortermelő vagyok, s a méhekre imputált károkról mit sem tudok. *Saját tapasztalásaim alapján teljesen megnyugtathatom tehát a kételkedőket afelől, hogy gyümölcsből, de névleg a szöllőből még soha sem hordtak be méheim mézkészletet. Hogy erről meggyőződjem, kivált rosszul mézelő években többször tettem kisérletet aként, hogy őszszel néhány igen erős nép telt sejtjeit üresekkel fölcseréltem, melyek a gazdag szöllőtermés dacára üresek maradtak.*

É tapasztalás eléggé megcáfolja ama balga föltevést, hogy a méh képes volna a szőllőkben kárt tenni. Igaz ugyan, hogy a fölhasadozott szőllőt a méh fölkeresi, s azon nyalakodik is; de kárt valóban nem tesz. Ily irányban is szereztem tapasztalatot, mely állitásomat igazolja. Méhesem közelében elterülő szőllőmben ugyanis 20 tőkét nem szedtem le, hanem rajta hagytam a termést, hogy eziránt is tájékozást nyerhessek. S ime, azt tapasztaltam, *hogy egész méhesem nem volt képes eme néhány szöllőfürtöt fölemészteni és az egész kár abból állott, hogy a méhek a fölhasadozott bogyók kiszivárgó nedvét — mely a levegő behatása következtén ugyis kiszáradt volna — fölnyalogatták.*

Határozottan állithatom tehát, hogy egy darázs több kárt tesz, mint száz méhraj; a figyelő gazda könnyen ellenörizheti ezt.

4. *Mézharmat.* A mézharmat eredetéről nagyon eltérők a vélemények. Dr. Dzierzon, Halier, Stern, stb. határozottan állitják, hogy ilyen, eredetileg, egyátalán nem létezik; s ha előfordul, ezen jelenséget a levelészeknek tulajdonitják.

Ezek ellenében br. Berlepsch, Kehl, Leukart, Kleine, Pretsch, stb. tapasztalataik szerint előbb mutatkozik a mézharmat és csak azután jönnek a levelészek.

A két ellenkező állitás fölött elkeseredett viták folytak, melyek végre — mint rendesen történni szokott — személyeskedésekké

14*

fajultak. Ezt bizonyitja pl. Pretschnek Dzierzon ellen kelt röpirata (Debatte über Honigthau und Blattläuse), melyben ő többszörös tapasztalatára hivatkozva, határozottan állitja, hogy a mézharmat igenis létezik. Magam is e véleményt osztom, mivel saját szemeimmel győződtem meg arról, *hogy levelészek nélkül is mutatkozik mézharmat.* Kisebb mértékben láttam ezt a saját kertemben a „Populus balsamea" levelein, hol cukorizzadmányt találtam, anélkül, hogy ott levelészek lettek volna. Ugyanezt észleltem Buziáson nagyobb terjedelemben a tölgy- és körtefák levelein, miről akkoriban a Magyar Méhnek és Ungarische Bienenek jelentést is tettem. Oly flagrans eset volt ez, hogy itt tévedésről szó sem lehetett, amennyiben a jelenség előtti estén még mit sem lehetett észrevenni s reggel már azt láttuk, hogy minden levél elcukrosodott nyálkával van boritva. A méhek késő estig hemzsegtek e leveleken s röpülésükkel csak akkor hagytak föl, mikor pár nap mulva, rövid ideig tartó eső a cukrot lemosta.

E cukornemü képződmény eredetét nagyon nehéz meghatározni. Leukart, Kleine, stb. a levelek izzadmányának tekintik, mely időváltozáskor, különösen, ha a levegő lehűl, vagy ha a hideget rögtöni meleg követi, szokott bekövetkezni. Mehring azt állitja (Biene, 1867, 17. l.), hogy az időváltozás a levelek, növények nedvét cukorrá változtatja, amit különösen a kolompéron tapasztalunk, ha megfagy.

Különben a mézharmattól származható mézkészlet jelentéktelen; tapasztalásból és értesülések utján tudom, hogy méhtenyésztésünkben, mint tényező, nem szerepel, ami azzal is meg van okolva, hogy a mézharmat a fák levelein elcukrosodik és csak reggelenként — ha harmat van — szolgál táplálékul a méheknek.

5. *Méz a levelészekből.* Némely fa lombozatán nagyon szeretnek a levelészek tartózkodni; ilyenek a barack-, szilva-, cseresznye-, alma-, hársfa, stb., melyeket sokszor egészen ellepnek a levelészek. Ez az egyetlen állat, melynek ürüléke cukros izü, s ezért ezt a méhek mohón gyüjtik. De minthogy eme ürülék igen sok, fölbomlásra alkalmas anyagot tartalmaz, azért, mint táplálék, a méhekre nézve veszedelmes is, mert rendesen vérhast okoz. Különös jelenség, hogy ahol sok a levelész, oda a hangyák is seregestöl gyülekeznek. Onnét ered ez, hogy az utóbbiak a levelészeket fejős teheneiknek tekintik, amennyiben meg sem várják, mig kiüritnék magukat, hanem fogóikkal a levelész potrohából az édes anyagot kisajtolják és azonnal fölnyalják. A méh ellenben megvárja, mig a levelész kiüriti magát és azután szivja föl az édes nedvet. A levelészektől eredő ezen nedv néha oly bőségben mutat-

kozik, hogy a fákról finom, hosszu szálakban a földre csöpög, melyből a méhek rövid idő alatt megtöltik sejtjeiket.

6. *Mérges méz.* A mérges méz létezése felől szintén eltérők a nézetek. Már az ókorból vannak biztos adataink, de az ujabb kor is bizonyitja, hogy van mérges méz. A hangafélék (Ericaceae) szolgáltatják ezt. Az idősebb Plinius emliti már, hogy Heraclea és Pontus vidékén voltak évek, amikor a méz élvezete annyira ártott, hogy tőle az emberek nagy kinok között izzadva, a földön fetrengtek. Azt is mondja, hogy Pontusban őrülést okozott egy másik féle méz, mely e veszedelmes hatását szintén az ottani erdőkben nagy mennyiségben tenyészett hangaféléktől kapta. Érdekes jegyzeteket találunk a mézmérgezésre vonatkozólag Xenophon Anabasisában (VI. 8. 20.), hol dicső emlékü visszavonulásáról szólva, emliti, hogy amikor tizezer görög hősével Trapezunt alatt tábort ütött, katonái mézet ettek, melytől nemcsak elkábultak, hanem oly hányás és hasmenés vett erőt rajtuk, hogy ennek hatása alatt teljes 24 óráig egész eszméletlen állapotban fetrengtek, s azon tul is még 3—4 napig végképen erőtlenedve lézengtek. Azóta a tudománynak több hive látogatta meg, s utazta be ama tartományokat és a pontusi ragyaburát (Rhododendrum ponticum) s a pontusi azaleát (Azalea pontica), ezen, nálunk is ismert és kedvelt disznövényeket jelölték meg, mint olyanokat, melyek mérges mézet adnak. Xenophon állitásait páter Lambert is bizonyitja ujabb időben azzal, hogy a colchisi, most mingreli méz a pontusihoz hasonló következményeket idéz elő. Tény, hogy a nevezett két hangaféle növény azon a tájon is bőven tenyész.

Barten az „American philosophical transaction"-ban szintén jelentést tesz mézmérgezési esetről; mely szerint a Philadelphia vidékén 1790-ben áruba bocsátott méztől mérgezési tünetek között sokan meghaltak. A kormány által erre elrendelt vizsgálat eredményeként kitünt, hogy a mérges hatásu méz a széles levelü kalánfa (Kalmia latifolia L.) virágaiból származott, mely növény szintén a hangafélék családjához tartozik. A nevezett orvostudor azt is irja, hogy néhány méhész — méheiknek jobb legelőt keresendő — Pensylvániából a Jersey szigetekre vándorolt, hol a szüklevelü kalánfa; (Kalmia augustifolia L.) gazdagon virágzott; de — dacára a kitünő mézelésnek — a nagy készletet nem értékesithették, mivel kábitó és émelygő hatásánál fogva senki sem vette.

Egy későbbi mézmérgezési esetről a Bienenzeitung 1852-ben, az Allgemeine Österreichische Gemeindezeitung 28-ik számából átvett közleményben tesz emlitést. Eszerint Svájc Spiringen községében három erős fiatal ember a hegyeken füvet kaszálván, fehér, apró

testü pősz-méhektől származó mézre bukkantak, melyből ketten
három evőkanálnyit megettek. Nyelveiken fél óra mulva égető
fájdalmat éreztek, balkezük csuklója szintén fájt; a kellemetlen
érzés perczről perczre fokozódva, nemcsak a jobbkézre, hanem
a lábakra, végre az altestre és mellre is átment, mire görcsöktől
kisért valódi dührohamot kaptak. Az erősebb rövid idő mulva
hányni s beleit kiüritni kezdé, s igy ismét magához tért; mig
társa, egy nálánál gyöngébb szervezetü 20 éves fiatal ember,
sikertelen hányási ingerek után meghalt, amikor is orrán, száján
véres hab mutatkozott. Dr. Dönhoff, ki ezen mérgezést a gyűszü-
virágból (Digitalis purpurea) eredő méznek tulajdonitotta, szüksé-
gesnek vélte ezen esetről hiteles értesitést szerezni. Miértis Spirin-
genbe (Uri Canton) irt, mire Gisler József, községi irnok által
aláirt és községi pecséttel ellátott hivatalos tudósitást kapott,
mely az emlitett mérgezési esetet valónak mondja, közölvén,
hogy 1817-ik évi szeptemher hó 24-én a nevezett két ember
egyike csakugyan a pöszméte-méz élvezetétől meghalt, társa
azonban tejet használván, föllábbadt. (Dr. Dönhof, Bienenzeitung
XVI. 9. sz.)

Legujabban pedig biztos adatokkal szolgált nekünk az 1878-
iki orosz-török háboru alkalmával kiküldött Daily News levele-
zője, Walter, ki Batum vidékén mézet élvezvén, a mérgezés
jeleit észlelte magán, amennyiben elkábult, s hányás és hasmenés
bántották.

Xenophonnak, Bartennak, a Daily News levelezőjének, stb.
teljesen hitelt adok; annál is inkább, mivel ujabban Stankovits,
karánsebesi kereskedő is emlitést tesz mérges mézről, melyet a
méhek a hunyorból (Helleborus) szedtek volna. Miután a fehér
hunyor (Helleborus alba) a tanyám és a janovai erdőség közt
fekvő vizenyős kaszálón nagy mértékben tenyész, figyelmessé lettem
erre és már 1874-ben azt észleltem, mintha az akkoriban csur-
gatott méznek valami émelygős tulajdonsága lett volna. Később
feszült érdeklődéssel kisértem e dolgot, s fölismervén azon időt,
amikor a méhek nagyon látogatták a hunyort, azon iparkodtam,
hogy kizárólag e növény mézéből gyüjtessek méheimmel; de
nem sikerült.

*Dacára ennek, meg vagyok győződve, hogy nálunk is vannak
növények, melyeknek méze mérges hatásu. De minthogy tulnyomó
mennyiségben nem fordulnak elö, s velük egyidejüleg nagyon sok
egyéb növény virágzik, melyeknek méze kifogástalan, a mézek tehát
már a gyüjtés alkalmával összekeverednek: ennélfogva az ártalmas
méz valódi minöségében meg sem maradván, hatása elenyészik. Igy
történik aztán, hogy azon flagrans mézmérgezési esetekről, melyek*

különösen ott fordulnak elő, hol mérges növények nagy mennyiségben tenyésznek, nálunk szó sem lehet. Ez azonban nem zárja ki fönebb említett véleményemet, melyet különben mindazok igazolnak, akik a természettel foglalkozván, annak rejtélyeit tanulmányozzák.

Mindenesetre érdekes tárgya marad ez a további kutatásnak; amiként egyátalán sok oly jelenség van még a méhészetben, mely alkalmat nyujt szellemi tevékenységünk érvényre juttatására.

LXV.

A méz hamisitásáról.

Semmi féle terméket nem hamisitnak olyannyira, mint a mézet, mely annál alkalmasabb erre, mivel a fogyasztó közönség — dacára, hogy a hamisitott méz rendesen rossz minőségü — alig ismeri föl. Különben hogyan is lehetne a méz oly olcsó, ha mesterségesen elő nem állitnák? Nézzünk csak Svájczba, hol száz-, meg százezer turista fordul meg évente, s fogyasztja azt a tömérdek mézet, melyet természetesen, mint az ottani méhészet termékét csudálja; tekintsünk csak — hogy messze ne menjünk — Budapestre, hol a méz egészen uj kezelésen megy át, mely által valódiságából annyira veszit, hogy a minisztérium kényszerülve volt a méhészeti és gazdasági egyesületeket figyelmeztetni, hogy a hamisitásoknak elejét vegyék, mert a magyar méz hitele a külföldön csorbát szenved; figyeljünk végre Hamburg felé, hova Amerikából egész hajószállitmányokkal hozzák a valódi mérget, melylyel a fogyasztó közönséget szerencséltetik. Meg lehetünk győződve tehát, hogy a közönség által fogyasztott és más irányban fölhasznált méz kétharmad részben hamisitásból áll; miért is a méz vétele csakis hiteles és megbizható forrásból ajánlatos.

A hamisitásokat leginkább ugy eszközlik, hogy mindenféle olcsó és hitvány szörpöt kevernek a mézhez, miáltal ez a minőség rovására, mennyiségében szaporodik. Ily célra többnyire burgonya-, répa- és keményitőszörpöt, melynek előállitása igen olcsó s ezért a méz árát nagyon nyomja, használják.

Hazánkban a legszokottabb mézhamisitás répaszörppel történik; voltak már esetek, hogy a méz sulyát gypszszel és krétával is iparkodtak nehezebbé tenni, hogy ezzel egyszersmind annak jó hire is csorbuljon.

A méhészek dicséretére legyen mondva, hogy a hamisitások csak a méznek másod-harmadkézbe való kerülésekor történnek. A hamisitás vádja ennélfogva nem bennünket, méhészeket illet; amit e helyen is ünnepélyesen kijelenteni kötelességemnek tartok.

A hamisitásokat kideriteni könnyü ugyan, de magamról tudom, hogy a vizsgálódásra nem szivesen szánja magát az ember. Mindazonáltal fölemlitek egyes módozatot, hogy a méhészeknek ezen irányban nyujtsak némi tájékozást.

A keményitőszörppel hamisitott mézre ugy lehet hatni, hogy ezt destillált vizzel kexervén, hozzá egy adagocska sóskasavas ammoniumot adunk. A méz erre zavarossá lesz, mert a keményitőszörp kénsavval készül, mely utóbbi krétával semlegesittetik; de miután ebből egyes részecskék mindig vissza szoktak maradni, ez okozza, hogy a méz, ammoniummal keverve, elhomályosodik. Különben a keményitőszörp rendesen barna szinü, a levegő behatása alatt hamar megkeményedik, s ize nincs.

A vizzel való keverés szintén egyik megszokott módja a mézhamisitásnak. Eltekintve, hogy a méz kevésbé különböző fajsulya (1·425) a keverést elárulja, az ily mézre tett tojás azonnal alá is merül; azt ist tapasztaljuk, hogy a tányérba csurgatott nehány csöpp ilyen méz szétfolyik, mig a nem hamisitott, tiszta termék egy tömegben marad.

A keményitővel, babbal, borsóval, buzaliszttel, répaszörppel, stb. hamisitott méz magas höre fölforralva, megsürüsödik; ellenben a valódi méz hig marad. Hideg vizzel keverve, a méz keményitőkeveréke föl nem oldódik.

Jodoldattal fölforralva, a méz kék lesz; borszesz hozzáadásával a növényekből származó liszt leülepszik. — *Az enyvre,* melyet sok esetben szintén használnak, ugy lehet hatni, ha tanint teszünk a mézbe; ez esetben kocsonyanemü csapadék képződik, melynek szaga és állománya az enyvet elárulja.

Ezek azon módok, melyeknek segitségével még a laikus is megóvhatja magát a csalásoktól.

Szükségesnek látom végre a méznek tulajdonitott gyógyitóhatásról is megemlékezni, annál is inkább, miután erről röpiratok is jelentek meg, melyek közül különösen Gatter Károlyé: „Der Honig und seine Wunderheilkraft" tünt föl. A szerző, e müvében, a valóság határain tulment, amidőn azt állitja, hogy a méz a tüdő- és testi sorvadást gyógyitni képes. A méz az ily betegek lélegzési szerveire nagyon is éles, izgató hatásu, torkukat karcolja; nagyobb adagokban élvezve az emésztést zavarja és szaga, illetőleg illóolajtartalmánál fogva sokaknál émelygést idéz elő.

De viszont eltagadhatatlan tény, hogy a méz, mint könnyen áthasonitható széneny, a testet táplálja, a vért szaporitja, keringését elősegiti, s a bőr tevékenységét előmozditja; *főleg pedig a gyermekeknél kitünő hatással van. Miért is a méhészettel való fog-*

lalkozást már azon oknál fogva is ajánlom a szülőknek, hogy minden-
kor egészséges és tiszta mézet adhassanak gyermekeiknek.

LXVI.

A viaszról.

A méhek államának — a méz mellett — egy másik főténye-
zője a viasz; melyről tudjuk, hogy szerves összetételü, azaz
mézből és himporból származó anyag és hogy a méhek elfogyasz-
tott s a chylus-gyomorban fölemésztett eme táplálékokból ered.
Titok azonban előttünk, hogy miként változnak ezek a méh testé-
ben viaszszá; s egyelőre meg kell elégednünk azon megmagya-
rázhatatlan körülménynyel, hogy a méhek potrohuk gyürüzetein
viaszlemezkéket izzadnak, melyekből a kaptár épitményeit készitik.

Hogy a viaszépitéshez mennyi méz és himpor szükséges,
eziránt nagyon eltérők a nézetek. Némelyek azt állitják, hogy 1
kgr. viasz előállitására 16 kgr. méz kell, mások, hogy 10—12
kgr. is elég. Báró Berlepsch erre nézve is kisérleteket tett és azt
tapasztalta, hogy 1 kgr. viasz készitésére 13 kgr. méz fogyott el.

A dolog iránt magam is érdeklődvén, szintén tettem kisér-
leteket; de az eredmény mindannyiszor oly eltérő volt, hogy
azok iránt bizalmatlanná lettem. Ilyenek történtek Gundelach és
Dönhof utasitásai szerint elzárt méhekkel, melyek hig mézzel
lettek etetve. Az eredmények különbözők voltak, amennyiben
egyenlő súlyu rajok $^1|_2$ kgr. viasz épitésére 7, $7^1|_2$ és 8 kgr. mézet
voltak kénytelenek fölemészteni. A tapasztalás különben azon
meggyőződésre vezetett, hogy: a méhek, ha kiröpülhetnek és a
természet által ösztönöztetnek, kevesebb anyagot használnak föl,
mint elzárt helyzetben, amikor kisérleti célból mintegy kénysze-
ritjük őket az épitésre. Megkisérlett próbákból bizonyosodtam meg
efelől, amennyiben egyes családokat a szabadban, elkülönitett
helyeken, többször etettem és azt tapasztaltam, hogy oly népek,
melyektől a födetlen fiasitást elszedtem, de anyabölcsőik voltak,
csak $5^1|_2$—$5^3|_4$ kgr. mézet fogyasztottak $^1|_2$ kgr. viasz előállitására.
Jól cselekszünk tehát, ha a lépépités céljából a mézkészletek
fogyasztását tulságos magasra nem csigázzuk. A fönt idézett
arány különben arra késztet bennünket, hogy a viaszépitést min-
den uton-módon korlátozzuk; mert a viasz jelenlegi ára mellett
okvetetlenül megkárositjuk magunkat, ha okszerüen nem cselek-
szünk.

A himpor fogyasztásának arányát az épitésnél még nehezebb
meghatározni. De minthogy a himpor a kaptár mézkészletéhez
képest 10%-nyi arányban van, ugy vélem, hogy a lépépitésnél

is ezen viszony áll fön. Sokan tagadják ugyan, hogy a méhek
az épitésnél himport egyátalán használnának, azt állitván, hogy
ez esetben a viasz a himpor egyes föloszlott alkotó részecskéit,
azaz légenyt tartalmazna. De ez téves nézet, miután a méhek
csak azért vesznek magukhoz himport, hogy szervezetük el ne
kopjék; ámbár himpor nélkül is képesek egyideig épitni, de csak
addig, amig testi erejüket ki nem meritették, azaz: a légeny-
tartalmat ki nem adták magukból; mert ha ez bekövetkezett,
elerőtlenedésben vesznek el. A boncolásból is kiderül, hogy a
méhek himport is használnak az épitéshez, amennyiben az épitő-
méhek gyomraiban és beleiben nagy mennyiségü himpor részecs-
kék találhatók, melyek minden bizonynyal a méh testi táplálására
szolgálnak.

Nagy mesterünk, báró Berlepsch, az ő munkájában emlitést
tesz Dzierzon-kaptárokban igen erősre növelt családokkal tett
kisérletekről. E népeket elzárta, hig mézzel etette, hogy meggyő-
ződjék, vajon képesek-e a fiasitást táplálni és viaszt előállitni
himpor nélkül is. Kezdetben kitünően ment a dolog, 16—18 napon
át szépen táplálták a költést és épitettek is a méhek. Később
azonban feltünően sok méhet talált földuzzadt potrohval a kaptár
fenekén, mely jelenség napról napra fokozódott, ugyannyira, hogy
végre a megfogyott és láthatóan kimerült méhek — dacára, hogy
meleg szobába vitték őket — *a mézhez többé nem is nyultak,* a
fiasitás $^9/_{10}$ része pedig elpusztult. E kisérletből határozottan követ-
keztethetünk azon végeredményre, hogy a méhek himpor nélkül
tartós ideig épitni nem képesek. (Die Biene. — Br. Berlepsch,
139. l.) *Azzal egészitem ki ezt, hogy a báró Berlepsch által jelzett
módon még akkor is tönkre mennek a méhek, ha — dacára, hogy himport
és vizet adunk nekik — a kiröpülésben és ezzel tehát a kiüritésben
megakadályozzuk őket; mert e functio a méhek további létére époly
fontos tényező, mint a himpor és viz.*

A gyakorlatból meritett tapasztalatok alapján oda kell tehát
a méhésznek hatnia, hogy a lépépités korlátoztassék és az öreg
sejtek a mézelésre használtassanak.

*A viasz vegyi főrészei: cerotinsav, myricinsav, palmadéksav,
szénköneny, olajzsir és myricin-fenéleg.*

Természetes szine fehér; a sárga szint a méhek kigőzölgésé-
től, a himpor festőanyagától és a méz szinétől kapja. A keres-
kedelemben előforduló viasz sárgás szinü; mert a megfehérités
hosszadalmas és különös előnynyel nem jár. Vannak szerek, melyek
által a viasz halványabb lesz; ilyen különösen a terpentinolaj,
melynek csekély hozzátétele egy kis befolyással van a viasz hal-
ványodására, vagy a forró viasznak vizben való mosása és a

szabad levegőn a napfényre való kitevése ; — de — mint emlitém — ezen eljárásoknak gyakorlati értéke nincs.

A viasz fajsúlya o·96—o·99 között váltakozik. Forró borszeszben csak részben oldódik. Oldható részei : a palmatin- és cerotinsavak, valamint az olajzsiradékok; ellenben föl nem oldódik a myricinsav és myricin-fenéleg.

Minél fehérebb a viasz, annál könnyebben olvad; igy pl. a világos szinü 50 hőfokot igényel, mig a sárga termék csak 56° Reaumur mellett olvad.

A méhviasz állaga kemény, de melegben lágyabb, sőt gyurhatóvá is lesz; törése — hideg állapotban — kagylós.

A fehér viasznak nincs szaga, csakis a himportól és méztől kap némi kellemes virágillatot, melyet meg is tart. Fölforraláskor — mely 85° Reaumur mellett történhet — nem képez faggyadékot, olajt és büzös szagu faggyut; ebből magyarázható, hogy az eloltott viaszgyertya (ha méhviaszból készült) nem áraszt kellemetlen szagot.

A kereskedelemben többféle viasz ismeretes, u. m.: a podoliai (igen szép vörös), lünneburgi, magyar (tévesen rozsnyói viasznak elnevezve), orosz, amerikai, yukatani, japáni, stb. viasz, melyek közül okvetetlenül az európai termékek a legfinomabbak és szinben is a legszebbek.

A viasz ára, különösen az utolsó évtizedekben, majdnem 60°|₀-kal hanyatlott, ami főleg a vele versenyző egyenlő minőségü termékeknek tulajdonitható, melyek nagy mennyiségben kerülnek forgalomba; s habár a méhviaszt teljesen pótolni nem képesek, mégis nagyban értéktelenitik azt. Ide tartoznak különösen az ásványországból nyert viaszfélék, melyek a kereskedelmet elárasztják ; nem különben a növény- és állatországból származó viasznemü termékek.

Az ásványviaszokhoz tartozik első sorban a ceresin, mely helyenként nagy mennyiségben található, főleg Amerikában, Orosz-, Cseh- és Lengyelországban, sőt utóbbi időben Romániában és Magyarországon is. Fehér szinü, petróleum szagu ; mely utóbbi kellemetlen tulajdonságát csak többszöri lepárolás után veszti el. Ceresingyár az Osztrák-Magyar Monarchiában már több van, melyek közül a stokeraui eddig a legnagyobb.

A növényekből nyert viaszokhoz tartoznak:

A pálma-viasz, Ceroxylon andicola, melyet a pálmák gyantával keverve, a kérgen át izzadnak. A pálmák e fajának a hazája Délamerika, hol ezen fát a viasz végett levágják és kérgét kifőzik.

A Brasiliában tenyésző *carauba pálma,* Carypha cerifera, levelein termi meg a viaszt.

A japáni növényviasz, Rhus succedanea, a keletindiai szigeteken is előfordul.

A myrtus-viasz, Myrica cordifola és cerifera. E viaszt az Éjszakamerika déli tartományaiban, különösen Floridában, Carolinában és Virginiában termő ama növény viaszburokkal bevont gyümölcséből főzik.

A chinai faggyadék-fa, Stillingia sebifera, Chinában, Keletindiában és a keletindiai szigeteken, kivált Sumatrán, nagy mennyiségben diszlik. Ezen alacsony fának a magtokja viaszszal van körülvéve, melyet vizben főznek le róla. A magvából azon kivül világitásra alkalmas olajat nyernek.

A piney viaszt, Vateria indica, a pálmához hasonló igen magas fa magvának kifőzése után nyerik, s abból ama növény hazájában, Indiában és a keletindiai szigeteken, főleg Borneoban és Celebesen, gyertyát készitnek. Ugyancsak ezen fa törzsét meg szokták furni, s ily módon valami gyantanemü anyagot ad.

Növényviasz azonban átalában nem sok kerül forgalomba, miértis a kereskedelemben nincs nagy fontossága.

Állatok után nyert viasz. Ilyen a chinai szinbogár, Cocus pela terméke. E rovar a kőrisfának egy nemén él, ennek leveleire tojik és petéit finom viaszhártyával vonja be. Ezen viaszt, melynek sem szaga, sem ize, de még határozott szine sincs, a chinaiak gyertyakészitésre használják.

Az állati viaszok között legfontosabb azonban az, melyet a méh ad, melynek jelen munkámat is szenteltem.

A méhviasz hajdan igen keresett és jól megfizetett árucikk volt, mert akkoriban még nem ismerték a sokféle pótlékot. Korunkban már szükebb körü a méhviasz használata, s főleg gyógyszertárakban, viaszpapiros készitésére, mesterséges gyöngyök előállitására, gyümölcsutánzatokra (keroplastica és kerographia), stb. forditják. (Aki eziránt érdeklődik, annak nagyon ajánlom Putter munkáját: Wachsindustrie, Weimar, ára 1·50 márka, melyben a különféle tárgyak készitési módját megtalálhatja és esetleg tanulmányozhatja.)

A viasznak a méhészetben való fölhasználása ujabb idő óta szintén nagy lendületet vett; sejtközfalakká való sajtolásával hatalmas előmozditója a mézelésnek. Senki se mulaszsza el viaszkészletének ily módon való alkalmazását, mert sokkal értékesebb e célra a viasz, mintha nagy ügygyel-bajjal és költséggel előállitott termékét eladná.

A méhek átalában véve nem szeretnek épitni, mert érzik a nagy mézveszteséget, melyet ezáltal szenvednek. Azért csak igen jól mézelő, csöndes időben épitnek, amikor a méz bőségben folyik.

Ilyen főleg a repcevirágzás ideje. Semmiféle virágzás alkalmával nem tapasztaltam azt az épitési hajlamot, mint épen a repcevirágzáskor, ami nemcsak a méz bőségére, hanem annak erejére is mutat.

A méhek különféle sejteket épitnek, melyek alakjuk és rendeltetésük szerint eltérnek egymástól. Ismerünk:

Dolgozósejtet, mely 12·5 mm. mély, fenekén 5·156, nyilásán pedig 5·5938 mm. széles;

heresejtet, ez 13·8 mm. mély, alul 6·9, fölül 8·05 mm. széles;

anyasejtet;

átmeneti sejtet és

ragasztó sejtet.

A méhész egyik föladata, hogy az épitkezés szabályos menetére ügyeljen és különösen a heresejtek keletkezését meggátolja; *mert egy hereköltés másfél annyi tápanyagot igényel, mint egy dolgozófiasitás és egy here annyit emészt, mint két dolgozó méh.*

A lépépités szabályozásának sarkalatos pontjai a következők:

1. Hogy a méhek rendszeresen épithessenek, a keretekbe dolgozó lépkezdéseket ragasztunk, melyek a méheknek a tovább épitésre útmutatókul szolgálnak. A lépkezdéseket gyantából és viaszhulladékból álló keverékkel, enyvvel, vagy arábiai gumival a keretekbe olyképen ragasztjuk, hogy a sejt közfala a léc közepére essék. A kasok épitményeinek szabályozása fölösleges és nem is volna értelme a beavatkozásnak, mivel a kas szerkezete szétszedhető nem levén, a méhészre nézve mindegy lehet, hogyan van az kiépitve; különben is rendszeres-e, avagy kifogásolható a kasokban folyó épitkezés: ez a méhek fejlődésére lényeges befolyást nem gyakorol.

Akinek lépkezdései nincsenek, sejtközfalból szeldelt keskeny szalagokat is használhat útmutatókul; sőt a legrosszabb esetben fölolvasztott viaszszal is megöntheti a keretek fölső léceinek belső lapjain az épités irányának a nyomát. Habár nem is felel meg e mód oly tökéletesen, mintha lépkezdéseket alkalmaz, szükség esetén mégis jobb a semminél.

2. A dolgozósejtek rendes és tiszta kiépitésére ügyelni és a méhekkel ezt aként eszközöltetni semmi esetre sem oly könnyü dolog, mint ahogyan azt sokan hinni szeretik. Mert a méhek a dolgozósejteket többnyire herecellákkal keverik és ezzel a herék tulságos elszaporodását okozzák. Föltünő e körülmény különösen a rajzás ideje előtt, amikor a méhek lázas igyekezettel szaporitják a heresejteket. De az elő- és utórajoknál is tapasztaljuk ezt. Pedig minden német szakmű azt állitja, hogy a rajok az első évben nem készitnek heresejtet; de ez nem áll, mert jó időjárás alkalmán

szivesen épitnek biz ők heresejtet. Elméletünk ezirányban tehát határozottan eltér.

Tiszta, szép dolgozósejtek épittetésére legalkalmasabb a korai tavaszi és a rajzás utáni időszak. Ellenben, ha nagyobb mértékben szándékoznánk méheinkkel épittetni, a XLVIII. tétel alatt előadott eljárást ajánlom elfogadhatónak, mely módon minden mesterkélés nélkül eredményre jut a méhész. Szintén célszerü eljárás a kirajzott kasok épitményét vissza metszeni és azokat a méhekkel ujból kiépittetni, ami rendesen jól sikerül, kivált, ha az őszi mézelés tartósnak igérkezik. A rajokkal szintén épittethet a méhész, de csak addig, mig az első pete ki nem kelt, mivel azon tul, jó hordáskor, nagyon könnyen megesik, hogy heresejtek készitésére mennek át a méhek.

Hogy a kaptár egész épitménye csupa dolgozólépekből legyen, azt az emlitett módozatokon kivül a legbiztosabb eljárással akkor érjük el, ha a keretekbe végig mülépet alkalmazunk. Ez esetben nyugodtak lehetünk afelől, hogy heresejt és igy hereköltés a kaptárban nem lesz.

Ezen eljárásnál is óvatos és előrelátó legyen a méhész. A müléppel beragasztott keretet mindig két kiépitett sejt közé, a költőtérbe kell függeszteni. Egyszeri alkalommal egy mülépnél többet beadni nem ajánlatos, mert ezáltal munkásságuk iránti erélyességükben csüggednek a méhek, nem igen épitnek, vagy csak kedvetlenül és részlegesen látnak a munkához. A beakgatott közfalak pedig — ha a méhek hosszabb ideig ki nem épitik — a kaptárban uralkodó meleg következtén és a rajtuk csüngő méhek alatt megnyulnának, miáltal a cellák megnagyobbodnak és hereköltésre alkalmasokká lesznek.

Figyelmeztetem ezalkalommal a méhészkedőket, hogy a gyöngébb népek szebben épitnek, mint a nagyon erős családok; miértis, ha utóbbiaknak akarunk sejtközfalat (mülép) adni, ügyeljünk arra, hogy nekik nagyon vékony ne jusson, mert az erős népességü kaptárban a vékony mülép hamar ellágyul, leszakad, vagy a legjobb esetben elgörbül, kitágul és amellett, hogy az erős család épitménye rendetlen lesz, a méhész is csak bajt, kellemetlenséget okoz magának.

Jól készitett és helyesen alkalmazott mülépekkel az eredmény bámulatos; a méhek a legrövidebb idő alatt kiépitik ezeket s azáltal sok mézet megtakaritnak.

3. A kiépitett öreg, s egyuttal heresejtekkel kevert lépeket ugy szabályozzuk legcélszerübben, ha a heresejtes épitményt nemcsak kivágjuk, hanem dolgozóléppel ki is egészitjük; különben ujra heresejtet épitnének a méhek.

4. A heresejteket a mézürben kedve szerint elhelyezhet a méhész; de oly föltétellel, ha ez a költőtértől — amint már emlitém — Hannemann-féle rácscsal van elkülönitve, hogy a dolgozóméhek közlekedése akadálytalan legyen ugyan, de az anya föl ne juthasson a mézürbe és a heresejteket be ne petézhesse.

A Hannemann-féle rácsnak, e kiválóan hasznos eszköznek a fölemlitését ujabb időben sok méhésztekintély mellőzi munkájában; sőt némelyek határozottan károsnak is jelzik. Ilyen pl. Vogel, ki kitünő munkájában: Die Honigbiene, Manheim, 1880, a rács létéről meg sem emlékezve, csatornáját magasztalja. Gravenhorst pedig a Central Bienenzeitung 1881-iki 7-ik és a Bienenzeitung 1882-iki 16-ik számában hosszasabban foglalkozván a nevezett rácscsal, határozottan elitéli, károsnak tartja azt, anélkül, hogy ellenszenvét részletesen megokolná.

A találmányokat illető ily téves itéletek nem tartoznak a különleges esetekhez. A mülép alkalmazása is hasonló ellenszenvvel fogadtatott. Dr. Dzierzon az 1872-iki Bienenzeitung 24-ik számában és különösen Dathe, az ő kitünő müvének (Lehrbuch der Bienenzucht) 186-ik lapján, elitélik ezen ujabb találmányt, *s célszerübbnek tartották a sejteket egészen a méhek által épittetni*, mert kisérleteik kedvezőtlenül sikerültek. Az ily kijelentések értékét a mülépeknek korunkban elért nagymérvü alkalmazásából itélhetjük meg, amikor a sejtközfalakat már gőzgépek segitségével, métermázsánként gyártják, s alig van méhész, aki ezen — mondhatni: forradalmat előidéző — fölfedezést hasznosnak, üdvösnek el nem ismerte volna.

A heresejteknek a mézürben való gondnélküli alkalmazását — véleményem szerint — egyedül a szóban levő rács közvetiti; enélkül azonban a sejtközfalak használatát ajánlom, melyekkel szintén eredményt érünk.

5. A keretek beakgatásakor ügyeljünk arra, hogy a távolsági szögek fejei mindig a szomszédos keret lécéhez érjenek; mert sokszor megesik, kivált, ha sietős a munka, hogy a szögek a szomszédkeret fölött megakadnak, vagy föltolódnak, s a méhek egyik keretből a másikba ferde irányban épitnek.

6. A kasok épitményeinek szabályozása és különösen a heresejtek épitésének megakadályozása meddő kisérlet; mert ha kés segitségével még annyiszor iparkodunk is ott rendezkedni, az állati ösztön — mely egyszerü eszközökkel és módon magát korlátozni nem könnyen engedi — meghiusitja ezt.

7. Az anyátlan nép, melynek sem fejlődésben levő anyaköltése, sem dolgozópetéi nincsenek, dolgozólépet nem épit, csupán heresejteket; ugyanezt tapasztaljuk oly családoknál is, melyeknek

anyja a nászröpülés alkalmával elveszett. Azon föltünő jelenség is mutatkozik még, hogy a herepetéző nép némelykor anyabölcsőket épit, melyeket az álanya bepetéz és melyeket a nép királyi péppel táplál. *Az ilyen költésből mi sem lesz, mivel a herebáb a szokatlan és természetellenes tápláléktól már idő előtt elvész.*

8. A viaszépítés egyenletes lépést tart a fiasitási ösztönnel és a mézelés eredményével. Ha a hordás nyár derekán szünőfélben van, akkor a méhek az épitést is korlátozzák, esetleg be is szüntetik. Átalában azt tapasztaljuk, hogy a méhek nem szivesen épitnek, s minden csöpp mézzel fukarkodnak. Az épités főideje tehát a repcevirágzásra, s azon kivül május elejétől junius végeig terjed. Csak ritka évben tapasztaljuk, hogy a méhek ezen időn tul még valamit összehoznának. Nyáron a fehér lóhere, ősz felé pedig a tisztesfű és pohánka virágzása segitik elő az épitést. A lépépités főleg meleg és nedves időben folyik teljes erővel, amikor nagyszerü eredmények észlelhetők. Br. Berlepsch emliti, hogy egy alkalommal méhei egy éjjel 300☐" sejtet épitettek. Szép eredményt lehet az épitéssel speculativ-etetés utján is elérni.

LXVII.

A viasz eltartása.

A viasz eltartása nagyon kényes dolog, mert a moly ellen való védekezés fölötte éber óvatossággal sikerülhet csak. E tárgy fölött is sok vita folyt már. Tény, hogy minél melegebb éghajlat alatt méhészkedünk, annál nagyobb a küzdelem a viaszmolyok garázdálkodása ellen. Délmagyarországon pl. oly rohamos a moly szaporodása és fejlődése, hogy: ha a kaptárt minden 8—10 nap nem tisztogatjuk, a fenékdeszkán még a legerősebb népeknél is találjuk e veszedelmes férget; mely — habár az erős családokban kárt nem tehet — mindazonáltal szorgalmasan pusztitandó.

E tapasztalatból kiindulva, a viaszmoly megfészkelődése ellen legyünk minél óvatosabbak. Lehetőleg azon törekedjünk, hogy a viaszmolyt, mint lepkét irtsuk, s elszaporodását meggátoljuk. Nagyon jó szolgálatot tesz erre egy készülék, melyet Szensz József, billéti méhész ajánl és melyet én is alkalmazni szoktam. Ez egy állókaptárhoz hasonló láda; tetődeszkája csuklóra jár és tükörrel van ellátva. Ezzel egyenlő magasságban petróleumlámpát alkalmazunk, melynek világossága a tükörben visszaverődvén, fényt áraszt és a molyokat odacsalja. A lepkék a lámpát körül röpdösve, szárnyaikat nagyobb részt megégetik s a láda fenekén elhelyezett edényben levő vizbe hullván, elpusztulnak.

Ily módon ezer, meg ezer viaszmoly fogdosható össze. Az eredmény különösen a pavillonokban szembeszökő, kivált, amikor a kaptárok ajtait fölnyitván, az azokból néha rajként kiözönlő lepkék a lámpa csalogató fényére kioltják kártékony életüket.

Ha azonban ezen eljárást elmulasztanók, vagy pedig ennek alkalmazása dacára is garázdálkodnának még a viaszmolyok, odairányitsuk figyelmünket, hogy a gyönge népnek tulságos lépkészletet ne hagyjunk, s ne adjunk, a kasokban pedig visszamessük. Ellenkező esetben annyira elhatalmasodik a viaszmoly, hogy a méhek képtelenek lesznek magukat megvédelmezni. Leginkább az anyátlan népek esnek áldozatul, melyeknél az önvédelmi bátorság ugyis gyönge, s igy a viaszmolyok pusztitásainak könnyebben ki vannak téve.

A lépeket a kaptáron kivül többféle módon szokták eltartani, u. m.: ládákban, petróleumos hordókban, szekrényekben, padláson, stb. Én csak két módot ismerek el a lépek biztos eltartására. Nagyobb méheseknél egy 10 akós, esetleg még ennél is nagyobb és a keretek berakására elég nyilással biró ajtóval ellátott hordót használunk e célra. A hordót kénnel kifüstölvén, légmentesen elzárjuk. A kénfüstölést nyáron minden 14 napban egyszer megismételjük. — Kisebb méhesekben, hol a hordó beszerzése nem fizetné ki magát, a leghelyesebb eljárás a lépeket homokba, vagy hamuba temetni.

Még nem használt sejtközfalak és ujonan épitett lépek eltartásánál szükségtelen a védekezés; mert csakis olyan lépet támadnak meg a viaszmolyok, melyek be vannak petézve s melyekben fiasitás van, vagy volt, tehát bábhártyával ellátottak.

Végre a viaszdarabokat és hulladékokat kifőzve és gömölyökké alakitva lehet évekig is biztosan eltartani.

LXVIII.

A viaszhamisitásról.

A mézet kivéve nincs oly termék, melylyel oly nagymérvü visszaélés történnék, mint épen a viaszszal. Hazánkban különösen annyira üzik a viaszhamisitást, hogy a miniszteriumnak kellett közbelépni és intézkedni, nehogy méhészetünk hitele a külföldön tönkretétessék.

Becsületünk védelmére itt is kimondom, hogy a hamisitások nem a termelöktöl, hanem oly körökböl erednek, melyeket importált egyének alkotnak, kiket nem a hazafiság és méhészetünk hitelének érdeke vezérel, hanem magánérdekek hajhászásának szempontjából hirnevünket kockáz-

tatják és oly rendszabályokat provokálnak, melyek eléggé bizonyitják, hogy mennyire ártottak tekintélyünknek a külföldön.

A hamisitás abból áll, hogy legtöbbnyire fehér szurkot kevernek a viaszhoz. Ha a viaszt terpentinolajjal fölolvasztjuk, a hamisitás az ülepedés képződése által könnyen fölismerhető. Ha gyantával van a viasz hamisitva, s ezt borszeszszel fölforralván, vizzel keverjük, a gyanta szintén leülepedik. A faggyukeverék a kellemetlen szag által tünik ki, főleg: ha a viaszt fölmelegitjük.

Egyéb növény- és ásványviaszszal történt hamisitást ugy határozhatunk meg, ha a viaszt aetherbe tesszük, melyben a növény- és ásványviasz teljesen fölolvadnak s a viaszban sokszor csak 50°|₀ méhtermék van. A hamisitás mérvét a sulybeli különbség határozza itt meg.

Végre a viasz szagáról és arról is fölismerhető a hamisitás, ha a törés nem kagylós.

LXIX.

A himpor.

A virágok himpora a méhek életében nevezetes szerepet játszik. Nélküle a méhek nem létezhetnének, sem épitni, sem fiasitni képesek nem volnának. A cukorban hiányzó légenyt a himpor pótolja; légeny nélkül pedig nincs szerves élet.

A himport nyelvük segitségével gyüjtik össze a méhek, s nyállal és egy kis mézzel keverik. *Onnét is következtethetjük ezt, hogy a méhek lábain levő himpor sötétebb szinü, mint ama virágok porodái, melyekből összegyült. Kivált a fehér himpornál tünik ez föl, mely kékes szinü és tömörebb lesz, ami okvetetlenül a nyál és méz jelenlétére mutat.* Igy összekeverve, helyezik át rágóikkal a himport az első lábaikra, honnét az a középső, végre a hátsó lábakon levő kanálszerü mélyedésbe jut, még pedig jobb és bal felől *egyenlően elosztva*, hogy a méhek röpülésük közben az egyensulyt el ne veszitsék.

Megjegyzésre méltó jelenség, hogy a dolgozó méhek mily ügyesen horzsolják le középső lábaikkal testükről a himport, s juttatják rágóikhoz. Csak ‧két helyről nem képesek a himport letisztogatni és pedig: a két csáp között a homlokukról és a tor és potroh közötti gerezd legmagasabb pontjáról. Ide nem nyulhatnak a méhek; miértis azon helyeken sokszor láthatunk le nem tisztitott himport, kivált olyankor, ha a méhek mélyebb virág-kelyhekbe hatoltak, mint pl. a tök, dinnye, uborka, stb. virága.

A himpor vegybontása dr. Schneider, proskaui tanár nyomán a következő:

Viz . . . . 29·89°|₀
Hamu . . . . 3·09°|₀
Fehérje . . . . 17·81°|₀
Cukor . . . . 25·16°|₀
Zsir, zsirsavak, cerotin és mirizin . 8·98°|₀
Festőanyag és himporhártyák . . . 7·56°|₀
Rostanyagok . . . . 7·52°|₀

Összesen: 100·01°|₀

A himpor szine a virágoktól függ, habár valamivel sötétebb lesz. Láthatunk fehér, sárga, vörös, barna és fekete himport is. Hogy a méhek két különböző himport hoznának haza kosárkáikban egyszerre, még nem tapasztaltam, ámbár előfordult már, mert báró Berlepsch emliti, hogy Hoffmann (Bécs) egy ilyen méhet 1867-ben elfogott és neki megküldte.

A himpor rendeltetése azért is érdekes, hogy az emésztés utján a méhek testébe fölszivódik, honnét részben kipárolgás által jut ki ismét és minden közelbe eső tárgyat sárgára fest. A lépek sárga szine szintén innét magyarázható. (Dr. Dönhof, Bienenzeitung, VI. 13. sz.)

A méhek a himport rendesen külön lépekbe helyezik és pedig leginkább a kaptár homlokfalazata és a költőtér mellett függő sejtekbe, honnét a szükségletet födözni szokták. Ritka esetekben azt is tapasztaltam, hogy a himport bepetézett sejtek szélére tették le. Mielőtt a méhek a himport leraknák, megvizsgálják a cellát, valószinüleg azért, hogy meggyőződjenek, ha vajon tiszta-e s nincs-e bepetézve? Csak azután rakják bele a himport, melyet fejeikkel lenyomnak, nyálkás hártyát vonnak rá; néha pedig mézzel töltik meg a sejtet, valószinüleg azért, hogy a himpor meg ne penészesedjék.

A himport a méhek főleg a reggeli órákban gyüjtik, mivel ilyenkor harmatos levén, könnyebben tapad. Tapasztalásból bizonyithatom, hogy d. e. 10 óráig négyszer annyi himport gyüjtenek a méhek, mint azon időn túl és hogy délután majdnem egészen szünetel az. Az anyátlan nép sem hagy föl a himporgyüjtéssel, miáltal e készlete nagyon fölszaporodik. *Ily népekkel tett kisérlet utján győződtem meg arról, hogy egy erős család egy nyáron át 4'|₂—5 kgr. himport képes beszerezni.*

Miután a himpor a téli mézfogyasztást bizonyos mértékig korlátozza, sőt enélkül tökéletes áttelelés nem is igen sikerül: ne mulasszuk el méheinket öszszel himporral ellátni; különösen oly népekről gondoskodjunk, melyeket öszszel képeztünk családokká, vagy igen késői rajok és nem képesek kellő himporkészletet begyüjteni.

LXX.
Ragasz (Propolis).

A ragaszt a méhek a cseresznye-, alma-, körte-, topolya-, gesztenyefa, stb. földuzzadt, de még ki nem fakadt rügyeikről szedik, s szintén kosárkáikban hozzák haza, hol azonnal föl is dolgozzák. Oly esetet nem ismerünk, hogy ezen anyagot a cellákba rakták volna.

A ragasz az olajgyantákhoz tartozik, mert borszeszben egészen föl lehet oldani, s csak kevés tisztátalanságot és levélrészeket hagy vissza.

A méhek a kaptár egyenetlenségeinek, repedéseinek, a szükségtelen nyilásoknak betapasztására használják, különösen azon célból, hogy a viaszmoly e rejtekhelyeket be ne petézhesse és a hideg a kaptárokba be ne hatolhasson. Azonkivül ragaszszal szokták a méhek azon tárgyakat bevonni, melyek rájuk nézve kellemetlenek, vagy melyekkel érintkezni nem akarnak. Ilyenek a kaptár belsejében levő vasrészek, pl. a szögek, eresztékek, párkányok, átjárók, stb.

A ragaszt rendesen a legmelegebb évszakban és órákban szokták gyüjteni, mert ilyenkor a leglágyabb, leghigabb. *Amikor a méhek a költéssel alább hagynak, ami legtöbb esetben juliushó végén szokott történni, akkor hoznak be legtöbb ragaszt. E jelenséget a méhek természetszerü ösztönének tartom; ami abból áll, hogy minden nagyobb munkát addig végeznek el, mig a létszám előre várható csökkenése be nem áll.*

Ott, hol kevés a fa, pl. Torontálmegyében, vagy oly fák tenyésznek, melyek ragaszszal nem szolgálnak, mint: az akácz, bálványfa, stb. a méhek viaszszal keverik a ragaszt, vagy egészen pótolják. Torontáli őszi legelőről, a tisztesfüről hazakerült méheim rendesen ragasz- és viaszból álló keverékkel szokták a hézagokat, repedéseket, stb., betapasztani. Érdekes ily gyüjteményem van, mely a méhek leleményességét teljesen igazolja.

LXXI.
Savak.

A méhek savakat is hoznak be; miről könnyen meggyőződhetünk, ha kiröpülésüket figyelemmel kisérjük, mely alkalommal látni fogjuk, hogy a trágyadomboknál, vizelőzugokban, stb., a hig léből szürcsölnek. Ugyanezt tapasztaljuk, ha sós vizre, vagy fölolvasztott sóra szállnak és abból nyalogatnak. Magam pedig nem egyszer láttam már, hogy a méhek vizzel higitott sós ecetre is mentek és azt szörpölgették. Hogy mire szükségesek nekik a savak, azt biztosan meghatározni nem lehet; véleményem szerint a himpor emésztésének elősegitésére szolgálnak azok. Vannak méhészek, kik ujabb időben a speculativ-etetésre szolgáló keverékbe sót tesznek és az eredménynyel elégedettek.

LXXII.
Viz.

A méhek életében a viz jelentékeny tényező; nélküle a pete föl sem volna nevelhető. Amig a téli időszakban ki nem röpülhetnek, a vizet a kaptár oldalfalain, vagy a tetődeszkán találják, mely mint gőzcsapadék rakodik le ott, s a méhek mohón fölszivják. Később, ha kiröpülhetnek, minden kutnál, pataknál, pocsolyánál, sőt reggelenként, vagy eső után a fák és füvek levelein is találnak vizet. A vizet nemcsak a *fiasitás táplálékának elökészitésére*, hanem valószinüleg *önmaguk táplálására is forditják;* ami abból is kitünik, hogy *nagy melegben a méhek több vizet fogyasztanak, mint hüvös időben.* Ilyenkor a kaptárba is több vizet visznek be; de nem gyüjtik cellákba, hanem azonnal fölhasználják. Hogy mennyi egy-egy család napi vizszükséglete, az a népesség arányától függ. Voltak rajaim, melyek májusban naponta fél liter vizet használtak föl, mely körülmény eléggé bizonyitja a viz fontosságát a méhek életében.

LXXIII.
A mézelés fejlődése.

Kizárva azon eseteket, amikor a méhész célja élőméhekkel kereskedni, a méhtenyésztés főjövedelme mégis csak a méztermés minőségétől és mennyiségétől függ. Mindkét föltételre határozott befolyással van a kaptár szétszedhető, azaz keretes szerkezete, vagyis a Dzierzon-féle rendszer. Csupán ez teheti lehetővé, hogy egyfelől a szinre és zamatra nézve különböző minőségü mézeket külön pörgethetjük, másrészt az ily kaptár kezelésénél tetszésünk szerint alkalmazhatjuk azon fogásokat és rendelkezéseket, melyek a tapasztalás szerint biztos eredményre vezetnek. Miértis a keretes kaptárral való méhészkedés a nyert méz minőségét és mennyiségét tekintve is, minden eddig divó más rendszerü eljárást fölülmul.

Örömmel fogjuk tehát a jó mézelés idejét elérkezettnek látni, kivált, ha méheink oly állapotban vannak, hogy a reménylt haszon biztosnak igérkezik. A jó hordásból várható minél szebb eredmény elérhetése céljából a gondos méhész már jó eleve népessé növelte családait. E mellett fődolog, hogy a lépkészletekben hiány ne legyen, s a mézelés arányában egymásután adhassuk be a kiépitett üres kereteket a kaptárokba. *Kezdetben csak a költöttért egészitjük ki és ha már ez megtelt, megnyitjuk a mézürt is, hova szintén a szükséglet mérvéhez képest helyezünk be üres lépeket.* A gyöngébb rajokkal legyünk óvatosak; mert ha erejükön tul adnánk nekik lépeket, azon hátránynyal járna ez, hogy a sejtek tisztogatásával, csiszolgatásával lennének nagyon is elfoglalva; vagy, ami még sokkal rosszabb, a moly támadásainak tennők ki a családot. *Ennélfogva az arany középut követését e tekintetben is a legmelegebben ajánlom.*

Ha lépeink nem volnának, a már fölemlitett sejtközfalakat használjuk, melyek szintén mérsékelt módon alkalmazandók. A legegyszerübb eljárás abban áll, hogy a költőtérből egy-két fiasitásos keretet a mézürbe függesztünk, ügyelve arra, hogy az anyát is át ne tegyük. A költőtérben támadt hézagokat pedig sejtközfalakkal töltjük ki. A mézürbe akasztott fiasitáshoz szintén tehetünk egy-két mülépet, melyeket a költést ápoló fiatal méhek csakhamar ki fognak épitni. Hogy az anya a mézürbe föl ne juthasson, a másutt már fölemlitett Hannemann-féle rácsot alkalmazzuk a költőtér fölött.

Azon esetben, ha sem üres lépeink, sem sejtközfalaink nem volnának, kényszerülve lennénk lépkezdéseket adni a kaptárokba. Csakhogy mi sem természetesebb, hogy ez esetben a méz legnagyobb részétől lesz a méhész megfosztva. *Itt is azon aranyszabályt ajánlom minden méhésznek, hogy lépkezdéseket egyszerre s lehetőleg minél kevesebbet alkalmazzon;* mert — mint tudjuk — átalában a méhek nem szeretnek épitni, s a nagy munkától visszariadnak és az épitést részben, vagy egészen beszüntetik. Megesik azonban, hogy kiválóan jó években csak ugy folyik a méz, amikor a méhész nem is ér rá minduntalan sejteket akgatni a kaptárba, hanem egyszerre több üres keretet helyez be és várja az örvendetes eredményt. Nem is marad az el, mert a sejtek csakhamar megtelnek mézzel, *minthogy jó időben csudákat müvelnek a méhek.* De miután föltünő szokásuk, hogy először is a költőtért hordják tele mézzel, a méhész figyelme oda irányuljon, hogy a fiasitás a méz előnyére el ne nyomassék. Célszerü lesz tehát időnként a költőtérből néhány mézes keretet kipörgetni, azt eredményezvén ezáltal, hogy az anya újult erővel folytathatja a megszakitott petézést. Ezen intézkedés elhanyagolásának káros következményei is lehetnek, amiről Torontálban — hol az őszi hordás némelykor rendkivül gazdag szokott lenni — győződtem meg. A megszemlélt családok olyannyira el voltak néptelenedve, hogy már az egyesités sem használhatott többé; a méz ellenben az ajtótól a homlokdeszkáig egy sziklát képezett. Ily anomaliak kikerülendők; iparkodjék tehát a méhész oda hatni, hogy a petézés teljesen soha se szünjék meg.

Jó mézelés beálltával, mikor a méhlegelő gazdag, teljes nyugodtsággal pörgethető a méz, nincs mit tartani attól, hogy készleteiktől megfosztván a családokat, talán szükséget szenvedhetnének. Ellenkezőleg: a pörgetés által a méheket annál nagyobb munkásságra serkentjük, s szorgalmukat a lehető legnagyobb fokra ki is fejtik. Ilyenkorra ajánlom a méhésznek, hogy ne várja be, mig a méhek a sejteket egészen befödik, hanem pörgesse ki azokat, amint megteltek, minél előbb; ezzel annál fokozottabb tevékenységre buzdulnak a méhek. Óvatosság szempontjából azonban nagyon ajánlatos, hogy 2—3 mézzel telt keret mindig maradjon tartalékban; mert jól tudjuk, hogy mily változékony a természet és sokszor a leggazdagabb mézelést rögtöni gyöngébb hordás követi. Itt is tehát a mérséklet elvének a követése tanácsos.

Bő mézeléskor nem jó a méheket sűrűn háborgatni, zavarni; csak akkor tegyük ezt, ha a fönt előadott okoknál fogva pörgetni akarunk.

Végre: tartsa szem előtt a méhész, hogy a családok anyái épek legyenek; mert — mint tudjuk — minden népnek a lelke az anya, melyben a család szorgalma és bátorsága szokott összpontosulni.

A gazdag mézelés jelei könnyen fölismerhetők. A méhek duzzadtan, ólomnehezen érkeznek haza, a röpülődeszkán megpihennek; egyuttal a méz kellemes illata árulja el az édes nedvek fölhalmozódását. *Mindenesetre ez a méhész legkedvesebb észlelése.* Mert, eltekintve attól, hogy az igazi méhész a méhek életműködésében és rejtélyeinek tanulmányozásában élvezetet talál, a cél, mely felé törekszik, mégis az, hogy a jó mézelés kedvező alkalmát amennyire csak lehet, kiaknázza. E módon látja müködését anyagilag jutalmazva, s további munkára serken.

Az előadott célirányos és öntudatos intézkedések mellett a jó hordás idejének minden percét hasznára irányithatja a méhész, különösen, ha szem előtt tartja azon sarkalatos tételt, hogy a méhészkedésben is, mint bármely más gazdálkodási ténykedésben, mindenre, mindenkor jó eleve előkészülve legyen. *Ez pedig a méhcsaládoknak többször hangoztatott erőssé növelésében, a mürajok és fölösleges kisérletezések mellőzésében áll; · miáltal az erő összpontosulva maradván, el nem fecsérlődik és a viszonyokhoz képest a lehető legnagyobb haszon érhető el.*

LXXIV.

A mézelés hanyatlása.

Mint mindennek az életben, ugy a méz aratásának az ideje is lejár. Észrevehető jelei különösen abban mutatkoznak, hogy a méhek kevésbé duzzadtan, könnyebb röpüléssel érkeznek haza, épitkezési kedvük hanyatlik, a fiasitást korlátozzák, s izgatottabbak, ugy, hogy a közeledő méhészt, vagy más kiváncsiakat rendesen támadólag fogadják. Ilyenkor a méhész rögtön beszünteti a lépek további befüggesztését és egyuttal kiszedi a félig kiépitett sejtközfalakat, vagy lépkezdéseket, hogy erejüket munkájuk azon részére összpontosithassák a méhek, mely a mézhordás teljes megszünéseig kiegészithető. A pörgetéssel föl kell hagyni még azon esetre is, ha kilátás volna a mézfölöslegre; mert a betelelésig soha sem tudhatja a méhész biztosan, hogy a számadással miként áll, kivált, ha gyönge népei, késő rajai és mürajai vannak. Az ily családok többnyire segitséget igényelnek, miértis jó, ha kellő mézkészletek fölött rendelkezik a méhész.

Ha nagyobb méhest kezelünk, a hordás csökkenésével célszerü lesz az átviszgálást azonnal megkezdeni és különösen az anya életrevalóságát és a nép erejét megfigyelni. A szükséges jegyzeteket megtesszük, amiknek később igen jó hasznát vehetjük.

LXXV.

Harangok, betük és alakok kiépitése.

A méhek, e csudaszerü rovarok életében és munkásságuk irányitásában az emberi beavatkozás folytán már eddig is oly változások történtek, hogy nincs mit csudálkoznunk, ha az emberi ész őket föltünő és mesterséges épitkezésekre kényszeriti. A méhek ily irányu fölhasználása sikerül is. Az üvegburák, harangok kiépitését már régóta ismerjük; ujabban pedig azon vivmány is éleretett, hogy a méhek neveket, s mindenféle alakokat tisztán és fölismerhetően kiépitnek. *A méhek ily irányu foglalkoztatása azonban nem jár haszonnal.* De mint kiállitási tárgyak, ajándékok, meglepetések, vagy a méhész ügyességének és türelmének bizonyitékai, érdemesek e müépitkezések arra, hogy velük itt is foglalkozzam.

Tény, hogy a harangban nem szeretnek épitni a méhek, mivel az üveg sima fölületébe nehezebben kapaszkodhatván, kényelmes fürtben sem csünghetnek. A harangok és egyéb üvegek kiépitését bizonyos, meghatározott rend szerint, azaz idomzatos alakban kell eszközöltetni. Ugy lehetséges ez, ha az edénybe lépkezdéseket ragasztunk, melyeket épugy, mint a kereteket, kiépitnek a méhek. E lépkezdések szép fehér viaszból legyenek; az üveghez arábiai gumival, vagy az edényt fölmelegitve, ragasztjuk. *Azon törekedjünk, hogy az épitmény barnás kinézésü ne legyen, mert akkor a kedvező benyomás teljesen el volna rontva.*

A harangokat különböző rendszer szerint szokták kiépittetni. A lépek többnyire egymás mellett függnek, mint a kaptárban. Ha ily irányban szándékozunk az épitést végeztetni, a lépkezdéseket ne ragaszszuk nagyon közel egymáshoz; mert megesik, hogy a méhek egyik-másik lépet nem épitik ki, miáltal az arányosság szenvedne. A lépkezdéseket legcélszerübb egymástól $4^{1}|_{2}$ cm.-nyi távolságban ragasztani, mely esetben a sejtek $3^{1}|_{2}$ cm. vastagok lesznek, a léputcákra pedig az 1 cm.-nyi rendes távolság marad.

A harangok kiépitésének másik módja, hogy a bura középpontjából, a gombjától kiindulva, sugarakban irányulnak a sejtek, s az épitménynek koronaalakja lesz. Ezen épitménynél az az érdekes, hogy minél inkább távolodnak épités közben a méhek a középponttól, annál vastagabbra hizlalják a lépeket, mert az ür is mindinkább szélesedik. A sejtek tulságos megvastagodását azonban meg kell akadályozni aként, hogy ott, hol a léputcák a rendesnél szélesebbek, közbe új lépkezdéseket ragasztunk.

Van még egy harmadik módja is a harangok kiépitésének, mely abból áll, hogy az épitmény csigaalakban készül. Aként eredményezhető ez is, hogy a lépkezdéseket csigavonalban ragasztjuk az üveg belsö fölületére. Az igy kijelölt utat rendszeresen kiépitik a méhek.

Betük, nevek kiépittetése ugy történik, hogy a közönségesnél szélesebb, azaz 4 cm. széles keret felső lécére $2^{1}|_{2}$ cm. széles, furnierdeszkából összeállitott betüzetet ragasztunk, melyekre szintén lépkezdések jönnek. A méhek az igy megjelölt nyomot is kiépitik, annál is inkább, mivel — amiként a természetben is tapasztaljuk — a lépek épitésében nem sok ügyet vetnek az egyenes irányra, s palotájuk néha meglehetősen girbe-görbén van beépitve.

Egyéb különféle *alakokat és idomokat* is lehet a méhekkel épittetni, ha bádogból, vagy papirlemezből a formát előbb megkészitjük, szép fehér sejteket helyezünk beléjük és kiegészités céljából a kaptárba beadjuk. Némely alakot egészen maguk épitnek ki a méhek.

A harangok, betüzetek, alakok és egyéb idomok kiépitése azonban, ha egyedül a természetre s a méhekre bizzuk, ritkán sikerül, mert nagyon sok mézbe kerülnek, ugy, hogy a legjobb hordás sem kellő biztositék erre mindig. Ha célt akarunk érni, ugy kell a mézet a méheknek beadni; de csak éjjel tegyük ezt, nehogy nappal a külsö munkától vonjuk el őket, mert igy a méhész érezné a veszteséget. E módon azt is elérjük, hogy az épitmény szép fehér lesz; mig ellenben, ha egyedül a külső hordásra biznók a dolgot, a munka lassabban haladván, a méhek kigőzölgésétől és a lépekkel való érintkezésük folytán az épitmény sárgás lesz.

Az anya elzárása céljából, hogy t. i. a harangba föl ne juthasson s az ottani sejteket be ne petézhesse, jó lesz az üvegbura alá Hannemann-féle rostélyt alkalmazni. Habár ritka esetben, de mégis megtörténik, hogy a méhek himport is visznek föl a harangba.

LXXVI.
A méh fulánkjáról.

A méh fulánkjától sokan irtóznak. Ez az oka legtöbbnyire azon körülménynek, hogy akik különben méhészkedhetnének, idegenkednek e hasznos foglalkozástól. Sőt megtörténik, hogy némelyek fölhagynak a már megkezdett méhészkedéssel, mert a méh fulánkjával megbarátkozni nem tudnak. Nagymérvü gyávaság jele ez! Habár kötelességemnek tartom elismerni, hogy a méhszurás nem tartozik épen a méhészkedés gyönyöreihez: mégsem értem, hogyan képesek magukat általa egyesek befolyásoltatni?

A méhszurás fájdalmának nem annyira a fulánk, mint inkább a sebbe hatoló hangyasav az okozója, mely égető hatásu. A méhek támadásának inditóoka az önvédelemben keresendő, s mint ösztönszerü cselekmény, leginkább csak a méhes körül nyilvánul, lakásaikat, de főleg az ott fölhalmozott készleteket igyekezvén megvédeni. Hogy mézüket féltik leginkább a méhek, tapasztalhatjuk a kaptár fölnyitásakor, amikor sem az anya, sem a fiasitás, vagy fiatal méhek iránti aggodalom, hanem a mézkészletekhez való elszánt ragaszkodás teszi őket féltékenyekké; s ez ugy nyilvánul, hogy a méznek neki esnek és annyit szivnak abból magukba, amennyi csak a mézhólyagba fér, hogy legalább ennyit megmenthessenek. Akkor is szurnak a méhek, ha életük folyásába szándékozik a méhész közvetlenül beavatkozni; ilyen esetek pl. a rajok befogása, mürajok készitése, sejtek rendezése, stb.

A méhestől távolabb ritkán, s csakis tisztán önvédelemből szur a méh.

A szurás következtében a fulánk a méh testéből kiszakad, minek folytán a méh még az nap elhal.

Aziránt, hogy az anyák szurnak-e, a vélemények eltérők. Határozottan állithatom, *hogy igenis szurnak;* de minthogy megtermékenyült anyától szurást mindeddig nem, hanem csupán fiatal, meg nem termékenyült anyáktól kaptam: megjegyzem, hogy fulánkjaikat csak ez utóbbiak használják. Az anya fulánkja nem szakad a megszurt testbe, habár a fájdalom égetőbb, mint a dolgozóméh szurása után. Az anya fulánkja valamivel erősebb s végén épugy görbült, mint a dolgozóé.

A szurás után mindenek előtt a fulánkat igyekezzék az ember a sebből kihuzni, a megszurt helyet azután nyállal megnedvesiteni, kimosni és kinyomni. Minél tovább marad a fulánk a sebben, annál nagyobb lesz a fájdalom, s a megszurt testrész annál inkább megdagad. A szurás alkalmával a hangyasavat eláruló sajátságos szag érezhető, mely annál föltünőbb, minél dühösebb volt a fulánkját használó méh.

A méhméreg hatása az emberekre különböző. Némelyek, különösen az ideges egyének, nagyon szenvednek, rögtön fejfájást, esetleg még lázt is kapnak tőle; rajtuk a megszurt hely nagyon földagad és sokáig szokott tartani, mig a daganat lelohad. Másoknál — habár szintén fáj a szurás — a test föl sem dagad, izgalom nem következik utána, s pár pillanat mulva semmi különöset nem éreznek. Ha a kezdő méhész eleintén sürün kap szurást, teste annál hamarabb és könnyebben szokja meg a méhmérget, s 2—3 év mulva föl sem dagad többé. A fájdalom azonban mindig ugyanaz marad; részemről legalább bizonyithatom, hogy az utolsó méhszurás épugy sajgott, mint az első. Ha az embert egyszerre több szurás éri, veszedelmessé is válhatik az. Magam is bizonyságot tehetek erről, a mennyiben kezdő méhész koromban egy alkalommal ugy összeszurkáltak a méhek, hogy egészen eltorzulva, a legnagyobb fájdalmak közt 3 napig, orvosi gyógykezelés alatt, ágyban fekvő beteg voltam. Azóta már régen megszoktam a méhmérget, testem többé nem dagad föl, dacára, hogy sem dohányos nem lévén, s arcvédőt sem használván, néha nagyon sok szurást kapok.

A méhszurás okozta fájdalom enyhitésére s a méhméreg hatásának semlegesitésére ajánlott eljárásokra nem sokat adok, mert azt tapasztaltam, hogy a jónak tartott szerek nem igen használnak. Az ajánlott szerek közül csak néhányat emlitek föl; ilyenek: a salétromsav, a dohánylé, a borszesz, szalmiak, a nedves agyag alkalmazása és az ujabban jónak dicsért salicilsav, stb. A legegyszerübb, legolcsóbb és legkönnyebben alkalmazható ellenszer marad azonban a nyál, melyről már szóltam.

A méhszurásnak gyógyitó hatása is van, s bizonyos kórtünetekre jótékony szolgálatot tesz. Ilyenek: a reumatikus bajok, fejfájás, átalános levertség, stb., melyek a méhszurások következtében enyhülnek, sőt némely esetben meg is szünnek. A gyógyhatás a

Baumscheidt-féle gyógykezelésre emlékeztet, mely szintén a bőrre gyakorol ingert, sebesebb vérkeringést és kis mértékü izzadást idéz elő; *de itt az emberi szervezet fogékonyságától függ az eredmény, mely némelyeknél erősebben, másoknál gyöngébben nyilvánul.*

A méhszurás, ha nagymértékben történik, halálos kimenetelü is lehet, amit az állatokon megtörtént számos tapasztalati tény bizonyit.

LXXVII.

A méhek tájékozási képessége és szinérzéke.

A dolgozóméhek tájékozási képessége valóban figyelemre méltó. Amikor a méh első kiröpülését, vagyis tájékozó előjátékát megtette, a kaptár fekvését és irányát ugy megfigyeli és megjegyzi magának, hogy lakását mindenkor könnyen föltalálja, külső helyzetére biztosan visszaemlékezik.

Époly éles az anya emlékezete is, mely a nászutról hazatérve, kaptárát csak igen ritkán téveszti el. Vannak ugyan esetek, hogy ugy a dolgozóméhek, mint az anyák eltévesztik otthonukat, mely körülmény az utóbbiakra végzetes kimenetelü szokott lenni; mert ilyenkor idegen kaptárba, azaz más néphez mennek be, melyek azonban leszurják őket. De ismétlem, hogy ezen esetek ritkán szoktak előfordulni. Habár tény, hogy némely évben a nászuton több királyné vesz el, mint máskor, ez azonban nem annyira a tájékozási képesség fogyatkozásában, mint inkább az időjárás viszontagságaiban, annak változó, viharos jellegében leli okát. *Tapasztalásaim igazolják, hogy oly években, amikor sok a záporeső, a talaj átázott és a növényzet nedves, a veszteségek nagyobbak.* Nagyon egyszerüen magyarázható ez abból, hogy megtermékenyülés után az anya sok esetben a földre hull, hogy a holt here ölelkezésétől magát fölszabaditva, a kaptárba visszaröpülhessen; de ha ilyenkor nedves vetésbe, vagy fübe hullott és abból hamarjában ki nem bontakozhat, — azon sajátszerü tulajdonságánál fogva, hogy a dolgozóméhnél előbb megdermed — ott elpusztul. Igy jár azon anya is, amely sárba esik, mert besározódva nem képes hazaröpülni.

Amellett, hogy sajnálom, be is kell vallanom, miként a megtermékenyülés folyamatát még nem sikerült megfigyelnem. De láttam sárosan hazatérő anyákat, melyek bizonyságul szolgáltak arra, hogy — ha nem is mindenkor — mégis vannak esetek, amikor nászutján az anya földre hull és onnét igyekszik haza.

A herék korántsem oly pontos tájékozók, mint a dolgozóméhek és az anyák. Igazolja ezt ama körülmény, hogy: ha idegen

méhfajt tartunk méhesünkön, ezek heréi nem sokára más kaptá-
rokban is találhatók.

Hogy minő távolságra képesek a méhek röpülni, arról a
legmesésebb jelentésekkel találkozunk. Vannak méhészek, akik 8
órai távolságban vélték méheiket fölismerni. Báró Berlepsch $1^1|_2$,
dr. Dzierzon 2 órányira is találták méheiket a méhestől. *Sajnálom,
hogy e jeles szaktekintélyek észleléseit magaménak nem vallhatom, mert
$^1|_2$ mérföldnél nagyobb távolságban nem találkozhattam méheimmel.*
Előnyömre szolgáltak e vizsgálódás alkalmával kitünő jó szemeim,
melyeknek segitségével még távolról is okvetetlenül ráismertem
volna olasz- és cyprusi méheimre. Alkalmam lett volna efelől
akár hányszor meggyőződni, mert tanyám sajátságos fekvése
természetszerüleg elősegiti ezt. Tanyámon ugyanis a természet
3—4 nappal későbben fejlődik, mint a $^1|_2$ mérföldre eső, délies
fekvésü Temes-Gyarmathán. Már most — báró Berlepsch, dr.
Dzierzon és mások állitása után föltehető volna, hogy a tanyámon
levő méhek pl. az akác virágzásakor a faluba röpülnek mézért;
ámde ezt hosszu éveken át tartott legszorosabb ellenőrzés dacára
sem tapasztaltam. Ugyanezt állithatom a tanyámon diszlő mustár
virágzásának idején megejtett vizsgálódásomról, amikor a faluban
a mézelés silány, s dacára ennek, a falubeli méhek mégsem láto-
gatják a mustár virágát. Órákig figyeltem sokszor azon irányt,
ahonnét a gyarmathai méheknek jönniük kellett volna; s habár
a község ellenkező fekvésénél fogva a vendégméhek közeledését
könnyen fölismerhettem volna: bizony nem mutatkoztak azok.
Miértis nem hiszem, hogy a méhek $1^1|_2$—2 órai távolságra
röpülnek.

A méhek szinérzékére nézve sem egyeznek a vélemények.
Sokan állitják, mások pedig tagadják, hogy a méh a különböző
szint fölismeri. Az előbbiekhez tartozik a nagytekintélynek elismert
angol tudós: Sir John Lubbock, ki észleléseinek eredményeit
„About bee's" cimü munkájában közölte és megállapitotta azon
tényt, hogy a méhek képesek a szineket megkülönböztetni.

Én is e meggyőződést vallom, melyet bennem számos eset
erősit meg. Különben minden méhész saját tapasztalásából győ-
ződhetik meg efelől. Fesse csak más szinre kaptárának röpülő-
deszkáját, látni fogja, hogy méhei tétováznak, s csak azután vonulnak
be, ha kétségeskedésüket már legyőzték. Dacára, hogy a méhek
a szinek megkülönböztetésére is finom érzékkel rendelkeznek, a
kaptárnak, vagy röpülődeszkának más-más szinü megjelölését nem
tartom okvetetlenül szükségesnek, minthogy a méhek tájékozó
képessége oly kitünő, hogy az fölöslegessé válik. *Oly geometriai
pontosságu ez utóbbi, hogy a kaptárt csak nehány centiméternyire*

mozditván is ki helyéről, annak népe a régi, megszokott röpülési irányban érkezik haza, s mind a röpülőlyuk előbbi tájéka felé tart.

LXXVIII.

A méhek egyéb érzékei.

A méhek egyéb érzékei valóban bámulni valók és az embert e rovar iránti csudálkozásra ragadják. Hadd szóljak ezekről is.

1. Észrevehetjük, ha utána nézünk, hogy az épités és fiasitás szorosan összhangzó arányban áll a mézelés viszonyaival. Jó hordásban nagyobb mérvü tehát az épitkezés és petézés; ellenben: ha az apad, emezek is csökkennek. Kedvezőtlen időjárásban tünik föl különösen a méhek azon finom érzéke, mely csaknem az öntudatossággal határos, — mondjuk: előérzete, hogy a rajzási előkészületekkel fölhagynak, a nagy gonddal és szeretettel ápolt anyabölcsőket lerombolják, sőt képesek a here- és dolgozófiasitást korlátozni, de mi több: azokat még ki is dobálni; tisztán óvatosságból tevén mindezt, hogy készleteiket megtakaritván, a jövőt biztositsák.

2. A munkásság iránti érzékük igazán páratlan. E tulajdonságuknál fogva még a legtökéletesebb lénynek, az embernek is követendő mintaképül szolgálnak és e tekintetben már az ókortól kezdve példabeszéd tárgyát képezik.

3. Vagyonszerzési ösztönük szintén magasabb érzéki fejlettségüket jelzi, mely még a más tulajdonának rablás utján nyilvánuló elsajátitására is irányul.

4. Ingerült támadásaik, köpüiket védelmező intézkedéseik, valamint azon különös jelenség, hogy amidőn a kaptárt fölnyitjuk, rögtön neki esnek a méznek, gyomraikat csupán azon szándékból töltvén meg, hogy valamit megmenthessenek: új bizonyitékai magasabb állati ösztönüknek. Ugyanezen előrelátó intézkedés vezérli őket a rajzás alkalmával, amikor utravalóul és új háztartásuk első napjaira annyi mézet visznek magukkal, amennyi csak mézgyomrukba fér.

5. Tapasztalhatjuk, hogy a bekövetkezendő időváltozás iránt előérzettel birnak a méhek. Különösen föltünő pl., hogy: amikor az égboltozat borulni kezd, seregestől sietnek haza, mert sejtik, hogy rájuk nézve veszedelem következhetik be. Nem tartom humbugnak azon nézetet, hogy némely évben a méhek lakásának berendezési helyzetéből, készleteik mi módon való elraktározásából a közeledő tél jellegére is következtetni lehet. Mert ha pl. a költőtérben tömötten rakják el a mézet, vagy ha a kaptár héza-

gait gondosan és erősen beragasztják : kemény telet várhatunk ; ha pedig az ellenkezőt tapasztaljuk, enyhe télre számithatunk.

6. Legföltünőbb az anyának abeli sajátszerü érzéke, hogy a dolgozósejteket megtermékenyitett, a heresejteket pedig herepetével tojja be. Szintoly nevezetes körülmény az is, hogy azon esetben, ha az anyátlan népnek nincs módjában új anyát nevelni, a dolgozók közül vállalkozik valamelyik az anyai szerepre és iparkodik annak a munkáját végezni, persze : ki nem elégitő, meg nem felelő módon. De hát ennek nem ő az oka, hanem egyedül azon körülmény, hogy testi szervezete az anyaságra fejletlen.

Vannak azonban a méhek érzéki életében gyakran nyilvánuló tévedések is. Ilyen jelenségek :

1. Ha a méhek a röpülési irányt eltévesztik és más kaptárba vonulnak. Az anyákkal is megtörténik ez, ami rendesen életükbe kerül.

2. Előfordul néha, hogy a rajok az anyát minden látszólagos ok nélkül megtámadják, ostromolják és esetleg meg is ölik. Ily esetekről többször meggyőződtem és azt is tapasztaltam, hogy a közbejött segitség az anyát megmentette. Miértis tévedésnek kell e jelenséget tartanom ; mivel szándékos támadás esetén — aminőről a rajzásról szólva tettem emlitést — a méhek újból neki mennének az anyának.

3. Az álanyát épugy ápolják a méhek, mintha valóságos királyné volna ; sőt annyira ragaszkodnak hozzá, hogy később a rendes anyát sem akarják elfogadni.

4. Az anyátlan nép olykor a herepetére épit anyasejtet, az álcát királyi péppel táplálja, s azon reményben ápolja, hogy abból királynői ivadék lesz. Az ilyen álcák azonban, a természetellenes élelmezés folytán, még a sejtben elpusztulnak. Magam is ellenőriztem többször ilyen sejteket ; a pondró 9—10 nap mulva rendesen elpusztult.

Báró Berlepsch azt állitja (Die Biene, 195. l.), hogy néha üres here-, vagy himport tartalmazó sejtekre is épitnek a méhek anyabölcsőt. Dr. Dzierzon pedig oly esetekről is tud, — ámbár ezek az ő állitása szerint is nagyon ritkák, — hogy az anyabölcsőben levő ivadék tévedésből nem kapott kellő táplálékot és a legszebb anyasejtből csak dolgozóméh kelt ki.

5. Melyik méhész ne látott volna már egy cellában több petét is? Oly kaptárokban, melyeknek csekély népessége miatt a különben jól megtermékenyült és erős anya nem fejtheti ki petéző tevékenységét kellőleg, a szándékában igy korlátolt királyné egy-egy sejtbe több petét is rak. Dr. Dönhof állitása szerint (Bienenzeitung, 1859, 240. l.), ha egy cellában több pete van, s ezek

pondrókká fejlődtek, a méhek kiszíjják és kidobják azokat. Saját tapasztalásom ellene mond ennek, mert ugy észleltem, hogy ha egy sejtben több a pete, a méhek azokat még mint petéket távolitják el egynek a kivételével, melyből méh fejlődik.

6. Dr. Dzierzon egy másik tévedésről is megemlékezik, mely abban nyilvánult, hogy az anya a befödött fiasitásos cellákat sorba föltörte, de amelyeket a méhek nyomban ujból befödtek. (Bienenzeitung, 1854, 253. l.) Dzierzon szerint valószinüleg azért tette ezt az anya, hogy petéinek helyet keressen: mert mihelyt üres sejtek kerültek a kaptárba, a jelenség rögtön megszünt.

7. Azt is tapasztaljuk, hogy a méhek a szabadba tévedve, faágak, vagy bokrok közé épitik palotájukat.

Báró Berlepschnek igaza van, amikor azt mondja, hogy a méh az ő megszokott életmüködésében tévedhet. Más állatoknál is fordulnak elő ösztöni tévedések. A tyuk pl. a kövezeten is kapar és keres élelmet; a halak a horogra akasztott mesterséges rovar segitségével megfoghatók; a házi szárnyasok a tojáshoz hasonló fehér köveken kotlanak. A hasonló tévedések eseteit még azzal toldom meg, hogy sokszor megtörténik, mikép a kocák és tengeri nyulak saját fiaikat megeszik, a kancák agyonrugják csikóikat, a szárnyasok pedig tojásaikat idő előtt föltörik, stb.

LXXIX.
Áthelyezik-e a méhek a petéket és álcákat?

Némely méhész határozottan állitja, mások ellenben kétségbe vonják ezt. Hilbert, Rothe, Rotmann, stb. saját szemeikkel győződtek meg arról, hogy a méhek a petéket és álcákat egyik sejtből a másikba tették át és ott ápolták tovább. Sokan kereken tagadják ennek a lehetőségét, azzal okolván meg álláspontjukat, hogy bármily gyöngéden veszik is ki a méhek a petét, vagy álcát a sejtekből, s helyezik más cellába, azokat semmi esetre sem ápolják tovább, hanem kiviszik a kaptárból. Époly hihetetlen, hogy a pete meg ne sérüljön akkor, midőn a méhek rágóik segitségével a cellából kiveszik és másikba teszik át. Mert a pete egyik vége a sejt fenekéhez van ragasztva, s lehetetlen, hogy gyönge, lágy héja, t. i. a chorion ezen része az áttételnél meg ne sérüljön.

A dolog iránti fölötte élénk érdeklődésből már 1876 és 1877-ben többszöri kisérletet tevén, azon meggyözödés érlelődött meg bennem, hogy mindazok, akik a peték és álcák áttételét hiszik, tévednek. De hadd szóljanak kisérleteim.

Először is egy anyátlan és petéitől teljesen megfosztott nép fedődeszkájára papirost teritvén, álcákat ráztam ki arra és egy kis nyiláson át följönni engedtem a méheket. Eleintén lenyalták az álcákat, majd kiszítták és végre kivitték azokat a kaptárból.

Másodszor: egy petét a sejtből kiráztam papirosra, s onnét — anélkül, hogy bármivel is érintettem volna — egy anyátlan és petenélküli népnek egyik kitisztitott, kicsiszolt sejtjébe helyeztem. A méhek azonnal körülfogták a tojást, de csakhamar kiszítták és kidobták.

Harmadszor: egy anyátlan és petenélküli nép fenékdeszkájára három bepetézett sejtecskét tettem, várva az eredményt. Nem sokára lejött egy sereg méh, ostromolni kezdték a petét, de egyet sem vittek föl. Később ott helyben három anyabölcsőt épitettek a peték fölé és királynékat neveltek azokból maguknak. — Ugyanilyen népnek a röpülődeszkájára helyeztem tojással és álcával ellátott lépecskét, mely fölött nagy örömet nyilvánitottak a méhek, éjjel-nappal körülötte hemzsegtek, de a kaptárba be nem vittek semmit. Egy másik, hasonló néppel szintén igy bántam el; de ez sem vitte be a petét a kaptárba, hanem a röpülődeszkára helyezett sejtre épitett anyabölcsőt. Ezen jelenséget nemcsak magam figyeltem nagy érdeklődéssel, hanem a temes-gyarmathai összes méhészek csudálkoztak látásán. Az eredmény pedig az lett, hogy a nép a röpülődeszkán nevelt magának anyát.

Negyedszer: egy anyátlan rajocskát, szép, fehér mézeslépekkel egy kaptárba helyeztem, melynek tetődeszkájára egy petés lépdarabkát függesztettem. A nép otthagyta uj szállását, s inkább fölvonult a fiasitáshoz, semhogy onnét petét, vagy álcát hozott volna le.

Mindezen tények megerősitik bennem a fönebb is vallott meggyőződést, hogy t. i. a peték és álcák áthelyezésére nem képesek a méhek.

Mehring azon közlését (Bienenzeitung, 1873) tartom valónak, mely szerint az anya potrohán — meg nem magyarázható okokból — 3—4 frissen tojt petét talált már odaragadva, melyek végre cellákba hurcoltattak. Ebből — nagyon következetesen — azon elmélkedik, hogy a dolgozókkal is megtörténhet ez, t. i. *a pete hozzájuk tapad, melyet tovább cipelnek és végre egy cellába szintén leraknak, amit némelyek, akik ezt észlelték, a peték szándékos áttételének tartották.*

Tény azonban, hogy vannak anyák, melyek a lépeken járvakelve, petéiket elhullatják, miről magam is meggyőződtem. A jelenség okát a petézési ingerben keresem, mert az esetet csakis frissen megtermékenyült anyáknál láttam, melyeknél e fogyatkozásnak nevezhető tünet később megszünik.

LXXX.
Több érdekes kérdésről és jelenségről.

1. *A méhek nagyobbá fejlesztése.* — Az ujkor csudaszüleményei néha csakugyan a legfurcsább alakban mutatkoznak be. Ilyen ama állitás is, *hogy méheinket mesterséges uton képesek vagyunk valamivel nagyobbakra növelni.* A mód az lenne, hogy az anyát kényszeritjük a heresejtekbe is dolgozópetéket rakni; miáltal — mert a fiasitás nagyobb cellában fejlődik — a méh jobban megnőhet. Sokan meg is kisérlették ezt, a kaptárba csupán herelépeket rakván be. Ilyesmivel nem bibelődtem ugyan, de szemtanuja voltam több méhésznél, hogy az anya csakugyan dolgozópetével tojja be a heresejteket, s azokból valóban dolgozóivadék kel ki. Az ilyen munkásokat az illetők nagyobbaknak tartották, de én határozottan tagadom ezt, mert 1000 ilyen méhet s dolgozósejtből kelt ugyanannyi más munkásméhet megmérve, kideritettem, hogy semmi sulybeli különbség nincs köztük. Eszerint nagyobbak sem lehettek amazok, már csak azért sem, mivel a heresejtekben nevelt eme fiasitás mélyebben volt behártyázva, mint ahogyan a dolgozóméhköltés lenni szokott. A heresejtekre épitett anyabölcsőkben nevelt anyákat illetőleg szintugy azt tapasztaltam, hogy semmivel sem nagyobbak a rendes körülmények közt nevelt királynéknál. Ennélfogva a méhek nagyobbká fejlesztésének vágya — melynek megvalósulása körül hazánkban különösen a jeles szakképzettségü méhész és az Ungarische Biene volt szerkesztője: Reiter János, temesvár-mehalai tanitó buzgólkodott — az elérhetetlenségek közé tartozik. És ez igen természetes is; mert: habár az emlősállatok és szárnyasok célirányos és következetes, bővebb és intenzivebb takarmányozásával a testarányokat növeljük: a rovarok, különösen a méhek jobb tartása a test sulyára nem lesz befolyással, *ellenben más irányban*, t. i. *a pete terjedelmében érvényesül.* A takarmányozás minden állatnál életkérdést involvál, mert fejlődésüket — tekintetbe véve, hogy a hatás különféleképen nyilvánul — siettetni, vagy hátráltatni képes.

Ha azon föltevés megállhatná helyét, melyként a méhet bővebb cellában nagyobbá lehetne fejleszteni: már régen tapasztalnunk kellett volna, hogy az anyákra vonatkozólag is igy van. Ámde akár hányszor meggyőződtem, hogy nagyobb bölcsőből silány, kis anya kelt ki, mig a kisebb cella szép, deli királynőt szült. Véleményem szerint — minthogy az anyákat bármely bölcsőben egyenlően táplálják a méhek — a királynők terjedelembeli különbségének oka egyedül a petékben volna keresendő. A dolog elméletének magyarázatát a szárnyasok életéből meritem, melyeknek kikelésekor már látható, hogy egy és ugyanazon faju, de különböző nagyságu tojásból terjedelemben és sulyban is eltérő fiókák bujnak ki. Hogy ezt a dolgozóméheknél nem tapasztaljuk, igen egyszerüen onnét van, mert a munkásméh, mint fejletlen női ivadék, a cellában még tovább nőne ugyan, de kifejlődésének utját állja a sejt födele, melyet át nem törhet; miért is mindeñ dolgozóméh egyenlő testarányt ölt.

2. *Mikor pihennek, azaz alszanak a méhek?* Erre vonatkozólag báró Berlepsch, Die Biene cimü munkájának 403-ik lapján igy nyilatkozik: *A méheknek épugy szükségük van a testi nyugalomra, mint a többi állatoknak; aként elégitvén ki ebeli életszükségletüket, hogy a sejtekbe bujnak (nappal is), 10—15 percig pihennek, sőt tovább is mozdulatlanul maradnak ott és ez idő alatt valószinüleg alusznak.*

De mivel ezen jelenséget csak vajmi ritkán láthatjuk, amiről kivülem minden figyelő méhész meggyőződhetett; s mert 10—15 percig tartó pihenés a méh lázas tevékenységével szemben nem volna elegendő az elvesztett erők visszaszerzésére: az állitás helyességében kételkedem.

Hanem igenis hajlandó vagyok elhinni, hogy a méhek a nappali munkáról hazatérve, fürtben csüngve pihennek; mely alkalommal azt is tapasztaljuk, hogy a dajkálással elfoglaltak egyrésze hozzájuk csatlakozik, valószinüleg szintén pihenési szándékból. Tagadhatatlan, hogy az anya nem pihen annyit, mint a kijáró dolgozóméh. A figyelő kaptáron kétségtelenül és könnyü módon meggyőződhetünk erről, a család hamar áttekinthető levén; mely alkalommal ritkán fogjuk az anyát a fürtben csüngő méhek közt pihenve találni.

3. *Az öreg és tehetetlen méheket a nép elpusztitja.* A munkára többé nem alkalmas méheket a család népe a kaptárból kihurcolja és az éhenhalásnak teszi ki. E jelenség azonban a ritkaságok közé tartozik. A testi hibába esett méhek inkább az időjárás viszontagságainak áldozatává lesznek és a kaptáron kivül vesznek el; minek oka a méh rövid életében rejlik, mely a nyári időszakban 2 hónapnál tovább tényleg nem tart.

Hogy a dologra képtelen társaikat a méhek a kaptárból kicipelik, e körülmény is annak a bizonyitéka, hogy mily ébren ellenőrzik egymást és mézkészleteik iránt mily fösvények, féltékenyek, hogy még a becsülettel kiszolgált rokkantakkal szemben sem viseltetnek a megérdemelt kegyelettel.

4. *Az idegen méhek fölismerése.* Valamely család méhei — legyenek akár mily nagy számban — bárhol is, de kivált a kaptárban, ugy egymást, mint a család anyját, könnyen fölismerik

és hamarosan meggyőződnek, hogy saját testvéreikkel, vagy anyjukkal, avagy idegen törzsbeliekkel állanak-e szemben. A kaptárba bejutni igyekvő idegen méheket rögtön elüzik, a lakását eltévesztett anyát pedig leszurják. Tévednek, akik azt hiszik, hogy a szaglás utján tájékozódnak csupán, amikor egymást fölismerni igyekeznek a méhek. Mert habár szaglási érzékük kitünő, s dacára, hogy egyesités alkalmával borsosmentával, vagy mosuszszal megföcskendezzük is őket: sokszor mégis marakodnak egymással; ellenben, ha mézzel teleszítt méheket egyesitünk más néppel, az ilyenek — ha nem is egyszaguak — rögtön összebarátkoznak. Az következtethető ebből, hogy egymás fölismerésében nemcsak a szaglás, hanem a látás és tapintás is vezérli a méheket. A méheit megfigyelő minden méhész meggyőződhetik erről. A saját otthonába visszatérő méhet, ugyanazon család népe, a röpülődeszkán sokszor minden látszólagos ok nélkül megtámadja; indulatossága azonban rögtön megszünik, mihelyt csápjaival meggyőződött, hogy tulajdon testvére az érkező. Az anyákat is minduntalan tapogatják a méhek és ha fölismerték, hogy valóban az övék, csak azután nyalogatják, vagy etetik.

5. *Meleg és hideg épitkezés.* Ha a lépek a kaptárban a röpülőlyukkal párhuzamosan haladnak, mint pl. akár az álló, akár fekvő kaptárban, melyeken a röpülőlyuk a homlokdeszkán van alkalmazva, s a lépek szélességükben e mögött csüngnek, ezen épitkezési módot meleg épitkezésnek mondjuk. Ha ellenben a sejtek éleikkel irányulnak a röpülőlyuk felé — mint azon összetett kaptárokban, melyeken a röpülőlyuk oldalt esik — ezt hideg épitkezésnek nevezzük. Meleg és hideg épitkezést a kasokban is egyaránt találunk; sőt néha keresztben, vagy csigaalakban is épitnek a méhek.

Némelyek az egyik, mások pedig a másik épitési módot tekintik előnyösebbnek. A meleg épitkezés hivei azzal okolják meg álláspontjukat, hogy a hideg behatolásának jobban gát vettetett; amazok pedig azzal érvelnek, hogy a kaptárból könnyebben párolognak ki a büzös gázok. A két módnak egymással szemben kiemelhető elsőbbségét — hosszas tapasztalataimból kiindulva sem jelezhetném. *Igaz ugyan, hogy a hideg épitkezésre berendezett iker-kaptárokban legjobban telelnek a méhek; de ennek föoka a szabadépitkezésre szolgáló térben kereshető inkább, melyben a méhek nagyon jól érzik magukat. A meleg vagy hideg épitkezésü állókaptároknál azonban különbséget nem tapasztaltam még. Ennélfogva bátran ki merem mondani, hogy az épitkezési mód — ha a lépek a kellő távolságban helyezkednek el — a méhek létére befolyással nincs.*

LXXXI.

A méhek elkábitása.

A méhek elaltatását azon félénk méhészek szokták eszközölni, kik valamely műtétet csak személyük teljes biztonságában kivánnak elvégezni. Az ügyes méhész ilyesmire nem szorul; méheinek kezelése körül mellőzi is azt. Egý esetben mégis hasznát vehetjük a méhek elaltatásának, t. i. őszszel, amikor az eléggé nem kárhoztatható durvasággal kén általi halálra itélt méheket akarnók a barbárkodóktól megmenteni és saját méhesünkben hasznositni. E célra puskaporból apró töltényeket készitnek, melyeket a kasok alá helyezve, kanóccal meggyujtanak. A robbanásra a méhek elkábulnak és aláhullanak; a kast párszor megrázván, a még fönmaradt többi méh is leesik, mire a kas alá teritett lepedőt sietve összefogja és az ott levő méheket valamely üres ládába rázza a méhész, hol azok rövid idő mulva magukhoz térvén, további rendelkezésünkre állanak.

A puskaporon kivül alkalmas kábitószer még a pöffeteg, melyből egy diónagyságnyit égetvén el, a hatás meg lesz; csakhogy ez nincs mindig kéznél, vagy csak igen drágán kapható. A legjobb és legolcsóbb kábitószert maga a méhész készitheti ugy, hogy régi zsákvászondarabkákat szeszben föloldott salétromba áztat s a napon megszárit. Ugy ég ez, mint a kanóc és füstjével a méheket rövid időre elkábitja. *A chloroformot határozottan elvetendőnek tartom; mert a mellett, hogy költséges, oly erős hatása van a méhekre, hogy utána sokáig nem ocsudnak föl, sőt igen sokan el is pusztulnak tőle.*

Számtalan esetből meggyőződtem, hogy az ily módon elkábitott méhek a multra nézve annyira elvesztették emlékezőtehetségüket, hogy ugyanazon méhesen más néppel bátran egyesithetők: régi helyükre nem röpülnek többé vissza.

A puskaporon és salétromon kivül minden más kábitószer árt a méheknek s őket hosszabb időre tehetetlenekké teszi; *egyuttal drágább is*, mellőzendő tehát.

A puskaporból készült töltények alkalmazásánál — $1^1|_2$ cm. átmérő mellett 2 cm. hosszuakra szokták csinálni — ne feledjük, hogy a *kiépitett, erős kasok népét* előbb, ha csak részben is, jó lesz kidobolni; mert a puskapor fölrobbanása a nagy tömegben levő méhek közül soknak lepörzsölné a szárnyát, s ez mindenesetre elég kár lenne. De ha a munka igen sürgős volna és a méhész nem érne rá a kidobolásra, ajánlatosnak tartom előbb egy gödröcske készitését, melynek fenekére a töltényt helyezzük és az erős, népes családot a gödör fölé boritva kábitjuk el; ily módon mégsem okoz oly nagy kárt a fölrobbanás.

A mütétnél a kas alját kendő-, vagy lepedőfélével körül kell csavarnunk, hogy a puskapor, vagy salétrom füstje el ne illanjék és a hatása kellőleg meglegyen.

Méhészkedésem óta sok ezer kassal bántam el az emlitett módon, rendesen őszszel tevén ezt, mert ilyenkor szedtem össze az ugyis halálra itélt méhecskéket, hogy saját, gyöngébb törzseimet a kivánt állapotba helyezhessem. Nyereségem kiszámithatatlan lett, mert már kora tavaszszal kihasználhattam az erdei, később a repcevirágzás jó mézelésének kedvező alkalmát, melyek rendesen gazdagon fizetnek.

A méhek még néhol szokásban levő lekénezése a köznép által, mint eléggé nem helytelenithető, kegyetlen eljárás, jórészt aként is beszüntethető, ha az okszerü méhész inkább elkábitja a halálra szánt méheket, miáltal az emlitett, semmi esetre sem kicsinylendő eredményt éri el. A köznép is elég szánalmas a méhecskék iránt; szivesen át is engedi őket az elkábitásra. Eléggé bizonyitja ezt azon előzékenység, melylyel még a románajku méhészek is, a legtávolabbi községekből értesitettek, hogy készek méheiket az elkábitásra még ingyen is átengedni.

LXXXII.

Méhészkedési elveinkről nagy forróság és a mézhordás teljes szünetelésének idején.

A mily fölviditó a méhészre a gazdag hordás, époly lehangoló a mézelés szünetelése. A mézforrások megapadásának rendesen a tartósabb szárazság az oka, mely sokszor örömeinket és legszebb reményeinket rombolja le. Az időjárás szülte eme válság pedig *leginkább a rajzás után szokott bekövetkezni,* amikor a hordás a szaporulatra nézve életkérdés. Igen természetes, hogy ilyenkor majdnem kétségbe esik a méhész, látván, hogy méhei nem épitnek, a fiasitás csekély arányu, sőt néha ki is dobják azt a méhek, a létszám napról napra fogy; az idő mostohaságának következményei tehát szembeszökők. A méhek magatartása ilyenkor föltünő, melyet dr. Dzierzon, a Bienenzeitung 1875-iki évfolyamában, nagyon találóan igy jellemez: *A méhek téli nyugalma s nagy forróság és szárazság idején tanusitott maguktartása között annyiban van eltérés, hogy télen tétlenül és mozdulatlanul egy gomolyban pihennek, mig a nyári nagy forróság alkalmával a kaptárban elszórva, ugyanolyan közönyösséggel adják át magukat a tétlenségnek.*

Tartós szárazságban azt is tapasztaljuk, hogy a méhek a herefiasitást nem türik meg, sőt a dolgozófiasitást is kihurcolják.

Az okszerü méhész nem engedi azonban méheit azon állapotra jutni; hanem még áldozatok árán is igyekszik a rendes viszonyt föntartani. Ez pedig ugy érhető el, ha mesterséges módon pótoljuk azt, amit a természet nem ad meg, azaz: etetjük méheinket. Legolcsóbb módja ennek a Weigandt-féle etetési rendszer, melylyel szép eredmények érhetők el.

Figyelembe veendő ilyenkor, hogy a keverékhez a rendesnél több vizet tegyünk és ezt következetesen folytassuk, mig a várt hordás be nem következik. Az eljárás költséges ugyan, de ez az egyetlen helyes módja méheink, különösen a rajok ilyenkori kezelésének. A rajoknak sem mézkészletük, sem fiasitásuk nem levén, a kedvezőtlen időjárási viszonyok közt okvetetlenül tönkremennének, ha mesterséges uton nem segitnénk rajtuk. Egyébiránt a költség nem hogy elveszne, hanem — mivel a borura rendesen derü következik — nemsokára kamatostól visszatéritik azt méhecskéink. Hányszor van ez a mezőgazdaságban is igy! A földmüves kénytelen pl. földjét minden haszon nélkül megmunkálni, hogy a jövőt biztosithassa. Vagy nézzük csak a szőllősgazdát, ki a fagy dacára, mely termését teljesen tönkretette, nem-e kénytelen szőllejét tovább is munkálni? — különben a jövő évben sem szüretelne.

Bennünket is ezen elv vezéreljen; mert habár az etetési költségek néha elég telemesek, amennyiben ily mostoha időjáráskor egy raj ¹|₂—2 kgr. mézet és ehez arányitott lisztet könnyen fölemészt, mindazonáltal esztendöre 10—20 kgr., vagy még több mézzel is kedveskedhet gazdájának.

Ily esetekben ne fukarkodjunk tehát, mert aki fukar, mindig duplán fizet.

LXXIII.

Haszon mézelés nélkül.

A XXXIV-ik tétel alatt fölemlitettem már, hogy a szüzsejtgyártás segitségével képesek vagyunk mézkészleteinket a pörgetett mézhez viszonyitva jobb áron és nagy haszonnal értékesitni. A pörgetett méz és az előállitott szüzsejt közötti árkülönbözet természetesen akkor is meg van, ha a célra nem tulajdon mézét, hanem vett árut használ a méhész. Ennélfogva, ha a méhésznek ezuton forgatható, bár kisebb tőkéje is van, ugy kamatoztathatja azt a legjobban, ha őszszel a leölt kasokból mézet vásáról, azt osztályozza, azaz: a himporos sejteket kiszedi, keretekbe illeszti, tavaszszal pedig a méheknek beadja; a többi lépet végre kipörgeti. Csurgatott árut is lehet vásárolni, melynél nem annyira a szin, mint inkább az íz veendő tekintetbe. Az összevásárolt méz junius—juliusig eltartandó, amikor a szüzsejt készitését meg lehet kezdeni. Korábban nem ajánlatos a megkezdés, mert a szüzsejtben a méz megjegecedik, s árbeli csökkenést okoz. A jelzett időben kezdődő gyártást októberhó közepéig lehet folytatni.

Ezen eljárásnak leginkább akkor van nagy jelentősége, mikor a méhészet a rossz mézelési viszonyoknál fogva különben semmit sem jövedelmez; mert dacára az időjárás mostohaságából eredő kedvezőtlen állapotnak, hasznot mégis képesek leszünk kimutatni. Igaz ugyan, hogy ehez — mint már emlitém — egy kis tőke kell; de hát melyik ipart, vagy üzletet lehet pénz nélkül megkezdeni!? Vegyük csak elő ujból a mezőgazdaságot és ennek egyik legfontosabb ágát, az állattenyésztést; azonnal meggyőződünk, hogy annak a megkezdéséhez és folytatásához mily összegek szükségesek. Különben a szüzsejtgyártással kiki a saját pénzbeli ereje szerint intézheti a dolgot.

A szüzsejtek előállitására fölhasználandó mézet teljesen folyékony állapotban kell a kaptárba beadni. A megjegecedett méz fölforralandó tehát és kihülve adandó a méheknek. A sürü, kemény mézhez, a fölforraláskor jó lesz némi vizet keverni. A már egyszer fölforralt méz a sejtekbe jutva sem jegecedik oly hamar. Hogy pedig a méz fehér, vagy sárgás szine sötétebbé ne legyen, ajánlatos a forralást gőzben eszközölni, hol a szin legkevésbé sem változik meg és szép, világos, tetszetős szüzsejteket kapunk belőle.

A méheknek a szüzsejtek készitése körül kifejtett szorgalmát megfigyelve, valóban gyönyörü látvány tárul szemeink elé. A dolog főérdekessége abban áll, hogy e módon a legrosszabb termést is ellensulyozhatjuk, mivel a szüzsejtek előállitása annyit jövedelmez, mint amennyit a legjobb mézelés szokott eredményezni.

LXXIV.

A méhek tulszaporitása és a mézelés előmozditása.

Többször hallottam azon különös nézet nyilvánitását, hogy a méhcsaládok nagyon elszaporodnának, nem lennének képesek annyi mézet összegyüjteni, amennyi az élelmezésükre szükséges. Ha millió, meg millió méh mellett a néha igen gyér flórát gondoljuk, természetesnek tarthatnók e félelmet s az afölötti tünődést. Magam is gondolkozóba estem e tárgy fölött; de a nagyobb méhessel való méhészkedés félelmem alaptalanságáról meggyőzött és aggályaimat teljesen eloszlatta.

Föltünő körülmény, de való dolog, melyet a méhészközönség minden bizonynyal szintén észlelt már, *hogy a méhek a kaptárt néha a legszebb mézzel rakják meg, pedig nem valami nagy bőségben mutatkozik a virág; holott máskor annyi a flóra, hogy örömtől sugárzó arccal néz körül a méhész, de ha este felé megvizsgálja a kaptárt, nem hisz szemeinek, mert bő készlet helyett üresség tátong a szegény méhész elé.*

De térjünk vissza a méhek tulságig vélt tenyésztésének kérdésére s lássuk, lehet-e az efölötti aggodalomnak alapja. Hazánkban még nem ismerek vidéket, hol tulsok volna a méh. Vegyünk pl. Kis-Jécsát, Torontálmegye e buzgó községét, hol ahány lélek, annyi a köpü, azaz 1700, sőt néha ezen is fölül van. Vagy nézzük Temes-Gyarmathát, hol a földmüvesek és iparosok 5—600 méhcsaládot tartanak, magamnak is 3—400 van. De mivel ez a sok méhtörzs rajzik is, a méhcsaládok száma — jó esztendőben — a vándorlás idejéig 2000—2500-ra is fölszaporodik. *Pedig minél inkább szaporodtak a családok, annál jobbak, — ellenben: minél csekélyebb volt az állomány, annál selejtesebbek is voltak azok.* Mi sem bizonyithatja ennél jobban ama elvitázhatatlan tényt, hogy: ha a virány gazdag, száz, meg száz raj sem győzi a nektárforrásokat kiapasztani; *holott kedvezötlen időjárásban egy család is éhen pusztulhat ugyanott.* Hogy a tulszaporodás okozta veszély a természetben egyátalán be nem következhet, akár hány példa bizonyitja. Gondoljunk csak pl. az 1877-iki évben Indiában és 1879—1880-ban Chinában uralgott éhinségre, mely az utóbbi birodalom lakosságát 400 millióról 350 millióra apasztotta; gondoljunk a különféle ragadós betegségek dühöngéseire, az emberirtó háborukra, stb., melyek mind megannyi tényezők, mik az emberiség tulszaporodását gátolják. De még sokkal nagyobb mértékben észlelhetjük e jelenséget az állatok körében. Hányszor találkozunk az egerek, hernyók, csigák, sáskák, stb. millióival, melyek az emberi észnek, ügyességnek és leleményességnek ellenállnak és ha fajuk rohamos szaporaságának megfelelőleg elterjednének, létünket is fenyegetnék; de a természet öröktörvényei könnyedén háritják el a legnagyobb bajokat is és oly tényezőket szerepeltetnek, melyek a férgek millióit megsemmisitik, s a fölháborodott emberi kebelbe a nyugalmat és bizodalmat visszaállitják.

A természetnek a tulszaporodás elleni hasonló beavatkozását tapasztaljuk a méhészetben is. Nevezetesen: vannak évek, amikor a rajok bőségben jelentkeznek és rendkivül jól fejlődnek; ellenben olyan viszonyok is következnek, hogy szaporulatról szó sincs, sőt az állomány létszáma a kényszerült egyesités folytán apad, az éhség és kedvezőtlen időjárás miatt pedig a méhek tetemesen megritkulnak.

Mindamellett azokhoz tartozom, kik a méhek életének kutforrásait szaporitni a legmelegebben ajánlják. Kivánatosnak tartom

tehát oly növények termelését, melyek a méhek részére jó lege-
lőül szolgálnak. Ilyenek: a fehér, vagy réti lóhere, lucerna, mályva,
uborka, tök, napraforgó; de különösen ajánlom a *dinnyét, mustárt,
és óriás herét* (Medicago falcata), melyek amellett, hogy gazdászati
fontosságuak, egyszersmind a méhészetre is rendkivül hasznosak.

Mint lelkes *dinnyetermelő*, sok évvel ezelőtt rámutattam már
ezen gazdasági irányra, mely a kisebb birtokos osztálynak szép
jövedelmet biztosit. Ebben is azonban, mint mindenütt, az oksze-
rüség követendő; s épen ezért leginkább az oly dinnyefajok ter-
melését ajánlom, melyek nemcsak az ínynek, hanem egyuttal az
export lehetőségének is megfelelnek. Ilyenek: első sorban a
„fine d' Angleterre" és a „de Cavallon", másod sorban a „Tur-
kesztán" és a „Prescott de Paris."

A mustár vetését ott ajánlom, hol a repce kipusztult; ezen
esetben — jövedelmezőségét illetőleg — páratlan e növény, mely
frissen trágyázott földben nagyon jól fizet. Ha virágzása előtt
egy - két langyos esőt kap, mézelés tekintetében a repcével
vetekedik.

Az óriás here egész nyáron át virit, minden más herefélénél
gazdagabban mézel. Legcélszerübb az óriás herét árkok partjára
vetni, hol azután minden gondozás nélkül, magától diszlik és már
az első évben élvezhetjük a nagyszerü hatást, melylyel a méh-
családok gyarapodására van. Miértis terjesztését különösen az
egyesületeknek ajánlom, mert ezzel nagy hasznára volnánk a méhé-
szetnek, s melyért minden méhész bizonyára köszönettel adóznék.

Kitünő mézelő növény továbbá a godirc (Asclepias syriaka),
melyből 1874-ben 100 drb. gyökeret hozattam s azzal 1883-ig
félholdat beültettem. Mézelés tekintetében nem ismerek oly
növényt, mely ezt fölülmulhatná. Már az is örvendetes tulajdon-
sága, hogy épen akkor virágzik, t. i. julius hó elején, amikor
kevés a méhlegelő és virágzása majdnem három hétig tart. További
haszna azonban kétes, amennyiben termékének, azaz selymének
szedése annyi bibelődéssel és időveszténél jár, hogy erről lemond-
tam; pedig selyme oly szép és lágy, hogy bármely finom selyem-
mel vetekedhet. Ültetését szintén az árkok partjára ajánlom; az
első két évben jó lesz megkapálgatni; később azonban ugy elbo-
krosodik, hogy minden más növényt elfojt.

A fák és cserjék ültetése mindenek fölött legajánlatosabb.
Hazánk népének a faültetés és ápolás iránt még ma is léptennyo-
mon nyilvánuló közönyösségét látva, valóban fájdalom lepi
el szivünket. Mily kietlenség tárul elénk pl., ha az Alföld rónáin
utazunk, s egyetlen fával, egy árva bokrocskával sem találkozunk,
melynek árnyékában a kimerült vándor megpihenhetne. Pedig

nem hiányzik a fásitási törvény, melyben faiskolák létesitése és fák kiültetése el van rendelve. Utasitás is adatott ki a községek számára, hogy e törvénynek eleget tenni miként kelljen; sőt büntetés szabatott az olyanokra, akik eme törvényeknek ellenszegülnének. Ámde nincs közeg, aki az üdvös rendelkezéseknek érvényt szerezne, a végrehajtást ellenőrizné; a nagyközönség pedig és kivált a földmüves osztály, közönynyel viseltetik a kérdés iránt, mint amelynek rögtöni előnyét, hasznát, gyümölcsét nem élvezi.

Pedig a rendszeresen eszközölt faültetés áldásos volta, kiszámithatatlan sokoldalu előnyei kétségtelenek. Példák erre az oly vidékek, hol a gyümölcstermelés el van terjedve és tetemes jövedelmet biztosit, vagy ahol az utak, táblák, határok szélei fákkal szegélyezvék, melyek, mint szerszámfák is — kivált, ha akácot, gledicsiát, ailanthust stb. ültetünk — sok jó szolgálatot tesznek. De hol vannak még a hárs, gesztenye, kőris, szil, topolya, a sokféle fűz, melyek mind megannyi disz- és haszon-fái a gazdaságnak és méhtenyésztésnek egyaránt.

Áttérve a virágokra, mint évelőket ajánlom a borágót (Borago officinalis), izsópot (Hyssopus officinalis), fekete gyopárt (Origanum heracleaticum), a folyton virágzó kerti kökörcsint (Anemone chinensis), légykapót (Apocynum androsaemifolium), a pompás tárnicsot (Gentiana acaulis), az indiai szamócát (Fragaria indica), a hunyort (Helleborus), közönséges mályvát (Althaea rosea), a homokhurt (Arenaria sibirica grammifolia), a tavaszi héricset (Adonis vernalis), a gúlaalaku sisakvirágot (Acanthus latifolius), a százszorszépet (Bellis perenis), az ezüstfehér zsályát (Salvia argentea), stb. — Végre néhány nyári virágot (melyek t. i. minden évben ujra vetendők) is fölemlitek, melyek hazánkban kitünően mézelnek; mint: a rezeda (Reseda odorata), a magas oroszlánszáj (Antirrhinum majus), bársonyka (Amaranthus), a nagyvirágu rézvirág (Zinnia elegans), az illatos csudavirág (Mirabilis jalapa), stb. De mindezeknek — néhány diszkertet kivéve — hire sincs nálunk.

Ültessünk tehát fákat, bokrokat és virágot, ne sajnáljuk a fáradtságot. Szebb emléket egyikünk sem hagyhat maga után, mint egy terebélyes szép fát, mely ültetőjének nevére a következő nemzedéket mindenkor emlékeztetni fogja; és ha magunk már, vagy még nem is élvezhetnők a faültetés hasznát; ne legyünk szükkeblüek, s gondoljunk azokra, kik utánunk következnek.

Végre, mint a mézelés előmozditóját, a sejtközfalak alkalmazását és a vándorlást ajánlom, amikről már előbb részletesen megemlékeztem.

LXXV.

Néhány észrevétel a Dzierzon-féle ikerkaptár kezeléséről.

Sok méhésztől hallottam már, hogy az ikerkaptárt elitélték és mint elvénült rendszert, a lomtárba helyezték. Különösen kifogásolják rajta a szabad épitkezési tért, melynek annyi alkalmatlanságot tulajdonitnak, hogy inkább nem méhészkednek vele. *Egyenesen kimondom, hogy az illetők nem értenek a méhészethez, vagy talán nem is foglalkoztak azzal gyakorlatilag; mert különben a tapasztalattal homlokegyenest ellenkező ilyen nyilatkozatot nem kockáztathatnának.*

Az általam leirt ikerkaptár (keretekkel) oly egyszerüen és könnyen kezelhető, hogy ismételve a legjobb rendszerünek jelentem ki. *Állitásomat tisztán a gyakorlatból meritett tapasztalatra alapitom, mely egyedül van hivatva a kaptárok dolgában is irányt adni.*

Igaz ugyan, hogy a szabad épitkezésre szolgáló tér miatt a kezelés első pillanatra alkalmatlannak mutatkozik; de ha közelebbről vizsgáljuk a dolgot és a kaptárral méhészkedünk, meggyőződünk arról, hogy ama előitélet tévedésen alapszik. Mert — eltekintve azon nagy előnytől, mely szerint a szóban forgó tér a kitelelést biztositja — a méhek természeti hajlamának a kaptár alakja teljesen meg is felel; kezelése pedig oly csekély fáradtsággal jár, hogy az emlitett kifogások alaptalanokká válnak. Hiszen ha igaz volna azon állitás, mikép az ikerkaptár nehezen kezelhető: hogyan lennék képes száz, meg száz ilyen lakásban levő méhcsaládot csekély erővel kezeltetni; nem volna-e czélszerübb az ikerkaptárok szaporitása helyett inkább más, kényelmesebb rendszert alkalmaznom, mely mindama hangosan hirdetett előnyöket magában rejti, melyekkel az uj és legujabb kaptárföltalálók az ő méhlakásaikat népszerüsitni szeretnék.

De épen azért, mivel meggyőződtem, hogy oly kaptárrendszer, mely az ikerkaptár előnyeit csak megközelitne is, nincs: ennélfogva ehez ragaszkodom és a méhészet érdekéből minden uton-módon terjeszteni iparkodom.

Az ikerkaptár kezelése nagyon egyszerü. Mielőtt benne a rajt elhelyeznők, a nép arányához képest 2—3 keretet akasztunk be. A raj fejlődését — tudomás szerint — elősegitjük, ha a keretek ki vannak épitve, vagy sejtközfalakkal ellátva. El ne mulaszsza a méhész továbbá a szabad épitkezésre szolgáló tért lépdarabokkal — melyek minden méhesen találhatók — kiegésziteni. A méhek csakhamar odaragasztják ezeket a kaptár tetődeszkájához és a keretekhez. *De épen emiatt halljuk az ikerkaptárt elitélő ama ellenvetést, hogy az odaragasztás — mivel kés nélkül müködnünk nem lehet — oly kellemetlenné teszi a kezelést, hogy az illetők inkább nem is méhészkednek vele.*

A kifogás azonban nem áll. Mert: habár az épitkezésre szolgáló térben elhelyezett sejteket a méhek kezdetben a keretekhez ragasztják, tévedés azt hinni, hogy azokat — valahányszor elválasztjuk — ujból a keretekhez épitik. A gyakorlat határozottan meggyőz bennünket arról, hogy: ha a keretek felső lécét a szabad épitkezéstől egyszer elválasztottuk, azt a méhek többé oda nem épitik és a keretek ezentul kés nélkül is mindenkor, egyszerüen a fogó segitségével, kivehetők lesznek. Ügyelni kell arra, hogy a 7 cm. magas térbe csak dolgozólépek tétessenek, mert a heresejtek — melyeket az erős család anyja okvetetlenül bepetézne — sok kárt okoznának. Akinek lépei nem volnának, sejtközfalból szeldelt szalagokat ragaszthat a tetődeszkára, melyek a kivánt célnak meg fognak felelni.

Miután Dzierzon ikerkaptára különösen a vándorlásra fölülmulhatatlan, ezirányban főleg hazánkban — hol a kulturák változékonyságánál fogva a mézforrások az ő kincseiket oly szeszélyesen, majd itt, majd amott tárják föl — nagyfontosságu. De mindenki be fogja látni, hogy a Dzierzon-féle ikerkaptár az ő eredetiségében, t. i. léceivel meg nem maradhatott, már azon okból is, mert összehasonlitó próbákból kipuhatoltam, hogy a lécekkel ellátott népek semmivel sem fejlődtek, vagy teleltek jobban, mint amely törzsek kereteket kaptak. Az ikerkaptár a szüzsejtgyártásra is alkalmas, mert a petézésnek szintén határt lehet benne vetni. A Hannemann-rostély aként alkalmazandó, hogy a szabad épitkezési térben levő sejtek egy részét azon keretig kivágjuk, melyhez a rácsot támasztani szándékozunk, ugy, hogy az egész tér, t. i. a tetődeszkától a kaptárfenékig elzárul. Ily módon époly kényelmesen állithatjuk elő a szüzsejteket, mint az állókaptárokban; sőt — miután az ikerkaptárral vándorolni lehet — oly vidéken készittethetjük benne méheinkkel a szüzsejtet, hol a természet kedveskedése is hozzájárul a célhoz.

Végre: az ikerkaptár könnyedén kezelhetősége ott is előnyül szolgál, ahol mürajokat kivánunk okvetetlenül készitni. A kaptárnak más helyre való egyszerü áttétele azt eredményezi, hogy a kijáró méhek mind a régi helyre térnek vissza, hova a méhész egy üres kaptárt állit, melybe szépen bevonul a nép. Egy-két bepetézett lép, egy anya, néhány sejtközfal és kész a család, mely szintén az ikerkaptár előnyeit dicséri.

LXXXVI.
Őszi vándorlás.

Azon esetben, ha közelünkben a nyár utóján már gyönge volna a hordás, mig a távolabb környéken pohánkavetések, vagy a tarlókat ellepő tisztesfü diszlik: a méheinkkel való oda vándorlás a legtöbbször gazdagon fizet a méhésznek. Utánzásra méltó például szolgálhatnak e tekintetben a lünneburgiak, kikre nézve a hangára való vándorlás életkérdést képez. Eljárásukat Lehzen György, Die Hauptstücke aus der Betriebsweise der Lünneburger Bienenzucht cimü jeles munkájában élénken és részletesen leirja.

A vándorlással hazánkban is foglalkoznak, egyes méhészek nagyon szép eredményeket érnek el, sőt némely évben egyedül a vándorlás által mutathattak föl hasznot. Azért a kezdő méhészre nézve is már ajánlatos, ha méhesének szervezésekor az emlitett körülményt figyelembe veszi és méhészetének legalább egy részét a vándorlásra rendezi be.

Hosszas méhészkedésem óta több esetet emlithetek, melyek mind arra mutatnak, hogy csakis az őszi, azaz a tisztesfüre való vándorlásból volt hasznom és egyuttal ennek köszönhettem, egyedül, hogy télire egész méhesemet elláthattam eleséggel. Mily roppant költség-megtakaritás volt ez: azt csak az fogja érteni, aki tudja, hogy 900—1000 méhcsaládnak élelemmel való ellátása mennyibe kerül.

Az őszi vándorlás tehát jóval nagyobb fontosságu, mint a tavaszi. Mert — eltekintve azon nagy jelentőségü körülménytől, hogy a méhek kitelelését biztositjuk — még azon előnyben is részesülünk, hogy az őszi jó mézelés folytán a népesség — ha nem is gyarapodik ugy, mint tavaszszal — de nem is fogy, mivel a méhek addig, amig a hordás tart, fiasitnak is.

Az őszi vándorlásra irányuló intézkedések ugyanazok, mint tavaszszal. A kaptárban esetleg található telt keretek azonban kipörgetendők, miáltal nemcsak a kaptárok lesznek könnyebben vihetők, hanem egyuttal a lépek netaláni összetöredezésének is elejét vesszük; ami, kivált julius-augusztusban, a nagy forróság miatt, könnyen megtörténhetik. Figyelemmel legyünk továbbá arra, hogy a népes családok kényelmesen, össze nem szorulva helyezkedhessenek el a kaptárban; aként eszközöljük ezt, ha üres lépeket függesztünk a kaptárba, miáltal a népnek több levegő jut s a biztonság megnyugtatóbb lesz. Ha a kaptár esetleg nagyon tele volna néppel és fiasitással, ajánlatos néhány költéses lépet a rajtuk levő méhekkel együtt gyöngébb családhoz áttenni és igy a törzseket lehetőleg egyenlősitni; a kiszedett telt keretek helyére üreseket rakunk be. Ajánlom, hogy utközben a röpülőlyukak ne legyenek elzárva; sőt tikkasztó melegben, kivált erős családoknál, az ajtók is nyitva maradjanak. A röpülőlyukra és nyitva hagyott ajtóra ritka szövetü vásznot, vagy sűrü dróthálózatot (rostaszövet) alkalmazunk, a levegő szabad közlekedését eszközölvén ezzel, amire a vándorlásnál szintén gondos figyelemmel kell lenni. Az erős családokat aként is előkészitettem már a vándorlásra, hogy az ajtót és ablakot is levettem, a dróthálózatot pedig kivül alkalmaztam és hogy a keretek ki ne mozdulhassanak, szögekkel szoritottam azokat a kaptár belső oldalaihoz.

Évek hossza óta vándorlok száz meg száz kaptárral, tavaszkor és őszszel; de még egy családom sem fuladt meg. Legtöbb veszedelmet a mézzel telt lépek okozhatnak, melyek a rossz uta-

107. ábra.

kon könnyen összeroncsolódván, a méhek a kiömlő mézbe fuladhatnak. Az uj, gyönge lépekkel szintén kényes dolog a vándorlás, mivel a rajtuk függő méhek sulya alatt és a rázkodás következtén könnyen leszakadnak. Az első eshetőség elkerülésének nagyon egyszerü módját, t. i. a lépek kipörgetését, fölemlitém már. A második esetben pedig óvatosságot ajánlok; a szekeret tulságosan meg ne rakjuk, a kaptárok szilárdan legyenek elhelyezve, azaz: ne inoghassanak, s ezért szalmára fektetve, közeiket is jól kitömjük és végre kötéllel jól körülkötjük azokat. Igy fölrakodva, egész éjen át tarthat az út minden veszély nélkül és biztosak lehetünk, hogy méheink sértetlenül érkeznek meg rendeltetési helyükre. Ily vándorlásra berendezett és alkalmatos szekeret mutatok be 107. ábra alatt; sokszor vagyok kénytelen ökörfogatokkal is vándorolni, ami főleg az út nehézségeitől és a kaptárok mennyiségétől függ, mert nem állanak mindig annyi lovak rendelkezésemre, amennyire néha szükségem van.

Végre: a kaptárok fölállitásakor arra is ügyeljen a méhész, hogy egymáshoz ne jussanak azok nagyon közel. A méhek sehol és sohasem tévesztik el röpülésük irányát oly könnyen, mint pl. vándorlás alkalmával a tartóföldre való elhelyezkedésnél, hol fák és egyéb tájékoztató jelek hiányában a méhek alig különböztethetik meg a sűrűen álló kaptárok közt a saját otthonukat. Másként van ez valamely erdőben, hol a legnagyobb sűrüség dacára is könnyedén fölismeri saját lakását a méh.

Ha a méhész egész méhesével nem vándorolhatván, nem tudná elhatározni, mely családokkal keljen utra: szolgáljon irányadóul neki azon tanácsom, *hogy legcélszerübb az utolsó rajokkal és a kirajzott anyacsaládokkal vándorolni*, melyek mindenesetre csakis őszi hordás mellett képesek magukat télirevalóval ellátni.

A kasokkal való vándorlás bibelődés nélkül jár. A szállitásnál figyelemmel kell lennünk arra, hogy — különösen, ha az épitmény gyönge — a sejtek éle mindig a szekér oldala felé irányuljon. Az oly kasokból végre, melyeknek népét a mézelés után ugyis vagy kidoboljuk, vagy más módon átlakoljuk, az anyát fogjuk ki, miáltal a fiasitás beszüntettetvén, annál több lesz a méz.

LXXXVII.
A vándortanyán való intézkedések.

A vándortanyára megérkezvén, első teendő a vonó marhát kifogni. Ilyenkor már nappalodik, a méhek nyugtalankodnak, s kiszabadulván, veszedelmet okozhatnak. Tudok egy esetet, amikor a méhek a köpüt boritó rongyos takarón át kitörtek és megtámadván a lovakat, egyet ugy össze-vissza szúrtak, hogy másnap bele döglött, a másik ló pedig két hétig életveszélyben forgott. A kasok, vagy kaptárok takaróit föloldozzuk, de magát a takarót le nem vesszük, mig a kijelölt helyen nincsenek a családok. Ilyenkor fürgén, ügyesen dolgozzék a méhész; arcvédőről is gondoskodjék, kivált a segitő személyzet számára, mert a méhek ekkor többnyire oly ingerültek, hogy néha a legbátrabb méhészt is visszavonulásra kényszeritik. Az ikerkaptár könnyed kezelhetőségének előnye ilyen alkalommal ismét föltünik, mivel pár perc alatt 16 család egy tető alá helyezhető és minden további bibelődés nélkül kész a dúcz; a munkához csak két ember kell. Az elhelyezkedés után, rövid idő mulva, hozzáláthat a méhész a családok átvizsgálásához, amit könnyebbé tesz azon körülmény, hogy a méhek megzavarva, a tájékozó kiröpüléssel vannak elfoglalva s a méhészt figyelmen kivül hagyják. Az uton netalán leszakadozott lépek összefoltozandók, s az esetleges ismétlődő összeomlás meggátlása végett cérnával össze kell őket kötni, különben sok boszusága lenne a méhésznek. *Az átvizsgálás után kunyhót készit magának a méhész, melyet oly tágasra hagyjon, hogy benne a pörgetővel kényelmesen dolgozhassék.*

A mi vándorlási viszonyaink a külföldiekével, kivált a lünneburgiakéval szemben még nagyon kezdetlegesek; az utakat és a vándortanyákon való elhelyezkedést illetőleg még nagyon hátra vagyunk tőlük. Mig Németországban a közlekedés a lehető legjobb, a tanyákon való elhelyezkedés a legnagyobb kényelemmel történhet, amennyiben a méhek számára félszerek, a pásztorok részére pedig rendes lakások vannak: addig mi nagyobbára járatlan utakon kinlódunk, méheinkkel a szabadég alatt tanyázunk és a pásztor lakásáról is gondoskodnunk kell. Csak ez utóbbi dolog is — mellékesen megjegyezve — ugy az osztrák, mint a méhesem látogatására jött külföldi méhészeket mindenkor csaknem iszonynyal töltötte el, s azon interpellacióra kényszeritette őket, hogy: *„itt csakugyan ember lakik-e?"* *És e kezdetlegességek dacára, mily örömmel vagyunk eltelve, ha az őserdők, vagy a beláthatatlan rónaság térdig érő tiszta füvének közepette találkozunk méhesekkel, melyek a mind szélesebb körökben terjedő apisztikai kulturának a nyomait hirdetik és Dzierzon tanait érvényre juttatják.*

A hordás idején minél kevesebbet bolygassuk a méheket; gondoskodjunk minél több üres lépről, hogy a nép az épitéssel elfoglalva ne legyen. Ha azonban üres sejtek nem volnának, leghelyesebb eljárás a mézzel telt kereteket egymásután kipörgetni és ismét befüggeszteni a kaptárba. Aki viszont azt kivánja elérni, hogy méhcsaládai minél nagyobbakká növekedjenek, rakjon sejtközfalakat a kaptárba s a cél biztositva lesz. A kirajzott anyatörzsek és gyönge rajok gondozása körül főfigyelmét az esetleg kivánatos anyásitás mellett különösen a rablások elleni óvóintézkedésekre forditsa a méhész, mert a gyöngébb családok — kivált a hordás megszüntével — az erősebb törzsek támadásainak ki vannak téve. Gondos intézkedéssel hasson oda is a méhész, hogy az ilyen gyönge rajocskáknak ne kelljen épitniök.

A kasok lépei a rajzás után, a népesség arányához, vissza vágandók; mert különben könnyen elhatalmasodnának a molyok és a család tönkre juthat. Ez alkalommal el ne mulassza a méhész a herelépeket gyökeresen kiszedni a kaptárból, minek az lesz az előnyös következménye, hogy a méhek a hézagokat a legszebb dolgozólépekkel épitik ki.

Kiválóan gazdag hordás idején arra is kell ügyelnünk, hogy a Dzierzon-kaptárban a fiasitás rovására a méz tulságosan ne terjedjen, ami könnyen megeshetik, amennyiben a méhek ilyenkor minden csöpp mézet a költőtérben raknak le, napról napra több tért foglalván el. Legcélszerübb ez esetben a költőtérbe üres sejtet függeszteni, hogy a nép hanyatló száma ujból fölszaporodjék.

A vándorlás eredménye, mint minden más irányu mézelésé, az időjárástól függ. Tartós esőzések, vagy hervasztó szárazság, egyaránt meghiusithatják a legszebb reményeket. Tény ugyan, hogy a jól kifejlett tisztesfü kevés nedvességgel is megelégszik s jó harmatozással egy ideig elég jól mézel, ámde ha koronkénti csendes, langyos esőt kapunk: a méz csak ugy folyik és az eredmény bámulatos.

Amikor az időjárás csak közepes, a hordás vége felé mindig találunk a kaptárokban egyes, egészen ki nem épitett, fölösleges lépeket, melyek üresek, vagy csak félig telvék mézzel. *Föltéve, hogy fehérek, a méhész ezeket a hordás megszünte előtt körülbelül két héttel kiszedi és számuk arányához képest egy, vagy több szüzsejtgyárba teszi, hol azokat a méhek csakhamar kiépitik és mézzel töltik meg. E módon a méhész könnyü szerrel igen becses áruhoz jut, mely bármikor is jól értékesithető;* mig ellenkező esetben ama lépek a méhészre nézve majdnem értéktelenek lennének, amennyiben mint ki nem épitett, s hozzá még üres, vagy félig teltek, azon évben többé föl nem használhatók.

A vándortanyáról való hazatérés előtt — ha az eredmény kedvező — a fölösleges mézeslépeket kipörgetjük; a fehér és lépesmézként értékesithető sejteket pedig kiszedvén, külön, e célra készitett ládában szállitjuk haza.

A méhek visszaszállitása kevesebb veszedelemmel jár, mint az odautazás; *mert ilyenkor már nagyon kevés a fiasitás és a forróság is megszünt; az eshetőségeknek nincs tehát a nép annyira kitéve.*

Végül: habár a vándorlás hasznát a mézkészletek gyarapitása szempontjából mindenki be fogja látni, mindazonáltal az ezzel együtt elérhető még egy más, igen fontos előnyt kivánok fölemlitni. Az pedig azon körülmény, *hogy az őszi vándorlás folytán fiatal méhekre teszünk szert, melyek a családot fölelevenitve és megerősitve, a kiteliés sikerét biztositják; de egyszersmind tavaszkor életrevalóbbak, mint az oly nép, melynek anyja ősz felé a petézést, ha nem is teljesen, de részben beszüntette.*

Összehasonlitó kisérletek után számtalanszor meggyőződtem, hogy az őszi vándorlásból hazatért családok tavaszszal sokkal erősebbek voltak, mint az oly népek, melyeknek őszi legelőjük nem igen volt. Határozott bizonysága ez a vándorlás előnyének, a fiatal méhekben nyert hasznot illetőleg is; ennélfogva a vándorlást már ezen szempontból is ajánlatosnak tartom.

LXXXVIII.
Őszi intézkedések.

A rajzás után a méhek a fiasitást ösztönszerüleg nem terjesztik tul bizonyos mértéken, sőt később, ha a virágok nektárforrásai apadni kezdenek, szük körre szoritják azt. A méhek ilyetén viselkedése ismét — épugy, mint életüknek minden léptén-nyomán — tanuságot ad az ő kitünő érzékükről, előérzetükről; mely alkalommal szintén főjellegük, a takarékosság jut érvényre. Azt is tapasztaljuk továbbá, hogy ősz felé, t. i. *a hordás csökkenésével gyüjtött mézet csakis a költőtérbe rakják a méhek,* ugy elfoglalván ott minden helyet azzal, hogy alig marad sejt a petézésre, s még a herelépekbe is raknak mézet.

Szeptemberhó vége felé rendesen megszünik már a mézelés; a tisztesfüről sem hordhatnak már a méhek. Ekkor átvizsgálja a méhész a kaptárokat, ahol fölösleges mézet talál, kiveszi azt és oly családoknak adja be, melyeknek télire nincs kellő készletük. Egy-egy családot 8¹⁄₂—9¹⁄₂ kgr. bruttosulyu mézzel kell télire ellátni, melyből 28°/₀ a keretekre és viaszra esik, a többi méz és himpor. A táplálékból mintegy 2¹⁄₂—3¹⁄₂ kgrot fogyasztanak télen át a méhek; a többi pedig tavaszszal, a fiasitásra szükséges. A lépek s illetőleg a méz suly szerinti megitélését csak hosszabb gyakorlattal sajátithatja el a méhész és csakis aként, ha kezdetben pontosan megméri a lépeket; ezáltal később a becslésben biztos gyakorlottsága lesz.

A betelelésre nem szükséges mézeslépekből, nagyon ajánlatos az esetleges tavaszi szükségre félre tenni, amikor sokkal jobb szolgálatot tehetnek, mint ha kandiszszal segitnénk a netáni hiányt szenvedő családokon.

Aranyszabály, hogy a betelelésre szánt mézeslépek befödelezve legyenek; mert ellenkező esetben azt kockáztatja a méhész, hogy a méz erjedésbe megy át, megsavanyodik és a méhek között vérhast okoz. *Ha tehát silány évben a gyöngébb családokat pörgetett mézzel volnánk kénytelenek fölsegitni: már augusztushó közepén kell ezt foganatositnunk, még pedig egyszerre nagyobb adagokban, hogy egyrészt a beadott mézet ne kizárólag fiasitásra használják a méhek, másrészt elég idejük legyen még a mézet befödelezni.*

Figyelmünk most is — mint a méhészetnél egyátalán mindig — a királynéra összpontosuljon. Három évnél idősebb anyát

17*

a méhesen ne türjünk meg, már a gyakorlatból meritett ama tapasztalatból sem, hogy az idősebb anyák között a halálozási eset igen gyakori, s a család népének kivánt mérvü fejlesztésére sem képesek többé. Ezt illető intézkedéseimben én még tovább is megyek, amennyiben két éven tul levő anyákat tartani nem szoktam. Minden jóravaló kereskedelmi méhtelep is igy tesz; mert az idősebb királyné a kivitelre nem alkalmasak, a petézésben is inkább hanyatlanak, semmint gyarapodnának.

Fiatal anyákra aként lehet könnyedén szert tenni, ha az utórajokból nehányat annyi csapatkára választunk el, hogy ezek némi méz segitségével az őszt előreláthatólag megérhessék. Igy azután elég fiatal anya áll rendelkezésünkre; az eljárás meg van könynyitve, hogy méhállományunkat a kivánt állapotba helyezhessük. Az őszi egyesitésnél is ajánlatos fiatal királynékat használni; vagy ha tartalékban ilyen nem volna, a köznép által ugyis kénhalálra itélt kasok anyáit alkalmazzuk.

Az állókaptárok téli berendezésénél ügyeljünk arra, hogy a mézkészletet lehetőleg ne sok keretekben szétoszolva adjuk a népnek; mert a méz fogyasztását alulról kezdvén, az állókaptárban fölfelé haladva táplálkoznak a méhek, s kemény, hosszu télben, a rövid sejteken csakhamar a fedődeszkához jutván, könnyen megéhezhet a család, dacára, hogy hátul meg elég méz van. Ha a sejtek nagyon rövidek volnának, jó lesz azokat összetoldani, azaz két-két lépből egyet csinálni. A fekvő, vagy ikerkaptároknál nem oly lényeges az ilyen intézkedés; mert ha rövidek is a sejtek, a méhek a 7 cm. magas, szabad épitkezésre szolgáló térbe jönnek, hol jobbra, vagy balra mozogva, mindig találnak eleséget.

A lépeket — különösen az állókaptárokba, ugy helyezze a méhész, hogy a röpülőlyuktól kezdve a második és következő keretek félbeszakitás nélkül mézzel telve legyenek; mert a méz fogyasztásában a röpülőlyuknál kezdve, föl- és később hátrafelé haladnak a méhek.

LXXXIX.
A herék pusztitása.

Nyár végével, amikor a méhek rajzási hajlama megszünik, egyre-másra pusztitják a heréket. E jelenség különben az egész nyári időszakon át — kivált, amikor az idő kedvezőtlen s a mézelés silány, vagy hosszasabban szünetel — többé-kevésbé ismétlődik. A hordás csökkenése esetén a család a herenevelést beszünteti; a herefiasitást a sejtekből kihurcolják, kiszívják, a heréket pedig a kaptárból kiszoritják, melyek rendesen a röpülőlyuk körül éhenvesznek. A herék üldözését a kaptáron belül sem mulasztják el a dolgozók, amennyiben e számkivetésre itélteket az utolsó üres lépre, vagy a fenékdeszkára üzik, hol szintén éhenhalnak. A heréknek a dolgozók által eszközölt ilyetén kérlelhetetlen pusztitása előtt az anya már eleve beszüntette a herepetezést; mert érzéke e tekintetben is oly finom, hogy azzal a méh minden állatot fölülmul.

A herék pusztitásának idejét átalánosan megjelölni merészség volna; a helyi és időjárási viszonyok határozzák azt meg. Szaporodásuk korlátozása ott, hol őszi legelő van, rendesen augusztushóban, de ahol mézelés a nyárt követőleg már nincs, korábban is történik. *Az oly népek, melyek heréiket ősz felé is megtürik, nincsenek rendben; a tapasztalat igazolja, hogy ezek vagy anyátlanok, vagy terméketlen anyával birnak, avagy pedig hereköltök, azaz álanyások. Az anyasági hiány mind e három esetében láttam már, hogy a herék a néppel együtt megérték a tavaszt.*

Hogy a méhek a fulánk segitségével ölnék meg a heréket: még nem tapasztaltam. Azt azonban gyakran észrevettem, hogy az üldözött herék egy része más kaptárba menekült, melyben a heréket még nem pusztitotta ki a család és ott ütött tanyát.

Volt alkalmam egyszer egy utórajocskát szemügyre venni, melyhez bizalommal menekültek a herék, ugy, hogy a nép kétharmada csupa here volt.

XC.

A családok őszi egyesitése.

Azon méhészek, akik a méhekkel való kereskedéssel nem foglalkoznak, az egyesités dolgában szigoruan járjanak el. *Mert: biztos kitelelést és mézelési eredményt, ennélfogva hasznot, csakis a népes, erős családok és az okszerüség szabályai szerint eszközölt betelelés igér.*

Az egyesités a méhesen található gyöngébb családokkal, vagy azonkivül a bárdolatlanok által kénhalálra itélt méhekkel történik. A méhesen levő silányabb családok egyesitésének eshetőségei is vannak; mert: kivéve azon esetet, amikor szomszédnépeket nem egyesitünk, a kijáró méhek régi helyükre röpülnek vissza, s habár többször kisöpörjük és ujból összecsapjuk őket, mig végre uj otthonukban megszoknak, — sok méh elszéled, odavesz ilyenkor. Ennélfogva ajánlatos az egyesitendő népeket puskaporral, vagy salétromsavas kanóccal elbóditni, minek folytán — mint már emlitém — emlékezőtehetségüket elvesztvén, régi helyükre az egyesités után nem térnek vissza.

Legbiztosabb sikerü az egyesités, ha a méhésznek két méhese van, vagy idegen telepről szerzi be a gyarapitásra fölhasználandó népet. Ezen esetekben a különböző állományból hozott családok népei kevésbé röpülnek vissza a régi helyekre. Avagy a kénnel méhészkedők köpüinek halálra szánt lakóival még előnyösebb az egyesités, mivel ezek ott és azon családokkal, ahol és amelyekkel kivánjuk, könnyen egyesülnek és biztosan együtt is maradnak.

A méhek őszi vásárlása emellett még azon célból is előnyös lehet, ha állományát szándékoznék szaporitni a méhész. E módon — habár mézbeli áldozattal — uj családokat képezhet, melyek, ha helyesen szervezvék, a várakozásnak teljesen meg is felelnek.

A méhek egyesitését a XL-ik tétel alatt előadott elvek szerint végezze a méhész. Igyekezzék oda törekedni, hogy az egygyé lett családok fiatal anyákat kapjanak és hogy baj ne érje őket, anyásitó készülékben helyezendők a kaptárba, mig a néppel összeszoknak. Az egyesitésnél is az arany középutat kell követni, azaz: egy-egy családot se nagyon gyöngére, de viszont erősen népesre se csináljunk. A családok erősekké való egyesitésében, különösen a kezdő méhészek, használni akarván a dolognak, gyakran a tulságig mennek s a célzott sikernek épen az ellenkezőjét érik el. Az ilyen óriási nép u. i. a legtöbb esetben nyugtalanná lesz, a kaptárban fejlő nagy melegség folytán sokat emészt és ha a méhész okszerüen el nem bánik vele, a méhek rakásra hullanak. Nagyon könnyen megesik tehát, hogy a tulságosan sok néppel betelelt családok gyöngébb állapotban érik meg a tavaszt, mint a középszerü népességgel beteleltek.

Az őszi egyesitést ne nagyon későn végezzük, mert alkalmat, módot és időt kell engednünk az összecsapott népnek, hogy berendezkedhessenek és még itt-ott ki is járhassanak. A kiröpülésre a tisztulás céljából is szükségük van, mivel az egyesitéskor meg lettek háborgatva, fölizgatva, a rendesnél többet emésztettek tehát; minélfogva ki is kell ürülniük és ha ezt hosszabb ideig nem tehetnék, okvetetlenül kárukat okozná.

A betelelésre legalkalmasabbak — a népesség arányát tekintve — azon családok, melyeknek $1^1|_4$—$1^1|_2$ kgr. súlyu élőméheik vannak. Ott azonban, hol a telep kereskedelmi célt szolgál, hol az anyák tavaszkor nagy értéküek, hol spekulativ uton iparkodik a méhész gyöngébb népeit a kikeletkor erőre juttatni: ott csekélyebb népességü családok is betelelhetők. Tanácsosabb azonban az ilyeneket kamrában kitelelni, mert még ezen esetben is tetemes veszteség szokott a gyöngébb nép között lenni.

Rosz esztendőkben, amikor kevés a méz és a méhek száma is leapad, mikor a szükségből való etetést a méhész már nem győzi, a kétséges helyzetből való menekülés egyedüli utja az egyesités. Ne tétovázzon tehát a méhész, hanem az adott viszonyok között fogadja el ezen gyakorlati szabályt, melyről dr. Dzierzon azt mondja, hogy a méhek megmentésének egyetlen olyan módja, mely a szenvedett veszteséget még busásan visszapótolja, minthogy a silány évet rendesen bőség szokta követni.

XCI.

A sejtek befödelezése és a pörgetés.

A méhek háztartásában nem kicsinylendő jelenség a mézes sejtek befödelezése. Mint a természetben mindennek, ugy ennek is meg van az oka és jogosultsága. Főkép azzal bizonyitható a méhek eme előrelátó intézkedésének helyes volta, hogy a be nem födött méz a világosság behatása által könnyebben jegecedik, de erjedésbe is átmehet és ha a méhek ilyen állapotban fogyasztják, vérhast okoz. A méhek ezen ösztönszerü cselekménye abból áll, hogy a mézzel telt sejteket vékony viaszhártyával vonják be. A befödésre használt viaszlemezkéket a szüzsejtekhez tisztán állitják elő, mig a régi sejtek bepecsételésére részben a sejtekről kaparnak le viaszt és az öregebb lépek mézfödelecskéi ezért barnás szinüek. Minthogy pedig a frissen gyüjtött méz fölös vizrészeket tartalmaz s a bomlás annál könnyebben bekövetkezhet: a méhek tehát a fölös viztartalomat elpárologtatják és csak azután vonják be a telt sejteket. Ezen nevezetes ténykedést oly módon végzik, hogy az igen hig mézet, minőt a bükköny-, tisztesfü-, stbről behoznak, meg tudják sürüsitni, még pedig olyannyira, hogy a mézhólyagjukban levő, csekély cukortartalmu, nagyon hig méz a cellákban már édesebb, sürübb minőségben található. Minden méhész nagyon könnyen szerezhet magának erről biztos meggyőződést, ha méheinek nagy mennyiségü, hig cukros vizet ad, melyet sokkal sürübb állapotban talál föl a sejtekben.

A méz érleltetését célzó nagyobb hőkifejtést — mely alkalommal sajátságos nyughatatlanságot és morajt észlelünk a kaptárban — hévmérővel is konstatálhatjuk, amennyiben az 3—4 fokkal emelkedik.

A méhek a hordás alkalmával soha sem töltik meg egészen a sejteket; de amikor már befödelezni akarják, más távolabb eső cellákból vesznek ki e célra mézet. A befödés rendesen fölülről lefelé történik, s bő hordáskor igen hamar megy. Mielőtt a méhek a sejteket viaszhártyával bevonnák, fulánkjukon át parányi hangyasavot bocsátanak a mézbe. Ezen intézkedésük célja antisceptikus, azaz: odairányul, hogy a méz az erjedéstől meg legyen óva. Tudva ezt, csak akkor pörgessünk, amikor a mézeslépek fölületének legalább kétharmad része már födve van.

Föltünő, hogy a méhek nem minden cellát hártyáznak be; valószinüleg azért, hogy a legközelebbi szükséglet esetén ezeket fogják fölhasználni.

A méz pörgetése jó esztendőben egész nyáron át folyik. De az óvatos méhész e dologban sem megy a tulságig, folytonosan a jövőre gondolván; mézkészletét véglegesen csak a hordás teljes megszünésével veszi számba. Tartós, bő mézelés idején ne várja be a méhész, mig a lépek *teljesen* befödelezvék, mert ez ugy a méhekre, mint a méhészre nézve, fölösleges munka volna ilyenkor; — hanem szedje ki egymásután a mézzel telt kereteket és pörgesse ki azokat. Az ujonnan begyülemlő méznek helyet csinál, méheit pedig további lankadatlan szorgalomra serkenti ezáltal a méhész. Közepes esztendőben a méz lassabban szaporodik. Ilyenkor a méhész megelégszik azzal, ha a mézürt figyelemmel kisérvén, bevárja, mig az megtelt, s a fölösleges készleteket csak ekkor szedi el és pörgeti ki.

A pörgetésre szánt lépek kiválasztásánál figyelemmel legyünk arra, hogy a fehér, világos, uj sejtek ne kerüljenek a pörgetőbe. Mert: először a tiszta méznél jobban értékesithetők ily minőségben; másodszor a gyönge lépek a pörgetőben könnyen összetöredeznek, megsérülnek. Ha azonban lépszükség folytán szüzsejteket is kénytelen volna a méhész pörgetni, a legnagyobb óvatossággal, a pörgető lassubb hajtásával végezze ezt. A sötétebb lépeknél nincs szükség a különös elővigyázatra. A sejtek födeleit a kupolókéssel egyszerüen leszelvén, a keretek a pörgetőbe tétetnek, hol addig forgatjuk azokat, mig méztartalmuk ki nem ömlött.

A pörgetés okvetetlenül zárt helyen történjék, hogy a méhek rablásra ne ingereltessenek. Azért is ajánlatos a pörgetővel zárt helyen dolgozni, nehogy méhek fuladjanak, falevél, por, szemét, stb. hulljon a mézbe. A pörgetendő kereteket, melyekről a méheket már lesöpörtük, vagy leráztuk, zárt bakon, avagy ládikában vigyük a pörgetőhöz.

Ha már a mézelés vége felé pörgetünk, az üres lépeket 1—2 napra függesszük még vissza a kaptárba, hogy a méhek a sejtekből teljesen ki nem pörgött mézet fölnyaldossák, összetisztitsák; az üres kereteket csak ezután rakjuk félre. Különben előfordul — kivált öszszel — hogy némely lépből nagyon nehezen hajtja ki a pörgetőgép a mézet; de ami a sejtekben igy benmarad, azt az ujra beakasztott lépekből más sejtekbe hordják át a méhek.

A kasokból kiszedett lépdarabokkal kár volna a régi rendszer szerint eljárni, azaz kisajtolni azokat, mivel a méz elveszti szép, átlátszó szinét s értéke is csökken. Sokkal célszerübb a lépdarabokat sodronyhálózatból készült tartóba helyezni, miután már t. i.

a bepecsételt sejteket a késsel lefödeleztük. Ha most a lép egyik oldalát kipörgettük, a rostélyzatot megforditjuk, hogy a másik oldalt is ki lehessen pörgetni.

Gazdag hordás alkalmával, ha a költőtérben a méz a fiasitás rovására fölhalmozódnék, a pörgetővel kell a dolgon segitni. Azon kereteket azonban, melyekben a méz mellett nyilt fiasitás is van, lassan, óvatosan kell hajtani. Azok, akik a födetlen fiasitással is ellátott mézeslépek kipörgetésétől óva intenek, tévednek; a már befödött költésre nézve pedig egyátalán nem veszélyes, ha a szintén azon lépben levő mézet pörgetjük. Ha a méz kissé elcukrosodott és attól lehet tartani, hogy részben a cellákban marad: ajánlatos az ilyen lépeket a napra kitenni, vagy tél felé 22 R. foku fütött szobában 1—2 napig tartani és a kipörgetést azután megkisérleni. Ujabban némelyek langyos vizbe állitják az ilyen kereteket s a kipörgetés azután sikerül is. Mások pedig — és ez még a legegyszerübb eljárás — a teljesen ki nem ürült lépeket vizzel föcskendezik meg, a megcukrosodott mézes sejteket egészen vizbe mártják és ugy adják vissza a családnak. A méhek csakhamar tökéletesen kitisztitják azokat.

Nézetem szerint az ilyen lépeket — ha belőlük nincs tulságosan sok és az idő már későre jár, hogy azokat a méheknek kitisztogatás végett beadjuk — tavaszig el is tehetjük és akkor rakjuk be a népnek, amikor már kijárnak, helyettük ugyanannyi üres lépet szedvén el a családtól. A méhek e megjegecedett mézet vizzel föloldják és bennünket a bibelődéstől megmentenek. Ha azonban az idő kedvezőtlensége miatt a méhek nem röpülhetnek, gondoskodnunk kell arról, hogy a családok vizzel ellátva legyenek; különben a méz föloldása lehetetlen és a méhek egyébként is szenvednének a vizhiány miatt.

Akinek pörgetője nincs, a sajtolás helyett inkább csöpögtesse ki a lépek méztartalmát. Ám unalmas, hosszan tartó ez a munka, de pörgetőgép nélkül csakis e módon lesz a méz a pörgetetthez hasonlóan tetszetős és egyszersmind értékes termék. Ezen munkát célszerü lesz melegben, fütött helyiségben végezni.

Tagadhatatlan tény, hogy a mézpörgető a méhészet terén elért vivmányok egyik legérdekesebbike és leghasznosabbika. Ne sajnálja tehát senki azon költséget, melybe annak megszerzése kerül; mert még a kisebb állományu méhesen is, már az első évben kifizeti magát a különben sem drága pörgető. Egyébiránt némi ügyességgel minden méhész megkészitheti azt, egy dézsába motollát illesztvén, mely fönt, a dézsa fülein áthaladó keresztfában, valamint a dézsa fenekére alkalmazott pörsölyben forog.

XCII.

A méz kezelése.

Tévedés volna hinni, hogy a méz eltartására, a vele való elbánásra nem szükséges valami gondos figyelmet forditni; ellenkezőleg: azt merem állitni, hogy a sok rosszizü és erjedésnek indult méz nem a termény minőségétől, hanem nagyobb részt a helytelen kezeléstől lett olyanná. Nem tagadom ugyan, hogy némely méz már magában rejti az erjedés csiráját; de az értelmes méhész ezt is fölismeri és oly szereket tud használni, melyekkel mézét az elromlástól megóvja, jó minőségben eltartja, sőt a már erjedni kezdő mézet is helyrehozza.

Első kellék mindenesetre — amint már emlitettem is — arra ügyelni, hogy a pörgetésre kerülő lépek legalább fele részben bepecsételve legyenek. Továbbá a méz kezelése körül mindenben a legnagyobb tisztaságot kövessük; kezeink közvetetlenül ne érintkezzenek a mézzel, mert bármily tiszták legyenek is azok, az emberi test kigőzölgése, más egyébb tárgyak érintése, mind rossz hatásuak a mézre.

Különös gondunk legyen arra, hogy méhek, legyek, darazsak a mézbe ne fuladjanak; melyeknek hullái bomlásnak indulván, mi sem természetesebb, hogy a méz elsavanyodását és egészségtelen voltát okoznák. Óvakodnunk kell attól is, hogy a mézbe kenyérmorzsa, liszt, korpa, szóval bármi, belé hulljon, közé jusson. Mindezek az erjedés csiráit rejtvén magukban, a méz átváltozását eredményezik. Föltétlenül szükséges ennélfogva, hogy a pörgetőből kicsurgó méz szitán, vagy tüllön átszürődve jusson az edénybe, mely, ha megtelt, ujból megvizsgálandó, s a méz fölszinén uszó netáni idegen anyagok lefölözendők; a pörgetés befejeztével az összes mézzel telt edényeket épigy le kell kanállal halászni, hogy semmi oda nem tartozó anyag a mézben ne maradjon. Ezen, többnyire viasz- és himporrészecskékből álló s mézzel elegyes keveréket tányérban a kaptárba helyezzük, hol a méhek a mézet abból tökéletesen föltisztogatják.

Amikor már egészen tiszta a méz, ha nagyobb mennyiség, hordóba szürjük, ha pedig kevesebb, bádogbödönbe tesszük. Az edény sulyát előre meg kell mérnünk, különben a tartalom tiszta sulya felől nem volnánk biztosak. Egy akó méz rendesen 80 kilogrammot nyom.

A jó méz rövid idő alatt megcukrosodik. Azt is tapasztaltam, hogy a már megcukrosodott méz — minden látszólagos ok nélkül — erjedni kezdett; minek egyedüli okozója az alkalmatlan helyiség volt, ahol a mézet tartottam. Ennélfogva arra is kell vigyáznunk, hogy a kamra, vagy pince, ahova a mézet elrakjuk, szárazak legyenek, mert a méz hydroskopikus természetü lévén, a nedves párákat magához vonzza és erjedésbe megy át. Továbbá: arra is gondunk legyen, hogy az edények a pincében deszkára, vagy száraz homokra állittassanak, mert a faedény magába veszi a nedvességet, ami a benne levő méznek ártalmára van. Figyelmünket az se kerülje ki, hogy a korsókban, fazekakban, üvegekben, szóval törékeny edényekben levő méz meg ne fagyjon, mert az edény megrepedhet. A hordó fájának a minőségétől, melyben mézet tartunk, szintén sok függ. Gyakorlatból bizonyithatom, hogy csakis tölgyfából készült hordók alkalmasak erre. A fenyőfaedénytől különösen óvakodjék a méhész, mivel benne a méz nemcsak kellemetlen ízü lesz, hanem itt-ott át is szivárog rajta; azonkivül a mézből sok nedvességet szí magába, minek folytán sulyveszteségben tetemes lesz a kár; végre: az ilyen hordókban való szállitás — kivált nyáron — nagyon sok károsodással jár, ugy, hogy pl. egy alkalommal 30°|₀-nyi veszteségem volt.

A tölgyfából készült edényeken kivül, méztartókul ajánlatosak még a fehér bádog-, üveg- és égetett mázosedények.

Némely évben határozottan hajlandó a méz az elsavanyodásra, mely tulajdonsága már az ízből is kivehető; mert az ilyen mézből hiányzik a kellő mennyiségü morzáscukor, mely a szükséges édességet megadja; ellenben nagyobb arányban találjuk benne a nyákcukrot, mely — ha nem egészen tökéletes — igen könnyen erjed. Az ilyen méz többnyire a szilvából, fenyőfáról, hajdináról, különösen pedig a levelészek után gyült be. Kezelése abból áll, hogy kipörgetés után gyönge tüzön addig főzzük, mig a habzás — mely lefölözendő — teljesen meg nem szünt; azután szalicilsavat teszünk hozzá, még pedig 1 métermázsa mézre 10 grammot számitva.

A még egészen el nem savanyodott méz megjavitása, élvezhetővé tétele hasonlóan fölforralás és folytonos lehabozás által érhető el; azután a méz sulyához képest 5—6°|₀ kandiszcukrot vizben föloldván, a mézhez keverjük; végre 1 métermázsa mézbe 15 gramm szalicilsavat teszünk.

Volt már alkalmam ily módon magamnál is, de több más méhésznél a tökéletesen használhatatlanná vált, elsavanyodott mézet élvezhetővé tenni. Magától értetődik, hogy pl. a burgonya-, vagy répaszörppel, stbvel hamisitott mézet helyre hozni többé nem lehet, mert a hamisitástól büzössé, olyannyira használhatatlanná lesz az, hogy azon segitni, változtatni nem lehet.

A keretekben levő lépesméz eltartása nagy elővigyázatot igényel. Első föltétel, hogy nagyobb részt befödelezett legyen minden sejt; ügyelni kell arra is, hogy meg ne sérüljön. Ajánlatos, ha eltartásukra ládákat használunk, melyekbe előbb megmérve és papirosba burkolva, a befüggesztésre alkalmazott párkányra helyezve, rakjuk. Igy a tovaszállitás is eszközölhető; mely azonban szeptemberhó előtt ne történjék, mert a lépek a nagyobb melegben összetöredezhetnek. Akinek ilyen ládái nem volnának, üres Dzierzon-kaptárba is elrakhatja a lépesmézet; a röpülőlyukat gondosan el kell zárni, hogy egér, stb. a kaptárba ne hatolhasson, s a mézben kárt ne tehessen. Tekintetbe veendő, hogy a lépekben is könnyen jegecedik a méz, főleg, ha a kaptár, vagy láda, melybe elraktuk, szabadban, a méhesben, vagy födél alatt bár, de hideg helyen vannak. Miértis iparkodnunk kell — a méhek netáni tavaszi szükségletére szánt készlet leszámitásával — a lépesmézet minél előbb eladni. Ha az eladást esetleg csakis tavaszszal akarnók eszközölni, akkor okvetetlenül fütött szobában tartsuk a lépesmézet, hol nem oly könnyen jegecedik meg a méz.

Átalában, aki csak szerét ejtheti, tavaszi szükségtöl pedig nem tart: igyekezzék lépesmézét öszszel, vagy télen elárusitni, mert az eladás tavaszkor már nehezebben megy.

A kasokból kapott sejteket — ha az eladásra alkalmasak, legyenek bár sötétebb szinüek is — keretekbe illesztve, az emlitett ládába, vagy kaptárba rakjuk el. Az eltevés előtt jó lesz a keretekbe illesztett lépeket egy-két napra a méhekhez beadni, melyek a sejteket szép tisztára nyalják és a keretlécekhez ragasztják.

Ily módon nagyon sok lépesmézzel bántam el, s mondhatom: szép eredménynyel, mert az elárusitásból 30—35% tiszta hasznom volt. *Természetes, hogy a dolog nem jár bibelödés nélkül; de aki a munkát sajnálja: nyereségben sincs része.*

A lépdarabokat a már előbb jelzett módon, t. i. dróthálózatból készült tartóba téve, vagy kipörgetjük, vagy hordóban összetörjük és rátesszük a feneket. Természetesen óvakodnunk kell, hogy fiasitás, himpor, vagy méh ne keveredjék a méz közé, mint ahogyan a házaló mézkereskedők tenni szokták; mert ilyen esetben nincs mit csudálkozni, ha a méz rövid idő mulva ugy forr, mint az ujbor. Ez épen az oka, hogy némely mézkereskedőnk a mézkészletek fölhalmozódásától tavasz felé ugy fél, mint a tüztől; igyekszik tehát ezen veszedelmes portékától szabadulni, mert fenyegetve van, hogy egész tőkéjét elvesztheti rajta. De ha semmiféle idegen anyag nem került a hordóba csömiszelt méz közé s a további kezelés is kifogástalan: évekig is eltartható az.

A rossz kezelés értékteleniti tehát kitünő termékünket elsö sorban is, aminek azután természetes következménye, hogy nem lesz kelendő.

Megemlékszem még a lépesméz szállitásáról. Nagy melegben semmi esetre se tegyük ezt; mert a lépek meglágyulnak, összeroskadnak s a méhész érzékenyen károsodik, a felelősség mindig őt és nem a megrendelőt illetvén. Minden keretet külön foglaljunk papirosba, s a célra különösen készitett ládák párkányzatára függesztvén, egymáshoz közel, jó szorosan rakjuk be azokat, hogy szállitás közben meg se mozdulhassanak. E módon több száz métermázsa mézet· szállitottam már el, minden károsodás nélkül; de mindig figyelembe vettem, hogy az elküldés szeptemberhó előtt ne történjék.

XCIII.

Télre való előkészületek és az etetés; a népek őszi egyesitése és a fölösleges anyák kitelelése.

A családok átvizsgálása és télire való rendezése — mint már emlitettem — a mézelés hanyatlásával megkezdhető és folytatható, mig a hordás teljesen meg nem szünt. *Ez alkalommal a családok népességi ereje s a mézkészletek mennyisége, az anya állapota és az épitmény minősége följegyzendő; egyuttal az egyesitésre kiválogatott családok is jegyzékbe veendők.*

Mindenek előtt az egyesités ejtendő meg, melynek módját a XL-ik tétel alatt adtam elő. — Ismétlem, hogy fősuly fektetendő az anyák épségére, erejére, szóval minden tekintetben való megfelelő voltára; mert a nép lelke az anya, minthogy többnyire ettől függ a család gyarapodása. Ennélfogva leginkább az utórajoktól származó anyák tartandók meg.

A népek kellő *téli mézkészlete* tekintetében jó eleve gondoskodjunk arról, hogy a családok kivánt mennyiségü élelemmel láttassanak el, kivált oly években, amikor a hordásban fogyatkozás állott be. A népek erejének és munkásságának különbözőségében keresendő annak az oka, hogy mézkészletük sem egyenlő. A méhész tapintata és belátása szolgál most irányadóul arra, hogy mely kaptárok fölöslegéből vegyen el és melyekbe tegye azt át.

Oly években azonban, amikor a kaptárokban fölösleget nem találunk, a szükségből való etetéssel kell a családok mézhiányán segitnünk. Az etetés jókor történjék, hogy a méheknek a sejtek maga idejében való bepecsételésének a lehetősége megadassék.

A családoknak téli készletül beadandó méz vásárlásával óvatosak legyünk. Csak tökéletes minőségü, kifogástalan mézért adjunk pénzt. A rossz méz, vagy szörpkeverék — melyeknek eredetét nem tudjuk, de már külsejük is gyanut kelt — veszedelmet hozhatnak a méhészre, mivelhogy nemcsak az értük adott

pénzt tekinthetjük kidobottnak, hanem az azokkal táplált családok
léte is fenyegetve lehet. Ne fukarkodjunk tehát ily dologban; ha
drágábban fizetjük is, csak olyan árut vásároljunk, mely ízben,
szinben, zamatban, stb. tökéletes.

Ha jó mézet nem kaphatnánk, olvasszunk föl fehér cukrot
50°/₀ vizben és főzzük be mézsürüségüre, mely mindenesetre a
legbiztosabb folyékony póttáplálék.

Ugy a mézet, mint a póttáplálékot egyszerre nagyobb ada-
gokban adjuk a népnek; mert ha kisebb adagokban kapják, már
kialudt fiasitási hajlamuk ujra fölébred és a föletetett táplálék
tetemes része nem azon célra fog szolgálni, amelyre szántuk. A
mézben szükölködő családokat minél rövidebb idő, lehetőleg 2—3
nap alatt iparkodjunk tehát elég téli táplálékkal ellátni. A dolog
siettetésével azt is elősegitjük, hogy
a téli készletek idejekorán be lesznek
pecsételve. Ezen fontos és a méhek
téli nyugalmára és egészségére oly
sarkalatos eljárásra különös figyel-
met forditson a méhész; a dolog
könnyedén vétele, vagy elhanyago-
lása már nem egyszer egész méhesek
tönkre jutását vonta maga után. Az
etetés legcélszerübben ugy történik,
hogy erre vonatkozó alkalmas üveg-
edények a méztér felett alkalmaztat-
nak (108. és 109. ábra), melyek a
rablást kizárják és a méheket kényel-
mesen a mézhez juttatják. Fekvő kap-
tároknál azonban tegyük be a mézet
vályucskák segitségével a kaptárba,

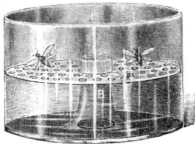

108. ábra.

olyképen, hogy azok a párkányzaton, vagy ereszekben függnek.
Ajánlatos a mézhez mindenkor egy kis vizet tölteni, de soha többet
10°/₀-nál, mert különben a méhek kénytelenek volnának a mézet
besüriteni, ami okvetlenül mézvesztességgel járna.

Az öszi átvizsgáláskor a heresejteket sorra távolitsuk el a
kaptárokból. Semmi sem boszantóbb a méhészre nézve, mint a
sok ingyenélő here, melyek nemcsak mint fiasitás kerülnek sok
mézbe és himporba, hanem kikelésük után is rengeteg mézet
fogyasztanak. A kaptárokból kiszedett heresejteket ajánlatos lesz
azonnal dolgozós lépekkel pótolni; mert könnyen megesik, hogy
tavaszszal a kissé erősebb nép ujból heresejtet épit.

Egyesités után, de öszszel különben is, sokszor marad a
tovább tenyésztésre alkalmas és minden tekintetben megfelelő

anya. Hogy ezeknek legalább a java veszendőbe ne menjen: átteleltetjük őket, ami különösen a Szensz-féle átmeneti kaptárban igen jól sikerül; mert a kas tetején alkalmazott rács a meleget a ládácskába közvetiti, hol az anya 3—400 méh társaságában kitünően jól érzi magát és a legerősebb hideggel is dacolhat. Én különben némileg eltérve, lényegében azonban ugyancsak ezen elv szerint eszközlöm az anyák áttelelését. Az anyát u. i. kevés néppel, 2—3 félkerettel és kellő élelemmel a Dzierzon-kaptár mézürébe helyezem. A kis család a meleget a költőtérben telelő

anyatörzstől, az e fölé alkalmazott sodronyhálózaton át kapja. A szabadba való juthatást aként teszem lehetővé a népecskének, hogy a méztérbe a kaptár falazatán átfurt lyukon fából készült, hengeralaku csatornát vezetek, melyen a méhek kényükkedvük szerint közlekedhetnek.

A kis család kiraboltatásának eshetősége ellen a csatornát oly szükre készitsük, hogy azon egyszerre csak egy méh juthasson ki, vagy be. Hogy pedig a népecske ki ne költözzék, — ami sokszor meg szokott történni — a kijáró nyilásra Hannemann-féle rácsot alkalmazunk, melyen át a dolgozók közlekedhetnek ugyan, de az anya benmaradni kényszerül. Volt alkalmam tapasztalni, hogy ilyen népecske egy napon 11-szer rajzott ki, de lakásába mindannyiszor ismét visszatért, mivel az anya nem követhette. Az anya kijuthatásának meggátlása föltétlenül célszerünek bizonyult tehát.

Érdekes az ilyen rajocskák fejlődését tavasz felé megfigyelni. Az alsó családtól kapott meleg hatása alatt napról napra oly szépen gyarapodnak, mint a melegházban tartott azon növények, melyek a szabadban, minden oltalom

109. ábra.

nélkül, a zuzmarás tél áldozataiként okvetetlenül elvesznének.

XCIV.

A lekénezésre szánt méhek fölhasználása.

A gazdaság egyik ágának a gyakorlásában sem találunk annyi szakavatatlanságot és kezdetlegességet, szóval: kontárkodást, mint épen a méhészetben. Leginkább azon, valóban hajmeresztő és brutális eljárásban nyilvánul ez, melylyel némely durva szivtelenek méheiket — ha ezek hivatásukat teljesitették, sok jó mézet behordtak — kénfüsttel meggyilkolják; hogy hosszas fáradozás után, sok ügygyel-bajjal beszerzett kincseiktől kirabolhassák: állatiasságig elaljasodó módon életüktől megfosztják. Igazán fölháboritó rablógyilkosság! Hogy a modern méhkultura a méhek eme barbar kezelését elitéli, nagyon természetes. Mert az emberiség fogalmával össze nem egyeztethető azon körülménytől eltekintve, hogy hasznot hozó állatok ok nélkül kipusztittatnak: a kegyetlenkedés anyagi kárt is okoz, minthogy a keservesen, sok gonddal szerzett töke semmisül meg. Igaz ugyan, hogy rajzás által a méhesek állománya csakhamar fölszaporodhat és a lemészárolt családok pótolhatók lesznek; de époly igaz az is, hogy egymást követő több éven át nemcsak szünetelhet a szaporodás, hanem pusztul is a méh, az állandó létszám fogy és aggódva tekintünk a jövő elé. Annál veszedelmesebb ezen eshetőség, mivel épen a mézesebb köpüket szokták az illetők halálra itélni, a gyönge családokkal pedig tovább bibelődnek és *reményüket egyedül Fortuna asszonyba helyezik; kinek szeszélyeit tudva, azt mondhatjuk, hogy a szerencsében való vakbizodalom annyit jelent, mint a biztos tönkremenetel.*

Tényekből meritem ezen állitásomat és hivatkozom Délmagyarországnak a méhészetre kiválóan rossz éveire: 1878-, 1879- és 1880-ra; melyekben a lekénezési rendszer hivei majdnem méhek nélkül maradtak; mig az okszerü, előrelátó méhészek képesek voltak méheik teljes létszámát föntartani.

A fölhozott okoknál fogva kötelességünk tehát a méhek legyilkolása ellen szót emelni és azt minden uton-módon megakadályozni. *Ez azonban csak ugy vihető keresztül, ha a kasokkal való méhészkedés, mely a lekénezési elvet involválja, a Dzierzon-rendszerrel párosittatik;* lehetővé tétetvén ezzel, hogy a halálra itélt méhecskéket megmentvén, a keretes kaptárokban levő családokkal egyesitsük. Egyuttal azon előny is jár ezzel, hogy gyöngébb családainkat fölerősitve, bátran nézhetünk a jövő elé, szaporitás céljából tartott tenyésztörzseink is jobban megfelelnek a kivánalomnak.

Emlitettem már azt is, hogy az okszerü méhész a környéken szintén összeszedi a halálra itélt méheket, s méhesének népeivel egyesiti azokat, vagy külön családokat is képez velük. *Különösen a kereskedelmi célt szolgáló telepeken történhet ily módon a méhek szaporitása öszszel. De akkor nem kell a fölösleges mézkészletet eladni, hanem a vett méhek élelmezésére forditni.* Az eljárás módjának a megválasztása természetesen a számitás dolga; mert ha olcsóbban kapnók a lekénezendő családot kasostól, mindenestől, mint amennyit a méz nélkül szerzett nép áttelelésére forditandó mézkészletünk ér: inkább vegyük meg az egész kast.

Az elmondottak szerint száz, meg száz családot teleltem már ki, s ennélfogva a mód célszerüségéről meggyőződvén, mindenkinek bátran ajánlom.

Hogy földmüves népünk között is vannak, akik nem szivesen ölik le méheiket, fölemlitettem már; azt is tapasztaljuk, *hogy a lekénezés förtelmes gyakorlata rögtön megszünt, mihelyt az illető földmüves Dzierzon-kaptárokat is tartott kasai mellett. Meggyőződve efelől, a kormány által kinevezett méhészeti vándortanitók figyelmébe ajánlom első sorban oda törekedni, hogy az eléggé nem kárhoztatható rendszer helyében a méhészet terén is a humanismust a célszerüséggel egyesitni sikeritsék.*

XCV.

A betelelés.

Dr. Dzierzon és más hirneves méhészek szerint *a méhek kitelelésének mestersége a méhész remeklése.* Tény, hogy mióta a méhészet tudománnyá fejlődött, a méhészek figyelme leginkább a méhek téli biztonságára irányult. De nem is ok nélkül; mert a méhes a legnagyobb veszteségeknek télen van kitéve, amikor a méhek kevésbé vannak gondozó befolyása alatt és az elkésett, vagy helytelenül alkalmazott intézkedések folytán bekövetkezett bajokon mit sem lehet többé segitni. *A betelelésre irányuló intézkedések minél korábban való foganatositása ennélfogva a legmelegebben ajánlandó. A kitelelés sikerének a tényezői ezek:*

1. *A kaptár meleget tartó legyen;* mely tulajdonsága a falazat anyagán kivül annak vastagságában rejlik. 5—7 cm.-nél vékonyabb falazatot nem ajánlok. Habár telünk korántsem oly hosszu és szigoru, mint Németország éjszaki részén, vagy Oroszországban, de azért eléggé érezhető és főleg viharos; ami époly káros befolyással lehet méheinkre — már t. i. a kellő óvóintézkedések mellőzésével — mint pl. Oroszország keményebb hidege.

A kaptár terjedelme, azaz belső világossága mérsékelt legyen. Viszonyaink tanulmányozása után ez irányban ugy állapodtunk meg, hogy a kaptár szélessége 25 cm.-t tegyen ki. Ezen méret az időjárási, mézelési viszonyoknak tökéletesen megfelel, annál is inkább, mivel a gazdag mézelést elég gyakran igen szük idő váltja föl, s ezen eshetőségre tekintettel kell lenni.

2. *Élelem dolgában ne fukarkodjunk.* Ha elég mézünk nem volna, póttáplálékot adjunk méheinknek. Minthogy ezek a méhész szépen jövedelmező tőkéjét képviselik: teljes erélylyel azon legyünk,

hogy ki ne éhezzenek; habár silány esztendőben csak szerfölött gondos odaadás és áldozat árán vagyunk is képesek méheinket föntartani, ne türjük, hogy szükséget szenvedjenek.

Amely családnak kevés a készlete, keretei fölső léceire kandiszdarabokat rakunk, melyek — hogy le ne hulljanak — egy deszkácskára, vagy sodronyhálózatra tétetnek. A sodronyszövet megfelelőbb, mivel a gőzök áthatnak rajta és a mázos cserép-tányérral leboritott kandisz — a tányér visszatartván a párát — lassan bár, de biztosan olvad.

Még a legjobb évben is igy szoktam méheimet ellátni, meg-győződvén arról, hogy a mézfogyasztást e módon sikeresen lehet mérsékelni. Csupán kandiszszal kitelelni azonban nem lehet. Ámbár voltak eseteim — nagyon enyhe tél levén — amikor ez is sikerült; de ezek a rendkivüli esetek sorába tartoznak és semmikép sem valók utánzásra. Ellenben az erős családok kitelelése $1^1\!/_2$ kgr. mézzel és 1 kgr. kandiszszal rendesen sikerül; de ez is csak hazánk szelidebb éghajlatu vidékein lehetséges, pl. Délmagyar-országon, hol a tél zordonabb része $2^1\!/_2$ hónapnál alig tart tovább. Ahol azonban a tél tartósabb és keményebb, 4—5 kgr. mézre és a hozzá való kandiszmennyiségre volna szükség.

Csupán kandiszszal azért nem lehet a családokat kitelelni, mivel a nagyobb hideg beálltával a méhek többé nem mennek a kandiszra. Már 8 fok hidegben igy tapasztaltam ezt, mikor is a mézre huzódott le a nép és abból fogyasztott. Ennek oka az lehet, hogy a kandiszból valószinüleg nem szörpölhetnek föl annyit, amennyire a kivánt meleg előállitása végett szükségük van; de a gomolyban maradva, összébb tömörülve, a hidegnek is jobban ellenállhatnak. Eziránt tapasztalataim bővitésére a hosszan tartó és egyszersmind nagyon kemény 1880—1881-iki tél különösen alkalmas volt, amikor a legérdekesebb jelenségeket szemlélhettem.

Vannak esetek, hogy az egész nyár folyamán sem képesek némely családok a téli mézszükségletet behordani, de még a méhész sem segithet a hiányon mézzel; méheink pedig okvetetlenül elpusztulnának, ha gondos ápolás alá nem vennők őket. Ilyenkor nem marad egyéb hátra, mint törött cukrot fölolvasztani és abból minden rajnak 3 kgrnyit adni; a kasokkal is igy kell tenni. Ha a méheket jó korán, még augusztusban igy etetjük, még be is pecsélhetik a sejteket. — A cukrot tüzön olvasztjuk föl; minden kgr. cukorra $^3\!/_4$ liter vizet öntvén, addig főzzük, mig mézsürü-ségü lesz.

Téves azon nézet, mely szerint a méhek téli fészkének teljesen mézeslépekkel való ellátása a népre ártalmas volna, mivel az egészen megtelt sejteken állitólag nem tudnának kellő meleget kifejteni. Sokan épen e ferde nézetből kiindulva, rendezik be méheik téli fészkét; aminek azután az a következménye, hogy nagy hidegben a nép sokat szenved, sőt tetemes része el is hull; mivel a mézzel csak félig telt keretek tartalmát elfogyasztván, azon több táplálékot nem lel és éhen pusztul, dacára, hogy elől-hátul még van készlete. Az okszerü méhész ennélfogva minél tökéletesebben telt mézeslépeket függeszt a téli fészekbe és nyugodtan várja a tavaszt.

Kristályosodásnak indult, vagy már elcukrosodott mézzel betelelni szintén veszedelmes lehet. Az 1870-ik évben velem is megtörtént ez, amikor méheimet télire nagyobb részt repcemézzel kellett ellátnom, mert a későbbi mézelés mit sem ért többé. A kaptárokban később nagy zugás támadt, a nép nyughatatlan volt. Szerencsére megvizsgáltam a családokat és rájöttem a valódi okra, ámbár több raj népe már felére apadt. *A rögtöni segély ilyenkor* abból áll, hogy a méhész vizet föcskendez a kaptárba és alkalmas itatóedényeket állit a méztér kereteire, honnét a méhek szépen ellátják magukat vizzel. A kasokba egyszerüen vizet szór a méhész, mely részben a sejtekbe folyik és ott a méz fölhigitására kitünő szolgálatot tesz. Az itatóedény egy, deszkából készült vályucska, melynek fenekén egy, szintén fából készült cső van alkalmazva; a méhek a csövön át jönnek föl és szívják magukba a méz föloldására használt vizet. Az ilyen edényeket égetett agyagból is készitik és igen célszerüek. Legmegfelelőbb azonban minden itatókészülék között a Ziebold által konstruált itatóüveg, mely kerek, lapos alaku, mint a kulacs; szája kissé meggörbült, hova — miután a palack vizzel meg van töltve — szivacsdarabot dugunk. Az edény a költőtér fedődeszkáira helyeztetvén, a nyaka fölé alkalmazott ugynevezett kamrácskát egyik fedődeszkácska helyére illesztjük. A költőtér aként van eszerint befödve, hogy az itatóüveg nyakába dugott szivacshoz könnyen följutnak a méhek, de el nem széledhetnek, mivel a palack nyakára a fából készült és az itatóüveghez tartozó kamrácska ráborul. *E pompás, a méhek és a méhész kényelmére, nyugalmára egyaránt kitünő szolgálatu készülék nem eléggé dicsérhető, miért is mindenkinek a legmelegebben ajánlom.* A Ziebold-féle itatóedény az emlitett célra jó szolgálatot tesz. Ámde határozottan ellenzem a jelenleg többeknél divó azon eljárást, melylyel az itatót minden körülmény között alkalmazzák s ettől a biztos kitelelés sikerét reménylik. Ennek valóban nincs értelme. Csudálom, hogy oly komoly nemzet és oly okszerü méhészek, mint a németek, miképen buzdulhatnak ily inpraktikus ujitásért, melynek állandó alkalmazásában semmiféle ratió nincs, minthogy méheink Aristotelestől Dzierzonig, a Ziebold-féle itató nélkül is, igen jól tenyésznek. Kövessük ebben is az arany középutat, azaz: itassunk akkor, amikor a méheknek erre szükségük van, t. i. jegecedésre hajlandó téli mézkészlet esetén. Ha ilyen itatóedényeink nem volnának, töltsünk egy lép sejtjeibe vizet és függesszük lehetőleg közel a téli fészekhez; avagy tegyünk a keretek fölé egy vizzel telitett szivacsot. *A vizhiányról meggyőződvén, ne tétovázzunk sokáig; minden perc veszteséggel jár, mivel a szomjuság által gyötört nép sokáig el nem viselheti e természetellenes állapotot.* Mihelyt beadtuk a családoknak a vizet, a nyugtalanság rögtön megszünik.

Biztosra vehetjük, hogy a nép nyugtalanságának tiz eset közt kilencben elcukrosodott méz az okozója. Ilyenkor rögtön vizsgálja meg családainak egyikét a méhész, bármily hideg legyen is az idő és intézkedjék az elmondottak szerint.

Aki pedig repcemézzel kénytelen méheit betelelni, intézze a dolgot aként, hogy a családok azonnal el legyenek látva itatókészülékkel, melyeket télen, valamely alkalmas napon vizzel ujból megtölt.

3. *Himpor nemcsak a költésre, hanem téli fogyasztásra is szükséges a méheknek.* Télen egy méh beleit nagyitóüveg segitségével megvizsgálva, könnyen meggyőződhetünk erről: himporrészecskéket találván ott. Minél keményebb a hideg, annál nagyobb a himporfogyasztás; *ennélfogva az erősebb hideg után az ürülési szükség is nagyobb.*

4. Előfordul — amint már másutt fölemlitettem — azon, különben ritka eset, hogy elsavanyodott, vagy erjedésnek indult méz áll csupán a méhész rendelkezésére, mikor méheit betelelni készül. Az elsavanyodásra hajlandó méz a pohánkából, fenyőből, ritka esetben a szilvából, legtöbbször pedig a levelészek után gyüjtetett, melynek már az íze sem tökéletes. Különösen a levelészek után behordott mézet nem egyszer ízleltem már, veszedelmes hatását eként is fölismervén. Ha más mézünk nem volna, mindenesetre cukrot kell a népnek adni. A cukor fölolvasztását, s az azzal való etetés módját és idejét szintén részletesen előadtam. A keretekre ezenkivül kandiszt helyezni el ne mulasszuk. Méheinket eként óvhatjuk meg a förtelmes vérhastól, mely kétségbe ejtheti a méhészt; mert ha e betegség fenyegetvén a méheket, alkalmas enyhe idő be nem áll: az állomány java tönkre megy.

5. Téli táplálkozásra vajmi keveset fogyasztanak a méhek. Ennek tényét előbb is fejtegettem, minek valósága felől minden méhész könnyen megbizonyosodhat, ha egy-két próbakaptárt télen néha-néha megmázsál. A méz nagyobb foku szüksége a megin-

dult fiasitással áll be, amikor is a költés terjengésének aránya szerint rohamosan fogy a méz. De ha a család gyönge, s főleg a szabadban telel, a népesebb törzshöz képest aránylag több mézet fogyaszt. Arra int e körülmény mindenkit, hogy gyöngébb népet — ha csak kereskedelmi szándékai nincsenek — soha se teleljen be. A veszedelmet fokozza még azon eshetőség is, hogy az ily gyönge nép a legjobb, legtökéletesebb táplálék dacára is, ha a tél hosszu, könnyen vérhast kap, *mit a nagyobb mézfogyasztás mellett azon körülmény is okoz, hogy az ilyen rajocskák nehezen és csak kiválóan meleg napokon teszik meg a tisztulási kiröpülést.*

Éghajlatunk alatt méheink az első számbavehető hordásig 9—10 kgr. mézzel — ideértve a himpor, lép és keretek sulyát — beérik.

Ha a méhek kellő élelemkészlettel vannak ellátva, a kitelelés kevesebb nehézséggel jár. Dr. Dzierzon a Bienenzeitung 1854-iki 21-ik számában közöl egy esetet, mely szerint az akkori igen kemény tél alkalmával egy ikerkaptárának egyik ajtaja a szalmabélléssel együtt véletlenül kiesett és a méhek a hideg közvetetlen behatásának voltak néhány napig kitéve, de azért semmi bajuk sem lett, mert a család nagyon erős volt és sok mézzel lett betelelve.

Saját tapasztalásom alapján ugyanezt bizonyithatom én is, amennyiben meggyőződtem, hogy egy gyarmathai földmüves: Wintrich János erős méhei az 1880-iki igen kemény télen, minden elővigyázat nélkül, csak nagyon vékony deszkából készült kaptárokban voltak elhelyezve és mégis, minden veszteség nélkül, szerencsésen kiteleltek; gyönge népei ellenben az utolsóig elfagytak.

A hasonló esetek bizonyitékul szolgálnak nekünk arra nézve, hogy az elegendő és egészséges mézzel betelelt méhek, a téli időjárás kedvezőtlen viszonyai között is, ellenálló képességgel birnak és velük a méhész könnyebben boldogul; de viszont: a kétséges rajok kitelelése a méhész valódi remekmüve.

6. A családok betelelése semmi esetre se eszközöltessék egy kaptafára, hanem mindig a nép minősége szerint módosuljon. Azon igen fontos körülménynél fogva, mely szerint minden kaptáron egy *tolóka levén alkalmazva,* az a röpülőlyukra leeresztve, a kaptár melegtartósságát és ezzel a sikeres kitelelést nagy mértékben elősegiti: nem célszerü az erős családot tulságosan szük helyre összeszoritni; mert ez sokszor azt okozza, hogy a téli fészekben támadó nagy meleg folytán a méhek nyugtalanokká lesznek és bárminő hideg is az idő, kifelé törekednek. Ezért az ilyen népeket 7—9 egész, avagy 14—18 félkerettel lássuk el, mely esetben az épitkezés 18—20000 □cm. tért foglal el. A kitelelés sikerének különös figyelmet igénylő tényezője ez. Mert

amidőn ezzel egyrészt arról gondoskodunk, hogy tulságos hideg a kaptárba ne juthasson, másrészt azon vagyunk, hogy a népnek elegendő tér és igy elég levegő is legyen a kaptárban s ne kényszerüljön a nagy meleg miatt kifelé törekedni. Hogy némelyek szerint a tolókák alkalmazása a méheket a friss levegőtől megfosztaná, nem áll; az én méheim a tolókákkal elzárt röpülőlyuk mögött telelve is, mindig jól érezték magukat. Különben is tény, hogy téli nyugalmukban csak igen kevés éleny szükséges a méheknek s annyi a tolókán át is behatol.

A gyöngébb családoknak a népesség arányához mért kevesebb épitményt hagyunk, pl. 4 egész-, vagy 8 fél-, de esetleg csak 4 félkeretre szorithatjuk a méheket. Egyszersmind arról is gondoskodjunk, hogy az éltető meleg el ne illanjon; mi végett célszerü lesz a keretek fölötti ürt rossz hővezető anyaggal kitölteni. Némely méhész szalmával, vagy szénával tömött párnát fektet a fedődeszkákra, e módot nagyon dicsérvén. A vánkosok előnyét elismerem, minthogy szalma-, vagy szénatörmelék, por, stb. nem hull a méhek közé. Az ablak és ajtó közét szintén jó lesz rossz hővezetővel megrakni. Az ablak és fedődeszkák levételét lehetőleg mellőzzük, mert a méhek a télre előkészülvén, már leragasztották azokat s ha fölfeszitjük, ujból le nem ragaszthatnák; de a bolygatás a család nyugalmát is zavarná.

7. A méhek áttelelésénél fölmerül a kérdés, hogy hol tartsuk télen a családokat? Némelyek a *pincét*, *vermet* ajánlják erre; mások a *padláson*, *kamrában* szeretik kaptáraikat elhelyezni; sokan pedig a *szabadban való telelést* dicsérik. A kérdést részletesen kivánom megvilágitni.

A pincében való telelésről bátran itéletet mondhatok, mivel kitünő pincémben már többször teleltettem méheket. Pincém száraz, meleg, téli hőmérséklete + 6 fok; főhibája azonban, mint minden pincének, hogy levegője nem tiszta — hogy ugy mondjam: pinceszagu. Már pedig a méhekre semmi esetre sem lehet ez ajánlatos, amennyiben a jó levegőre nekik is szükségük van. Különben méheim nem is jól teleltek a pincében, amit eleinte más oknak róttam föl; de miután más alkalommal ugyanazon hibát tapasztaltam, azaz a méhek minden látszólagos ok nélkül elhullottak: kénytelen voltam ezen hátrányt a pincében uralkodó nehéz levegőnek tulajdonitani. A mézfogyasztás sem volt olyan, hogy örömmel telhettem volna el. Apró rajocskáim kitelelése pedig — mely nálam nagyon fontos tényező — szintén nem volt kielégitő, amennyiben sokkal nagyobb arányban mentek tönkre, mint aminőnek azt rendesen egyéb kiteleltetés mellett tapasztaltam.

Tekintve a kaptárok lecipelését, a tél folyamán jelentkező meleg napok megfigyelését és ilyenkor a méhek tisztuló kiröpülése céljából való fölhurcolkodást: *a pincében való telelést nemcsak ajánlani soha nem merném, hanem mindenkinek tanácslom, hogy e módot lehetőleg kerülje*. Együtt jár ezzel ama kellemetlenség is, hogy amikor méheink a pincében vannak, az ott végzendő zajosabb munkát kénytelenek vagyunk mellőzni.

A veremben való telelésről sokat irtak a méhészek, kik közül legtöbben dicsérik is azt; pedig talán soha meg sem kisérleték e módot, kényelmesebbnek találván régi tradició alapján a verem ezen célu használatának elméletét átvenni és dicsérni. Pedig, ha körültekintünk, a gyakorlatban már sehol, még Oroszországban, vagy Németország éjszaki részein sem találkozunk a veremben való teleléssel; mindenki óvakodik ettől, jobbnak, sikeresebbnek ismervén a kamrában, avagy szabadban való telelést. Annál inkább elvetendő e minden tekintetben célszerütlen eljárás nálunk, hol a tél nem oly hosszu és szigoru, mint az emlitett országok vidékein.

A módot magam is több izben kipróbáltam. Az eljárás a következő: $1^1/_2$ méter mély, a kaptárok száma szerinti hosszuságu és oly széles árkot húzunk, hogy benne a kaptárok egymás mellett két sorban elférjenek. A kaptárok berakása után az árkon keresztül gerendákat helyezünk és ezekre deszkákat fektetünk; azután 50—60 cm. magasságban földet hányunk a deszkákra, végre kukoricaszárral, vagy szalmával betakarjuk. A verembe rakott kaptárokon a röpülőlyukak nyitva maradnak, legfölebb keresztben álló szögecskékkel lesznek berácsozva, hogy a méhek az egerek bántalmazásai ellen biztonságban maradjanak.

A verembe temetett méhek novemberhó közepétől márciushó közepéig, tehát 4 hónapon át a föld alatt maradnak. Eltekintve a bevermelésnek a méhek természetével határozott ellenmondásban levő egyéb körülményeitől: e hosszas elzárás a mi égalji viszonyaink között magában véve is teljesen fölösleges. A verembe rakott nép meg van fosztva a tél folyamán sokszor kinálkozó tisztuló kiröpülés alkalmától; pedig a méh életmüködésének e fontos tényezőjével számolni kell. Ez s talán a föld alatti rekedt levegő voltak okai, hogy bevermelt méheim nagyon szenvedtek; a szabadban álló törzseim ellenben igen jól érezték magukat. A veremben csekélyebb volt ugyan a mézfogyasztás, de viszont a fiasitás szükebb körben maradt; ez magyarázta meg a mézfogyasztás kisebb mérvét is. Dacára, hogy a vermet méhtelepem legmagasabban fekvő pontján ásattam, a lépek mégis megpenészesedtek.

Célszerübb eljárásként ajánlják, ha a méhek betemetését félszerben eszközöljük, vagy tetőt épitünk az árok fölé. Ámde ebből már oly drága betelelés lenne, hogy: ha épitkezni akarunk, inkább épitsünk egy kamrát, melybe gyöngébb családainkat mindenkor berakhatjuk és föl vagyunk mentve a verem évről évre ismétlődő készitésétől s ezzel a kitelelés kétséges sikerének gondjától.

Lengyelország méhészei közt egyideig divatos volt az ugy-nevezett „stebnyk", mely különféle rendszerben, a talaj minősége szerint: 1. egészen a földben, 2. fél mélységben, 3. a föld szine fölött épült. Némelyek, pl. Carewicz József, galiciai, sambori pap, dr. Krasitsky, lembergi ügyvéd, stb. szerint célszerüek a stebnykek, mig mások elvetik azokat. Tény, hogy a galiciai méhészek is nagyobb részt a szabadban, vagy kamrában telelik ki méheiket.

A padláson való telelés szintén sok méhésznél — különösen akinek kamrája nincs erre — szokásban van. E célra csak a szalmával, náddal, vagy zsindelylyel födött padlás alkalmas; mert a cseréptető alatt télen jobban szenvednek a méhek, mint a szabad-ban és ha a tetőre tüző napsugarak melegitni kezdenek, a padlás is hamar átmelegszik s a méhek nyugtalankodni fognak, kifelé igyekeznek. Ha kamrája nem volna a méhésznek, gyöngébb népeit ajánlatos a padlásra helyezni. Minden nyilást tömjön be azonban szalmával, hogy a padlásra napsugár, világosság be ne hatol-hasson és a méheket ne zavarhassa. Fölötte óvatos legyen abban is a méhész, hogy egér, patkány, macska ne háborgassák a méheket; különösen az utóbbi — ámbár amazok ügyes pusztitója — épen az egér vadászása s holmi szerelmi kalandokból kelet-kező párbajok közben zakatol és egész csete-patét okozva, garáz-dálkodik a kaptárok között.

A Dzierzon-kaptárokat — a röpülőlyukra vonható átlyuk-gatott tolókák, vagy a már emlitett módon alkalmazott szögecs-kék segitségével — könnyebben megvédhetjük az egerektől; ámbár sokszor tapasztaltam már, hogy a fenékdeszkán átrágódtak és a kaptárban kárt okoztak. A kasokba természetesen könnyebben bejuthat az egér; ha egyszer sikerült ez neki: teljesen tönkre teheti a családot. Minthogy a kasok nehezebben védhetők az egerek ellen, mégis csak a macskák segitségét kell igénybe ven-nünk. *A két baj közül okvetetlenül a kevésbé károsat kell válasz-tanunk.*

A zajt nem ütő és csalóétekkel fölszerelt egérfogók is jó szolgálatot tesznek, kivált, ha valami ingerlően erős szagu egér-csemegét teszünk a fogókba.

Sokan aként védik kasaikat sikeresen az egerek betolakodása ellen, hogy a röpülőlyukat bojtorjánnal bedugják, a kas alját is bojtorjánkoszoruval köritik; s hogy esetleg még a kas alatt, a földben bujkálva, se juthasson be a gonosz ellenség, bojtorjánból összevert lapra állitják a kast. Az igy körülpáncélozott kasba semmi esetre sem képes az egér befurakodni.

Erdélyben nagyon el van terjedve a padláson való teleltetés szokása. Katona koromban 1$\frac{1}{2}$ évet töltvén hazánk e szép részének barátságos lakossága között, nem kerülhette ki figyelmemet az ő sajátságos kitelelési módjuk, mely szerint méheiket a tavasz beálltáig a kéményekhez állitva, tartják a hiún (padláson.)

A kamra sokkal kényelmesebb és ajánlatosabb hely a kitelelésre, mint a padlás, vagy pince. A méhek le- és fölcipelése — ami, ha a padlás magas, vagy a pince mély, elég nehézséggel jár — nem okoz bajlódást és ha derült napok állanak be, tisztuló kiröpülés végett könnyen kirakhatjuk őket.

Méhtelepemen épitettem én is ilyen kamrát, mely csupán gyöngébb családaim kitelelésére és igy ezek védelmére szolgál. A viz meg-megfagy ugyan benne, de 1—3 foknál hidegebb nem szokott lenni; a fődolog pedig abban áll, hogy szelek ellen védve vannak a méhek és ki ne tudná: mily veszedelmes a téli szél, kivált a gyöngébb családokra! A kamra ablakát — nehogy világosság hatoljon be — el kell függönyözni, vagy bedugni, mert sötétben zavartalanabb a méhek nyugalma. *Az egerek elleni védekezés könynyebbségére célszerü a kamrát téglával kirakni és ha egy-egy tolakodó mégis a kamrába furakodnék, az egérlyukba és az egér által furt alagutakba kátrányt öntünk, mely a gonosz ellenségnek biztos vesztét okozza.*

Ily intézkedések mellett az 1881|82-iki télen, amikor nálunk az egerek milliói garázdálkodván, minden épületet aláaknáztak s egyuttal számtalan méhest tönkre tettek, egyetlen rajom sem veszett el, ami akkoriban mindenkinek föltünt.

Mint a bárhol is telelő méhek körül, ugy a kamrába elhelyezettek közelében sem engedhető meg a zaj, lárma, zörej, mert a családok nyugalma lenne háborgatva s a mézfogyasztás annál nagyobb volna.

Fődolog, hogy zárt helyen szándékozván teleltetni, ne nagyon korán rakjuk be a kaptárokat és a méheknek a viszonyokhoz képest adjunk alkalmat a kitisztulásra; mert bárminö kifogástalan legyen is a méz, a méhek belei főleg a himporfogyasztás folytán mégis megtelnek sárral, melytöl okvetetlenül szabadulniuk kell; az adott alkalmat föl kell tehát használni.

Legközelebb akadtak egyes ujitók, akik a zárt méhesekben kályhákat ajánlanak, alkalmazásukat azzal okolván meg, hogy ily módon a legkeményebb hidegben is minden baj nélkül telik ki méheiket. Voltak is követői ezen elméletnek; de ellenségei is támadtak, különösen dr. Dzierzon személyében, ki határozott modorával és tudományával e kontárokat is meggyőzte az ő helytelen elméleteikről és bebizonyitotta, hogy az ilyen elvekkel a méheket a kaptárból kifütik, szóval: tönkre teszik. Jól esett nekem nagymesterünk e nyilatkozata, melylyel sok méhész keservesen gyüjtött szerzeményét mentette meg.

Ismétlem, hogy a gyönge családok és a tartalékanyák rajocskáinak kitelelésére az ilyen kamrák nagyon alkalmasak; akinek tehát módjában van, ne mulaszsza el azt e célra fölhasználni. A hasonló népek áttelelésére egyébiránt célszerü a pavillon belső üres térsége is, ahol már szintén sikerrel teleltem ki gyöngébb népeket.

Az erős, népes, egészséges törzseket legajánlatosabb a *szabadban áttelelni.* Már a természet is erre utasit bennünket: vad állapotukban szabadég alatt telelvén a méhek. De valamint a szabadban tanyázó állatok gyöngébb egyedei az időjárás viszontagságai folytán elhullanak: ugy a méhek közül is csak a szükséges kellékekkel ellátott erős törzsek képesek a nagy hidegnek ellenállani. *A szabadban való teleltetés sikerének biztositékai tehát: erős, népes családok, elegendő mézkészlettel, kellő és helyesen elrendezett lépépitménynyel; továbbá, hogy a kaptárok jó melegtartók legyenek és a röpülőlyukak elé tolókák alkalmaztassanak.* A mézürnek és az ajtó s ablak között levő szabad térnek szalmával, vagy egyéb rossz hővezető anyaggal leendő kitöméséről se feledkezzünk meg.

Ily föltételek mellett az erős népek nem szenvednek a szabadban; sőt jobban érzik magukat, mint a zárt helyen. Hosszu évek óta tartó gyakorlati ténykedéseim alatt egyátalán azt vettem észre, *hogy az erős családokra föltétlenül hátrányos volt a melegebb zárt helyiségben való telelés,* hol a méhek nyugalma kevésbé zavartalan. Határozottan a szabadban való telelés mellett foglalok állást; mert a kellő föltételekkel betelelt családok egy csöpp mézzel sem fogyasztanak többet, mint a kamrában telelők; mert a ki- és berakodással bajlódni nem kell és mert a bármikor megtörténhető tisztuló kiröpülés előnye is számot tevő.

Hazánk éghajlatához képest zordonabb vidékeken is nagy részt a szabadban történik a teleltetés. Hivatkozom Németországra, melynek méhészeti viszonyait épugy ismerem, mint a magunkéit; a kitelelést ott is többnyire a szabadban, legfölebb nyitott félszerek alatt eszközlik. Kamrát, vagy pincét a legritkább esetben használnak méhek telelésére, hanem más célokra épitik és alkalmazzák azokat.

A szabadban álló kaptárokat esetleg belepő nagy hótól nincs mit félni, a letisztitással nem is kell igyekezni. Jobb takarót a hideg ellen a hónál nem ismerek, mert a csipős szelektől kitünően védi a méheket s a friss levegőnek a kaptárba juthatását mégis közvetíti. Megjegyzem azonban, hogy amint enyhe, derült idő, melegebb napok járnak, a kaptárokról s környéküktől eltakarítandó a hó s a földre szalma hintendő, nehogy a tisztulásra kiröpülő méhek — megpihenni akarván — a havon, vagy hideg földön megdermedjenek.

A németországi méhészek rendesen hóval szokták a röpülő-lyukakat betömni, aminek helyességét a tapasztalás igazolta.

Amely kaptár vékony falazatu, kukoricaszárral védhető a nagy hidegek ellen. Az 1880,81-iki erős tél folyamán, amikor a hőmérő o alatt 21 fokra esett, alkalmaztam különösen ikerkaptáraim védelmére ezen eljárást, melynek megokolása a szigoru hidegben nemcsak elfogadható volt, hanem eredménye az lett, hogy egyetlen családom sem pusztult el.

A kasok, kivált a Délmagyarországon divó cukorsüveg-alakuak megvédése a hideg behatása, főleg pedig a szél ellen, sokaknál egyszerüen abból áll, hogy a kas alját földdel körül hányják, a röpülőlyukat természetesen nyitva hagyván. Erős hidegekben nagyon jó szolgálatot tesz, ha a zsup-, vagy gyékényköpeny alatt a kas még apró szalmával, kivált a meleget jobban tartó árpaszalmával van burkolva.

Végre: ismételten óva intek minden méhészt a sokféle kétes értékü és ismeretlen pótló méhtáplálék alkalmazásától; nemkülönben a mesterkélésektől, mint pl. az egyideig sikeresnek hiresztelt polyvában, vagy szalmában való kiteleléstől, mely minden bizony-nyal megboszulná magát.

Mindenben a méhész tapintatosságának jut a főszerep; leg-különösebben a kitelelésre vonatkozólag van ez igy. Mert: minden méhtörzs mint egy-egy külön tényező, különös elbánást is igényel. Ennélfogva legnagyobb mesterünk, dr. Dzierzon aranyigazságot mondott azzal, hogy a kitelelés a méhész „remekműve." *Minden méhész iparkodjék tehát e nagyfontosságu kérdést minél szorgalmasabban és alaposabban tanulmányozni, elméletét tökéletesen elsajátítván, gyakorlati kivitelét tapasztalt, ügyes méhészektől megtanulni, nehogy tulajdon kárán okuljon, mert ez a legdrágább mester.*

XCVI.
A méz kipörgetése.

Dr. Dzierzonnak a kaptár belső szerkezetére vonatkozó nagy-fontosságu találmánya után semmiféle ujitás sem keltett oly föl-tünést és bizonyosodott annyira hasznosnak a méhészet körében, mint a mézpörgető, melyet fölfedezője: Hruschka, cs. és. kir. nyugalmazott őrnagy, az olmützi vándorgyülésen összesereglett méhészeknek mutatott be és magyarázott meg először.

A mézpörgető használatának főelőnye, hogy ugyanazon sejtek több éven át alkalmazhatók; mert kipörgetés után visszahelyezvén a kaptárba, fölmentjük a méheket a fáradságos és sok mézbe s időbe kerülő, tehát a méhészetre nézve költséges épitkezéstől. Az egyes mézfajok, mint: repce-, akác-, tisztesfű-, lóhere stb. méz elkülönitésének és egyátalán a méznek sokkal szebb minőségben való előállithatásának lehetőségét szintén a mézpörgető eredményezte. S mind eme körülmény a méhész jövedelmének emelésére szolgál.

Igaz ugyan, hogy az egyes mézfajok elkülönithetése által a szédelgésnek nagy tere nyílik, amennyiben a kiállitásokon és hirdetések utján akár hányszor van alkalmunk rózsa-, szegfű-, myrthus-, jázmin- és tudja a jó Isten, még miféle mézek bemutatásáról, dicséréséről látni és hallani; pedig ama virágok nem is mézelnek s csak cégül használtatnak a közönség félrevezetésére, — ámde az ilyen szédelgők mindenesetre megérdemelnék, hogy a kiállitások versenyéből kizárassanak.

A méz pörgethetésének e müvemben már körülirt, részletesen fejtegetett ideje elérkezvén, a méhész a kaptárokból kiszedi a mézzel telt fölösleges lépeket, a méheket lesöpri azokról, azután a zárt pörgetőhelyiségbe vivén, a célra alkalmas görbült pengésü késsel lefödelezi, azaz a sejtek viaszfödeleit lenyesi és a pörgetőben a méztartalmat belőlük kiüriti. A kipörgetett lépeket — *ez esetben az őszi, tehát a betelelés elötti pörgetésröl levén szó* — a kaptárba — csupán azon célból, hogy a méhek a sejtekben netalán visszamaradt édességet összetisztitsák — ismét vissza helyezzük.

A fölösleges méz elszedésében gondos előrelátás vezérelje a méhészt: inkább kevesebbet vegyen el a néptől, a fölösleget tavaszszal is még mindig kiszedhetvén, semhogy méhei szükségben maradjanak és azt kockáztassa, hogy a családok éhezzenek; avagy alkalmatlan időben is kénytelen legyen azokat etetni és háborgatni. Őszszel a hordás is megszünt már; a méz kiszedésével annál óvatosabban kell eljárni, mert könnyen rablásra támad a nép. A veszedelem kitörését meg lehet azonban akadályozni, ha a lépeket tartó keretbak födve van, ha egyetlen darabka sejtet sem hagyunk szabadon a kaptárok körül, ha mézet el nem csöpögtetünk és ha a kaptárt, melynél a munkát végezzük, hosszas ideig nem tartjuk nyitva. Ha mégis látnók, hogy más kaptárok méhei nagyobb számmal zsongnak körülöttünk, rögtön csukjuk be a kaptárt s hagyjunk föl a munkával, mig a nép eloszlott, lecsillapodott; avagy sietős dolog esetén távolabb eső kaptárokat vegyünk munka alá.

Minél hosszabb idő óta van a méz a sejtekben, annál sűrűbb és nyulósabb s annál nehezebben ürül ki, bizonyos része a cellákban marad hát; de az is megesik, hogy a gyöngébb lép a pörgetőben — a méz sűrű volta miatt való hosszabb forgatás, hajtás következtén összeszakadozik. Ellenben a friss méz oly könnyen kiürül a sejtekből, mintha viz volna. Legtöbb baj van az elcukrosodott mézet tartalmazó lépekkel, s hogy ez be ne következzék, ne hagyjuk későre a pörgetést. Ha pedig egyéb körülmények folytán mégis volnának ilyen lépeink, járjunk el a már fönebb előadott többféle mód valamelyike szerint.

A pörgetést legjobban állják a sötétebb, tehát öregebb sejtek, mert nem repedeznek meg, nem zuzódnak össze; miértis a mézürben ilyenek alkalmazandók. A fehér, azaz uj lépek is pörgethetők ugyan, ha t. i. lassan, vigyázattal végezzük a dolgot; de mivel az ilyen lépesmézet a pörgetetthez képest mindig jóval drágábban lehet értékesitni: ezek pörgetését inkább mellőzni ajánlom.

A méhészettel iparszerüleg is foglalkozók őszszel összevásárolják a kasos méhészektől a lépesmézet s azt a másutt jelzettem eljárás szerint kipörgetik, kicsurgatják, vagy keretekbe illesztve használják föl. *Tapasztalatból tudom, hogy eltekintve attól, miképp a csurgatott mézhez olcsón jut e módon az illető: a viasz minden esetre tisztahaszonként megmarad neki; a mézet jobb áron eladja, vagy a következő tavaszon szüzsejtgyártásra használja. Ez aztán a valódi méhészeti ipar, melyből szépen megélhet az illető, sőt szorgalom és józan takarékosság mellett rövid időn meg is kétszerezheti tőkécskéjét.*

Hogy ily irányu vállalkozáshoz egy kis pénz is szükséges, azt már előbb megjegyeztem; ámde az is tény, hogy tőkénk évente 100%-on fölül is kamatozhat. *A gazdaságnak mely iránya képes ezt fölmutatni?! — Egyik sem!!! Mint lelkes gazda, ki az állattenyésztés minden ágával, a lótól kezdve, a tengeri nyúlig, foglalkozom, határozottan állitom ezt. Minélfogva aki teheti, foglalkozzék a méhészetnek ily iparszerü s okvetetlenül nagy haszonnal járó irányával is.*

XCVII.

A méz csurgatása, olvasztása és sajtolása.

Vannak méhészek, akiknek nincs módjukban, vagy kedvük sincs a pörgetőért pénzt adni, s akik egyéb eljárás szerint üritik ki a lépek méztartalmát, választják el a mézet a viasztól. Ilyen mód *a méz csurgatása;* a nép az ezuton nyert terméket nevezvén szüzméznek. Amily unalmas, époly tökéletlen ezen eljárás. A friss méz ugy, ahogy még kicsurog a sejtekből; de a sürűbb már csak részben csöpög ki. A csurgatás következőleg történik: A mézeskád, vagy edény fölé léceket helyeznek, melyekre a lépeket fektetik, a továbbit az időre és a méz jóakaratára bizván. Ha a lép egyik oldala kicsöpögött, megforditják és ismét várják, hogy azon cellákból is kicsurogjon a méz. Minthogy azonban a dolog nagyon tökéletlen, mert akár milyen meleg legyen is az idő, mégis marad a sejtekben méz: ajánlatos a lépeket egy napra a méheknek beadni, hogy azokat tökéletesen kitisztogassák. A kisebb lépdarabokat szitára fektetve csurgatják ki.

Ha már kissé megsürűsödött a méz, a most elmondott eljárás nem vezet eredményre. Nem marad tehát más hátra, mint az olvasztás; csakhogy előbb a himporos sejteket el kell választani a méztartalmuaktól. Ezután valamely edénybe tesszük a lépeket, vizet öntünk rá s a tüzön főzzük. A csakhamar bekövetkező forrás alatt a viasz a méz fölületére jut s lefölözhető. De ezen eljárás szerint a méz barna lesz, mi a főzés és a viasz barna szinének az eredménye.

Sokkal célszerübb az olvasztást gőzben eszközölni. E végből a lépesmézet összetörvén, edénybe tesszük és tömegéhez képest $10^0/_0$-nyi vizet öntünk hozzá. Amint a forrás a tetőpontot elérte, a tüzet eloltjuk és csak 24 óra mulva szedjük le a felületre emelkedett viaszt. A lefödözéskor a viaszréteg alatt látható zavaros mézet is szedjük le; melyet a méhekkel föletethetünk, vagy a háztartásban, pl. a főzésnél, esetleg mézecet, mézbor készitésénél, stb. elhasználhatjuk. Habár a mézolvasztási módok közül ez a legajánlatosabb, mégsem érhető el, hogy az olvadó viasz szinétől a méz barnábbá ne legyen.

A méz és viasz elkülönitésének harmadik módja a *sajtolás*, melyet a köznép, különösen pedig a kereskedők szoktak használni. A mézeslépet zsákba tevén, kisebb szőllő-, gyümölcs-, vagy épen viaszprésben sajtolják ki. Természetes, hogy ez a méz is zavaros lesz. Köztudomásu dolog, hogy a sajtolással nem nagyon izletesen és válogatósan járnak el a kereskedők; mert sem a szinre, sem az izre nem igen tekintve, a himporos, sőt fiasitásos sejteket is összepréselik a mézeslépekkel; de még több olyan esetről is van tudomásom, hogy a méhektől sem tisztitották meg a lépeket, hanem ahogyan összevásárolták, ugy dobták a sajtolóba, eként fertőzvén meg a mézet. Kétségtelen, hogy az ilyen méz élvezése az egészségre veszedelmes lehet, kivált, ha meggondoljuk, hogy hullamérget tartalmaz; de a méhek etetésére is ártalmas, minthogy a költésrothadás csiráját rejti magában. Több esetről megemlékezhetném, melyekben az ilyen mézzel való etetés következtén némely virágzó és szépen jövedelmező méhesek teljesen tönkre mentek.

XCVIII.

A méz eltartása.

Az okszerü méhész föladata a jövőt is szem előtt tartani; ismernie kell tehát a méz eltartásának alapföltételeit, hogy esetleg éveken át meglevő mézkészletével kárt ne valljon. A kérdés leginkább a pörgetett, csurgatott, sajtolt és összegyömiszölt lépesmézet illeti. *A keretes, vagy nem sérült lépesméz hosszabb ideig való eltartását nem is ajánlom, mert értékük — mivel a méz megjegecedvén, a lépesméz nem lesz többé oly kedvelt, tetszetős — csökken.* Ha mindazonáltal lépesmézet is félre akarunk tenni (pl. a méhek tavaszi esetleges szükségletére, vagy a magunk használatára), tökéletesen száraz szobában tartsuk; de pincében, vagy padlózatlan kamrában semmi esetre se tegyük el, mert megpenészedik. Legajánlatosabb a lépesmézet — előbb papirosba burkolva — azonnal a tovaszállitandó ládákba függeszteni és utnak inditni, azaz a megrendelőnek küldeni. Egy-egy láda legfölebb 25 kgr. lépesmézet tartalmazzon; a nagyobbak kezelése nehézkes és a vasuton is hamarabb kár eshetik a lépekben, ha a láda nagyobb s a rakodás bajosabb. A tovaszállitás előtt a lépek megvizsgálandók, ha nem-e penészesek, s ha igen, száraz kendővel letörüljük őket, esetleg igy nem sikerülvén, a törülközőt kissé meg is nedvesithetjük.

A méznek hordóban való eltartására száraz és szellőztetővel ellátott pince a legalkalmasabb, hol a meleg 10 fok R.-nél nagyobb nem szokott lenni; mert a nagy meleg — ha a méz csak kevéssé is hajlandó a bomlásra — az erjedést elősegiti. A mézet tartalmazó hordókat nem szükséges bedugaszolni, mert könnyen megtörténhetik a velem is már megesett baj, hogy az erősen bedugaszolt hordóban a méz erjedni kezdvén, az edény fenekét kiüti. Nagyon ajánlatos a méz közé egy kevés, borszeszben fölolvasztott szalicilsavat önteni, mellyel az esetleges erjedésnek elejét vesszük. Dugó helyett pedig — hogy piszok, bogár, stb. ne keveredjék a méz közé — tiszta kendőt használjunk. Ha minden elővigyázat ellenére mégis erjedni kezdene a méz, ne késsünk az edényből a fölhabzott mézet leönteni, vagy leszedni és a már előbb adott utasitás szerint fölforrálni. A megromlás tovább terjedését eként a legtöbb esetben meggátoljuk.

A méz idővel sokat veszit az illatából, mely határozottan ätherikus; némely mézfajok pedig, mint az akác- és különösen a vadon tenyésző jácintvirágból nyert nektárok, csaknem egészen elvesztik aromájukat. Ezen mézeken ugy segithetünk, ha igen kevés illóolajat, u. m. ánis-, citrom-, narancs-, szegfü- stb. csöppeket keverünk közéjük. Az igy okozott vajmi kevés költséggel a méz értékét nagyban növeljük.

Akinek pincéje nincs, *kamrában tartja a mézet*; melynek azonban főhibája, hogy e célra nagyon meleg lehet és az erjedés annál könnyebben bekövetkezhet; vagy a hordók többnyire folyni fognak. Óva intem tehát a méhészeket, hogy a kamrákban hordóban ne tartsanak mézet; ha pedig faedényen kivül egyebük nem volna, melyek — mint a kamrákban rendesen történni szokott — a méztől könyeznének, az egyetlen mód az edényt nedves ruhával takargatni. Legajánlatosabb a kamrákban elhelyezett mézet bádogedényekben tartani.

A kasokból kiszedett lépesméz eltartásának módja leginkább a földmüveseknél és kereskedőknél van szokásban. Az utóbbiak lelkiismeretlen eljárásáról, melynek eredménye, hogy mézük tavaszkor megbomlik, erjed, forr, szóltam már. Pedig a lépesméznek hordóban való eltartása — ha tiszta kezü és lelkü egyén bánik vele, — nem nagy mesterség. Gondosan ügyelni kell arra, hogy a kasból kidobolás, vagy elkábitás által eltávolitott méhek közül a sejtekben vissza ne maradjon, vagy ha mégis megtörténnék ez, a lépek egyenként lesöprendők. A hordót előbb jól ki kell forrázni és a lépesmézet csak azután belé tenni. Mindenek előtt azonban az a fődolog, hogy a kas tartalma csak akkor vétessék ki, amikor már az utolsó fiasitás is kikelt. Mert már a gondolat is, hogy holt méh, vagy rothadásnak indult fiasitás volna a méz között, utálatot gerjeszt; az ilyen méz élvezete pedig egészségi szempontból veszedelmes is lehet az emberre. A hordóba tisztán eltett és jól kezelt lépesméz époly biztosan eltartható, mint a pörgetett méz; sőt a spekulativ-etetésre alkalmasabb, mint bármely, más módon kezelt ilynemü termék, minthogy az idő befolyása alatt — kivált a repce- és fehér lóherevirág méze szesztartalmuvá lesz és a méhek gyarapodására ingerlő hatása van.

Ilyen mézzel én is többször etettem méheimet tavasz felé, csudálva azok rohamos fejlődését. Legkevésbé sem kétlem tehát a hannoverai hanga-méhészek azon kijelentésének igaz voltát, hogy a jelzett módon kezelt régibb méz csudákat eredményez.

XCIX.

A viasz olvasztása.

Az okszerü méhész a viasz legapróbb darabjait, törmelékét, hulladékát is összeszedi, egybegyüjti és alkalomadtán fölolvasztja.

A néha figyelemre sem méltatott viasztörmelék, összegyülve, fontos tényező a méhész takarékos gazdálkodásában, mert belőle mülépet készitvén, jó hasznát veszi.

A viaszolvasztás célja a tiszta viaszt, mint a méhek izzadmányát a nymphahártyák-, himpormaradékok-, porból és egyébb idegen anyagokból álló salaktól, törkölytől kiválasztani.

A célra vezető eljárás a következő:

Kisebb méhesek tulajdonosai, kiknek nagy viaszkészletük nem igen szokott lenni, a lépeket összetördelve, erős vászonból készült zacskóba kötik és vizzel telt edénybe téve, főzik. Forrás közben a megolvadt viasz a zacskón átszürődve, mint zsiradék, a nálánál nehezebb viz fölszinén uszik. A zacskóra célszerü követ tenni, avagy keresztfával az edény fenekére szoritni azt. *Mihelyt a viz fölforrt, a tüzet mérsékelni kell, különben sok viasz menne veszendőbe azáltal, hogy az edény széleihez ragad és ott elég.*

A viasz 50 fok R. mellett kezd olvadni és 53—54 foknál teljesen elolvad, s — mint mondám — a viz szinén uszik, honnét az edény kihülése után leszedi a méhész. Főzésközben valamely eszközzel mozgassuk, forgassuk meg a zacskót, hogy a viasz könnyebben kiváljék és fölemelkedhessék. A viasz ilyetén főzése körülbelül másfél óráig tart, mire az edényt, kihülés végett, a tüzről levesszük. A viasz leszedetvén, a zacskót tiszta, friss vizbe tesszük és a főzést ujra kezdjük. A másodszori főzés után a zacskót az e célra szolgáló présben kisajtoljuk. A kisebb méhesek részére fából igen célszerü és olcsó prések kaphatók. Nagyobb méhesek számára ajánlatosabb erős vaslemezből való és vascsavarral ellátott prést rendelni, mely minden csöpp viaszt kisajtol.

A viaszolvasztásnál arra is vigyázzunk, hogy a zacskó valaminképen föl ne repedjen. Legbiztosabb a lószörből való szitaszövetből készült zacskó, mely egyesületeknél, vagy méhészeti eszközök kereskedőinél kapható.

A viasz fölolvasztására és egyben a sajtolásra különféle kazánokat is készitnek. A kazán belső szerkezete két részből áll; az egyik, melybe a sonkoly zacskó nélkül jön, apró lyukakkal van áttörve és összekötve az önmüködő csavarral; a másik rész a tulajdonképeni kazán, melyben a viz forr. Mihelyt a forrás beállt, a csavar müködni kezd, minek folytán minden csöpp viasz a viz fölületére jut. *Nagyobb méhesek tulajdonosainál és kereskedőknél* az ilyen üst hamar kifizeti magát. Hazánkban is kitünőeket készitnek s áruk 14—22 frt. közt — nagyságukhoz képest — hullámzik. Ilyen gépezettel naponta 20—25 kgr. tiszta viaszt állithatunk elő, mentve minden bibelődéstől és alkalmatlanságtól. Akik a kasok tartalmának összevásárlásával, ezen mézeslépek kipörgetésével, sejtközfalak készitésével, vagy a tiszta viasznak tömegben való elárusitásával foglalkoznak: nagy hasznát vehetik ezen viaszolvasztó kazánnak. Egyébiránt gyümölcssajtolásra is alkalmas az, főleg, ha kisebb mennyiségből és különös fajokból, pl. ribizliből, egresből, málnából, avagy almából, stb. akarunk szörpöt készitni.

A viasz első olvasztását befejezvén, a darabokat ismételve egy vizzel telt edénybe tesszük és rövid forralás utján másodszor is kiolvasztjuk. Igy lesz tökéletesen tiszta a viasz, amennyiben salakos részei leülepednek, a szinviasz pedig a viz fölületére emelkedik. A viasz alsó részét, mely némi himpor-, föld-, stb. maradékoktól hamvas, vagy barnás szinü, lenyessük; a többit pedig gyönge tüzön formákba öntjük.

A viasz olvasztására van még egy sokkal kényelmesebb, tökéletesebb és könnyebben kezelhető készülékünk: a Büttner Bernát, temesvári nyugalmazott vasuti tisztviselő találmánya. A bödön alaku edény — habár komplikált szerkezetü — oly könnyen kezelhető, amellett annyira tökéletes, hogy az összes, eddig használatban levő viaszolvasztót minden tekintetben teljesen fölülmulja. A sonkolyt belé rakván, az olvasztót a tüzhelyre állitjuk, hol — anélkül, hogy további babrálással lenne dolgunk, avagy csak különös vigyázat volna szükséges — a benne levő vizből fejlődő göz az utolsó csöppig kiolvasztván a viaszt, az a készülék csapja alá helyezett edénybe a legszebb, legtisztább szinben folyik ki. Az olvasztó készülék nagyobb méhesek számára megbecsülhetetlen; a vele adott használati utasitással együtt megrendelhető az országos méhészeti felügyelőség, vándortanitók, vagy egyesület utján. Ára 5 frt.

A viaszt száraz, hüvös helyen kell tartani; sulyából az első évben 5—6, a másodikban 3—4°|₀-ot mégis veszit. Miértis legajánlatosabb a viaszt minél elöbb földolgozni, vagy eladni.

A viaszolvasztásnál képződött törkölyt ipari célokra, különösen öntésekre használják. A viasz hamvas, azaz kevésbé finom része pedig a sejtközfalak, vagy lépkezdések ragasztására alkalmas.

Érdekes a viasz mesterséges szinitése; mert amig mi méhészek a viasz fehéritéséről annyit vitatkozunk és irunk, s erre törekszünk is: addig a sejtközfalak készitésével foglalkozó egyes cégek festik a viaszt. Mesterek e téren Németországban, Bukowban Schulz és Gühler és Svájcban, Sissenben Broglie, kik majdnem piros lépeket állitnak elő, minden esetre festékszerek segitségével.

A viasz ára — amint sajnosan tapasztaljuk — évek óta rohamosan csökkent; az 1870-es évek elején még 2 frt. volt egy bécsi font tiszta viasz, s ma már kilogrammja alig 1 frt. 20 kr. Annál jogosultabb az opportunitás-szabta törvény alkalmazása: minden gramm viaszt a tulajdon méhesen fölhasználni. E tekintetben mintául szolgálhat saját méhészetem, melylyel évente 1—2 métermázsa viaszt termelek, de ehez még 2—3 métermázsát vásárlok, hogy ezt földolgozva, a méztermelést növeljem és egyuttal értékében is emeljem; amennyiben *mindenki elismeri, hogy a kiépitett és mézzel telt szép mülép többet ér, mintha azt kiüritve, mint pörgetett mézet és viaszt külön értékesitnők.* Tekintve tehát, hogy tényleg a viasz kilóját 1 frt. 20 kron veszem, melylyel — csak gyönge átlagos számitással — 10 kiló méz földolgozását takaritom meg s ha a méz kilóját csupán 35 krra teszem: az 1 kiló viaszon 2 frt. 30 kr. tiszta nyereségem marad. Ehez veendő még annak az előnye is, hogy a viaszból készitett sejtközfalak alkalmazásával lépesméz is elég kerül, melynek ára mindig legalább is kétszer annyi, mint a pörgetett mézé.

HATODIK SZAKASZ.

A MÉZIPARRÓL.

Semmiért sem buzdulok jobban, mint a gazdasági iparért, mely a fillérekből forintokat képes teremteni. Lépten-nyomon tapasztaljuk ennek a lehetőségét. Különösen láthatjuk már a családi élet körében, hogy a *gondos anya, ügyes, lelkes gazdasszony áldásos müködésével mennyire képes családját boldogitni és anyagilag föl is virágoztatni;* de oly nemzeteknél is, melyek az anyagi erő emelkedését a háziipar föllenditésében keresik és meg is találják.

A mézipar az első pillanatban igen kecsegtető igéretünek tünik föl, kivált, amikor a mézzel készült különféle csemegékről és italokról hallunk és azokat látván, külsejük után ugy itélünk, azt hisszük felőlük, hogy mind megannyi inycsiklandó, pompás izletesség. Ámde ha e készitmények ízéről, valódi értékéről tapasztalás utján meggyőződtünk: látni fogjuk, *hogy bizony a mézipar ugy a kereskedelemre, mint a háztartásra nézve lényeges haszonnal mindeddig nincs.* Az italok — az előállitás költséges volta miatti drágaságuknál és émelygős, patikai ízüknél fogva — nem kelendők; sőt nagyobb részt idegenkedve, ellenszenvesen fogadja azokat a közönség; ugy, hogy bátran mondhatom, *miszerint hazánk kereskedelmében lényegtelen szerepre itélvék és a készitésükkel foglalkozó méhésznek jövedelem helyett csakis bajt és gondot okoznak.*

Tagadhatatlan ugyan, hogy egyes országokban, mint Oroszország, Svéd és Norvégia, éjszaki fekvésük és zordon éghajlati viszonyaiknál fogva szőllőmüvelés- és bortermelésre gondolni sem lehetvén, a meth ipara nagyban dívik; de az is tény, hogy az ezen iparhoz használt anyagoknak csak a legkisebb része méz, mert a meth nagyobbára cukorral készül.

Mindazonáltal szükségesnek tartom a mézipar tárgyalásával annak egyes tényezőit — széles körü ismeretségeim utján, sok gonddal és fáradsággal, Europa minden irányából összegyüjtött legkitünőbb utasitások szerint — leirni. Egyuttal azon reményt füzöm a méz földolgozásához, hogy az emberi leleményességnek mégis sikerülni fog talán a mézipar terén az oly készitmények előállitása, melyek a jogosult kivánalmaknak megfelelve, az uralkodó izlést kielégitendik.

1. A meth készitése.

a) *Dr. Dzierzon rendelése szerint:* egy üstbe 60 liter vizet öntve, 16 kgr. mézet teszünk hozzá és azt lassu tüzön forraljuk, a fölületén képződő habot lefölözvén. Amint a habzás megszünt, a folyadékot erjedés végett hordóba öntjük és egy zacskóban 18—20 gr. fahéjat és egy kevés szerecsendiót akasztunk a hordó szájába, mely füszerek a mézbort izesitik. A folyadék két hétig erősen erjed, ezalatt a hordót methtel, vagy ennek hiányában szőllőborral föltöltjük. Ezután a bor lassubb erjedésbe megy át, mely 4—6 hétig tart; minek megszüntével másik tiszta hordóba fejtjük le, hol 8 napon át ujra erjed. Erjedés közben ügyelni kell arra, hogy a hordó mindenkor föltöltessék, mert ha ezt elmulasztanók, a meth savanyu erjedésbe menne át.

Ezen ital nagyobb mennyiségben azonban nem igen élvezhető, miután kellemetlen szájizt okoz és a gyomrot elrontja, ami határozottan a füszerek következménye.

b) *Szintén dr. Dzierzon szerint:* 60 liter vizhez 14 kgr. mézet keverünk, ezt is gyönge tüzön lassan főzvén, lehabozzuk. Fél óra mulva, folytonos keverés közben, 1 $^1\big|_2$ kgr. porrá tört krétát szórunk belé, mely alkalommal a folyadék fölületén képződő nyálkás anyagot leszedjük. Ha ilyen nyálka többé nem látható, a folyadékot faedénybe üritjük, hol a kréta csakhamar leülepedvén, az előbbit lefejtjük és az akkor már kitisztogatott üstben — 3 kgr. finomra tört faszén hozzákeverésével ujból lassan fölforraljuk. Ezután a kiöblögetett faedényke jön, s kihülvén, nemez-, vagy flanellszöveten átszürjük. Végre harmadszor is az üstbe öntjük, s gyengén főzvén, 25 tojás fehérjének folytonos kavarással való hozzáadása folytán megtisztul; amennyiben a tojás fehérje minden szénmaradékot, krétát és egyéb tisztátalanságot összegyüjtve, a fölületen uszik, hol, mint hab, könnyen leszedhető.

A kréta föladata a méz savanyát, a széné pedig a viaszizt semlegesitni.

Ha a folyadék egy óráig főtt, kihülés után hordóba jön, melyet egészen megtölteni nem szabad, s melynek száját tiszta vászondarabkával betakarjuk. A hordóban kiforrja magát, minek folytán egészen meg is tisztul. Ezután üvegekbe fejtjük, bedugaszoljuk és lepecsételvén, nedves homokba tesszük, melyet sós vizzel néha megföcskendezünk. Az ilyen ital époly sokáig eltartható, mint a legjobb bor és minél régibb, annál értékesebb lesz ízben és — természetesen — árban is.

c) *Blume, berlini gyógyszerész,* a német méhészek állitása szerint a legszakavatottabb meth-iparos, a következő eljárást ajánlja: Mindenek előtt a méz méz- és viaszízét kell közömbösiteni, ami ugy történik, hogy 50 kgr. mézhez 35—40 gr., forró vizzel leöntött gubacsot, 30 tojás fehérjét, vagy 2—3 liter ökörvért és 10—12 kgr. finomra tört csontlisztet kevervén, gyönge tüzön addig főzzük, mig a habképződés meg nem szünt, természetesen: a habot folyton leszedvén. Ekkor levesszük a tüzről, mire a gubacspor és csontliszt leülepszik; azután hordóba fejtjük, hol körülbelül 3 hétig erjed. Most más edénybe öntjük, s mintegy 2 hétig tartó csendes erjedésen megy keresztül.

Ugyancsak Blume egy más módot is ajánl, mely szerint 1 kgr. méz 4 liter vizzel fölhigittatván, 50 kgr. mézhez pedig 1 liter jó és friss sörélesztőt vevén, a keveréket hordóba öntjük, hol igen erősen erjed. Erjedés közben az edényt vizzel folytonosan föl kell önteni. A meth az erjedés folytán egészen megtisztul és szép aranysárga szint kap. Ha finom illatot és ízt akarunk neki adni, tegyünk a hordóba komlót, bodzavirágot, angyalkát, kakükfüvet, vaddémutkát, narancs-, vagy citromhéjat, stb.

d) Egy oroszországi nagyhirü méhésztől, ki egyuttal a mézipart is üzi, tehát a methgyártással is foglalkozik, kaptam egy receptet, melyet nemcsak Orosz-, hanem Svéd- és Norvégországban is egyaránt használnak. Eszerint 100 liter vizbe $2^1/_2$ kgr. méz és 23 kgr. cukor jön, mely keverék lassu tüzön főzetvén, egyuttal lefölöztetik; azután hordóba jut, hol sörélesztő hozzáadásával hosszabb ideig forr. A forrás megszüntével a folyadékot másik hordóba üritik és 5—8°/₀-nyi igen erős rektifikalt borszeszszel kevervén, hosszabb ideig érintetlenül hagyják, még pedig azért, hogy a borszesz tökéletesen egyesüljön vele; mire ismét tiszta hordóba öntik, honnét később üvegekbe lehuzzák. Ezen ital azonban nagyon erős, csak az éjszaki népek inyének felel meg, kik az éghajlatnak a testszervezetre irányuló befolyása által az erős szeszesitalok élvezetére képesebbekké válnak.

Ha az oroszok finomabb methet szándékoznak késziteni, a most közlött rendelvény szerinti folyadékot még összezuzott mazsolaszőllőn hagyják erjedni, még pedig: sötétebb szinü italt kivánván, fekete, világosabbat akarván készitni, fehér mazsolán. A meth eként finom ízü és illatu lesz. Természetes, hogy a borszesznek ez esetben sem szabad hiányoznia. Az igy készült methek rendesen mint malaga, marsala, madeira, stb. szerepelnek és különösen a tengerészek sokat fogyasztanak belőlük.

e) Tisztán mézből én sem szoktam a methet késziteni, mert azt tapasztaltam, hogy az igy előállitott ital élvezhetetlen.

Meglehetős jó italt, mely már inkább mézbor, a következő módon szoktam késziteni: 80 liter vizhez 5 kgr. mézet és 20 kgr. cukrot teszek, ezt fölforralom és lehabozom; azután átöntöm a folyadékot egy hordóba, hol sörélesz:tő hozzáadása folytán erjedni kezd. Erjedés közben a hordót — minthogy mindig tele kell lennie — vizzel föltöltöm. Amint a forrás megszünt, másik hordóba öntvén a folyadékot, 20 liter óbort és 2 liter igen erős borszeszt adok hozzá és 12—18 napon át érintetlenül hagyom. Ezen idő alatt csöndes, ugynevezett utóforráson megy át; minek eredményeként az egész keverék tökéletesen egygyé lesz. A forrás tartamán a hordó szájára erjesztő bált teszek; a mézborba pedig egy kevés nyers borkövet szórok, mi az erjedést fokozza és az italnak határozottabb ízt ad.

A meth készitésére a jegecedett méz a legalkalmasabb; e felől biztosak lehetünk, hogy elromolva nincs. E fontos tényezőre figyelemmel legyünk tehát és savanykás ízü, vagy tulságosan nyáktartalmu mézet semmi esetre se használjunk e célra, mert az ital fölbomlását okozná.

Különös jelenség, hogy a keményitőszörppel hamisitott mézből készült meth és mézbor époly kellemetlen utóhatásuak, mint a keményitőcukorral kevert szőllőbor; mert élvezése ugyanolyan következményü, azaz: fejfájást, a gyomor elromlását, átalános rosszullétet okoz. Onnét ered ez, hogy a keményitőcukor keményitőmézgát és gipszet tartalmaz, mely anyagok kénmészenyre változván át, az emberi szervezetre káros hatásuak.

2. A mézborok készitése.

A kevésbé értékes méz legelőnyösebben borkészitésre használható aként, hogy a törkölyre öntvén, erjedni hagyjuk. Franciaországban cukorral csinálnak e módon italokat, az ott divó ezen eljárást petiotizálásnak nevezvén. A dolog egyszerü és könnyen érthető. A törkölyre vizben föloldott cukrot öntenek és forrni engedik; minek következtén a folyadék a törkölyben visszamaradt borízt, csersavat, savanyt és szint magába veszi. $1\frac{1}{2}$—2 napi

erjedés után a mustot a törkölyből kisajtolják, egy másik hordóba
öntik és tovább hagyják erjedni; mely alkalommal a benne levő
cukortartalomnál fogva szénsavat és borszeszt fejt ki, miáltal egész-
séges itallá lesz. A bor ereje a törkölyre öntött cukor mennyisé-
gétől függ. *A kisajtolt törköly kétszer-háromszor, sőt negyedszer is
fölhasználható;* csakhogy az ital annál gyöngébb lesz.

Ahol méhészettel foglalkoznak — kivált, ha a mézkészlet
kevésbé kelendő — cukor helyett mézet lehet használni. Jó lesz
e célra egy mustmérőt beszerezni; a Bábó-félét leginkább aján-
lom, mely az ezen eszközök közül a legcélszerübb, minthogy vele
a folyadék cukortartalmát 11-től 34 fokig meg lehet mérni. A
törköly a készitendő bor mennyiségéhez képest kisebb, vagy
nagyobb nyitott edény, kád, stb. egyharmadát töltse meg, melyre
az edény szineig viz jön. Az edény okvetetlenül meleg helyen
álljon és deszkákkal befödve legyen. 36—48 óra mulva a folya-
dékot lefejtjük, a törkölyt kisajtoljuk és hordóba öntve, mézzel
megédesitjük, melynek mennyiségétől függ azután a bor ereje. Jó
asztali bor készitésére elég a cukortartalmat 19—22 fokra emelni.

Ha vörös bort akarunk csinálni, a folyadékot fekete szőllő
törkölyén hagyjuk erjedni, hogy annak szinét és csersavas részeit
magába vehesse. Jó erős vörös bor mustjának cukortartalmát
26—30, aszuborét 32—36 fokra kell emelni.

Ha esetleg sok mézet tettünk volna a folyadékba, egy kevés
vizet öntsünk hozzá, miáltal az arányt kiegyenlitjük. Az eként
csinált must rövid idő mulva erjedni kezd. Az erjedés folyama
a hőmérséklettől nagyban függ, mely minél magasabb, annál jobb;
20 fok melegben az eredmény biztos és kielégitő.

Az erjedés a szénsavképződéssel egyszere szünik meg, mire
a bor ülepedni, tisztulni kezd. A tökéletes megtisztulás rendesen
4—5 hónap mulva következik be; ekkor másik tiszta hordóba
fejtjük le a bort, hol csendesen utánerjedésen megy át, ennélfogva
némi üledéke ismét lesz, tehát ujból teljesen megtisztul. Ezután
másodszor is lefejtvén, jól bedugaszolva, hüvös helyen tartjuk.

*Senki el ne mulassza az erjedés idejére a hordó nyilására erjesztőt
alkalmazni, különösen már azért is, mivel az ilyen bor a levegő köz-
vetetlen behatása folytán könnyen megzavarosodik és ecetjedésbe megy
át; ami az erjesztő alkalmazása következtén lehetetlenné válik.*

Minél többször petiotizálunk ugyanazon törkölyön, annál gyön-
gébb, ízetlenebb bort kapunk. Annyi szőllő, amely 10 hektoliternyi
bort adott, 30—40 hektoliter petiotizált mustot szolgáltathat.
Tény, hogy a különféle szőllőfajok törkölyéből e módon nyert
borok ugyanazon szőllő zamatát is többé-kevésbé öröklik; *igy a
muskotály-szőllő törkölyén muskotálybort csinálhatunk.*

Az igy készitett borok előállitási költségei a következők:

1. *Közönséges asztali bor.* Egy akóhoz kell 10 kgr. méz à 35 kr. = 3 frt. 50 kr. Az erjedésből támadt 10°|₀-nyi veszteséget is ideszámitva, 1 akó must 3 frt. 85 krba kerül tehát.

2. *Erősebb vörös bor.* Egy akóhoz 15 kgr. mézet veszünk à 35 kr. = 5 frt. 25 kr. A veszteség szintén 10°|₀; 1 akó must előállitása eszerint 5 frt. 77 kr.

3. *Aszubor.* 20 kgr. méz à 35 kr. = 7 frt.; 10°|₀-nyi veszteséggel együtt 7 frt. 70 krba jön egy akó.

b) *Az ugynevezett scherry* előállitása ugy történik, hogy régi jó mézborhoz 5—6°|₀ igen erős borszeszt tevén, egyideig érintetlenül hagyjuk, hogy a keveredés zavartalanul mehessen. Körülbelül egy hónap mulva üvegekbe fejthető a bor, mely jól bedugaszolva, évekig tartja magát.

Más módon is lehet scherryt késziteni. Nevezetesen: szüretkor, ha a présből az első must lefolyt és már tisztán jön, ezzel egy hordót megtöltvén, 22 fokig megédesitjük mézzel és 5—10°|₀ rektifikált erős borszeszt teszünk hozzá, mire a hordót jól bedugjuk. E módon az erjedés meg lesz akadályozva, a must a mézzel és borszeszszel lassanként összekeveredik, végre leülepedik és 6—8 hét mulva egészen megtisztul. Amint ez megtörtént, a bort egy másik edénybe lassan lefejtjük és azonnal bedugaszoljuk. Legcélszerübb, ha üvegekbe huzzuk le az italt és lepecsételvén, a palackokat homokba fektetve tartjuk, hogy szájuk légmentesen el legyen zárva, különben erjedni kezdene és megsavanyodnék.

c) *Malagát* szándékozván késziteni, apró szemü fekete mazsolaszőllőt veszünk, melyből 2 kgra 10 liter régi jó mézbort öntünk és erjedni hagyjuk. Három nap mulva a bort a mazsoláról más edénybe fejtjük, a bormennyiséghez képest 2°|₀ erős borszeszszel kevervén; mire lassan tartó utóerjedésbe megy át, mely alatt ügyelünk, hogy a hordó mindig tele legyen, mi végből régi jó borral töltjük föl.

Malagabort ugy is készithetünk, ha vizet 30—35 fokra mézzel megédesitvén, lassu tüzön forraljuk, miközben a habot lefölözzük; ha már többé nem habzik a folyadék, a fönt emlitett arány szerint, forró állapotban leöntjük vele a fekete mazsolát. Az erjedés gyorsan beáll; 8 nap mulva másik edénybe fejtjük, hol csendesen tovább erjed. Az utóerjedés rendesen két hónapig tart; ajánlatos ezen idő alatt a hordón erjesztőt tartani és a folyadékot 10—14 naponként régi jó borral föltölteni. Ha egészen megtisztult, ujra más hordóba fejtjük, 3—4°|₀ borszeszt adván hozzá. Ezen bor tökéletes előállitása körülbelül 5 hónapig tart, azután üvegekbe huzható és élvezhető is.

A mézbornak bármely mód és utasitás szerinti készitése nem ér semmit, ha borszeszszel és óborral föl nem töltjük; az enélkül készült italok többnyire nem is borjellegüek. Különben minden spanyol, olasz és portugál bor, főleg pedig a scherry, madeira, oporto, marsala, stb. borszeszszel készülnek.

d) *Champagnei bort* Reiter János, temesvár-mehalai tanitó utasitása szerint — mely a legjobb módok egyike — a következőleg készitünk: Egy maroknyi, előbb fölforralt fehér törkölyt kihült állapotban egy üveg mézborral leöntünk. A bor erre tiszta erjedésnek indul, miközben champagni üvegbe töltjük és azonnal jól bedugaszoljuk. Négy hónap mulva élvezhető s ugy müködik, akár a valódi pezsgő.

Ajánlatos a champagni készitéséhez fölhasználandó mézbor édességét korlátozni, sőt egy kevés cognacot is bele tenni. Az üvegek dugaszolásánál nagyon kell vigyázni; végezzék ezt ketten, mert könnyen megesik, hogy a gyorsan fejlődő szénsav a dugót — mielőtt leköttetnék — kiröpiti s a bor értéke csökken.

Egy másik, szintén ajánlható s különösen Németországban használatos mód szerint a champagni bor igy készül: Egy champagni üvegbe, melyet nyáron jégre állitunk, 2 deka citromsavat és 10 deka kandiszcukrot tevén, kevésbé édes mézborral föltöltjük, azután 3 gr. szénsavas natront keverünk hozzá és az üveget puhára főzött parafával jól bedugaszoljuk, madzaggal, később még dróttal is bekötjük; különben a borban gyorsan fejlődő szénsav a dugót — ha csupán madzaggal volna lekötve — később könnyen kidobná. Az üvegek megtöltése, dugaszolása és bekötése minél gyorsabban menjen,· mert a késedelmes munka közben a szénsav hamar elillan, mit a citromsav jelenléte még inkább elősegit. Ez oknál fogva célszerü az üveget jégen tartani, hogy a szénsav némi időre lekötve legyen.

Minden üveg pezsgőhöz ajánlatos egy pohárka cognacot adni; némelyek rumot öntenek hozzá, de ez nem oly megfelelő. Az ilyen pezsgő palackonként 40 kr. előállitási költségbe kerül.

e) A lengyelek már régidőktől kezdve foglalkoztak mézborok készitésével. Ők mintegy rá voltak utalva erre, mert hazájuk a szőllőmüvelésre kevésbé alkalmas; a fejletlen közlekedési viszonyok, a szállitás hosszadalmas és költséges volta miatt csakis a gazdagok szerezhették be maguknak a valódi bort. Nahum lelkész utasitásai a leghasználatosabbak Lengyelországban a mézborok készitésénél. A Bienenzeitung 1873-iki évfolyamában is közölve voltak azok, melyek itt következnek:

1. *Pottorak;* $^2|_3$ méz, $^1|_3$ viz. Csak igen ritkán csinálják, de jól fözve és elkészitve, évszázadokig is eltartható.

2. *Dwojniak;* $^1/_2$ méz, $^1/_2$ viz. A fokmérő a mézborban 33° cukortartalmat mutat; szintén igen tartós ital.

3. *Tretiak;* $^1/_3$ *méz,* $^2/_3$ *viz. Cukortartalma 30 fok. Ez a közönséges házi italuk, melyet leginkább szoktak készitni.*

4. *Czetwertak;* $^1/_4$ méz, $^3/_4$ viz. ⎫ Könnyü, közönséges haszná-
5. *Pietak;* $^1/_5$ méz, $^4/_5$ viz. ⎬ latra szánt, de azért igen jó
6. *Siestak;* $^1/_6$ méz, $^5/_6$ viz. ⎭ italok.

Ezeket, különösen pedig a legelterjedtebb használatu *tretiakot* következőleg készitik:

Egy kazánban 10 liter tiszta mézet és 20 liter, szintén tiszta, szagtalan, meleg folyóvizet összekevervén, valamely mérték, vagy pálca segitségével megmérik, milyen mély az üst ezen tartalma. Azután 3 órán át lassu tüzön főzik, miközben az elpárolt vizrészeket a mérték által jelzett eredeti magasságig ismét vizzel pótolják. A folyadékot csak kezdetben kavarják; amint hab mutatkozik, a tüzet mérséklik, sőt be is szüntetik, mire a több centiméternyire képződött habot lefölözik. Az igy lehabzott és némileg megtisztult folyadékot ujból fölforralják, a fölverődő habot megint leszedik és ha szükséges, többször is ismétlik ezen eljárást. Amint többé hab nem mutatkozik, tiszta kádba jön a folyadék és az üstbe uj keveréket öntve, a főzést tovább folytatják, mig a kád megtelik. Ha ez megtörtént, a folyadékot 48 óráig érintetlenül hagyják a kádban, hol ezalatt minden tisztátalanság leülepszik, mire — a fölzavarást kerülve — lefejtik egy hordóba. Az üledék a kádban marad és később lopóval fölszivják a fölületén látható tiszta folyadékot, melyet erjedés közben a hordó telitésére használnak. A megtöltött hordót 18 foknyi melegségü szobában tartják, hol az erjedés pár nap mulva megkezdődik és legalább 3 hétig tart. A gyöngébb cukortartalmuak, mint a pietak és siestak csak 12—14 napig forrnak. Az erjedés első napjaiban, amikor ez teljes erővel folyik és sok viztartalom elpárolog, a hordót meleg folyadékkal töltik föl, hogy a tisztulás annál könnyebben mehessen. Amint a forrás szünni kezd, nem zavarják többé; 3 hét mulva alig erjed már s ekkor pincébe viszik a hordót. Száját nem dugják be, hanem ritka vászonnal, vagy sürün átlyukgatott bádoglemezzel födik be, mig az erjedés tökéletesen meg nem szünt. Az erjedés alatt követendő eljárás egyébiránt attól függ, hogy minő erejü italt kiván az illető; *ha gyöngébb bort akar, nem várva be a melegebb helyiségben a 3 heti erjedést, a hordót előbb leviszi a pincébe és bedugaszolja; ha pedig erősebb italt kiván kapni, megvárja, mig a folyadék tökéletesen kiforrta magát.*

A következő év juliusában a hordót még egyszer fölhozzák a pincéből és meleg szobába helyezik ismét, hol pár napig tartó gyönge erjedés után egészen megtisztul és tökéletesen tartóssá lesz.

Nahum szerint ezen ital az élet meghosszabbitó balzsama, mely neki is a 80-ik év elérését eszközölte.

Az erősebb italok, mint a pottorak és dwojniak készitése is a leirt módon történik, csakhogy ezek 6—8 hétig forrnak.

Némelyek gyárilag állitván elő eme italokat, az erjedés siettetésére sörélesztőt, vagy komlót használnak; de ez elitélendő eljárás, mivel a mézbor kellemetlen utóizü lesz. A füszerek használata szintén helytelen dolog, mert azok a gyomrot rontják és főfájást okoznak.

Nahum szerint csakis a tiszta méz és viz keverékéből erjesztett mézbor egészséges és üditő ital; föltétlenül aláirom ezt, mivel a füszerek izgatnak, hevitnek, kellemetlen utóhatást okoznak.

Szintén Nahum még a következő, hideg uton készült és hazájában nagyon elterjedt italokat ajánlja:

1. *A wischniak.* Egy hordócskát közönséges fekete megygyel és $3|_4$ méz- s $1|_4$ folyóvizkeverékkel megtöltvén, meleg helyen tartják, hol 3 hétig forr. Azután pincébe viszik és 3 hónap mulva üvegekbe fejtik a bort. A meggy ujból föltölthető $50°|_0$ vizzel kevert mézzel, mely szintén forrni kezd és rövid idő mulva meglehetős jó italt ad, de ez már nem oly erős és tartós, mint az előbbi.

A wischniak kitünő és talán még egészségesebb ital is, mint a közönséges meth.

2. *A maliniak* a közönséges ribizliből sajtolt mustból készül; e végből egy 30 literes hordócskába 10 liter mustot és 20 liter fele méz-, fele vizkeveréket öntvén, a folyadékot erjedni hagyják. 3 hét mulva, az erjedés megszüntével, kész az ital és üvegekbe fejthető.

f) *Ribizlibor.* A közönséges kerti ribizli, mely rendesen évről évre kitünő bő termést ad, méz, vagy cukor hozzáadásával borkészitésre is kiválóan alkalmas. Egy hold ribizli 10—12.000 tőkével kiültetve, 60—70 akó mustot könnyen megteremhet, mely a következő rendelvény szerint kitünő üditő borrá válik.

Az érett ribizlit a tőkéről leszedvén, kipréselik és levét tiszta vásznon átszürik; azután 1 liter musthoz $1|_2$ liter mézet és 2 liter vizet számitva, a keveréket egy — előbb gyöngén kénezett — hordóba öntik és erjedni hagyják. Legjobb, ha az erjedés pincében történik, a hordóra egyuttal erjesztőt alkalmazván. A forrás 3—4 hétig tart, minek megszüntével a hordó bedugaszolható. A bort 4 hónap mulva a seprőről más tiszta hordóba fejtik le, hol rövid ideig tartó utóerjedésen megy át. A készités idejétől egy év után ihatóvá lesz a bor.

g) *Limonádé.* Pezsgő limonádé készitésére lágy viz szükséges, mely a használandó mézhez ugy viszonylik, mint 5 az 1-hez, azaz 5 liter vizhez 1 kgr. mézet veszünk. A keverékhez 1 kr. áru fahéjat és 1 kr. áru szegfüborsot — összetörve és vászondarabocskába kötve — teszünk, ezután fölforraljuk s addig fölözzük, mig hab mutatkozik rajta. Ha a folyadék kihült, amit lehetőleg siettetni kell, átvisszük valamely mérsékelt, 14° R. melegségü helyre, hol rendesen a harmadik napon erjedni kezd. Ha az erjedést siettetni akarnók, egy darabka sörélesztőt teszünk a folyadékba; a hatás csakhamar aként nyilvánul, hogy a folyadék apró, elillanó szénsavbuborékokat hány. Eközben a keverékhez ízlésünknek megfelelőleg citromsavat adunk és mindaddig fölözzük, mig hab képződik rajta. Hat nap mulva — óvatosan, nehogy az üledék föl legyen zavarva — lefejtjük erős üvegekbe, pl. champagni palackokba, vagy savanyuvizes korsókba és erősen bedugaszoljuk s lekötjük, különben a limonádéban fejlődő szénsav a dugót könnyen kirughatja. A munkához szintén két egyén szükséges, hogy a dugó lekötése sikeresebb legyen. A limonádé 14 nap mulva már iható és épugy buzog, mint a pezsgő. Egy liter előállitása — üveg nélkül — körülbelül 10 krba kerül.

h) *Rácz ürmös.* Készitési módja nagyon különböző. Saját használatomra csaknem minden évben csinálok a következő, jónak bizonyult eljárás szerint.

Egy hordó egyik fenekét kivevén, színig megtöltöm a legédesebb szőllővel, lehetőleg csupa feketével. A szőllőfürtöket egyenként, sorba rakom és minden két sor közé rétegenként a következő keveréket szórom: $^1|_2$ kgr. szent Jánoskenyér, $^1|_2$ kgr. friss függe, $^1|_2$ kgr. nagy szőllő, $^1|_2$ kgr. apró szőllő, $^1|_2$ kgr. fehér mustár, egészben, $^1|_2$ kgr. sárga cukor, 10 gr. nagyjában tört fahéj, 10 gr. szegfűszeg és végre egy csomó, e célra már elkészitett virágos ürmöt szórok szálanként, egyenletesen elosztva, a keverékre. Ezután a hordót befenekelvén, mézborral, vagy methtel telitem. Az ürmös 2—3 hónap alatt használhatóvá érik.

i) *Mézecet.* A legértéktelenebb mézet, a mézes edények, pörgető, eszközök, stb. méztartalmu mosogatólevét összeöntve, mézecet készitésére használhatjuk. Azon sejteket, melyeket őszkor kipörgetvén, teljes kitisztittatásuk végett a méhekhez többé nem függesztünk be, leöntjük meleg vizzel s igy a rajtuk tapadt méz lemosódván, mézes vizet nyerünk, mely szintén alkalmas mézecet készitésére. A mézes vizet fölforraljuk s amig csak habot ver, folytonosan lefölözzük. Amint már nem habzik, olyan hordóba, vagy egyéb edénybe öntjük, melyben előbb is ecet volt és ugynevezett ecetágyat adván hozzá, az edényt nyitva hagyjuk s kitesszük a napra. Ecetágyként legjobb piritott kenyeret használni; lehet azonban árpát, avagy lencsét is venni, melyet elöbb egy kevés ecettel tésztává gyúrunk. Három-négy nap mulva forrni kezd a folyadék s minden tisztátalanságot fölver. *Az edényt meleg vizzel — még jobb lesz ecettel — minden nap föl kell tölteni, különben zavaros marad a készitmény.* A forrás, mely a melegség fokától függ, 12—16 napig tart. Ennek megszüntével 30 liter ecethez $1'_8$ kgr. mazsolaszöllöt és egy csomócska tárkonyt vevén, zacskóba kötjük és az ecetbe akasztjuk. Nyolc nap mulva kisebb üvegekbe huzhatjuk le az ecetet és eltesszük valamely mérsékelt höfoku szobába, az üvegeket — természetesen — jól bedugaszolván. Az igy készitett ecet a legjobb borecettel kiállja a versenyt; nemcsak szép, aranysárga szinü, de egyuttal kitünö jóizü is. Akik a gyümölcsizt szeretik, málnát, ribizlit, stb. tesznek erjedés közben a folyadékba; az ecet is hasonló ízü lesz. Az erjedést kovászszal is lehet siettetni; amitöl azonban idegen s nem épen kellemes ízt kap az ecet.

A mézecet eként való elöállitása oly kevésbe kerül, maga az ecet oly kifogástalanul egészséges, hogy egy méhésznek sem kellene annak készitését e fontos okok miatt elmulasztania; mert hiszen a kereskedésekben kapható ecet választóvizböl, kénsavból is és a jó Isten tudja, mi mindenféle méregböl készülvén, csakis az egészség megrongálását okozza.

k) *Mézszesz.* A mézböl — lepárolás utján — épugy lehet pálinkát fözni, mint a borból, vagy annak törkölyéböl; csakhogy a mézet elöbb vizzel föl kell fözni és erjeszteni, hogy meth legyen belöle. Ebböl, valamint ennek sepröjéböl, kivánságunk szerint, erösebb, vagy gyöngébb szesz készithetö. 10 kgr. méz 50 liter vizzel keverve és erjesztve, 10 liter 28—30 fokos pálinkát ad; 3—4 liter methsepröböl szintén $1'|_4$ liter ugyanolyan erösségü pálinka főzhetö. Hogy a pálinka kellemesebb ízt kapjon, ajánlatos aszalt szilvát, cseresnyét, vagy megygyet hozzá tenni; zamata annál értékesebbé teszi az italt.

l) *Mézliqueur.* Ezt ugy készitik, hogy igen erös pálinkához sürüvé befözött methet kevernek és 6 hétig érintetlenül hagyják, hogy az elegyülés tökéletesen megtörténhessék. Ha különleges ízt akarnak az italnak adni, nehány csöpp kömény-, borsosmenta-, csucsóre-, stb. illó szeszt tesznek hozzá.

C.

Mézzel készitett sütemények.

Az alább következö utasitásokat részben a mézes sütemények készitésével iparszerüleg foglalkozó üzletemberektöl szereztem be, másrészt előzékeny hölgyektől kaptam, kik az ügy iránti buzgólkodásban egymással versenyezve, jobbnál jobb csemegék leirásával szolgáltak. Kellemes kötelességet teljesitek tehát, midőn ezen helyen is kifejezem legmélyebb köszönetemet ama gyöngéd jóakaratu hölgyeknek, kik a jó ügy támogatására irányuló készségükkel munkám kiegészitéséhez lényegesen hozzájárultak.

1. *Mézes-kalács.* $^1/_2$ kgrnyi lisztet $^1/_2$ kgr. barnára főzött mézzel leforrázva, 2 kr. áru hamuzsirt és 2 kr. áru sót — mindkettőt kevés vizben előbb föloldván — tesznek hozzá; végre 2 kr. áru fahéjt és ugyanannyi szegfűszeget porrá törve, közé keverik és lágy tésztává gyurva, liszttel behintik s formákban lassu tüz mellett megsütik. Némelyek — mintegy diszitésül — mandulát, vagy citromhéjt nyomnak a tészta tetejébe. A sütést gondos vigyázattal kell végezni, mert könnyen megkormosodik a tészta s kesernyés ízü, élvezhetetlen lesz. A mézes-kalács a belek müködésére jótékony hatásu; csakhogy a mézeskalácsosok vajmi ritkán és csak igen csekély arányban használnak mézet az ő süteményeikhez, hanem rendesen olcsó pótanyagokat, u. m. burgonya-, répa-, stb. másféle egészségtelen szörpöt. Aki azután tud erről, nem igen buzdul az ő süteményeik fogyasztásáért. Ennélfogva ugy a mézeskalácsot, mint az egyéb, mézzel készülő tésztákat legtanácsosabb otthon csinálni; legalább azon biztos tudattal élvezzük azokat, hogy hamisitatlan, egészséges anyagból valók.

2. *Mézes-kalács.* Veszünk $^1/_2$ kgr. lisztet, $^1/_8$ kgr. törött cukrot, egy citrom apróra vagdalt héját és egy kevés, finomra tört szegfűszeget és fahéjt s mindezt jól összekeverve, forró szinmézzel vajastésztakeménységüvé csináljuk. Erre jó félóráig gyurjuk és háromnegyed óráig pihenni hagyjuk; azután ujjnyi vastagságra kinyujtván, szeleteket, vagy más alakokat csinálunk belőle. Végre széthasitott mandulát, avagy citronádot teszünk rá és jól fütött kemencében hirtelen megsütjük.

3. *Prágai mézes-kalács.* A sütést megelőző napon 1 kgr. mézet kissé barnára főzvén, 1 kgr. liszttel és $^1/_8$ kgr. nagyjából tört cukorral összekeverve, tésztává gyurom. Másnap $^1/_{15}$ kgr., előbb leáztatott és hámozott mandulát, vagy mogyorót reszelek s ezt és 5 tojást hozzátevén, negyed óráig kavarom. Később vizben föloldott 5 gr. hamuzsirt és 8 gr. cardamont szórva a tésztára, ujból fél óráig gyurom azt. Ekkor ujjnyi vastagra lapitom s vajjal kent és liszttel behintett tepszin hirtelen aranysárgára sütöm. Végre a kalács fölületét sürü cukoroldattal bekenem és gyönge tüz mellett még mintegy 10 percig száritom.

4. *Nürnbergi mézes-kalács.* $^1/_2$ liter mézet fölforralunk, melyhez $^1/_2$ kgr. reszelt rozskenyeret és $^1/_4$ kgr. apróra vagdalt diót, vagy

mogyorót keverünk és az egészet tésztává gyurjuk. Később egy kis fahéjt, citronádot és szegfüszeget gyurunk közé, mire a tésztát 4 óráig állni hagyjuk. Ekkor 2 kanál rumot és 8 kanál jó óbort öntünk rá és ismét átdolgozzuk, hogy a tészta puha legyen. Közben $^1|_3$ kgr. lisztből, 2 egész tojásból, 1 tojás sárgájából, 40 gr. cukorból, $^1|_2$ liter tejből, 65 gr. vajból, kevés sóból s végre 20 gr. söréleztőből közönséges élesztős tésztát készitünk. Most az előbbi tésztát ujjnyi vastagra kinyujtjuk, az élesztős tésztával kitöltjük és összehajtva, tojással, avagy tejjel megkenjük; ha elegendően megdagadt, kemencében megsütjük.

5. *Nürnbergi mézes-kenyér.* $^1|_4$ kgr. mézhez $1^1|_4$ kgr. rozslisztet keverve, kemény tésztává gyurnak, melyet 24 órára hüvös helyre tesznek. Ezalatt 38 gr. fölolvasztott hamuzsirból, 38 gr. lisztből és 4 tojás sárgájából álló keveréket készitvén, a tésztával összedagasztják s kisütik. *Ezen sütemény különösen a kereskedőknek ajánlatos, mert olcsó és kelendő. A házban is jó, ha készletben van, mert a gyermekeknek kedvelt és egészséges csemegéül szolgál.*

6. *Nürnbergi mézes-kenyér.* $^1|_2$ kgr. cukrot $^1|_2$ liter vizben föloldva, összekeverem $^1|_2$ kgr. mézzel, azután fölforralom. Ekkor $^1|_2$ kgr. rozslisztet, $^1|_2$ kgr. duzzasztott és apróra vagdalt mandulát, 10 gr. fahéjt, 30 gr. cukrozott narancshéjt, 8 gr. szegfüszeget, 8 gr. gyömbért, egy kis adag tört borsot, borszeszben fölolvasztott 5 gr. hamuzsirt adok hozzá s az egészet $^1|_4$ óráig jól kavarom és meleg helyen kelesztem, végül 12 órára jégre teszem. Ezután 3 cm. vastagságra kinyujtva, apró négyszögü darabokra vágom, minden darab közepére hámozott mandulát nyomok és tepsziben szép sárgára kisütöm. Egy tojás megcukrozott fehérjével megkenve, tetszetősebb lesz.

7. *Passaui mézes-kalács.* $^1|_2$ liter cukrozott óbort fölforralnak, hozzá kevernek annyi lisztet, hogy a tészta kemény legyen; 50 gr. vaj és 2 tojás közégyurásával $^1|_2$ óráig dagasztják, 12 óra hosszáig pedig érintetlenül hagyják. Azalatt $^1|_4$ kgr. mézet fölforralnak, melybe, mikor már lehült, egy kevés narancs- és citromhéjt, gömbért, aniszt, fahéjt, coriandrumot, borsot, szegfüszeget és annyi rozskenyeret tesznek, amennyi a mézet fölszivni képes, azután 12 órára félre teszik. Másnap a tésztát vékonyra kinyujtják, az imént mondott keverékből diónagyságu bélést készitve, ráteszik, tésztával körülfoglalják és hirtelen kisütik. A kemencéből kikerült süteményt ajánlatos egy kevés mézes vizzel megnedvesiteni.

8. *Mézes-rétes.* Vajas tésztát készitvén, oly vékonyra nyujtjuk, mint a metéltnek valót. Eközben $^1|_4$ kgr. duzzasztott s hámozott mandulát finomra zuzunk; ezt, $^1|_4$ kgr. mézet, egy narancsnak és egy citromnak apróra vagdalt héját tálba tesszük, ráütünk két

egész tojást s négy tojásnak a sárgáját, mire az egészet addig kavarjuk, verjük, mig jó habos lesz. Ekkor a tésztára öntve, késsel szétkenjük és a tésztát könnyedén összehajtjuk. Végre vajjal megkent tortalevélre tevén, tojásfehérjével bekenjük és tartós melegben kisütjük.

9. *Csokoládé-rétes mézzel.* A rétesnek való, kinyujtott tésztát megszáritják; aközben négy rud reszelt csokoládéhoz 18 deka mézet kevernek. A tésztára néhány kanál olvasztott vajat hintvén, a csokoládét rászórják, 6 kanál jó tejszinnel leöntik, összehajtogatják és egy lábosban, ujjnyi vastagon levő tejszinben megsütik.

10. *Mézes-torta, csokoládéval bevonva.* $^1\!|_4$ kgr., a meleg sütőben meglágyitott csokoládét egy edényben, $^1\!|_8$ kgr. vaj lassankénti hozzáadásával finomra habarok, azután közé keverek $^1\!|_4$ kgr. hámozott és jól összezuzott mandulát, $^1\!|_4$ kgr. törött vaniliát, $^1\!|_4$ kgr. mézet és 14 tojás sárgáját. A tömeget $^1\!|_2$ óráig habosan kavarva, a tojás fehérjének kemény habjával és 14 deka keményitőliszttel összekeverem. Mire négy egyenlő alacsony abroncsu, vajjal megkent s liszttel behintett tortalevélre öntve, gyöngén fütött kemencében megsütöm. Sülés után, amikor már szitára boritva, kihült, egy iv papirosra tevén, barack- vagy málna-marmeláddal késfoknyi vastagon bekenem. Most a leveleket egymásra téve, szépen körülvágom és csokoládéöntéssel az egész tortát egyenletesen bekenem s száradni félreteszem. Ha tökéletesen száradt, különféle befött gyümölcscsel körül lehet rakni.

11. *Burgonya-torta mézzel.* Jó lisztes, főtt burgonyából, amint kihült, 20 dekát reszelünk s ezt $^1\!|_8$ kgr. mézzel, kevés vaniliával, 10 deka hámozott és apróra zuzott mandulával, egy narancs apróra vagdalt héjával kevervén, 4 egész tojást, 8 tojásnak a sárgáját bele ütünk és fél óráig folytonosan kavarjuk, mialatt a tömeg emelkedik és habos lesz. Most egy formába, mely vajjal meg van kenve, lassan betesszük, közbe-közbe marmeladot adunk hozzá és szép világossárgára kisütjük.

12. *Linci torta mézzel.* $^1\!|_4$ kgr. duzzasztott mandulát finomra megtörnek, törés közben kissé megnedvesitik, hogy olajos ne legyen; ezt, azután $^1\!|_4$ kgr. mézet, késhegynyi vaniliát, egy narancs apróra vagdalt héját, $^1\!|_4$ kgr. vajat, fél citromnak a levét, 4 tojás sárgáját és $^1\!|_4$ kgr. finom lisztet jól összeverik. Most vagy egész formában sütik ki a tésztát, vagy három egyenlő levelet csinálnak belőle s tojás fehérjével megkenve és cukorral behintve, sütik meg. Kihülés után minden levelet befőttel töltvén meg, egymásra teszik s narancsjéggel vonják be, vagy zöld gyümölcscsel diszitik. Aki rudas tortát akar késziteni, abroncsot tesz a levél körül,

különben lefolynék a tészta. Ügyelni kell arra, hogy a tészta erősen meg ne süljön.

13. *Almás-rétes mézzel.* 5 db. jókora savanyu almát meghámozva apró kockákra vagdalok; 6 deka duzzasztott mandulát megtörvén, $^1|_3$ kgr. mézzel összekeverem; $^1|_8$ kgr. megtisztitott mazsolát megmosok s kendővel leszáritom. Azután lisztből, tojásból, kevés vajból és langymeleg vizből közönséges rétestésztát készitek, jó vékonyra kihuzom és olvadt vajjal meghintvén, az almát, azután a mézet, végre a mazsolát is rászórom és vajjal megkent, lapos lábosban kisütöm.

14. *Gyümölcsrizs mézzel.* Egy itce tejszinben 8 deka szemenszedett s meleg vizben többször megmosott rizst lágyra főzve, $^1|_4$ kgr. mézet adunk hozzá és hülni hagyjuk. Ezalatt 4 kanál málna-, barack-, vagy ribizlimarmeládot narancson, esetleg citromon dörzsölt, finomra megtört és megszitált 10 deka cukorral elkeverünk; azután közé facsarjuk egy fél citromnak a levét; végre 7 tojás fehérjének keményre vert habját lassanként hozzá keverjük. Most egy mély porcellánlábost vajjal megkenvén, a rizs harmadrészét bele tesszük, egyenletesen szétkenjük és nyulós cukorba becsinált gyümölcsökkel, mint: barack-, dinnye-, ananászszeletekkel, ringlóval, cseresznye-, vagy pöszmétével kirakjuk. A rizs második részét erre rátesszük, ismét kirakjuk gyümölcscsel s a maradék rizszsel befödjük. Végre a barack-, vagy málnahabból ezüstkanállal fölibe hegyet alakitunk és a sütőben enyhe hőségnél fél óráig sütjük, mire tüstént föladjuk az asztalra. Ezen étel valódi disze minden asztalnak és ízében is kitünő.

15. *Angol plumpudding mézzel.* Ezen angol nemzeti étel a következő részekből áll: $^1|_2$ kgr. vesezsir, $^1|_4$ kgr. ökörvelő, $^1|_2$ kgr. összezuzott sárga mazsolaszőllő, $^1|_2$ kgr. korinthiai fekete mazsola, $^1|_8$ kgr. citronád, ugyanannyi befőzött narancshéj, 8 alma, 15 gr. törött fahéj, kevés reszelt gyömbér, kevés citromon dörzsölt cukor, $^1|_4$ kgr. finom, fölolvasztott méz, $^1|_2$ kgr. reszelt zsemlye, 15 deka liszt, $^1|_4$ liter rum, vagy cognac, kevés só és 10 tojás.

A vesezsirt a hús- és bőrrészektől megtisztitván, a reszelt zsemlyével együtt agyagtálba teszik s az előbb jól megmorzsolt mazsolát, az apróra vagdalt almát, a velőt, a finomra apritott citronádot, narancshéjt, a citromon sárgitott cukrot, füszert, sót és mézet hozzáadva, jól fölkavarják; azután a rumot, vagy cognacot, tojást és lisztet is közé keverik. Most egy serviétát vajjal jól bekenve, reszelt zsemlyével behintenek, melynek a közepére öntik a puddingot; az asztalkendőt ráncban összeszedve, a tésztától ujjnyi szélességre bekötik és forró vizzel töltött nagy serpenyőbe teszik, ugy, hogy ebben uszhassék, hol befödve, $2^1|_2$ órán át forr.

Eközben a serpenyőt forró vizzel többször föl kell tölteni. Főzés után a puddingot a vizből kivevén, szitára teszik, a szervietát föloldják, s minden oldalról óvatosan letakarják; a puddingot pedig tálra forditják és rummal leöntik, melyet Angolországban a tálaláskor rendesen meggyujtanak.

16. *Mákos-, vagy diós-kifli mézzel;* egy hires pozsonyi rendelvény után. A gyuródeszkán $1^1|_2$ liter liszthez apránként $|_2$ kgr. vajat és egy kis sót kehervén, nyujtófával jól átdolgozzuk; azután 8 evőkanálnyi tejszinnel, s langymeleg tejszinben áztatott $7^1|_2$ deka friss élesztővel, 12 tojás sárgájával és 2 kanálnyi törött cukorral jó lágy tésztát készitünk belőle. Őrizkedjünk attól, hogy azt kézzel megérintsük, mert a tésztát elrontanók. Erre — aszerint, hogy kisebb, vagy nagyobb kifliket akarunk-e csinálni — cipókká szakgatjuk a tésztát, kendővel betakarjuk és kelni hagyjuk. Ezalatt finomra őrölt mákot *jegecedett* mézzel keverünk. A megkelt tésztát ujjnyi vastagra kinyujtjuk, hig mézzel jól megkenjük és a tölteléket rátevén, kiflialakura hajtogatjuk össze, azután zsirral megkent papirosra rakjuk és még fél óráig kelni engedjük. Végre tojással megkenvén, gyöngén kisütjük:

Diós-kiflihez a tölteléket, azaz a diót megfőzve s meghámozva, apróra vagdaljuk; a további eljárás ugyanaz, mint a mákos-kiflinél.

A kifliket nem tanácsos nagyon kisütni, mert ugy a tészta, mint a töltelék kiszárad s a sütemény kevésbé ízletes.

CI.
Mézbe főzött compótok és mézbe rakott gyümölcsök.

A méz a gyümölcsök befőzésénél is jelentékeny szolgálatot tesz a háztartásban; mert a cukornál jobban édesit, a gyümölcs igen jól tartja magát benne, a compótnak kitünő ízt ad és az egészségre kedvező hatása van. Ime néhány utasitás, mely szerint a mézzel való befőzések végzendők.

1. *Cseresznye-compót.* 2 kgr. szép, érett, egészséges cseresznyét száráról lefejtve, friss vizben megmosunk. 1 kgr. mézet pedig $|_4$ liter vizzel fölforralunk s lehabozzuk; azután a cseresznyét bele szórva, addig főzzük, mig nyers ízét elvesztette. Végre $1|_2$ liter szeszben föloldott 10 deka szalicilsavból fél kávéskanálnyit teszünk hozzá, mely a befőtt tartósságát nagyban elősegiti.

2. *Alma-, vagy körte-compót.* Kemény husu nagy almát, vagy a célra alkalmas körtét meghámozva, magját kiszedem és 1 kgra $1^1|_2$ kgr. mézet, $|_8$ liter vizet, egy citrom levét és egy narancs héját számitva, az egészet összefőzöm, mig a gyümölcs puha lett.

Ezután, amikor már kihült, birsalma-, esetleg málnaszörpöt keverek hozzá, végre szalicilsavat adok bele és üvegekbe teszem.

3. *Őszibarack-compót.* Nem egészen érett, hámozott, kettészelt 20 db. barackot $^1|_4$ kgr. méz- és $^1|_{16}$ liternyi vizkeverékben addig főzik, mig a mézet föl nem szivta; mire a gyümölcsöt kiszedik és szép rendben üvegbe rakják; a szörp pedig még kis ideig tovább fő. A szalicilsavon kivül ajánlatos kevés rumot is önteni a szörpbe.

4. *Nyáribarack-compót.* A már sárguló, de csak félérett gyümölcsöt meghámozva, kettészelem; 1 kgr. mézet $1^1|_4$ liter vizzel addig főzök, mig nehéz csöppeket ad; a gyümölcsöt most bele rakván, puhára főzöm, azután ezüstkanállal kiszedem és hülni hagyom; majd üvegbe tevén, az azonközben még tovább főzött és szintén kihütött szörppel leöntöm, az üveget pedig nyitva hagyom. Másnap a gyümölcsről leöntvén a szörpöt, ujból kissé fölmelegitem és ismét a gyümölcsre öntöm; ezt három napon át igy folytatom. A negyedik napon a szörp kihülve jön a gyümölcsre és az üvegeket csak az ötödik napon kötöm be.

5. *Meggy, mézbe rakva.* E célra egy 3—4 literes üveg, esetleg hordócska szükséges. A szárától megtisztitott szép fekete meggyet megmossuk s félre tesszük. Ezalatt egy 3 literes edényre 5 deka fahéjt és $1^1|_2$ deka szegfüszeget számitva, megfőzzük, melyet 2 kis zacskóba elosztva, bevarrjuk. Az egyik füszeres zacskót a hordó fenekére tesszük s 2 liter fölforralt, lehabozott és kihült, de még folyékony méznek a felét ráöntjük, a meggynek szintén a felét a hordóba rakjuk; erre jön a másik füszeres zacskó, a méz és a meggy fele. A hordónak nem szabad tele lenni, mintegy két ujjnyira maradjon üresen. A dugóra tiszta vásznot göngyölünk s keményen bevervén, az edényt hüvös helyre tesszük.

6. *Meggy, ecetben eltéve.* $^1|_2$ kgr. spanyolmeggynek a szárát félig levágják, $^1|_2$ kgr. mézet forralnak, habját leszedik, azután a befőttes üveget a gyümölcscsel tele rakják, mézzel föltöltik és egy kávésfindzsányi jó fehér borecetet öntenek rá, mire az üveget bekötik. Két nap mulva a gyümölcsről a levet leszürvén, addig főzik, mig nehéz csöppbe hull; ekkor, ha már kihült, vissza öntik a meggyre s az üveget csak 24 óra mulva kötik be.

CII.

A méz és viasz, mint gyógyszerek.

Az iskolai tankönyvekben, valamint a hivatalos gyógyszerkönyvekben a méz és viasz a gyógyszerek közé vannak sorozva, még pedig mindkettő a légenynélküli, tápláló és ernyesztő szerek főosztályába. A méz a cukortartalmu anyagok, a viasz az állati zsiradékok között foglal helyet.

A méz mint gyógyszer a legrégibb idő óta ismeretes. Tüdő- és torokbántalmakban nyákválasztóként használják. Pringl vesekő, Monro idült aszthma ellen ajánlanak naponta nagyobb mennyiségü, 10—100 gr. mézet használni. Gyönge emésztési szervezettel birók azonban könnyen hasmenést kapnak a méztől. Külsőleg rendelt gyógykezelésekre, mint cserekhez, csőrékhez, avagy száj- és torokvizekhez és ecsetelő szerekhez gyakran használják.

A viaszt régente mint bevonó, a bélürüléket visszatartó szert, belsőleg, kis adagokban olajjal keverve, emulsio alakjában használták. Minthogy azonban a gyomrot megterheli és a várt eredményt elő nem idézi, e célra többé nem szolgál. Az olvadó viasz fölszálló gőze a tüdőbajosok könnyebbülését eszközli. Jelenleg leginkább mint fedőszer, pl. körömbántalmakra és mint mechanikus töltőszer, pl. fogüregekből eredő vérzésekre és legtöbbször kenőcsök s tapaszok készitésére használják. A hygroskopikus poralaku szerek becsomagolására szolgáló papiros (charta cerata) szintén viaszszal készül.

A házi szereknek egész seregét készitik mézzel, vagy viasz- szal, melyeknek kitünő hatást tulajdonitnak s amelyeket különösen a köznép nagyon kedvel. Ezek közül a leginkább használatosakat a következőkben sorolom föl:

1. *Hurutos bántalmakban* reszelt murokrépát mézzel összeföznek s abból napjában többször $\frac{1}{2}$—1 kávéskanálnyit bevesznek.

2. *Idült hurutban* szenvedők egy evőkanálnyi reszelt tormát diónagyságu vajjal megpuhitván, $\frac{1}{4}$ messzelynyi mézbe kevernek, melyből naponta többször egy kávéskanálnyit vesznek be.

3. *Szájfájás ellen.* Egy kávéskanálnyi finomra tört timsót két kanálnyi szinmézzel kevernek s ezzel a szájat naponta gyakrabban megkenik.

4. *Torokfájásban* vörös répalébe kevert mézet használnak öblögetőül.

5. *A torokdaganatokat és ugynevezett keléseket* mézből, kovászból és sült vöröshagymából készült keverékkel kötik be.

6. *Oldal- és mellnyilalásokra* mézzel megkent dohány-, vagy tormalevelet boritnak s 1—2 óráig a fájdalmas részen tartják.

7. *Száj- és torokfájás ellen* 20 gr. mézből és 1—2 gr. pórisból (borax) való keverék a legkitünőbb gyógyitó szer.

8. *Száj- és toroköblitőül* $\frac{1}{2}$ liter zsályalevél-forrázatban 2 kanálnyi méz és 10 gr. timsó szintén kitünő hatásunak bizonyul.

9. *A szamárhurutban szenvedő gyermekeknek* 50 gr. mézzel 15—20 csöpp sáfrányos mákony-festmény, óránként $\frac{1}{2}$—1 kávéskanálnyi

adagolással, igen jó hatásu; vagy ha 70—80 grnyi rózsamézbe egy kávéskanálnyi — 4—5 gr. — csilla-ecetet keverünk és az előbbi módon adagoljuk, biztos sikerre számithatunk.

10. *A legfájdalmasabb genyedő sebeket rövid idő alatt meg lehet gyógyitni a következő kenőcscsel:* 30 gr. sárga viaszt gyönge tüznél fölolvasztván, 1 evőkanálnyi faolajat, ugyanannyi szinmézet és egy tojás sárgáját keverünk közé ugy, hogy egyenletes állományu legyen.

11. Megemlitésre méltó körülmény, hogy *az ütéstől keletkező kék foltok,* ha a gyógyszertárakban kapható *sárga viaszolajjal* bekenetnek, rövid idő alatt eltünnek; amellett bizonyit ez, hogy a sárga viasz illó részei mily megbecsülhetetlen fájdalomenyhitő, csillapitó és gyógyitó sajátsággal birnak

12. *A szépnem arcbőrfinomitó szerül* drága pénzen és nagyszerü arányokban használja ezen közönséges rendelvényt: fehéritett viaszból 1, cetfaggyuból 2 és mandulaolajból 3 sulyrészből álló keveréket gyönge tüzön olvassz össze.

A méz a legrégibb időktől fogva használtatván orvosságul, bizonyitja ezt a gyógyszertárakban mai napig is tartott „Theriaca Andromachi", most „Theriaca veneta" nevü fájdalomcsillapitó és álomhozó szer; melynek főalkotó részét a méz képezi.

MÉHÉSZETI KÖNYVVEZETÉS.

méhészetben is épugy, mint átalában a gazdaság minden ágazatában szükséges a könyvvezetés. A kezelés áttekintése, a tett intézkedések ideje, módja, sikere, a szükségessé lett változások eredménye, a befektetett és forgalmi tőke nagysága, a nyereség, esetleg veszteség, stb. stb. felől csakis a könyvvezetés alkalmazása mellett győződhetünk meg; avagy legalább tájékozódván, a további szükséges intézkedések irányát, módját, idejét annál könnyebben állapithatjuk meg; annál sikeresebb egyszersmind a müködésünk is. Ellenben, a tudni való adatok, jelenségek, stb. följegyzése nélkül sötétben tapogatóznék a méhész *s az alkalmazott méhészeti elvek helyességéről gyökeresen meg sem győződhetnék.* Természetes, hogy minden méhész minél egyszerübbé teszi az ő könyvvezetését; mert sem érkezése, sem — amint ezt a gazdáknál rendesen tapasztaljuk — kedve nincs a hosszadalmas jegyezgetésekre.

Méhészetemben, melynek pedig elég complikált a kezelése, amennyiben előméhekkel kereskedem, a vándorlást, szüzsejtgyártást, stb. gyakorlom, szóval minden irányban ténykedem, mindazonáltal oly egyszerü és egyuttal könnyü a könyvelés, hogy azt főméhészmesterem, kinek pedig gyöngéje az ilyesmi, könnyedén elvezeti.

Első föltétel a méhes leltározása, t. i. ugy a kaptárok, mint a méhcsaládok, fölszerelés, eszközök, stb. egyenként való följegyzése, s bizonyos megállapodott ár szerint való becslése.

Okvetetlenül szükséges, hogy a kaptárok és kasok is számozva legyenek; a méhesen egy jegyzéket tartsunk, melybe a mindennapi eseményeket, megjegyzéseket, kiadásokat, stb. bevezetjük, s később a fökönyvbe iktatjuk. A fökönyvben minden kezelési irány nak külön lapot nyitunk; a bevételt és kiadást külön-külön iktatjuk be, és az év végén az összegezés ugy az egyes irányok, mint az egész méhes jövedelmét, vagy veszteségét föltünteti. E módon minden méhész bármely alkalommal számon veheti, számon adhatja méhesének állapotát, jövedelmezőségét.

A jegyzőkönyvecske, mely nyolcadrét alaku, egyszerüen rovancsoltatván, mindenek előtt a kaptár, vagy kas számát tartalmazza; az ugyanazon méhcsaládra vonatkozó egyébb följegyezni való pedig az utána következő rovatokba jön.

A legcélszerübb beosztás a következő volna:

1893.

Kaptárszám	Rajok			Az anya kora és megtermékenyülése	A nép minősége	Méztermés (kilo)	Viasztermés (deka)	Szaporodás	Mülépek alkalmazása	Általános észrevételek
	anyatörzs	mü	természetes							
I.	—	—	V 15. elöraj	1892. ápr.	II.	—	—	—	6	2 keret lépesmézet adott.
2.	I	—	—	1892. május	I.	14$^r\frac{1}{2}$	8	—	—	3 keret fiasitást adott.
3.	I	—	—	1892. junius	I.	—	—	2 rajt	—	—
4.	—	I	—	1893. május	III.	—	—	—	8	Télire 3 keret lépesmézet adott.

Ezen rovatok kitöltésével a méhész mindazon mozzanatokat följegyzi, melyek az áttekintéshez és a további intézkedésekre szükségesek. Ebből és a becslés szerint fölvett leltárból állitja össze a fökönyvet.

A fökönyvbe öszszel, t. i. a méhészeti év lefolyásával vezetjük be az adatokat. Ilyenkor ugyanis a vándorlás, sejtközfalak alkalmazása, egyesités, mézszüret, stb. megszünvén, a méhes fölbecsülését eszközli a méhész, melyből a haladás, vagy hanyatlás, a jövedelem, avagy veszteség kiderül. Ez esetben tekintetbe veendő a méz, viasz, méhcsaládok, rajok, anyák, stb. eladásának összege; ezek ellenében pedig azon kiadások, melyek kaptárok, segédeszközök, viasz, szállitó ládák, esetleg a segéd-, vagy szolgaszemélyzet stb. költségeiből áll. A két összeg egymásból való levonása mutatja majd a végeredményt, t. i. a hasznot, vagy veszteséget.

Azoknak, akik szűzsejtek előállitásával is foglalkoznak, ajánlatos ez irányban külön könyvet vezetni, mely egyrészt a termelt és vásárolt mézet, viaszt és keretek értékét, másfelől a szűzsejtért, azaz lépesmézért bevett összeget föltünteti. Pontos följegyzések alapján a végeredmény itt is kipuhatolható.

Saját érdekében el ne mulassza a méhész ezen egyszerü, a célnak megfelelő könyvelést, mely a lefolyt év sikerét, az elfogadott és követett elvek helyességét a maga valóságában visszatükrözi; de egyuttal évek multán is kalauzul szolgálhat, amenynyiben e biztos statisztikai adatok sok tekintetben érdekes fölvilágositást nyujtanak.

NÉMETORSZÁG MÉHÉSZETE.

Mielött az okszerü méhészet elméletéről és gyakorlatáról irt ezen munkámat befejezném, szükségesnek tartom Németországnak, az okszerü méhészet bölcsöjének, méhtenyésztési viszonyait, egyuttal nehány nagyobb méhest is leirni.

A méhészek — vitatkozásaik alkalmával — különösen Németországra szeretnek hivatkozni és nem ok nélkül; mert egy nemzettől sem nyertünk elméleti és gyakorlati tekintetben annyi utmutatást, mint a németektöl. De viszont az is igaz, hogy e téren is szélsöségekbe esünk; mindent, ami Németországból jön, szentirásnak, készpénznek tekintvén. Már pedig ezzel méhészetünket és magunkat, egyaránt többször megkárositottuk. A több méznyerés szempontjából minden német méhészeti szakmunkában kidicsért *anyátlanitás* pl., valamint szintén a németek által elismert, jónak tartott nagymérvü *mürajkészités* igen sok virágzó méhest tett már tönkre; uj és legjobbnak kikürtölt kaptárokért pedig mennyi pénz ment már veszendőbe! Miértis a nagyhangu dicséretek ellenében, az ujdonságok beszerzésében, valamint azok módjának követésében a legnagyobb óvatosságot és elővigyázatot ajánlom. Különben másrészt is, *ha Németország méhészetét a helyszinén vizsgáljuk, csudálkoznunk kell, hogy amig papirosan a millimèternyi pontosságig való követeléssel irják körül a kaptár térfogatait: addig a valóságban ugyanazon méhészek több centiméter különbséggel sem igen törödnek. Elméleti tekintetben is igy áll a dolog. Midön a németek elöadásaik és értekezéseik alkalmával a valóban meglepö tudományosság és alaposság non plus ultrájába merülnek: ugyanök a gyakorlati téren ezen elméletek célszerü alkalmazásának hiú reménnyeivel és kivihetetlenségével küzdenek.* „Akademikus szakképzettségük" *érdeméböl e fátum mit sem von le ugyan, de azt is bizonyitja, hogy a tulhajtott tudományosság néha sarkalatos ellentétben áll a gyakorlati élettel.*

Még tovább megyek s azt állitom, hogy Németországban szemre tetszetős, szép méhes nincs. Volt alkalmam a rendkivül kidicsért Kalb- és Zabuesnig-féle méheseket, Dzierzon, Dathe, Günther, stb. nagy tekintély kereskedelmi méhtelepeit és számtalan kisebb méhest megtekinteni; s mindenütt — „*hogy gyöngéden fejezzem ki magamat — a legnagyobb egyszerüségre bukkantam,*" ugy, hogy esztétikai érzékem a legtöbb helyen látottak által meg volt sértve. Csudálkozásomat azon föltünő ellenmondással szemben, melylyel a nagy páthoszszal tartott előadások és megirt könyvek, szakfolyóiratok a valóságban homlokegyenest állanak, nem is fojthattam el.

A kifejtett buzgósággal, elméleti szakképzettséggel és irodalmi tevékenységgel az eredmény sem tart egyenlő lépést. Európának egy állama sem visz be annyi mézet — dacára az ott levő kaptárok nagy mennyiségének — mint épen Németország, mely évenként 2 millió márkát ad idegen mézért, mig mi 700.000 frton fölül exportálunk. Ha azonban némelyek eredményt mutathatnak föl — amit eltagadni nem is lehet — ezt az illetők csakis kaptárok, segédeszközök, sejtközfalak és királynék elárusitásával érik el: ami dicséretes és utánzásra méltó törekvés ugyan, *de a méhészet tulajdonképeni föirányát: a méztermelést magában nem foglalja.*

Miután tehát a németeknek a méhészetben való tudományosságát örömmel elismertem, áttérek legnagyobb méhészeik méheseinek leirására, lángeszü vezérükén kezdve azt.

109. ábra.

I. Dr. Dzierzon János méhészete.

A legnagyobb méhész Dzierzon apó, ki nemcsak a szétszedhető kaptárszerkezet fölfedezője, a méhek okszerü kezelésének ős mestere; hanem egyszersmind az olasz méh segitségével a szüznemzés kipuhatolója. Ezek által a tudománynak megbecsülhetetlen szolgálatot tevén, nevét megörökitette. Dr. Dzierzon carlsmarkti nyugalmazott lelkész (110. ábra, felvétetett Budapesten a Németosztrák és Magyar méhészeti vándorgyülés alkalmából) (Briegg mellett, Porosz-Sziléziában); 1884-ben átköltözött rokonához Lowkowitzra, Ludwigsdorf mellett, felső Sziléziában (109. ábra). 1878-ban a jénai egyetemen tudorrá avatták.

Tanaival 1845-ben lépett először a nyilvánosság elé; mely alkalommal — dacára, hogy az elavult elveket kézzel fogható bizonyitékokkal döntötte halomra — többek részéről a legmakacsabb és legmérgesebb támadásokkal kelle megküzdenie. De ilyesmi nem tántoritotta el; hanem a *reformátorok* saját meggyőződésen alapuló szivósságával föntartotta elveit és győzött. Diadala — amikor báró Berlepschsel egy táborban harcolt, ki szellemes, határozott és sokszor drasztikus irásmódjával az elavult rendszer hiveit föltétlen visszavonulásra kényszeritette — el nem maradt.

Dzierzon 1854-ben kapta a bécsi gazdasági egyesülettől az első raj olasz méhet, mely nemcsak nagy hirnevének, de egyuttal anyagi jólétének is megalapitója volt; mert szegényes lelkipásztori hivataláról lemondván, egyedül a méhészetnek élt.

Amily egysze-rü és igénytelen egyéniség Dzier-zon, épolyan a méhese is, azaz minden cifraság, fényüzés és külső disz nélküli (111. ábra); sőt bizo-nyos tekintetben elidegenitő; mert a méhészet Athenébe nagy várakozással in-duló, tudomány és nagyszerüség után szomjazó mé-

110. ábra.

hész kielégitést ott nem igen talál.

Először is a kaptárok kiálli-tása oly kezdet-leges, hogy — bár tudva, mikép Dzierzon maga, tehát nem a hozzá jobban értő ipa-ros készitette azokat — a leg-kellemetlenebbül lepik meg a szem-lélőt. Föltünő az is, hogy némely kaptár hosszabb,

másik rövidebb, majd keskenyebb és szélesebb; s mind ezen

111. ábra.

egyenlőtlenségek dacára azok mégis duc-alakban vannak össze-
rakva, ilyképen a jóizlést és helyes gyakorlatot sértvén.

Dr. Dzierzon nagy mesterünk a szépészet iránti közönyös-
ségében annyira megy, hogy a szalmaburoknak a kaptárokról való
lekorhadásával, a kaptárrepedésekkel, a rosszul záró ajtókkal mit
sem törődik.

Kaptárain a legkülönbözőbb méreteket volt alkalmam látni.
A belső szélesség 16—28 cm. között váltakozott. Hogy az öreg
ur mennyire akadályozva van müködésében a méretek e külön-
bözősége miatt: mindenki könnyen elképzelheti; mert hiszen gyors,
kényelmes és eredményt biztositó kezelés csak ugy lehetséges,
ha a kaptárok méretei egyenlők. Mily boszantó a munkálkodás
ott, ahol csak 2—3-féle is a mérték!

Dacára, hogy Dzierzon még most is a lécek mellett tart, sőt
vándorkaptáraimban a keretek alkalmazását kifogásolta és amellett,
hogy ő nem vándorol: a mézürben mégis kereteket alkalmaz; de
a költőtérben léceket használ.

Dzierzon méhese ezelőtt 3—400 törzsből állott; unokaöcscse,
Dzierzon József halála után azonban — ki kitünő gyakorlati
méhész volt — a nagy szám 100-ra csökkent. Ezeket is két
helyen tartja; egyik részük Lowkowitzon levő kertecskéjében, a
többi pedig egy jó barátjának fél órányi távolságra eső majorján
van. Az öreg ur minden héten egyszer-kétszer elgyalogol ide,
hogy a különben minden fölvigyázat nélkül hagyott méhest kezelje,
rendezze.

Régebben, amikor 4—5, egymástól távolabb levő méhest
egymaga gondozott, a rajzásnak határozott ellensége volt. Igen
természetes is ez; mert a méhesre senki sem ügyelvén, a termé-
szetes rajok többnyire mind megszöktek volna, ami pedig melyik
méhésznek tetszenék?! *Ennélfogva dr. Dzierzon az ő cikkeiben min-
denkor a müraj mellett küzd, habár nemcsak Carlsmarkton, hanem
Bécs-Ujhelyen is beismerte előttem, hogy a természetes raj határo-
zottan előnyösebb, kijelentve egyszersmind, hogy aki csak teheti, ter-
mészetes uton szaporitson.*

Dzierzon főjövedelme is, mint minden német méhészé, a
rajok és anyák eladásából kerül ki. Az 50-es és 60-as években
nagyban üzte ezt, ugy, hogy — tekintetbe véve takarékosságát
— kis vagyont szerzett, melyből meg is élhet.

A mézből eredő jövedelme nagyon kevés; ebből bizony nem
tudna megélni. Egyedüli ok e tekintetben a vidék; a brieggi
kerület, melyhez Lowkowitz tartozik, magaslaton fekszik és zord
éghajlatu.

Dzierzon, a 90 éves aggastyán, még mindig ép és egészséges. A méhészetet már nem üzi oly nagyban, sőt az anyaneveléssel is alább hagyott, mivel Németországban a verseny e téren is oly élénk, hogy különös ügyesség kivánatos az anyák értékesitésében; erre pedig az öreg ur többé már nem vállalkozik.

Bármily szervezetlen, a szemlélőre bárminő kedvezőtlen külsejü is Dzierzon méhese: vele a méhészetről társalogni igazi gyönyör. Előadása kissé akadozó ugyan, de nagyon érdekes; minden szava arany, mely a méhészeti élet pezsgő forrásából van meritve.

Irodalmi téren Dzierzont senki sem multa fölül. Gróf Pfeil számitása szerint csak a Bienenzeitung 7·20 cikket közölt tőle 50 év alatt, melyekről a gróf ur azt állitja, hogy a méhészeti irodalom legeredetibb termékei.

Müve, a „Rationelle Bienenzucht" méltó föltünést keltve, 1848-ban jelent meg és csakhamar mindenfelé elterjedt. A leg ujabb kiadás 1881-ben ismétlődött belőle. Az öreg urnak még a müve is igénytelen külsejü. A papirosa, a betüzet és rajzok a középszerüségen is aluliak; de tartalma, mely a nagy férfiu szakavatottságát és rendkivüli megfigyelő tevékenységét tanusitja, annál becsesebb. Aki teheti, szerezze is meg e müvet, melynek kincset érő tanitásaiból a méhészet szaktudományát elsajátithatja.

2. *Dathe méhészete.* Németország egy méhésze sem tudta az elméletet a gyakorlattal ugy összeegyeztetni, mint Dathe Gusztáv; ki e harmonia következtén oly eredményeket ért el, aminőket eddig alig volt képes bármely méhész is fölmutatni.

Dathe, mint vagyontalan tanitó, a méhészet iránti hajlam által ösztönöztetve, Szászországból Hannover Eysthrup nevü városkájába költözött át, müvelendő a méhészetet, vágyainak netovábbját.

Méhészeti szakavatottságánál és kitünő szellemi tehetségénél fogva nagy mértékben sikerült is ez; több évi ernyedetlen szorgalom után, ügyes tapintatossággal kezelt méhese virulóvá fejlődött s jólétének és későbbi vagyonosodásának alapja lett. Eltekintve attól, hogy gyermekeit a méhészet jövedelméből kitünő nevelésben részesitette, még szép örökséget is hagyott nekik; bebizonyitván ezzel, hogy a jól kezelt méhészetből szerezni is lehet. Dathe 1880-ban halt meg, 68 éves korában. Volt csinos háza, szép méhese, terjedelmes gazdasága, mit kizárólag méheivel szerzett. Vagyonát fia, Gusztáv örökölte, ki a méhest atyja elvei szerint tovább kezeli.

Hannoverai méhészektől tudtam meg, hogy az eysthrupi méhes évi 3000 tallért jövedelmez, ami 60.000 tallér tőkének felel meg.

Dathe méheséhez egy mühely is tartozik, melyben négy gyalupad van elhelyezve. Kisebb és nagyobb pajtáiban a deszkák, lécek és egyéb anyagok egész halmaza fekszik. Télen 4—5, a méhészeti idény kezdetével pedig 6—8 asztalossal dolgozik. Asztalosmühelyét az ujabb kor legkövetelőbb igényei szerint rendezte be. Különösen érdekes a sok kézi erőt megtakaritó körfürész, mely gőzzel hajtva, rövid idő alatt roppant munkát végez.

Kitünő méhészeti eszközeit egyes mestereknél készitteti, kik — mert egyszerre sokat rendel meg — olcsóbban dolgoznak és igy ezuton is tetemes összeget takarit meg.

Méhese, mely 350 kaptárból áll, három különböző helyen van fölállitva. Eysthrupban levő méheinek jó tavaszi és közepes nyári idény kedvez. A Dönhausenben levőkhöz $^1|_4$ órányira esik a cserjés, $^1|_2$ órányira a hangavidék; ezeknek a tavaszi legelőjük kitünő, az őszi is jó. A harmadik méhes Hammelhausen községben fekszik, hol csak őszi hordás levén, tavaszszal Eysthrupba vándorol méheivel, innét pedig őszkor minden méhcsaládjával Hammelhausenbe megy. Az előforduló hordási fogyatkozásokat vándorlás által iparkodik kiegyenlitni. Ez mindenesetre a leghelyesebb és legcélszerübb intézkedés, mely a vele járó kiadásokat kamatos kamattal együtt megtériti.

Dathe egyik főcélja volt az olasz méh tiszta tenyésztése. Később a krajnai és ciprusi méhek meghonositásával is foglalkozott. De a krajnai méh korántsem fejtvén ki oly szorgalmat, mint honi méhei; a ciprusi faj pedig mérges természeténél fogva nem felelt meg a várakozásnak: igy mindkettő tenyésztésével fölhagyott. Az olasz méh mellett tenyésztette és Gusztáv fia most is tenyészti a kaukázit. — E fajnak sem jóslok biztos jövendőt, mert tulajdonságai korántsem olyanok, hogy tiszta tenyésztésük eredményes lehetne.

Dathe főjövedelme szintén a rajok és anyák eladásából került ki; ily irányu ténykedésében sokszor annyira ment, hogy méhei számára télre való mézkészletet kellett beszereznie.

A hangaméheket — kiváltképen a szaporitás szempontjából — nagyra becsülte. Az olasz méh csak ritkán rajzik, miért is ő a tiszta vérü olaszanyákat nagyobb részt hanga- (fekete) méhekkel inditotta utnak.

Mint éles gondolkozásu és tapasztalt méhész, nem foglalkozott mürajok készitésével, hanem a lünneburgi kasokban levő családjait rajoztatta és a rajokat termékeny olasz anyákkal látta el.

Anyatenyésztése igen kiterjedt; rendesen 4—500 anyát is nevelt, melyekért egyenként 10—20 márkát kapott.

Az anyanevelés ily nagy mértékben folytatott üzése erősen igénybevette az anyacsaládokat; minek következtén a kaptárokban levő népek egészen elgyöngültek. Ezt ugyan nem nagyon bánta Dathe, mert lünneburgi kasaiból nyert rajaival uj alapot teremtett a jövő évre, mely ismét meghozta a várt jövedelmet. Valóban lehetetlen, hogy az ily észszerü és helyes elvekre alapitott méhészet jövedelmes ne legyen.

Dathe az ő segédeivel mindig annyira el volt foglalva, hogy bonyolult mütétekre nem ért rá. Már emiatt sem kedvelte a mürajokat, ennélfogva 200 lünneburgi kast tartott, melyek neki egyenként átlag 2 rajt adtak. Ezen népek anyáit Dathe a hanga-méhészek módja szerint, kora tavaszszal, spekulativ-etetés által petezésre ingerelte s ezek a legtöbb esetben még rajzottak is.

Midőn 1870-ben az eysthrupi méhészetet megnéztem, Dathe még élt, 58 éves lehetett; magas, szikár ember volt. Az elmélet és gyakorlat összhangba hozatalában — mint már mondám — müvészies tökélyre vitte. Háza, a Hannoverben divó, csinos kül-sejü, kényelmes földmüves-lakás, zöld kapujával már távol föltünik. Belseje rögtön elárulta a méhészt, lépten-nyomon kaptárokra, segédeszközökre stb. bukkanván a látogató. A méhtelep, mely Hannoverben köralaku félszerből állott, a főépület töszomszédsá-gában van fölállitva, ugy, hogy szobájából azonnal a félszerbe léphetett a tulajdonos. Ez 300 ☐ m. tért foglal el s körülbelül 160 Dzierzon-kaptár, 220 kas és 380 anyanevelő fér el benne. Igaz, hogy ezen kaptárok bizonyos időben csak részben vannak benépesitve; ami élénken emlékeztet a saját méhesemre, mely május elejétől végeig, a szállitások következtén annyira megfogy, hogy az idegennek nem szivesen mutatom meg.

Dathe félszere három emeletes, melyek mindeniként különféle kasok és kaptárok vannak elhelyezve. Az udvaron ducok állanak, melyek 22, többnyire 6—8 kaptáros csoportban vannak össze-rakva. Dathe ezekre nagy sulyt fektetett, mivel állitása szerint a legolcsóbbak és a vándorlásra legalkalmasabbak.

Dathe méhese — habár igen célszerünek mutatkozott, méheinek kezelése pedig nagyon megtetszett — azon benyomást tette rám, hogy az elmélet követelményei a gyakorlatban bizony itt sem alkalmaztattak. De hát Németország legtöbb méhesében roppant eltéréseket tapasztalunk e tekintetben. Lehrbuch der Bienenzucht cimü kitünő müvében Dathe szigoruan milliméterekre számitja ki a méreteket; a gyakorlatban meg már nem veszi ezt olyan pontosan. Ugy van az olasz méh tenyésztésével is. E fajt erősen dicsérik, de mézelés céljából nem, hanem csupán azért tartják, hogy minél több anyát, vagy rajt adhassanak el belőle.

Szaporitásra és mézelésre lünneburgi fekete méhet tartott Dathe, ezeket ösztönözvén a spekulativ-etetés módjával. *Ez buzditson bennünket is honi méhfajunk megbecsülésére; a külföldiektől pedig tartózkodjunk.*

Dathe dönhauseni méhese szintén köralakban épült, de sokkal kisebb az előbbinél. A hammelhauseni — terjedelemre nézve — az eysthrupinak megfelel. Juniushó végén ide vándorol méheivel Dathe s iparkodik rajait és az eladás által népeiben megfogyatkozott anyacsaládait fölsegitni.

Hannoverben volt tehát alkalmam a körben épült méhesek célszerü voltát tanulmányozni. Meg vagyok győződve, hogy azok hazánk igen sok vidékén, különösen pedig ott, hol zordon szelek és állandó légáramlatok uralkodnak, vagy ahol a méhes a szabadban áll és kellőleg védve nincs: jó szolgálatot tennének. Biztonság szempontjából is ajánlatosak ezen épületek; az ajtó bezárásával több száz méhcsalád védve van még a tolvajoktól is.

Más körülményre is figyelmessé lettem németországi utazásom közben; s ez az, hogy szép eredmények csak ugy érhetők el, ha a méhes — bár részben is — vándorlásra van berendezve. E nagyfontosságu intézkedés által ha egyéb eredményre nem jutna is a méhész, mint a családok népességben való megerősödésére: már ezzel is megbecsülhetetlen hasznára vált méhesének a vándorlás.

Hazánk éghajlati, időjárási viszonyai, a virány gazdagsága, időnkénti, váltakozó diszlése, mindenesetre nagyon kedveznek a vándorlásnak; az azzal nálunk elérhető siker pedig jóval fölülmulja a németországit. Tudva ezt, igyekezzünk méhesünket a vándorlásra berendezni. A nehézkes és a szállitásra alkalmatlan állókaptárok nem valók erre, hanem a fekvőkaptárok. Egyébiránt a hannoveri példát bátran követhetjük: méhészkedjünk kasokkal a rajzás és ikerkaptárokkal a mézelés céljából; mindenesetre helyes utat követünk ezzel.

Mielőtt németországi utamra indultam volna, a lépesméz előállitása és értékesitése — mint a legjövedelmezőbb módozatok egyike — már irányeszméül szolgálván nekem: eltökéltem, hogy erre vonatkozólag is teszek tanulmányi utamban megfigyeléseket. Tapasztalataimról azzal számolok be, hogy a lépesméznek Németországban is nagy ára, jó kelendősége van; egy kgr. lépesmézet 90 krért adnak el. Sietve jegyzem meg: ne méltóztassanak tisztelt olvasóim azt képzelni, hogy a hannoverai elárusitott lépesméz is oly tetszetős, izléses, mint aminőt mi szoktunk piacra küldeni, t. i. a hófehér viaszt áttörően csillogó, aranysárga, szinte ellenállhatatlanul kivánatos; hanem az ő lépesmézük külsőleg és tartal-

mában egyaránt barna szinü, íze kesernyés, kellemetlen zamatu.
S ezt nevezik a hangaméhészek lépesméznek, melyet mégis
könnyedén elárusitnak. Akármennyi és akármily minőségü mézre
is találnak ők vevőt, miért? *Nem másért, mint csupán azon okból,
hogy ők az egyedüliek, akik nagy mennyiségben képesek lépesmézet a
vásárra vinni.*

A legnagyobb fogyasztás a kis Szászországban van, melynek
népe leginkább meg tudja becsülni a mézet. Utóbbi időben
Olaszország is küldött Németországba mézet, de szintén aláren-
delt árut.

*Minő eredményeket érhetnénk el mi, kik a jó Isten nagyszerü
adományával, páratlanul kitünő mézünkkel könnyen kiszorithatnók a
versenytérről a németeket, kik az ő barnás, rosszizü termékükkel okve-
tetlenül sarokba vonulni kényszerülnének!* Szöllőtermésünk s egyéb,
ezzel kapcsolatos termékeink kiviteli példája, melynek folytán a
versenytérről az olaszokat leszoritottuk, élénken bizonyitja azon
föltevés helyességét, hogy a méhészet terén is képesek volnánk
a némettel megmérkőzni.

Ennek sikerét a *szüzsejtgyártás* nagyban elősegitné, melylyel
nemcsak szüzlépeket állitnánk elő, hanem egyuttal a már kiépitett
s még ízléses külsejü, fehér lépeket is megtölthetnők mézzel. *Ily
módon érhetnők el szivem ama forró vágyát, melylyel hazánk méhé-
szetének terjedését, külföldön is kiérdemelt elismerését és diadalát
óhajtom; és ez el sem maradna.*

Dathe a méhészeti szakirodalom müvelésében is tevékeny
részt vett. Müvei: Lehrbuch der Bienenzucht és Anleitung zur
Züchtung der italienischen Biene.

3. *Günther Vilmos méhészete.* Németország számtalan méhesét
meglátogattam, de azok közül csak a legelőkelőbbekről emlékezem
meg müvemben. Ezekhez tartozik Günther méhészete is.

Mindenkor jól esik látnom, hogy egyesek a méhészetből elé-
gedetten és gond nélkül meg tudnak élni. Günther Vilmos is
egyike azoknak. Kezdetben mint kertész, később méhészsegédként
volt báró Berlepsch seebadi (Bajorország) birtokán alkalmazva.
A nagymester iskolájában, mint méltó tanitvány, teljesen elsajá-
titotta a méhészet elméletét és gyakorlatát s azt most apostolként
terjeszti.

Midőn báró Berlepsch Gothára visszavonult, 100 családból
álló méhesét átadta Günthernek, ki azzal Gisperslebenbe, Erfurt
mellé költözött, hol kereskedelmi méhtelepet szervezett. Sok meg-
próbáltatáson menve keresztül (1868-ban minden méhe elfagyott),
méhészetét végre sikerült rendszeresitenie s jelenleg több méhesen
3—400 törzset kezel.

Günther is, mint minden méhkereskedő Németországban, az olasz méhekkel üzérkedik, igen szépen gyarapodván ebből. Az elsőrendü anyákat 30, a rajokat pedig 40 márkával árusitja el. Azonkivül kaptárokat és segédeszközöket állit elő; habár kaptárai drágák is, ugy alakjuk, mint egyéb jellegük tekintetében kitünőek. Günther méhéseről röviden és átalában csak annyit emlitek föl, hogy egyszerü, minden csint nélkülöz, szemre nézve semmi érdekest nem mutat. Másként áll a dolog az ügyvezetés tekintetében, melyből rögtön kitünik, hogy a mester szakavatott, ki ügyes tapintattal, előrelátó otthonossággal munkálkodik.

Báró Berlepschsel bátran elmondhatjuk tehát, hogy: *„tanuljatok mindenek előtt elméletet, különben gyakorlati kontárok maradtok“;* mert a szükséges észszerü intézkedéseket lépten-nyomon megleljük, melyeket a tudomány helyeseknek jelez és melyek azon eredményeket biztositják, mikkel Günther dicsekszik.

Günther mint szegény méhész ment Gisperslebenbe, hol most — szakképzettségével és becsületes munkásságával elért sikerei után — jómódu embernek vallhatja magát. A magyarországi méhészeti kiállitásokon, szép olasz anyáival, többnyire jelen van Günther, mindig a legszebb kitüntetéseket nyervén el.

GYARMATHAI MÉHESEM.

Ne vegye szerénytelenségnek a tisztelt olvasó, ha a fölsorolt jelesek előkelő méhészetei után saját méhesem leirásával is foglalkozom. Meg lehetnek győződve, hogy nem a föltünés, vagy versenyzés szempontjából teszem ezt; mert igen jól tudom, hogy ami a tudományt, szakképzettséget illeti, Dzierzonnal, Datheval, stb. meg nem mérkőzhetem. Ha tehát méhesemet és berendezését a nyilvánosság elé tárom, annak egyedüli oka *bebizonyitni, hogy nemcsak Németországban, hanem édes hazánkban is lehet egészséges és helyes elvekre fektetett méhészkedésből megélni, sőt gyarapodni és vagyonosodni is.*

Mielőtt méhesemet szerveztem volna, tanulmányutra indultam a külföldre. Bejártam különösen Német- és Franciaországot, hol sokat tapasztaltam és érdekes ismeretségeket kötöttem. De a mintául szolgálható méhészeteket, aminőknek a nagyhirüekké kürtölt külföldieket képzeltem, t. i., amelyek nemcsak a haszonnak, de egyuttal a rend, csin és pontosság követelményeinek is megfelelők: sehol föl nem találtam. Kiábrándulva jöttem haza, s beható megfontolás és gondolkozás után letettem jelenlegi méhesemnek az alapját. (113. ábra.) Ama forró vágyam, hogy ne csak haszonra, hanem célszerüségre, külső csinra is tekintve, létesitsem méhesemet: teljesült tehát. Tetemes költséggel járt ugyan a méhes megalapitása, szervezése, de az első három évben már teljesen kifizette magát.

Méhészetem két főirányu: állandó és vándorló jellegü. Állandó méhesem a tanyámon van; 4 pavillonból áll, melyek mindegyike

90 méhcsaládra van berendezve. A pavillonok 1600 négyszög-
méter terjedelmü kertben, négyszögben vannak fölállitva, fák, cser-
jék által környezve; méheim tehát a széltől és napsugaraktól
védvék.

Ezen kivül főméhészem lakása mögött 110 kaptárt helyeztem
el. A háztető hátsó része eresz által félszer gyanánt meg van
nyujtva s épen keleti irányba esvén, nagyon alkalmas helyet ad
a 110 családnak. Ezen méhes különösen a szegényebb osztályu
méhészeknek szolgál mintául, kik a költségesebb pavillonépitke-
zésre nem áldozhatnak, de méheiket tető alá helyezhetik.

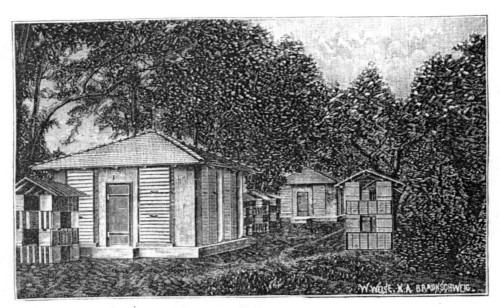

113. ábra.

Pavillonjaim három emeletüek és 5 négyszögméter tért foglal-
nak el. Az oszlopok téglából épitvék s minden 12 kaptár, mely
egy testet képez, oszlopok által van összetartva; csak az ajtó
mellett áll 9 család számára kaptár, hogy a be- és kijárás akadály-
talan legyen. Ennélfogva a pavillonok egyenként 6 db. 12-ös = 72
és az ajtó mellett jobbról-balról 2 db. 9-es = 18, összesen 90
kaptárt foglalnak magukban.

Kivül minden kaptár kettős falazatu, a közök árpaszalmával
vannak kitömve; az ajtók rozsszalmával bélelvék; igy a méhek a
hideg ellen minden oldalról védve vannak.

A kaptárok három emeletesek; de a harmadik emelet fölött
még egy 10 cm. magasságu tér van, melybe a rendkivül dús

mézelés idején kisebb kereteket függesztek. Nagy melegben szellőztetés céljából is alkalmas e tér; mely nem okvetetlenül szükséges kelléke ugyan a kaptárnak, mert szerfölött drágitja is azt, — de a forró időjárásban már többször jó hasznát vettem.

A keretek és ablakok Dathe szerint készültek. Az utóbbiak rendszere különösen jónak bizonyult, mert az épitmények kis helyre szoritva, szintén elzárhatók, ami a rajoknál és gyönge népeknél megbecsülhetetlen előny.

A költőtér fölött keretbe foglalt dróthálózatot használok, melyen Hannemann-féle átjáró van alkalmazva. Ezen igen üdvös találmány használata lehetővé teszi, hogy a mézürbe heresejteket függeszthetek, vagy épittethetek, anélkül, hogy az anya oda följutva, azokat bepetézhetné.

A félszer alatt elhelyezett 110 kaptár közül 26 db. szüzsejtgyártásra van berendezve, melyekkel 26 métermázsa szüzsejtet vagyok képes évente termelni. Ha a méhészetünket évek óta sujtó alkalmatlan időjárás állandóan kedvezőbbre fordul, a szüzsejtgyárt is okvetetlenül megnagyobbitom; mert a szüzsejtek nagyobb mennyiségben is mindenkor jobban elárusithatók, mint a pörgetett méz. Az élőméhekkel való kereskedés sem oly jövedelmező már, mint ezelőtt volt. Ennek oka abban keresendő, hogy a krajnai méhészek potom áron adják méheiket s egész Európát elárasztják azokkal. Különben pedig célszerübbnek is tartom én a méheket mézelésre használni s erre is forditom minden figyelmemet.

A pavillonokban elhelyezett családok egy része az eladásra szánt népességet adja. E családoknak mindig fiatal anyjuk van, ami a kivitelnél, illetőleg elárusitásnál fontos tényező. Az időjáráshoz mérten, március, vagy április hónapban, spekulative is etetem őket, minek következtén annyira megnépesednek, hogy a rajok szállitását májusban már bátran megkezdhetem.

Ezt azonban megelőzi az épitményekkel utra menő törzsek szállitása, melyeket egyszerü, deszkából készült kaptárokban (nyári kaptár), gyorsáruként küldök szét.

Az anyák nagyobb mérvü nevelésével egészen fölhagytam; most mindössze 36 anyatenyésztőben mintegy 100 anyát nevelek. Viszonyaimnak teljesen megfelelő ezen szám.

Ha a kereslet esetleg nagyobb, mint amennyi készletem van, akkor a gyöngébb családok anyáit árusitom el; az árván maradt népet pedig szomszédjával egyesitem.

A rajok elszállitásáról más helyen tettem már müvemben emlitést. Eleinte 8—900 rajt, sőt ennél is többet küldtem szét. Naponként 40—50 rajt kellett föladnom. E nagy munkát csak ugy győztem, hogy a gazdaságomban alkalmazottakat is magam mellé rendeltem a méhészethez. Cselédeimmel a csomagolást végeztettem, kiket erre betanitottam; gazdatisztem a cimeket irta, én pedig a levelezéssel voltam elfoglalva; rendesen késő estig dolgoztunk. Különben a méhek szállitása sok mindenféle rekriminációval is jár, mert ahány megrendelő, annyiféle a követelés. Emellett néha nagy a forróság, máskor meg fölötte hüvös az idő, ami gyakran épen akkor áll be, amikor a méhek már uton vannak. Azonkivül a hosszas szekérpostai szállitás közben sokszor tönkre mennek a családok s a kárt a főladó kénytelen pótolni.

A szállitás végeztével — mit irgalmatlanul összeszurkált s néha a fölismerhetetlenségig földagadt cselédeim alig várnak — a méhes rendezéséhez, különösen pedig a családok ujból való szaporitásához látok. A szaporitást természetes rajzás, vagy mürajok készitése által eszközlöm; mi végből 100 kasnál többet szoktam szaporitásra tartani.

A szállitás utáni idő méhesemen a legérdektelenebb. Ámbár mostanában — mint emlitém is — kevesebb élőméhet küldözgetek szét, telepemen ilyenkor mégis leggyengébb a megfogyatkozott nép zsongása. De ezen állapot körülbelül hét hétig tart csak, mely idő alatt méheimet az eredeti állományra ismét fölszaporitom.

Annak előtte, amikor nálunk a méhek gazdagon rajoztak, állandóan 1200 családom volt; most 7—800-ra apadt e szám. Ez különben csak átmeneti, ideiglenes állapot; mert kedvező rajzási viszonyok alkalmával ismét fölszaporitom családaimat a volt számra.

Vándorméhészetem 20 kettős ikerducból áll, melyek mindegyikében 16 raj van; ide tartozik a 100-at meghaladó, benépesitett kas, melyekkel már kora tavaszszal a kincstár tulajdonát képező Vadászerdőbe vándorlok, hol a flóra ilyenkor oly gazdag, melyhez hasonlót még sehol sem találtam. Az akácvirágzás idejére Gyarmathára, onnét pedig aratás után Billétre, Torontálmegyébe költözöm, hol a tisztesfüből (tarlóvirág) pompás fehér mézet gyüjtenek méheim. Innét csak szeptemberhó vége felé térek haza, hol a mézfölösleget elszedvén, a telelőre rendezem be méheimet.

Hogy az igy kezelt méhes némely évben mennyi mézet képes termelni: arról csak annak van és lehet valódi fogalma, aki az eredményt saját szemeivel látta.

Voltak évek (1876, 1883), amikor 33—35 kgr. mézet szürtem átlag minden kaptárból. Már most — még azt is megengedve, hogy egy ilyen méhállománynak esetleg a fele is gyönge népességü — az eredmény mindenesetre szép. Ámde a vándorutat tett családok közt olyanok is voltak, melyek 50 kgron fölül is mézeltek.

Oly dusgazdag szüretünk persze nincs, aminőről Huber L., niederschopfheimi (Báden) tanitó 1884-ik évi augusztusi folyóiratában tesz emlitést. Azt mondja ugyanis, hogy egy állókaptárból 44 keretet pörgetett ki s minden keretben 4 font méz volt; sőt reményli, hogy 24 visszahelyezett üres keret szintén meg fog még telni. Föltünő, hogy állitása szerint legtöbb kaptára az emlitett eredménynyel fizetett.

Dacára, hogy sok mézet termelek, még veszem is a mézet, a szüzsejtgyártás céljaira használván azt föl. Ily módon igyekezem pótolni ama veszteséget, melyet azáltal szenvedek, hogy a méhkivitel korántsem oly élénk, mint ennekelőtte volt.

A pörgetett méz elárusitása nehezebben megy, mint a lépesmézé. Hogy nagyban 38—40 frton adhassam el a méz métermázsáját, mindig várnom, lesnem kell sokszor tavaszig is a kedvezőbb árt. Ellenben a szép lépesméz mindig kapós és bármikor jó áron adhatom el. Voltak évek, amikor a lépesméz kgrját 1 frt. 20 krral is fizették. De ha csak 60—70 kron vagyunk képesek azt elárusitni, még akkor is célszerübb a szüzsejtek termelésével foglalkozni, semmint a pörgetett mézet potom árért eladni.

Méheim legelőjét húsz év óta mindenképen iparkodom javitni. A 60-as években behoztam az országba a stájer-lóhere termesztését. Ezen tettem nagy horderejét mindnyájan érezzük. Az első kaszálás, mely zöld állapotban történik, a marhatartást, trágyaelőállitást nagyban elősegiti; a másodszori kaszálás pedig, mely a virág érettségét megkivánja, a magtermelés és jövedelem szempontjából oly előkelő szerepet ad e jeles takarmánynak, hogy gazdasági életünk e téren még mindig tájékozatlan viszonyai közt a legmelegebben ajánlhatom azt gazdatársaim figyelmébe. Ferde nézet, helytelen föltevés, hogy e fontos növény talajunkban nem diszlenék.

De a méhészetre is roppant hasznos a vörös lóhere; s én határozottan visszautasitom azon mesét, mintha a stájer-lóhere a méheknek nem nyujtana legelőt, mert állitólag nem képesek nyelveikkel a virágkehely fenekét elérni. Már azért is tévedés ez, mivel a kelyhek különböző mélységüek. És ha talán a méhek nem is volnának képesek a here virágzatának középső, azaz leghosszabb kelyhébe hatolni: annál könnyebben és biztosabban szörpölhetik ki a körülötte nyiló kelyhek édességét.

Méhlegelőül — amellett, hogy egyéb célra is jelentékeny hasznot adnak — lucernát, káposztarepcét és dinnyét is vetek, melynek termése már magában véve is szép jövedelmet biztosit. — A legelőkre és kaszálókra minden 3—4 évben fehér lóherét hintek, az árkokra óriás-herét; azonkivül a napraforgóra és csicsókára is kiterjesztem figyelmemet. A fák közül különösen a gyümölcs-, akác-, bálvány-, hárs- és topolyafákat nagyban szaporitom.

Tény, hogy mézelési eredményeim évről évre javulnak; s azt hiszem, hogy: ha a hársak virágozni kezdenek — ami itt az ültetés után 15 évnél hamarabb ritkán fordul elő — még jobbak lesznek. Különösen jogosult volna e reményem, ha megvalósithatom gazdasági elveimet. Abból állana ez, hogy Amerika és India, ujabban már Orosz- és Oláhország versenye folytán hanyatló gabonaáraikkal szemben határozottan nagyobb figyelmet kellene forditnunk az álattenyésztésre; a tulnyomó magtermelés helyett nagyobb területeket foglalnánk el a takarmánynyal. Évek óta ezen uton haladok, az óhajtott állapotot, t. i. az álattenyéstés- s ezzel a takarmánytermelésnek a gabonatermesztéssel szemben fokozottabb, nagyobb arányu müvelését elértem.

Igy azután méheim javára is gazdagabb, változatosabb legelőt létesitettem. Csakis e módon lehetséges jóvátenni azt, amit a fokozatosan haladt, a gyakorlati élet által helytelennek bizonyult utat követő kultura és népünk egyoldalusága rontott; mely abból áll, hogy a leghasznosabb réteket, legelőket fölszántják, hogy rossz buzaföldekre tegyenek szert.

Méhészetemben állandóan alkalmazva van egy méhészmester és egy segéd, kit a vándor-méhészetnél használok. Annakelőtte egy fő- és két segédméhészt tartottam; de az élőméhekkel való kereskedés csökkenése fölöslegessé tette ennyi személyzet tartását.

Határozottan állithatom, hogy a szüzsejtgyártás üzése nem kiván annyi időt, mint azt igen sok méhész hiszi; különösen áll ez, ha a mülépek (sejtközfalak) akkor készülnek, amikor a méhész könnyen ráér.

Méhészkedésem költségei — tekintve a spekulativ-etetést, a nagyban való viaszvásárlást, a kandisz beszerzését, a kaptárok folytonos javitási szükségét, a méz és méhek szállitását, az erre szükséges ládák, hordók árát, a fuvarozást, a segédeszközök beszerzését, a személyzet tartását, stb. — igen tetemesek. Mindazonáltal szép hasznom is lévén ebből: mondhatom, hogy a méhészet sokkal biztosabb jövedelmet ad, mint a gabonatermelés.

Kötelességemnek tartom azonban igen tisztelt olvasóimat figyelmeztetni, hogy egyetlen állat tenyésztése sem kiván annyi értelmet, tapasztalatot és jártasságot, mint a nagyban való méhészkedés. Jaj annak a birtokosnak, vagy vállalkozónak, ki a kellő tájékozás nélkül, alárendelt közegeire bizza méhészetét ; befektetett tőkéje lesz igy kockáztatva, sőt könnyen el is veszitve. Számos példával bizonyithatom ezt, melynek egyedüli oka abban rejlik, hogy kevés olyan méhészmester találkozik, aki kellő tapasztalat-, találékonyság- és jóakarattal birván, képes lenne valamely nagyobbszabásu méhest önállóan és hozzá eredményesen kezelni.

Azon szilárd meggyőződést vallom tehát, hogy egy nagyobbszerü méhes sikeres gondozása csak ugy eszközölhető segédszemélyzet alkalmazásával is, ha a tulajdonos szakavatott egyéniség, buzgó méhész, aki maga áll vállalata élén. Ennélfogva határozott ellensége vagyok minden ily irányu társulati szervezkedésből eredő olyan intézkedésnek, mely idegen kezekre bizza vállalatát ; valamint azon, már szintén fölmerült eszmét is betegesnek, életre nem valónak jelentem ki, mely szerint a nagy uradalmakon óriási méhtelepek szerveztessenek. Az ilyen méhesek okvetetlenül hamarosan tönkre mennek s csak méhészetünk jó hitelét és hirnevét rontják.

Mindazoknak, akik nagyobb méheseket szándékoznak létesitni, azt ajánlom, hogy — habár elegendő befektetési költséggel rendelkeznek is — csak fokozatosan haladjanak előre, mellőzzenek minden rögtönzést. Csak ily módon tanulmányozhatják viszonyaikat anélkül, hogy a nagyobb befektetést kockáztatva, kárt szenvednének.

Mindenesetre legüdvösebb benne, ha az okszerü méhészet különösen a szegényebb sorsuak között terjedne. Nagyon találóan alkalmazható erre Kenessey Kálmán ama mondása: *„Ez azon iparág, melybe filléreket rak a tenyésztő, hogy forintokat vegyen ki belőle.“*

Végre pedig: aki nagyobbszabásu méhest kiván szervezni, utazzék, megtekintve egyes nagyhirü méhészek telepeit; tanulmányozza saját helyi viszonyait, melyek a berendezés tekintetében okvetetlenül mérvadók.

Soha sem fog csalódni, ha méhesének egy részét állókaptárokkal, még pedig a délmagyarországi, most már országos rendszer szerint rendezi be, melynél jobbat, célszerübbet én e hazában nem ismerek. Vándorlásra alkalmazza a kettős ikerkaptárt, melyet én 24 év óta kitünő sikerrel használok. E kaptárról Dzierzon levélileg már régen kedvezően nyilatkozott: „Die neueste Verbesserung an meinem Zwillingstocke“-féle és a Deutsche illustrirte Bienenzeitungban megjelent cikkében pedig mint vivmányt, különösen kiemeli.

A szegényebb sorsu méhész elégedjék meg a kettős ikerkaptárral, melyet maga is megkészithet. A várakozásnak és célnak minden körülmény között megfelel e kaptár.

Ne vegyék rossz néven igen tisztelt méhésztársaim, hogy az általam elfogadott álláspontokhoz oly határozottan ragaszkodom. Kötelességet vélek teljesitni, midőn meggyőződésemet oly szilárdul védem; s annál fokozottabb ügyszeretettel teszem ezt főleg specialis viszonyaink között, a sok ujitással, fölfedezéssel és javitással szemben; melyek nagyobb részben még ki sem lettek próbálva s nagyhangu dicsőitésekkel hirdettetvén, már alkalmaztatnak is: *célszerütlen voltukkal méhészetünket kárositván és biztos irányát ingatván meg.*

JELES MÉHÉSZEK.

Munkám befejezése előtt — az eddig követett szokástól eltérve — tisztelt olvasóim szemei elé kivánom tárni számos jeles méhész arcképét, előadván azok rövid életrajzát, hogy magyar méhészeink látókörét ezzel is szélesbitsem. De egyuttal a tisztelet adóját is igyekezem ezáltal leróni azok iránt, akik azt méltán megérdemlik, mert méhészetünk öregbitésére, gyarapitására a legkiválóbb szolgálatokat tették.

Először is azokon kezdem, akik az elmélethez és gyakorlathoz az alapot letették s annak sikeréhez leginkább hozzájárultak.

Németország.

Dr. Dzierzon János. (114. ábra.)

A legnagyobb méhész Dzierzon apónk, apisztikánk jelenlegi kulturájának megalapitója. A lángeszü empirikus, aki közel 90 éves agg kora dacára, éles látásával, ritka észtehetségével, kitartásával e téren még most is uralkodik, Lowkowitzon (Felső-Sziléziában), jelenlegi tartózkodási helyén született. A papi pályára készülvén, 1834-ben Schalkovitzon káplán, s már a következő 1835-ik évben Brieggben plébános lett.

Kezdetben — 1835-ben — a Christ-féle kaptárban méhészkedett. Éles szellemi tehetséggel párosult buvárkodási hajlamával a Christ-féle kaptárt csakhamar átidomitotta és lécekkel látta el olyképen, hogy a méhek épitményét a lángeszü férfiu ezentúl szétszedhette és kényelmes betekintést nyert a méhek életébe.

Észleleteit ilyképen gazdagon bővithette és mindazon fölfedezések és vivmányok nyomára juthatott, amik az ő hírnevét és dicsőségét megalapitották.

Mint nemes és fenkölt érzelmű férfiu, tudományát az emberiség oltárára és a tapasztalatok után epedezők használatára önzetlenül fölajánlotta. De Dzierzonnak is, mint minden reformátornak, elkeseredett harcot kelle előbb vivnia; mindazonáltal a csatákból is babérokkal koszoruzva, diadalmas győzőként került ki.

Polemikus hajlamait azonban — éleslátó és szivós természeténél fogva — mindeddig meg is tartotta. A legcsekélyebb méhészeti mozgalmat is éber figyelemmel kisérvén, ifju hévvel és erélylyel támadja meg mindazokat, kik az ő elméleteivel ellenmondásba jutnak.

Európában alig van koronázott fő, aki az érdemes agg méhészt, nemes törekvései elismeréseül, ki nem tüntette volna. Sőt a jénai egyetem tudorrá is avatta a nagy buvárt. Magyarország méhészei pedig, habár látszólagos jelekkel kitüntetni képtelenek vagyunk, azért az örök hála és ragaszkodás érzelmeit tápláljuk a nagy méhész iránt, ki hazánkat és Budapest fő- és székvárosunkat 1892-ben, a német-osztrák-magyar méhészek vándorgyülésének alkalmával jelenlétével megörvendeztette és itt előadást is tartott.

114. ábra.

Dzierzon érdemei közé sorozandó mindenek előtt, hogy a kaptár ingó szerkezetének ő volt a föltalálója. Továbbá 1848-ban behozta az olasz méhet, melyet egy és ugyanazon anya után tovább nevelt. Ebből kifolyólag — buvárkodó szellemével — a

szüznemzés elméletére jutott, mely a méhek életében ezelőtt isme-
retlen volt. Egyébiránt is átalában mondhatjuk, hogy a méhek
életmüködését Dzierzon ismeri legjobban s az erre vonatkozó
elméleteknek ő a leghivatottabb terjesztője. Végre ő alkalmazta
először a nevéről ismeretes ikerkaptárt, mely véleményem szerint
még most is a világ legjobb kaptára.

Irodalmi müködését illetőleg pedig nem volt termékenyebb
méhész Dzierzon Jánosnál. Munkái a következők:

1. Theorie und Praxis. 1848. (Carlsmarkti plébános korá-
ban irta.)

2. Nachtrag zur Theorie und Praxis des neuen Bienenfreundes.
1852.

3. Der Bienenfreund aus Schlesien. Ein Monatsblatt für
Bienenzüchter. 1854—1856.

4. Rationelle Bienenzucht oder Theorie und Praxis. 1861.

5. Der Zwillingsstock. Erfunden und als zweckmässigste
Bienenwohnung durch mehr als 50 jährige Erfahrung bewährt
befunden. Dr. Dzierzon. 1890.

Ezen kivül Dzierzon a Bienenzeitungnak — keletkezése első
évétől, 1845-től fogva maiglan — a legszorgalmasabb cikkirója.
Gróf Pfeil Eduárd számitása szerint a különféle méhészeti lapok-
ban 2000-nél több cikkelyt irt Dzierzon, ami az ő jeles méhészeti
tehetségének okvetetlenül fényes bizonyitéka.

Adja az Ég, hogy Dzierzon apónk még sokáig éljen!

Dzierzonnal való baráti viszonyom révén sikerült az ő leg-
utolsó arcképét, valamint jelenlegi lakóházának fényképét meg-
nyernem s a ráemlékezés és hála jeléül azt itt megörökitenem.

Schmidt András. (115. ábra.)

Dzierzon legmeghittebb barátja és a Bienenzeitung első szer-
kesztője született 1816-ban s elhalt 1881-ben. Mint tanitóképző
intézeti igazgató, megértvén az uj elméletek nagy jelentőségét,
minden képességét és jóakaratát arra szentelte, hogy azon igaz-
ságok utját egyengesse, melyeket ő Dzierzon tanaiban nemcsak
gyanitott, de a gyakorlat utján tapasztalt is.

Szivbeli jósága és kedélyessége köztudomásuak voltak; s az
elvekért vivott kuruc harcok közepette csak neki köszönhették a
méhészek, hogy sebesültek és halottak nem maradtak a csata-
téren.

A német és osztrák és később ezekhez csatlakozott magyar
méhészek vándorgyülésének eszméjét neki köszönhetjük. Hálával
áldjuk ezért emlékét, mert alkalmat nyujtott nekünk ugyanegy

téren, egyazon irányban gondolkozó férfiakkal találkozni, hogy
itt szövetkezhessünk, tanuljunk és a
gyüjtött kincseket hazahozva, hazánk
gazdag talaján elhinthessük.

Hálával emlékszem vissza bajor-
országi nemes barátomra, kitől az
egyesülési eszméket tanultam meg-
becsülni. S ha a német és osztrák
méhészek vándorgyüléséhez való csat-
lakozási inditványom Békés-Gyulán
a sovinismus szirtjein hajótörést szen-
vedett is, azért fönmaradt az az
ujabb kornak; mert a méhészet
terén most egy egységet képezünk,
melynek áldásos befolyása elvitáz-
hatatlan.

Schmidt András egyuttal a ván-
dorgyülések állandó elnöke volt. Mint
ilyent, mindnyájan ismertük s áldjuk porait.

115. ábra.

Vogel Frigyes Vilmos. (116. ábra.)

Mint az uj eszméket hirdető nemes szövetkezet harmadik
tagját emlitem föl Vogelt, ki Szilézia Techeln helységében, 1824-
ben született. Már gyermek korában is nagy kedvelője volt a
méheknek. Hosszú életét a falusi kán-
torság mellett a méhészetnek szen-
telte. Benső baráti viszonyban állott
Dzierzonnal, báró Berlepschsel és
Schmidttel. Ez utóbbi elhalálozása után
ő vette át a Bienenzeitung szerkesz-
tését s egyébként is Schmidt örökébe
lépett, amennyiben a vándorgyülések
állandó elnökévé őt választottuk meg.
Méhészeti ügyekben mint elsőrendü
szaktekintély ismeretes. Előadásai
mély tudományról és szakavatottság-
ról tanuskodnak. Bölcsességéről Buda-
pesten is volt szerencsénk tapasztala-
tokat szerezni.

Kiadott müvei a következők:

1. Die Ägyptische Biene. Berlin, 1865.
2. Handbuch der Bienenzucht. Berlin, 1867.

116. ábra.

3. Kurzer Abriss der Bienenzucht. Nach Monaten geordnet. 1873.

4. Jahrbuch der Bienenzucht. 1870—71—72—73—1874.

5. A báró Berlepschsel együtt megirt Die Bienenzucht nach ihrem jetzigen rationellen Standpunkte. Berlin, 1875.

6. Die Honigbiene und die Vermehrung der Bienenvölker nach den Gesetzen der Wahlzucht. 1880.

7. Jahrbuch der Bienenzucht. 1882.

8. Ismét báró Berlepschsel együtt: Bienenzucht. Berlin.

Vogel Vilmos igen nagy barátja a magyaroknak. Velem hosszabb ideig levelezett s személyesen is érintkezett, hogy tervünket, t. i. a német, osztrák és magyar méhészek vándor-szövetkezetét létrehozzuk. Nagy öröme telt abban, amikor ez sikerült, s még inkább örvendett, midőn Regensburgban azon inditvány is elfogadtatott, hogy a vándorgyülés 1892-ben Budapesten tartassék. A magyar méhészek örömmel emlékeznek az érdemekben gazdag méhészre, kinek arcképét itt bemutatom.

Báró Berlepsch Ágoston. (117. ábra.)

Seebachban, Bajororszagban, atyja birtokán született, 1815-ben. A méhészet iránt kora gyermekségében is már nagy hajlamot mutatván, 7 éves korában, születése napján, egy méhkaptárral ajándékozta meg atyja, melyet Schulze Jakab, ottani hirneves méhésztől vásárolt, ki is ez időtől fogva méhészeti tanitója vala.

1841-ben, atyjának elhalálozása után a seebachi birtokot és ezen 100 anyakaptárt örökölt. Ezen időben kezdte báró Berlepsch az ő számtalan kisérleteit, sem az utazásokkal járó fáradtságot és időt, sem költséget nem sajnálva, csakhogy tudományát és tapasztalatait bővitse.

Igy közeledett az 1845-ik év, amikor Dzierzon legelőször lépett a nyilvánosság elé s a Bienenzeitung Schmidt szerkesztése alatt létrejött. E jelenség még fokozottabb buzgalomra serkentette a fiatal bárót, aki méheit akkoriban maga kezelte. Szerencseként jelzi a hirneves méhész, hogy Günther Vilmost, kertészének fiát, a jelenleg szintén jóhírü méhészt Gisperslebenben, mint segédet magához vette. Günther minden tekintetben jeles és éber gondolkozásu méhésznek vált be, kinek sikeres közremüködéseért Berlepsch, müvének mindkét kiadásában, köszönetet mond.

Báró Berlepsch 7 évig tanulmányozta a méhészetet; ez idő alatt óriási kisérletezéseket tett és csak ezután lépett a nyilvánosság elé, 1853|54-ben, az ő hiressé vált apisztikai leveleivel, melyek a méhészvilágot Dzierzon helyes elméleteinek igazságáról meg-

22

győzték. Igy dolgozott Berlepsch évekig, sokszor a legmérgesebb küzdelmekbe keveredve, de a Dzierzon által vallott elméletek mellett foglalván állást. Egyébiránt a két nagyság közt is sokszor támadt kemény harc, különösen a gyakorlatra vonatkozólag eltérő elveik miatt; mert valamint Dzierzon, ugy Berlepsch is, ragaszkodva észleléseikhez, azoktól eltérni hajlandók nem voltak. Különben Berlepsch erélyes és majdnem durva harcmodoráról és különösen közmondásossá vált bunkócsapásairól ugyannyira hiressé lett, hogy a vele való polemizálás veszedelmes és kellemetlen volt.

Nemes törekvéseinek elismerését és a méhészetre vonatkozó hasznos müködésének koronáját azonban elméleti szakmunkájával:

„Die Biene" nyerte el, mely 1860-ban jelent meg s 1873-ban már harmadik kiadást ért. E mü Németország legjelesebb méhészeti irodalmi termékeihez sorozható; de polemikus irányánál fogva, mint egyedül álló szakmunka birálandó el. Ebben is fölmerül báró Berlepsch küzdelem utáni vágya, mert itt is megragadja az alkalmat, hogy láthatatlan ellenfelébe kapaszkodhasson. Müvének kivált az első kiadásában nyilvánul ez, hol Dzierzonnal személyeskedve, ennek megrögzött elméletei ellen harcol; de nemes, fenkölt szellemével a 3-ik kiadásban nyilvánosan bocsánatot kér Dzierzontól és kéri őt, hogy ez is vonja vissza

117. ábra.

tévedéseit s ismerje el, hogy tőle is igen sok igazság, igen sok célszerü ujitás ered, szóval: őt is illeti az érdem koszoruja; amit azonban Dzierzon soha el nem ismert.

Báró Berlepsch kiváltképen a Dzierzon-féle ikerkaptár ellen kelt elkeseredett harcra. De egyébb csekélységek miatt is, amig élt, nem tudott a nagy férfiu nyugodni. Igy pl. az olasz méheket is elitélte Berlepsch; valamint a kasok tavaszi erős barkácsolását, vagy visszametszését, ugyszintén a méhállomány 200°|₀-os szaporitását erősen kifogásolta. Még halála előtt is — amidőn báró Berlepsch mint leláncolt Prometheus, sulyos paralysise folytán, képtelen volt mozogni — dult a testvérharc a mézharmat fölött,

melynek eredetét Dzierzon minden körülmények között a leve-
lészeknek, báró Berlepsch ellenben némelykor a levelek izzad-
mányának tulajdonitotta.

Hogy kinek volt e küzdelmekben igaza, nem akarom itt
tárgyalni. Tény, hogy Báró Berlepch Ágoston nagy ember volt,
kitől igen sokat tanulhattunk, s kinek mi, méhészek, hálával tar-
tozunk, mert méhészkedését s ugyszólván életét a buvárkodásnak
szentelte. Ez okozta, hogy mig Dzierzon a méhészetből szépen meg-

élt, tetemes hasz-
not huzott, addig
Berlepschnek csak
veszteségei voltak,
méhészete mit sem
jövedelmezett.

Személyes baráti
viszonyom levén
hozzá, hálával em-
lékszem vissza a ne-
mes gondolkozásu
és eredeti férfiura,
ki ritka szivélyes-
séggel fogadott s
szivének legmé-
lyebb rejtekeit föl-
tárta előttem. Vele
folytatott levelezé-
sem méhészeti éle-
temnek örökfényét
fogja képezni. S
habár a gyakorlati
méhészetben báró
Berlepschtől igen
sok irányban hatá-
rozottan eltértem s

118. ábra.

elveit hasznossági szempontból föltétlenül el nem ismerhetem,
azért bátran kimondom, hogy Dzierzon is sok olyan eszmét vall,
melyekkel egyetérteni nem tudok. Munkámban figyelmeztettem is
ezekre tisztelt méhésztársaimat, nevezetesen a káros és vesze-
delmes 200%-os szaporitásra, az anyák időnként való eltávolitására
nagyobb mézmennyiség eredményezése szempontjából, stb.

A méhészet elméletének a tulajdonképeni megalapitója báró
Berlepsch volt. Jeligéje is erre vall, melyben azt mondja: „*Mindenek*

22*

előtt tanuljatok elméletet, különben gyakorlati kontárok maradtok az egész életben."

Életének utolsó éveiben, tehát már agglegény korában vette nőül jelenleg is Münchenben élő özvegyét, kinek ritka odaadással párosult tapintatos ápolására és szerető gondviselésére a házasság után sajnosan csakhamar rá volt utalva az egykor erős akaratu és tevékeny férfiu.

Báró Berlepsch Lina arcképét is bemutatom (118. ábra) mint ama ritka nőknek nemes példányát, kik férjeik tradicioit özvegységükben is szeretettel ápolják s jelenlétük által iparkodnak a nagy halott iránti érdeklődést ujból fölébreszteni. Sokszor volt szerencsém Berlepsch bárónét a vándorgyüléseken üdvözölni, mely alkalmakkor boldogult férjének becses barátságát ő is rám ruházta, melyet mély tisztelettel és rokonérzelmekkel ápolok tovább is.

Seebachi birtokát utolsó éveiben unokaöcscsére ruházta báró Berlepsch, ő pedig életjáradékból élt Münchenben, hol hosszu évek szenvedései után szemeit 1877-ben örökre behunyta.

Dathe György. (119. ábra.)

119. ábra.

Született 1813-ban, Königshofenben, Szász-Altenburg hercegségben, s elhalálozott 1880-ban, Eystrupban, a hannoveri tartományban.

Nemcsak az elmélet terén, hanem — és kiváltképen — gyakorlati tekintetben is elsőrendü méhész volt, még pedig oly szép sikerrel üzvén e nemes foglalkozást, hogy ebből és a méhészeti iparból tekintélyes vagyont gyüjtött magának. Jeligéje, mely szerint *„az elmélet mértékét a gyakorlati irány határozza meg"* — Dathet mint okos és meggondolt méhészt jellemezte. Elméleteit a gyakorlat viszonyaihoz alkalmazván, a két irány mindig összhangzásban volt s eredményeiben az ő anyagi hasznát mozditotta elő.

Dathe a tanitói pályára készülvén, kezdetben jobb módu családoknál nevelősködött, majd falusi kántortanitó lett. De miután egészségét a fojtott szobai levegő megtámadta, pályájáról lelépett, hogy az azonközben elsajátított méhészkedésnek éljen. E célból 1855-ben Hannoverbe, Eystrupba költözött, hol egy paraszt telket vásárolt és a méhészettel üzletszerüleg foglalkozott. Méhészetéről jelen munkámban más helyütt részletes leirást közöltem.

Dathe 67 éves korában hunyt el, sulyos szivbajban sinylődő 10 évi szenvedés után. Üzlete még most is fönnáll, kiváló tehetségü és ügyes fiainak, Adalbertnek és Rudolfnak avatott kezeikben, kik atyjuk hirnevének becsületét öregbitni iparkodnak.

Günther Vilmos. (120. ábra.)

Báró Berlepsch kertészének volt a fia. 15 éves korában méhészsegédül magához vette a báró, hol éles látásával és kiváló

120. ábra.

intelligenciájával csakhamar föltünt, ugy, hogy báró Berlepsch észleléseihez ő nyujtotta az anyagot.

Amikor azonban báró Berlepsch Gothába ment lakni, Günther vette át méhészetét, melylyel Gisperslebenbe költözött, hol azt méhészeti iparral kötvén össze, igen szép eredményeket ért el és jelentékenyen vagyonosodott.

Méhészetéről már előbb megemlékeztem.

Günther Vilmos még most is nagy tevékenységet fejt ki a méhészet terén; s bár egyszerü ember, de szép szakképzettségre tett szert. Számos cikkelyt irt, azonkivül minden vándorgyülésen tartott előadást; végre egy jeles szakmunkát is adott ki, mely nagy elterjedése mellett elismeréssel is találkozott.

A jeles méhészt, kinek arcképét itt közlöm, hazánkban is üdvözölhettük.

Huber Lajos. (121. ábra.)

Földiei a bádeni hercegség Dzierzonának szeretik nevezni. Minden tekintetben első rangu szaktekintély volt, ki a méhészvilág teljes elismerését birta. Született 1812-ben, s meghalt Niederschopfhausenben, 1887-ben.

Kántortanitói 50 éves müködése alatt, miközben munkálkodását a méhészetben is szép siker koronázta, különösen magvas előadásaival és dolgozataival tünt föl Huber. Ezekben Berlepsch nyomdokait követve, ellenfeleit nem kimélte, sőt rendesen keményen ledorongolta. Méhészeti müve: „Die neue nützliche Bienenzucht" közkedveltségü, s kivált a kezdő méhészeknek kitünő szolgálatokat tesz, amennyiben értelmes és magyarázó iránya minden kételyt eloszlat.

Gravenhorst C. J. H. (122. ábra.)

Mecklenburgban, 1825-ben született. A méhészettel már serdülő ifju korában megbarátkozott, s e téren a legelsők között foglal helyet. Föltétlenül az ő érdeme, hogy a kas belső berendezését ingóvá alakitotta át. A kast ugyanis ives keretekkel látta el, minek következtében annak alakja — a Gravenhorst-féle ives kaptár világhirüvé s mesterének neve a méhészet történetében elévülhetetlenné vált.

Kezdetben Braunschweigban méhészkedett a jeles férfiu; de egy különös pöre folytán kénytelen volt e várost elhagyni. Nagy méhállományát ugyanis szomszédai a

121. ábra.

közvetetlen közelben nem akarták türni s bepörölték őt; a pört elvesztette s méheivel el kellett költözködnie. Jelenleg Potschdam mellett, Storbeckshofban lakik, hol — a sok kellemetlenségből és áldozatokból eredő bajok által megtörve — méhészetét kis mértékben folytatja.

Sajnos, hogy Gravenhorstot a vándorgyüléseken való megjelenésben fülbaja gátolja, s ezért élvezetes előadásaival a hallgatóságot nem gyönyörködtetheti. Irói munkássága annál dicséretreméltóbb; sok jeles és tárgyaiban fontos cikkely került ki az ő bő tapasztalatainak kútforrásából. Főleg pedig érdekes „Der praktische Imker" cimü munkája, mely már a harmadik kiadásban jelent meg.

Legnagyobb érdeme méhészeti szaklapjának, a „Deutsche illustrirte Bienenzeitung"-nak a szerkesztésében nyilvánul. E lap Braunschweigban, Schwetschke és fia lapkiadó cégnél jelenik meg. Németországnak tagadhatatlanul az első szaklapja ez, mely kiválóan gondos figyelemmel van szerkesztve és a legfinomabb rajzokkal illusztrálva. Tartalmára nézve nem annyira német, mint inkább nemzetközi lap; mert szerkesztője minden világrészszel összeköttetésben állván, olvasóinak nagy érdeklődésére a legváltozatosabb részleteket és jelentéseket közli.

122. ábra.

Schönfeld Pál. (123. ábra.)

Jelenleg liegnitzi evangélikus lelkész. Porosz Szilézia Sulan nevü városkájában született 1821-ben. A méhészettel 1848 óta foglalkozik. Kutatásainak fő tárgya azonban a méhek bonctana, mely iránt tudományszomjával a legnagyobb érdeklődést tanusitja. A Bienenzeitungnak 35 év óta szorgalmas levelezője, s mint ilyen, a legalaposabb és érdekesebb észlelésekkel gazdagitotta a méhészeti irodalmat és a tudományt.

Különös fontosságot tulajdonitunk a méhek érzékeiről szerzett észleléseinek, illetve ezekről irt értekezéseinek, melyekkel akkoriban méltó föltünést keltett és olyatén elismerést nyert, hogy báró Berlepsch is jónak és célszerünek látta munkája első és második kiadásának 105-ik szakaszában Schönfeld elméleteit elfogadni.

Érdekes, hogy Schönfeld észlelése — mely szerint a méhek szaglási érzékei szoros kapcsolatban vannak a lélegzési szervekkel

— arra birták dr. Wolfot, hogy e kutatásokat folytatva, remek munkáját megirja. Buvárkodásait tovább is folytatta és a méhek testi hőmérsékletéről és azoknak a melegségre vonatkozó igényeikről is értekezett. E fölött Dzierzonnal is összeütközött, aki a méhek meleg és jó beteleléséből egy betüt sem volt hajlandó engedni.

Még nagyobb küzdelme volt Fischerrel és Molitor-Mühlfelddel, a költéssenyv kérdésében; mely ragadós baj jellegét fölismerte, s ilyképen azt — a német szaktekintélyek véleménye szerint — gyógyithatónak jelezte.

Schönfeld azonban bizalmasan azt mondta nekem Liegnitzben, hogy minden iparkodás meddő munka s egyedüli gyógyszere a bajnak a kén, mely biztos eredményre vezet.

A szorgalmas buvár legutolsó észlelése a tápnya készitéséről s a méhgyomor- és gyomorszájnak a müködéséről volt. Csak most értettük meg, hogy miért és hogyan képes a méh táplálkozás nélkül hosszabb ideig egy láncolatban függni és épitni, vagy rossz időben készlet nélkül a kaptárban megélni, az anyát ápolni és esetleg a költést is fölnevelni. Valóban nagy szolgálatokat tett nekünk Schönfeld, azértis hálából

123. ábra.

bemutatom őt a magyar méhészeknek; megérdemli, hogy tiszteljük és becsüljük őt.

Ausztria.

Báró Ehrenfels. (124. ábra.)

A méhtenyésztés ezen lelkes fölkarolója és terjesztője már Dzierzon előtt méhészkedett, s mint a kasok kezelésének mestere, nagy hírnévre tett szert.

Báró Ehrenfels alsó-ausztriai, retzbachi szegény sorsu földmüves szülők gyermeke; született 1767-ben. Nagy szellemi tehetsége már gyermek korában föltünvén, államköltségen nevelték. Tanulmányai bevégzésével a földmüvelésnek szentelte képességét; ahol — alapos tudománya, éles megfigyelései, helyes birálatai folytán — nagyon rövid idő alatt tekintélyes állást foglalt el. Különösen ékesszólásával és fáradhatatlan szorgalmával tudott hóditani. Habár a mezőgazdaság minden ágában kitüntette magát, s nagy uradalmak berendezése céljából nemcsak az országban, hanem a külföldön is szakértőnek hivták meg, — különösen a juh- és méhtenyésztésben vitte — az akkori fogalmak szerint — a tökéletességig, s a gazdaság ezen ágazatában elsőrendü szaktekintélynek ismerték el.

124. ábra.

Főleg a méhtenyésztést becsülte nagyra. S csak azért, hogy a példa a gazdákat buzditsa, a Bécs melletti Brigittenauban egy 150 kasból álló méhest helyezett el, melyet Rohrmoser Györgynek a kezelésére bizott, ki a bécsi méhészeti iskola időközben elhalt igazgatójának, Janschanak volt a tanitványa. A 150 kas hasznát a kezelőnek engedte át, oly kikötéssel azonban, hogy mindenkinek, aki a méhészetet megtanulni hajlandó, tájékozást nyujtson.

Saját kezelése alatt 1000 kas méhe volt Ehrenfelsnek; ezeket uradalmain elosztva tenyésztette. A méhészetből igen szép jövedelme volt, mert — állitása szerint — egy-egy kaptár 4 frt. hasznot adott.

Méhészeti szakmunkájának: „Die Bienenzucht nach Grundsätzen der Theorie und Erfahrung" az első része 1829-ben jelent meg. Sajnos, hogy ezen érdekes mü második részét — habár a

kézirat már készen volt, s csak sajtó alá kellett volna rendezni —
késlekedett a jeles méhész kiadni, miglen a halál 1843-ban az
élők sorából kiragadta.

Báró Ehrenfels 76 évig élt. Hogy a kiváló férfiu e szép kort
elért életmüködését mennyire becsülték, abból is kitünik, hogy
érdemeinek elismerése jeléül a bárói méltóságot kapta.

Méhészeti munkájának és tevékenységének becse még most
is elismerésben részesül; s mindazok, akik a méhészet akkori
viszonyait a történetből ismerik, a jeles méhész nevét ma is tisz-
telettel emlegetik. Méltó tehát arra, hogy arcképe a jelesek csar-
nokában foglaljon helyet.

Gatter Károly. (125. ábra.)

Ki ne ismerné hazánk-
ban — ha személyesen
nem is, de hiréből — a
jó öreg Gattert, Ausz-
tria legmüveltebb s egy-
uttal legkedélyesebb
méhészét; ki magvas
előadásait bécsi tájszó-
lással tartja, s Buda-
pesten — érdekes meg-
jegyzéseivel és tapaszta-
latból meritett okosko-
dásaival mulattatva kör-
nyezetét — bennünket
is megörvendeztetett.

Gatter 1810-ben szü-
letett Simmeringben. A
méhészet iránt már gyer-
mekségében oly nagy
vonzalmat mutatott,

125. ábra.

hogy mindenütt leste az alkalmat a méhek körül forgolódhatni.
Igy történt, hogy báró Ehrenfelshez került, aki őt mint a nyu-
galom és higgadtság mintaképét számtalanszor ajánlotta méhész-
segédeinek.

Később tanitói alkalmazást nyert, s ebeli hivatásán kivül
különösen a gyümölcsfatenyésztésben aratott szép sikert. Kedvenc
foglalkozása mégis csak a méhészet maradt. Miértis — amidőn
1864-ben falusi tanitói állását elhagyva, Bécsbe jött vissza lakni
— teljes odaadással ápolta az egyesületi életet, melynek ügyén,

javán nagyot lenditve, ezzel is a méhészet előmozditására igyekezett hatni. A német méhészekkel állandóan érintkezett; a vándorgyüléseknek rendes látogatója volt s ezen intézmény előnyös befolyását és áldásos eredményeit mindegyre jobban megbecsülni tanulta.

Végre maga is arra vállalkozott, hogy a méhészet érdekében apostolkodjék. Utra kelt tehát s vándorolva hirdette a méhtenyésztés üdvös és hasznos ismereteit; amit majdnem ingyen tett, mert az utazási költségek megtéritésén kivül semmiféle javadalmazásban nem részesült. Az öreg Gatter apó hirneve eképen csakhamar elterjedt az országban, s Ausztriában alig volt méhész, aki a kedves és népszerü öreg urat ne ismerte és tisztelte volna.

A német méhészek között Gatter nekem is a legrégibb barátom; különösen a hetvenes években tanultam őt tulajdonképen megismerni, amikor még a Bienen-Vater szerkesztője volt.

Az elaggott méhész még most is ott van minden vándorgyülésen, ahol Dzierzon, Vogel, Schönfeld s még nehány öreg ur társaságában az elmult jó időkről beszélgetnek.

Kiváló tevékenységének elismeréseül az arany érdemkeresztet nyerte, melyet önföláldozó törekvéseivel, nemes érdeklődésével és soha nem lankadó munkásságával teljesen kiérdemelt. Sajnosan, hogy amidőn e jeles méhész életrajzát irom, 1894. február hóban megboldogult 77 éves korban, siratva mind azok által, akik erényeit ösmerték.

Hruschka őrnagy. (126. ábra.)

Méhészetünk büszkesége e jeles ember, kinek eddig is már nagy hálával tartozunk, de ezentúl is tartozni fogunk. Mert habár a kaptár belső szerkezetét ingóvá átalakitó genialis találmány uj világot deritett a méhészetre: valódi értékét a pörgető által nyerte el, melynek megalkotója Hruschka őrnagy.

Hruschka, mint szenvedélyes méhész, kezdetben sokféle kisérletet tett. Ilyen volt az anyaméheknek kiváló szép herékkel való párositása, ami azonban nem sikerült neki. Később valami készüléket szerkesztett, melynek segitségével módunkban van a lépek méztartalmát a centrifugal erő müködtetése folytán kipörgetni. Ezzel elértük a főcélt, hogy t. i. a sejtek kisajtolását elkerüljük; egyszersmind azon nagy előnyben is részesülünk, hogy a lépeket nem kellvén összeroncsolnunk, éveken át használhatjuk azokat. Ily módon képesek vagyunk a lépépitést — mely tudvalevőleg igen sok mézbe és időmulasztásba kerül a méheknek — a legszükebb korlátok közé szoritni, sőt, ha szükségét látjuk, teljesen be is szüntetni.

Hruschka e vivmányát, melyet 1865-ben talált föl, még ugyanazon évben bemutatta a brünni vándorgyülésen, melyen a jeles és gondolkozó férfiu nagy ovációkban részesült. A készülék szerkezete kezdetleges volt, egy egyszerü pléhhengerből állott, mely egy madzag segitségével körben volt lendithető, s igy a hengerbe állitott sejt méztartalma tisztán kiürült.

A hasznos találmány óriási hatást gyakorolt; a legrövidebb idő alatt egymás után keletkeztek a jobbnál jobb mézpörgetők a most divó tökéletes szerkezetükig, melyek az iparnak valódi müremekei.

Amikor Hruschka a mézpörgetőt föltalálta, akkoriban az olasz Legnago várnak — mint cs. k. őrnagy — volt a helyparancs- noka. 1866 után nyugalomba vonult, de ott maradt, Olasz- ország szép földjén és utolsó pillanatáig méhészkedett. Meghalt 1888-ban; de neve mindaddig élni fog, mig a méhészet fönnáll.

Hálából ide iktatom arc- képét.

126. ábra.

Páter Schachinger Coelestin.
(127. ábra.)

Ausztriának legmozgéko- nyabb méhésze, a szellemes servita, földmüves szülőktől származott s Königsbrunn- ban, Krems mellett 1847-ben született. Gyönge testalkata miatt a nehéz munkára al- kalmatlannak mutatkozván, a papi pályára készült. A Bécsben ujonnan alakult érseki papnevelő intézetbe vétetvén föl, a maturát kitünő sikerrel tette le. Innét Budapestre, majd Egerbe jött, hol az érseki lyceumban a theologiát végezte. A magyar nyelvet tökéletesen elsajátitotta, s dacára annak, hogy 22 év óta állan- dóan Ausztriában van alkalmazva, még most is elég jól beszéli nyelvünket.

Schachinger fölszentelése után, az erdők által környezett bájos vidékü langeggi zárdában kapott lelkészi alkalmazást, ahol a méhészetnek tanulmányozásához fogott, s báró Berlepsch müveiben buvárkodva, csakhamar szakavatott méhszsszé lett. Amikor Gutensteinba áthelyezték, ott már mint a méhészet apostola lépett a nyilvánosság elé; tanitott, oktatott, a méhészetet lelkesülve terjesztette és jó hirnevet szerzett magának. A méhészetből igen szép jövedelme volt, melynek segitségével a vándorgyülésekre ellátogatott, hogy ilyképen a méhésztársak összejövetele által biztositott szellemi élvezetekben is legyen része.

1877-ben meginditotta az „Osztrák-Magyar Méhészeti Lapok"-at, melynek jelenleg is tulajdonosa. Erre forditott irói munkásságán kivül számos és igen érdekes cikkelynek a szer-

zője, melyeket különösen a napi sajtónak, főleg a világhirü osztrák Neue Freie Pressenek irt, ezzel is a méhészet iránti érdeklődésre szándékozván buzditni az olvasót.

Egyébiránt páter Schachinger mint szónok is érdekes alak. A budapesti vándorgyülésről igen sokan fogják ismerni. A jó kedvü humoros páter emlékét fölelevenitve, arcképét bemutatom.

127. ábra.

Franciaország.
Hamet Henrik. (128. ábra.)

Született Limogeben, 1811-ben és mint „professeur de l' apicultur au Luxembourg" halt meg Párisban, 1890-ben. Franciaországnak legmüveltebb méhésze volt, ki valódi hévvel és szenvedélylyel karolta föl e nemes foglalkozást. A francia gazdákat a méhtenyésztés elméletére és gyakorlatára egyaránt tanitva, buzditotta őket e gazdasági irányra, mely, véleménye szerint is, egy nemzetre, kivált pedig annak szegényebb osztályára, nagy haszonnal jár.

Hamet ifju korától kezdve a tanári pályára készült, melyre
szép magas termete, az előadásra alkalmas hangja, kiváló szónoki
tehetsége hivatottnak mutatták őt. De tolla is párját kereste, mint
ez az Apiculteurből, melynek szerkesztője volt, kitünik. Ezzel el
nem hervadó babérokat szerzett magának, mert dolgozatai, külö-
nösen vezércikkelyei — mint a jóizlésnek, előkelő modornak és
a tudományosságnak mintái — soha el nem enyésző elismerésre
érdemesek. Hamet több szakmunkát is irt, mint pl. „Le Guide
de l' apiculture“, „La Theorie de Dzierzon“, stb. Ezen müveiben
a régi francia elvekhez ragaszkodva, bizalmatlanságot tanusitott
az ingó szerkezet iránt, mely — az ő véleménye szerint —
csak elméleti értékkel bir, de
a méztermés mennyiségén
csöppet sem lendit. E miatt
a hetvenes években elkese-
redett viták folytak az akkor
Bordeauxban s most Bécsben
lakó Droryval, aki „Le rucher
du sud-auest“ cimü lapjában
Hamet sem kimélte.

Különben a szerencsétlen
francia-német háboru még
jobban fölizgatta Hamet Hen-
riket a németek ellen. Mikor
1883-ban Párisban megláto-
gattam őt, a vérmes és szen-
vedélyes francia nem volt
képes magán uralkodni, s
nem annyira a méhészetről
beszélt, ami végett őt föl-
kerestem, hanem inkább a
politikával foglalkozott, mely
egyedüli fájdalmát képezte.

128. ábra.

Arcképét sok üggyel-bajjal tudtam megszerezni. Sajnos,
hogy Collin abbéval sehogyan sem sikerült ez, aki pedig Francia-
országnak legjelesebb gyakorlati méhésze volt.

Olaszország.

Sartori Lajos. (129. ábra.)

Olaszország legjelesebb méhészeinek egyike. Tirolnak Primiero
nevü kis községében, 1834-ben született, s igen korán kezdett
méhészkedni. Hogy a német nyelvet elsajátithassa, Tirol éjszaki

vidékére költözött, hol 1¹|₂ évig tartózkodott. 'Amikor a német nyelvben már jártasságot szerzett, átolvasta Dzierzon munkáját; melyből azonban — állitása szerint — semmit sem tanult, mert a kaptár belsejének szétszedhető voltát saját kezdeményezéséből már régen ismerte.

Méhészeti irói tevékenysége 1856-tól kezdődik, amikor „Il apicoltore" cimü munkája a zavaros és küzdelmes idők dacára 5000 példányban megjelent. 1880-ban Rauschenfelssel egy nagyobb szabásu müvet irt, mely a legmagasabb dijjal — arany éremmel — lett kitüntetve.

129. ábra.

1868-ban méhészeti vándortanitónak nevezték ki Tirolba, s már a rákövetkező évben Milanóban méhészeti tanár lett. Itt szervezte kereskedelmi méhészeti telepét, mely évről-évre nagyobbodó forgalmuvá fejlődött. A saját neve alatt ismertté lett kaptáraival, melyek ezer meg ezer példányban vannak elterjedve, nagyszerü eredményeket ért el.

Sartorit az orosz kormány, gróf Bontoucsin orosz miniszter inditványára, Oroszországba hivta, hogy a kiewi és moszkvai kormányzóságokban a saját rendszere alapján méheseket állitson föl. Sartori az egyptomi khedivének is rendezett be egy remek pavillont, mely átalános föltünést keltett.

Sartori sokat látott és tapasztalt ember; Európa minden államát meglátogatta, Ázsiában és Afrikában is tett utazásokat. Kitüntetésekben bőven részesült, számos rendjelnek és elismerő okmánynak a birtokosa.

De mindezek mellett a fődolog, hogy Sartori a méhészetből megvagyonosodott; Milanó mellett szép birtoka van, csinos házzal, melyet a méheknek köszönhet.

Oroszország. (130. ábra.)
Dr. Butlerow-Michaílovics Sándor.

Orosz nemes, ki Butlerowkában született s mint a vegytan tanára és gazdasági egyesületi alelnök, halt meg 1890-ben Szent-Pétervárott. Már mint természettudós is, nagy érdeklődést tanusitott a méhek iránt; dr. Dzierzon és báró Berlepsch föllépése után pedig teljes odaadással foglalkozott a méhészettel. Méheit kiváló gonddal ápolta; a nemes és szép olasz méhet pedig különös kedvteléssel szaporitotta hazája zordon éghajlata alatt.

1869-ben népszerü és könnyen megérthető nyelvezettel megirta „A méh, annak élete, s az okszerü méhészetnek főelvei" cimü munkáját, mely 5 kiadásban, 20.000 példányban, lengyelre is leforditva, forog hazájában közkézen.

Mint a szent-pétervári császári szabad gazdasági egyesületnek alelnöke és méhészeti osztályának vezetője, ennek tetemes anyagi eszközeit az ország méhészetének emelésére használta föl. A gazdasági egyesület által kiadott lap méhészeti rovatának vezetője volt.

130. ábra.

Twerben méhészeti iskolát alapitott, mely most teljes virágzásnak örvend.

Báró Berlepsch hatalmas munkáját: „Die Biene", valamint Gravenhorst müvét: „Der praktische Imker", leforditotta orosz nyelvre.

Ő volt az, aki a méhészek figyelmét a kaukázusi méhre irányitotta, akik az ő közvetitésével anyákat kaptak.

Butlerow a birtokán, Butlerowkában 100 családból állott méhesén többféle méhfajt tenyésztett, valamint a legismeretesebb kaptárokat is kipróbálta. Hazájában elsőrendü szaktekintélynek van elismerve. Egyidőben a német szaklapokban sürün jelentek meg tőle helyesen érvelt közlemények, miértis Németországban szintén nagy tiszteletben részesült. Arcképét méltónak tartom tisztelt olvasóimnak bemutatni.

Amerika.

Langstroth Lorenzo Lorain. (131. ábra.)

Tagadhatatlan, hogy Amerikának ezen férfiu a legnagyobb méhésze. Habár kaptárával csak 1852-ben, tehát 7 évvel későbben

lépett is a nyilvánosság elé, mint Dzierzon, mindazonáltal biztosra vehető, hogy akkoriban még tudomása sem volt a nagyfontosságu fölfedezésről. Kaptára belső berendezésének eredetisége egyenesen neki tulajdonitható tehát.

Langstroth Philadelphiában, 1810-ben született. A papi pályára készülvén, Andorán Massasuschetben kezdett lelkészkedni. Állását azonban — betegeskedése folytán — kénytelen volt elhagyni, s a tanitói pályára lépett. Itt kezdett méhészkedni és itt

131. ábra.

készitette az Amerikában uralkodóvá lett, közkedveltségü kaptárát, melyet az ottani méhészek tulnyomó része ma is használ.

Langstroth csak később, s különösen jó barátja, Wagner Sámuel, az „American Bee-journal" megalapitója utján ismerkedett meg a német méhészeti irodalommal és irta meg hatalmas munkáját, a „The hive and honey Bee"-t, mely számos kiadásban jelent meg és az amerikaiak által nagy becsülésben részesül.

Tartós betegeskedése azonban akadályozta abban, hogy nagyobb állománynyal méhészkedjék. Amikor pedig szép reményekre jogositott egyetlen fiát élete virágában elvesztette, a méhészkedéstől teljesen visszavonult. Csak kivételesen és igen ritkán irt egy-egy cikkelyt az amerikai méhész-lapban, melyet a méhészközönség természetesen nagy örömmel fogadott.

A nagy méhész, kinek érdemeit Európa is elismeri, 1894-ben tért örök nyugalomra.

Cook A. J. (132. ábra.)

Cook Michigan államnak Owosso nevü városkájában, 1842-ben született. 15 éves korától 5 éven át Michiganben a gazdasági akadémia hallgatója volt. Betegeskedése következtében Kaliforniába

költözött, hol tanitói állást vállalt és szép sikerrel müködött. Innét azonban a hawardi egyetemre ment, az orvosi tudományok elsajátitása végett. 1866-ban segédtanári alkalmazást kapott a michigani gazdasági akadémián, hol 1878-ban — mint az entomologiának és a zoologiának rendes tanára — diplomát nyert.

Itt rendezett be egy gyönyörü méhest. Tanitványai közül egy sem hagyta el az intézetet, hogy a méhészetet elméletileg és gyakorlatilag el ne sajátitotta volna.

132. ábra.

Cook tanár az éjszak-amerikai méhészegyesületnek igen tevékeny tagja, sőt hosszu ideig elnöke is volt. Az általa megalakitott michigani fiókegyesületnek is elnöke volt. A méhészek összejövetelein Cook rendesen részt vett és szép előadásaival mindenkor elismerést aratott. Fontos méhészeti kérdésekben az érdeklődők az amerikai méhészeti lapok utján többnyire Cookhoz fordultak, ki mindig a legnagyobb ügybuzgósággal és szives készséggel adott fölvilágositásokat.

Számos szakavatott cikkelyeitől eltekintve, egy jeles méhészeti munkát is irt e cimen: „The Bee Keeper 's Guide or Manuel of the Apiary" (Méhészeti kalauz, vagy apisztikai útmutató). E munka szakavatottsága és közkedveltsége felől mindennél dicsérőbben szóló azon körülmény, hogy már 13 kiadásban jelent meg. Szerzője, a nagyhirü méhész és buzgó tanár szintén méltó tiszteletnek örvend az amerikaiak előtt.

Magyarország.

A külföldön való széttekintés után hazánk kiváló méhészeiről is meg akarok emlékezni; kik ugy gyakorlati, mint elméleti hasznos ténykedéseikkel és ügyszerető lelkesedésükkel hozzájárultak ahoz, hogy a magyar méhészet föllendüljön, virágzásnak induljon. Méhészetünk ma már oly magas fejlettségü, hogy vele Európa bármely nemzete mellett büszkén megálljuk helyünket. Önelégülten nézhetünk azon óriási haladásra, melyet e téren az utolsó 25 év alatt tettünk, elérvén a szomszédállamok törekvéseivel párhuzamba vonható versenyző képességet. Méhészeink nemcsak a méztermelés mesterségében, hanem a méhek életének buvárkodásában is tekintélyes szerepre jutottak.

Valamint a külföld méhészei, ugy a hazaiak közül is csak azokkal foglalkozom, kik a modern tenyésztésnek a terjesztői valának s ezzel az uj korszak haladásán lenditettek. Sajnos azonban, hogy számos igen jeles méhésznek közölni szándékolt életleirásáról le kellett mondanom, mivel arcképeiket s életrajzi adataikat törekvéseim dacára sem kaphattam meg. Azért mégis sikerült korunk legkiválóbb férfiait itt csoportositva bemutatnom, kik hazánk méhészetének dicsőségeért küzdve, elévülhetetlen érdemeket szereztek maguknak.

A nemes példákon buzdulva, ám törekedjenek a jövő méhészei is azon, hogy a kijelölt uton tovább haladva, lankadatlan szorgalommal és lelkes ügyszeretettel szolgálják hazánk érdekeit és hirnevét.

Paulik Gábor. (133. ábra.)

Alig terjedt el Dzierzon hirneve Európában, Paulik volt az első, aki a méhek iránti érdeklődésből a vivmányokat Magyarországon tanulmányozni kezdette; ő volt tehát az okszerü méhészet első magyar apostola.

Született 1818-ban, Gömörmegyében. Papnak készülvén, mint róm. kath. lelkésznek, alkalma és módja volt a méhészettel foglalkozni. Minden ezirányu mozgalmat éber figyelemmel kisért, s Dzierzon szellemében óhajtván munkálkodni, ennek kaptárát a lécekkel alkalmazni kezdte. Ő volt az első szintén, aki az Eich-

23*

stadtban megjelenő Bienenzeitungra Magyarországról előfizetett. 1852-ben meglátogatta Dzierzont Carlsmarktban, hogy hő vágya teljesüléseül szomját a méhészet Mekkájában olthassa. Aki az akkori utazás nehézségeiről egyet-mást olvasott, annak fogalma lehet arról, hogy mily borzalmas út lehetett Tót-Megyerről — hol Paulik plébános volt — Carlsmarktba zarándokolni. De a tapasztalat után vágyó Paulik Gábor erős akaratu lelkének ez csekélység volt. Örömmel tette meg a nagy utat, melyből visszatérve, magával hozta ama kincset, mely hazánk népének uj jövedelmi ;forrást nyitott, s a nemzet szellemi képességének kifejtésére uj alkalmat nyujtott.

Ettől kezdve rohamosan terjedt az uj eszme, s ennek szolgálatában az elméletek, valamint az eredményeiben meglepő gyakorlat. És mindez Paulik Gábor utján, aki — habár könyvet nem, de sőt soha egy cikkelyt sem irt — maga egy nyitott könyv volt, ki önzetlenül, hangosan hirdette az igét.

Tót-megyeri remek nagy méhese hosszu éveken át mintául szolgált az okszerü méhészeknek. Az ország minden részéből siettek hozzá tanulni, kiket tárt karokkal fogadott a tudós plébános és egy sem távozott közülük, hogy kielégitve ne lett volna. De igazi méhész is volt Paulik, mert eltekintve attól, hogy nevének dicsőséget szerzett, vagyonosodott is a méhészetből, mely — amint nekem mondá — 1000 frt. tiszta-jövedelmet hozott neki évente.

133. ábra.

Jellemének legszebb vonása volt, hogy a méhészet iránti érdeklődését élete késő koráig ápolta. A német-osztrák vándorgyülések legtöbbjén megjelent az agg lelkész, ki a Délmagyarországi Méhészegyesület vándorgyülésein is részt szokott venni. Méhészeti életem történetében pedig aranybetükkel irtam be azon, reám nézve örökemlékezetü eseményt, mikor Paulik Gábor a Temesváron 1874-ben tartott vándorgyülés alkalmával engemet Temes-Gyarmathán meglátogatott. Őszintén megvallom, hogy azon sereg külföldi és magyar vendégeim közül, akik méhesemet az utolsó 25 év folyama alatt megtekintették, egy sem imponált nekem ugy, mint Paulik Gábor, kinek éles látását és kritikus észjárását ismerve, itéletére nagy sulyt fektettem.

Azóta a föld alatt porladozik a nagy méhész (Tót-Megyeren, 1882-ben hunyt el); s habár közkézen forgó emléket az irodalom terén nem hagyott hátra, neve azért örökké lángoló betükkel lesz sziveinkbe vésve, mert ő volt hazánkban a szétszedhető szerkezetü kaptár első terjesztője, s őt követte az ország méhészeinek zöme.

Sághy Mihály.

A hála érzelmével emlitem föl e szük helyen Sághy Mihály, vasmegyei hirneves méhészt, ki szives barátsággal és önzetlen készséggel magyarázott meg nekem méhesén, Kámonban, egyetmást a méhek életéből. Itt nyertem az első betekintést e kis rovar müködéséről és habár csak hiányos fogalmakkal, de annál nagyobb hévvel s az ifju kor tettrevágyásával határoztam el, hogy méhész leszek.

Sajnálom, hogy Sághy Mihály élettörténetének adatait és arcképét — minden iparkodásom dacára — sem sikerült megszereznem. Lesz talán valaki, aki e sorokat elolvasva, fölvilágositást nyujt nekem, hogy az általa tudomásomra jutott adatokat a jövőben fölhasználhassam. Csak annyi ismeretes előttem, hogy Sághy Mihály kámoni földbirtokos és a vasmegyei gazdasági egyesületnek kezdetben titkára, majd pedig elnöke volt. Méhesét, mely 60 Dzierzon-kaptárból állott, kiváló okszerüséggel egyedül ő kezelte. Az országban szintén az első Dzierzonisták közé tartozott; 1855-ben már ingó szerkezetü kaptárokkal méhészkedett, s a Berlepsch-féle kereteket keletkezésük után azonnal alkalmazta.

Egy kis munkát is irt: a „Méhészeti naptár"-t, mely röviden, de sok alapossággal tartalmazza méhészetünknek kincseit.

Grand Miklós. (134. ábra.)

Ha van méhész, akinek müködését elismerni és emlékét hálás tisztelettel fönntartani kötelességünk, ugy erre Grand Miklós a legérdemesebbek egyike, kinek neve méhészetünk fejlődésével és öregbitésével szoros összefüggésben van. Már magában azon egy alkotása is, hogy méhészeinket tömörülésre birta, az elismerés folytonos visszhangját kelti sziveinkben. De hiszen mindnyájan jól tudjuk, hogy egész életének minden mozzanata, lelkes fáradozásainak összes törekvése hazánk méhészeti viszonyainak fejlesztésére volt irányozva. Erre célzó munkálkodása kiváltképen azon ténye által domborodott ki, melylyel előbb az „Ungarische Biene"-t alapitotta és szerkesztette kiváló szakértelemmel, majd később a

„Magyar Méh"-et inditotta meg és szintoly kitünő, avatott tollal szerkeztette; hazánk gazdag virányu mezőit eként a méhészet számára hóditván meg.

Grand Miklós francia eredetü, valószinüleg lotharingiai származásu szülők gyermeke; amire nemcsak neve, hanem jellegzetes typusa, külső megjelenése, élénk és mozgékony természete vallottak. Családja azonban — mint a volt Bánságnak Lotharingiából származó francia telepesei, u. m. Seultur, Charleville, Szt.-Hubert, stb. — elnémetesedett. Grand Miklós Temesmegyében, Rékáson született, 1837-ben. Atyja Temesmegye Bruckenau községében uradalmi főerdész volt, kinek korai halálával a fiu nevelésének gondjai az özvegy anya szeretetére maradtak. Grand a tanitói pályára érzett hivatottságot; miért 1853-ban Versecre ment, hol előbb a reáliskola szorgalmas tanulója, majd pedig 1855-ben a tanitóképző intézet jeles növendéke volt. Az akkori szervezet szerint két éves tanfolyamu tanitóképzőt szép sikerrel végezvén, már 1856-ban Buziásra nevezték ki tanitónak. Ekkor meg is nősült. E kies fürdőhely volt

134. ábra.

az ő áldásos müködésének szemtanuja, hol öröknyugalomra hajtá le fejét.

Grand 1865-ben kezdett a méhészethez, s a hetvenes évek elején már 100-nál több családból álló méhese volt, mely gyönyörüen jövedelmezett neki, ugy, hogy a kis méhek után csinos házat és szép szőllőt szerezhetett a jeles méhész.

A saját méhesén elért sikerek által buzdittatva, 1870-ben, az iskolai szünidő alatt, az érdeklődőket maga köré gyüjtvén, nekik a méhészetről előadásokat tartott Grand. Emellett elrándult Temes- és Torontálmegyék legintelligensebb községeibe is, hol szintén mindenütt hirdette, terjesztette a méhészeti ismereteket, mintegy apostolként buzditván mindenkit ezen üdvös tudnivalók elsajátitására.

Látván a sikereket, 1873-ban életének legszebb, legdicsőbb emlékét emelte, amidőn a „Délmagyarországi Méhészegyesület"-et 60-ad magával megalapitotta és meginditotta az „Ungarische Biene"-t, melyet 1877-ben a „Magyar Méh" követett.

De hát neki is — mint minden üdvös intézmény létesitőjének lenni szokott — voltak irigyei, kik a nemes férfiu homlokáról az érdem babérait letépni akarták. Különösen a Neue Temesvárer Zeitungban jelentkeztek holmi szánandó avatatlanok, kik a gyönge csemetét, az egyesületet és annak lelkes megalkotóját s buzgó apostolát, az egyszerü tanitót tönkre tenni szerették volna. De ott valék én is és aminő volt a támadás, époly határozottsággal és erélylyel utasitottam azt vissza; az ádáz irigység szitóit, a hazafiatlan merénylőket sarokba szoritva, annyira lehetetlenné tettem, hogy azontul e részről békessége volt Grandnak.

Csak e harcok után ismerkedtem meg a nemes gondolkozásu férfiuval s keletkezett azon őszinte igazi barátság, mely a sirig felhőtlenül tartott.

Müködése az egyesületben — sokoldalu elfoglaltsága miatt — nagyon sok terhet rótt rá, melyet a lankadni nem tudó derék férfiu nemhogy panaszlott volna, hanem egyre fokozódó kedvvel végzett. Kezdetben titkára volt az egyesületnek s a két szaklapot szerkesztette; azután a kormány méhészeti vándortanitónak nevezte ki; később elnöke, majd örökös tiszteletbeli elnöke lett az egyesületnek.

Amidőn pedig gróf Szécsenyi Pál, volt földmivelésügyi miniszter a vándortanitói intézményt az egész országra kiterjesztette, Grand az országos méhészeti felügyelői diszes állást nyerte el. E tisztében — tevékenységét az egész országra kiterjesztvén — főleg azon igyekezett, hogy a különféle rendszerü és méretü kaptárok helyett a mi· viszonyainknak mindenekben megfelelő egyöntetü kaptárunk legyen; célját el is érte, amennyiben a „Délmagyarországi Méhészegyesület" kaptárát a kormány országos, hivatalos jellegü kaptárul fogadta el s a vándortanitók által terjesztendőnek jelentette ki. De mézünk értékesitésének ügyén is sokat lenditett a soha nem lankadó férfiu, ki csaknem minden évben kiment — többször a saját költségén is — a külföldre, hol az összeköttetéseket kereste és szerencsésen meg is találta.

Kiváló érdemei elismerésének jeléül a „Délmagyarországi Méhészegyesület" 1886-ban örökös tiszteletbeli elnökévé választotta Grand Miklóst, ki 1893-ban az arany koronás érdemkereszttel lett kitüntetve, melyet azonban — váratlanul hirtelen bekövetkezett halála miatt hivatalosan, sajnos — soha sem viselhetett.

Grand ritka képzettségü méhész volt; s habár nagyobb szabásu önálló szakmunkát — rengeteg teendői közepette — nem irhatott, számtalan cikke jelent meg ugy az általa szerkesztett két szakközlönyben, mint a többi hazai és külföldi lapokban. Ezek mellett szakszerü előadásainak, értekezéseinek és dolgozatainak — melyek az oratorikus remeklés mind megannyi mintái valának és mindenütt hóditottak — se szeri, se száma.

A magyar nyelvet azonban csak az utolsó 15 év előtt sajátitotta el annyira, hogy folyékony előadási képességig vitte s gyönyörü értekezéseit tartotta. Jellemző e páratlan férfiura, hogy mily vasakarattal s lángoló hazafiui érzelmekkel igyekezett magát a magyar nyelvben tökéletesbiteni.

1892-ben már betegeskedni kezdett Grand Miklós. 1893 tavaszán fürdőre ment, honnét nemhogy üdülve jött volna vissza, hanem rosszabbul volt, mint valaha. A szomoru hirről értesülve, rögtön Buziásra siettem, hogy a barátot még egyszer lássam. Fölöltözve, de kimerült testtel és megtört szemekkel feküdt a pamlagon. A viszontlátás öröme sugárzott ki bágyadt szemeiből, s kezét nyujtva felém, a valódi kereszténynek és a nagylelkü férfiunak megadásával mondá nekem: *„pályámat befejeztem.“* Vigasztalásaimra fejével intett és azt felelé: *„tudok már mindent.“* — Nyolcad napra — 1893. szeptember hó 17-én — öröknyugalomra kisérték ki a buziási temetőbe. Siratja hőn szerető özvegye; — siratjuk mindnyájan, akik ismertük.

Legyen e férfiu méltó példája a kötelességtudás és hazafiui törekvések erényének. Szellemi képességét nem áldatlan pártoskodásra, nem meddő tusakodásra, hanem az erők egyesitésére, áldásos összmüködésére irányitotta; melynek gyümölcseit e nemzetnek ezrei élvezik, áldva az ő emlékét.

Kriesch János. (135. ábra.)

Méhészetünknek szintén kiváló és buzgó harcosa, ki nemes hévvel karolta föl az irányt, melyért végső pillanatáig lelkesült és kinek az „Országos Méhészegyesület“ keletkezését köszönheti.

Kriesch János Alsó-Ausztriában született, 1839-ben. Tanulmányait Bécsben végezve, 1859-ben tanári oklevelet kapott. 1861-ben az ungvári gymnásiumnál tanárkodott. Innét Budára került, holis megirta állattanát, melyet csakhamar a növény- és ásványtan követett. E müvei — mint jeles iskolai könyvek — több kiadást értek. 1864-ben a budapesti müegyetem tanára lett, hol az állatés növénytant adta elő. A magyar tudományos akadémia 1871-ben levelező tagjává választotta.

Ekkor irta meg méhészkönyvét: „Az okszerü méhészet elemei" cimen, melyet a földmüvelési miniszt-erium pályadijjal jutalmazott. Továbbá az Országos Méhészegyesület közlönyének, a Méhészeti

135. ábra.

Lapoknak szerkesztője volt. Végre sok, igen talpraesett cikkelyt irt, melyekben többnyire a méhek testi szervezetével foglalkozott.

Az Országos Méhészegyesületet Kriesch alkotta meg 1879-ben, melynek 1888-ig alelnöke volt.

Tisztelettel és elismeréssel emlékszünk vissza e jeles férfiura, kinek kedélyessége és szivjósága példás, a méhek iránti érdeklődése dicséretes volt. Kriesch nálam is megfordult Temes-Gyarmathán, s mondhatom, hogy kellemesen emlékszem vissza az ő látogatására.

Habár Kriesch maga nem méhészkedett, a méhek kezelése körüli teendőkben tájékozottsággal birt, s ezekről órákig el tudott beszélgetni.

A német és osztrák méhészek kremsi vándorgyülésén „Zur Geschichte des Rämchens" (a keret történetéhez) cimü előadásával kimutatni iparkodott, hogy a keret már Dzierzon előtt ismeretes volt hazánkban. Ebeli állitását, Szarka Sándornak Kolozsvártt, 1844-ben megjelent munkájával, be is bizonyitotta.

Ez volt azonban a lelkes férfiu hattyudala, mert a vándorgyüléssel kapcsolatos méhészeti kirándulásról a halál csiráját hozván haza, lefeküdt és hazánk méhészetének nagy kárára, a méhészek fájdalmára, többé föl sem kelt.

Akik Kriescht, mint kitünő hazafit, lelkes méhészt és hirneves tanárt ismerték, emlékét tisztelni fogják örökké.

Göndöcs Benedek. (136. ábra.)

Nincs az országban méhész, aki olyan népszerüségnek és szeretetnek örvendett volna valaha, mint a békés-gyulai apátplébános: Göndöcs, aki zamatos szónoklataival, nemes jó szivével és kedélyes külsejével mindenütt hatott és tért hóditott.

Göndöcs minden hasznos és üdvös dolognak lelkes pártolója, főleg a szegények érdekeinek buzgó előmozditója volt; ezért karolta föl oly odaadással a méhészetet s kardoskodott erősen mellette.

1873-ban ellátogatott Grandhoz, Buziásra s engem is fölkeresett Temes-Gyarmathán, hogy tapasztalatait bővitse. Tőlünk hazakerülvén, 1874-ben Brozik Károlylyal, mint titkárral, megalakitotta a „Békésmegyei Méhészegyesület"-et és Gyulán egy remek pavillont épitett.

Ez időtől kezdve lángoló lelkesedéssel szentelte minden erejét a méhészetnek. A népet oktatta, buzditotta, gyujtó szavakkal lelkesitette a méhészetre.

Az Országos Méhészegyesület mindjárt, megalakulásakor, alelnökévé választotta őt, kinek inditványára, valamivel később, ifju gróf Károlyi Istvánt választották elnökké. Ez azonban lemondván, helyébe Göndöcs Benedeket emelték az elnöki tisztségre. Mint elnök, a jótéteményekben kiapadhatatlan volt; ahol csak szükségét látta, mindenütt adakozott. Különösen pedig az egyesületet halmozta el adományaival, s ilyképen nevét felejthetetlenné tette.

A kiállitásokon is nevéhez méltóan versenyzett, különösen az Országos Méhészegyesület első kiállitásán, Budapesten, 1882-ben, valamint később Gyulán, végre az országos kiállitáson Budapesten, hol valóban remekelt és átalános föltünést keltett az ő kiállitásával.

Gyulán 1884-ben országgyülési képviselővé választatván, méhészetünk érdekében minden budgetvita alkalmával sikra szállt s

136. ábra.

jóizü fölszólalásaival mindannyiszor átalános elismerésben részesült.

Göndöcs szép képzettségü, olvasott méhész volt. Szakmunkát nem irt ugyan, de egyéb irányban tette nevét emlékezetessé. A méhészettel gyakorlatilag foglalkozván, a kaptárok tanulmányozására nagy gondot forditott. A nevéről hiressé vált lapozó kaptárt és a dupla gyékénykaptárt — melyek egy időben nagyon el voltak terjedve és melyekből száz meg száz példányt osztogatott szét ingyen, a jószivü apát a szegényebb sorsuak nagy örömére — ő konstruálta.

E kaptárokra és a Békés-Gyulán 1883-ban tartott vándorgyülésre vonatkozólag egy füzet jelent meg, melyet Sztarill Lajos, a Békésmegyei Méhészegyesület titkára irt 1883-ban és mely a kaptárokról rajzokkal illusztrált részletes leirást és magyarázatot közöl.

Göndöcs 1888-ban lemondott az Országos Méhészegyesület elnökségéről, mely örökséget rövid időre én vállaltam el. E ténye után Göndöcs visszavonult a méhészettől és a politikától is egyaránt, s egyedül szent hivatásának, egyházának és hiveinek élt, kiknek igazi nemes érzületü lelki atyjuk volt. Az áldott jószivü lelkipásztor, községének jóltevője, 1894. évi január hó 26-án, 71 éves korában hunyt el. Valamint Békésmegye és Gyula városa — melynek kebelében életét a jótékonyságnak és a magyar őszinte kedélyességnek szentelte — ugy a magyar méhészek is gyászolják Göndöcsöt, ki igaz barátja és jóltevője volt a magyar népnek, melyért áldásos munkássággal élt.

Vámossy Mihály. (137. ábra.)

Az őszinte tisztelet érzésével ecsetelem e szelid lelkü, emberszeretö jeles férfiu életrajzát, ki — eltekintve attól, hogy gondos előrelátással késziti elő az ifjuságot a jövő életpályájára, s mint a budapesti református főgymnásium nagyérdemü igazgatója, intézetének javáért buzog — mint igazi méhész, képességét, törekvéseit és befolyását szintén a közjóra, a gazdaság ezen irányának a fejlesztésére érvényesiti. Meggyőződött arról, hogy a méhészet nem egyedül az anyagi gyarapodást mozditja elő, hanem egyuttal erkölcsileg is hat és nemesit. Lelkének egész erejével ezen iránynak szolgál tehát, tiszteletet és szeretetet aratván e téren is.

Vámossy azonban nem csupán etikai érzületeknek hódol; ő gyakorlatilag is vajmi ügyes, avatott méhész. Leányfalvai tuskulumán nagy és szépen berendezett méhészete van, melyet kedvvel és élvezettel maga kezel és amelyből szép jövedelme is van. Látjuk is őt a kiállitásokon, hogy kivánatos mézeivel mindenütt elsörendü dijakkal győzedelmeskedjék.

Vámossy egyuttal a Magyar Országos Méhészegyesületnek alelnöke és mivel Gönczy halála óta az elnöki tisztség betöltetlen, az egyesület ügyeit ő vezeti. E minőségében felejthetetlen érdemeket szerzett magának. Neki köszönhetjük egyedül, hogy a sok küzdelem és elkeseredett harcok után a két táborban müködő méhészek — az Országos és Délmagyarországi Méhészegyesületek — végre valahára egygyé tömörültek és a magyar méhészet ügyére áldásos vivmányként elválhatatlan egységet alkotnak. Vége tehát minden versengésnek és küzdelemnek; mert egy célnak, hazánk méhészetének szolgálunk, melyet karjaink és szellemi képességünk teljes erejével védelmezni és fölvirágoztatni fogunk.

A kiválóan jeles férfiu szerénysége miatt nem sikerült az életrajzának megirásához szükséges adatokat megkapnom. Miértis a Magyar Méh 1893. évfolyamának 4. számában Binder Iván szerkesztő avatott tollából folyt életleirást szóról szóra átveszem, hogy szerény munkámban illő helyet adhassak a jeles méhésznek és emberbarátnak.

Vámossy Mihály 1827. szept. 13-án, Marmaros-Szigeten született, hol tanulmányait megkezdve, az akkori rendszer szerint a gymnásium hat osztályát végezte. 1842-ben Debrecenbe ment, ahol 1848-ig a bölcsészeti és jogi tanfolyamokat végezte. A szabadságharcban tevékeny részt vett, s azt, mint honvédőrmester,

küzdötte át. A szabadságharc leveretvén, ő is a bujdosás keserü kenyerét ette 1850. okt. 30-ig, midőn Pestre jött, s itt az orvosi egyetemre iratkozott be, hol 4 évig tanulmányozta a természeti és orvostudományokat. Ekkor Gönczy Pál hires nevelő - intézetébe került, hol mint tanár, Gyulay Pál és Csengery Antal társaságában 1859-ig müködött. Ekkor állittatott fel a reformátusok budapesti kálvintéri gymnásiuma, s a presbyterium Gönczyvel együtt

137. ábra.

Vámossyt is meghivta a gymnásium tantestületébe. Mint tanár müködött 1867-ig, amidőn Gönczy Pálnak a miniszteriumba történt meghivása folytán, a presbyterium által a gymnásium igazgatásával bizatott meg, mely tisztében mai napig is buzgólkodik.

Vámossy különben már 1893. márczius 22-én ünnepelte negyedszázados igazgatói jubileumát. E napon volt 25 éve, hogy a budapesti református főgymnásium igazgatói székét elfoglalta, mely alkalommal az ünnepelt férfiu az ország minden részéről a legszebb ovácziókban részesült.

De különösen hálásak valának személyéhez hű és lelkes méhészei, kik küldöttségileg tisztelegtek nála, bizalmuk és szeretetük jeléül.

Adjon a Mindenható e hazának sok ily jeles férfiut, s akkor okunk nem lesz csüggedni.

Sippl dr. Rodiczky Jenő. (138. ábra.) ➤

Örömmel üdvözöljük azon jelenséget, amikor a tudomány fölkentjei is belátják a méhészetnek nemzetgazdászati hasznát és annak üzésével foglalkozván, érvényre is juttatják.

Ilyen férfiu dr. Rodiczky Jenő, aki egy Sziléziában birtokos régi lengyel családból ered, melynek egyik ága hazánkba származván át, a XVII. században itt András őse a török háboruban tanusitott vitézségeért nemességet nyert.

138. ábra.

Dr. Rodiczky Jenő 1844-ben született Arad-Mácsán, hol atyja magy. kir. jószágigazgató volt. Eleintén a gyakorlati mezőgazdaság terén müködött. Később — Érkövy biztatására — állami szolgálatba ment és 1869-ben a magyar-óvári gazdasági akadémia tanárává nevezték ki, s a nemzetgazdaságtan előadásával bizták meg.

Azon tapasztalatra, hogy hazánkban a gazdaságilag oly fontos kisebb tenyésztési ágak nagyon el vannak hagyatva, Rodiczky lelkes agitációt fejtett ki. A baromfitenyésztés érdekében szót emelt; mesterséges haltenyésztést létesitett; de legnagyobb szeretettel ápolta a méhészet ügyét. Csekély dotacióval létesitett is egy kis méhest. 1870-ben, a szünidő alatt fölkereste a leghiresebb osztrák méheseket és az eként nyert impressiók hatása alatt nagyobb mintaméhest rendezett be, melylyel rövid időn sok buzgó követőt szerzett a méhészet ügyének. Méhszállitó szekrényét a bécsi világkiállitás alkalmával 1873-ban Bécs-Simmeringben rendezett méhészeti kiállitáson kitüntették. Ugyanezen évben nyerte el a Köztelken bemutatott 100 számból álló collectiojával az aranyérmet.

Rodiczky különösen a lelkészeket és tanitókat buzditotta a méhészetre. A magyar-óvári akadémiánál egy izben — föláldozva szünidejét — tanfolyamot nyitott, melyen a tanitókat nemes hévvel oktatta a méhészetre s egyéb kisebb mezőgazdasági ágak ismeretére. E tanfolyam számára irta Rodiczky „Leitfaden der Kleinviehzucht" cimü füzetét 1871-ben.

Megismerkedett Grand Miklóssal, kivel azontul folytonos baráti érintkezésben állott, s társalgásuk és levelezésük nem egy üdvös eszmének lett a szülője.

A salzburgi vándorgyülésen Dzierzonnal, báró Berlepschsel, Schmidtel, stb. szintén megismerkedett Rodiczky, s a magyar méhészek csatlakozása érdekében egy szakközlöny megalapitását hozta szóba. Báró Berlepsch nagyon pártolta ugyan az eszmét, de a nyelvkérdés miatt nem valósulhatott az meg; amelyet azonban Grand, kivel ezt Rodiczky közölte — mégis sikeresen célhoz juttatta.

A magyar orvosok és természettudósok győri vándorgyülése alkalmával, 1874-ben Rodiczky nagyszabásu méhészeti kiállitást rendezett, mely nagy visszhangot keltett az országban s melylyel elismerést szerzett magának.

A gazdasági irodalom terén Rodiczky Magyarország egyik legtermékenyebb szakembere. 1876-ban kiadta a „Méhről való ismereteink és a méhészeti elméletről" cimü könyvét. A linzi vándorgyülésen, 1878-ban nagy tetszéssel fogadott előadást tartott az osztrák és magyar méhészet multjáról, mely Nördlingben külön füzetben is megjelent.

Rodiczky 1869-től 1883-ig, mint egyik legkedveltebb tanár, müködött a magyar-óvári akadémián, amikor a kassai gazdasági tanintézet igazgatójává nevezték ki.

Itt is azon buzgólkodott, hogy a méhészetnek a tantárgyak között méltó helyet biztositván, az intézet hallgatóit méhészekké is képezze. Ugyancsak itt irta meg a budapesti vándorgyülés egyik maradandó becsü emlékét: a magyar méhészet multjáról szóló tanulmányát. 1894-ben pedig Adácsi álnév alatt egy remek kis munkát irt: „Die Bienenzucht in der Nussschale" cimen. A sokoldalu tudományossággal ékeskedő férfiu irodalmi tevékenysége bámulatos; melynek 30 magyar s 18 német és francia mü a tanuja.

Rodiczkyt 1894 őszén szolgálattételre behivták a miniszteriumba. Szabadabb óráiban most azzal foglalkozik, hogy megjelent méhészeti cikkelyeit egy szerves egészbe gyüjtse. E munkája is bizonyára örömmel fogja a méhészeket eltölteni; mert akik

Rodiczky tollát ismerik, alapos képzettségét is elismerik és müveit szivesen olvassák.

Dr. Rodiczky Jenőt a királyi felség az asztalnoki méltósággal és a Ferencz-József-renddel tüntette ki. A francia becsületrendnek, a „du merite agricol"-rendnek stb. szintén tulajdonosa; azon kivül számos gazdasági egyesületnek és tudományos társaságnak tiszteletbeli tagja.

Metzger Ede. (139. ábra.)

Méltóbb nevet nem tudnék e ritka tudományosságu buvárkodó férfiunak adni, mint: hazánk Schönfeldje. Mert valamint ez, ugy ő is a méhek életszervi müködésének földeritésével és bonctanával szeret leginkább foglalkozni, s észleléseinek alapos leirását és ismertetését a legnagyobb lelkiismerettel szokta szaklapjaink utján velünk közölni.

Metzger a Magyar Méh 1889-iki évfolyamának májusi számában megkezdett remek cikksorozatot irt a méh életszerveiről, melyet rajzokkal illusztrálva, csak decemberben fejezett be. Bátran mondhatjuk, hogy ilyen alapos formában még német dolgozatokkal sem találkoztunk, ami Metzgernek nagy dicséretére s méhészetünknek becsületére válik.

Érdekes és mélyre ható kutatásai folytán Metzger egy uj elméletet is állitott föl, mely szerint az anya petéi a petefészekben semleges

139. ábra.

természetüek, s a petézés alkalmával mind a két nemü, tehát a here- és nőstény-pete egyaránt ondószálakat vesz föl. Az ondószálak a nőnemü peték megtermékenyitésére az anyával közösülő herétől származnak, s a párosodás alkalmával a magtáskába jutnak. Ellenben hereivadékot előállitó ébrény a magtáskában a szüz anyáknál is található. Az anyák tehát — Metzger állitása szerint — a hermaphroditának, t. i. az önmegtermékenyitésnek a képességével birnak.

Az uj elméletet — természetesen — sokan megtámadták, főleg dr. Dzierzon, dr. Siebold, Schönfeld és mások; de Metzger is jól védekezett. Tény, hogy az uj elmélet Németországban terjedni kezd, s leginkább báró Berlepschnek a methamorphosist illető hypothesise teljesen elesett.

Metzger Ede 1845-ben született. 1862-ben a gyógyszerészi pályára lépett s 1868—1870-iki években Bécsben végezte az egyetemet, hol különösen a természettudományokban buzgalommal iparkodott magát kimüvelni. 1882-ben Nagy-Teremián (Torontálmegye) gyógyszertárt nyitott, s ugyanazon évben egy modern méhest is rendezett be magának.

Nyilvánosan 1886-ban lépett föl először a verseczi méhészeti vándorgyülésen tartott előadásával. Nagy-Teremián méhészeti fiókegyesületet létesitett, mely még ma is fennáll és melynek Metzger tiszteletbeli tagja.

1889-ben Budapestre költözött, megvevén a „Reményhez" cimzett gyógyszertárt. A méhészettel a fővárosban sem hagyott föl, hanem a Ferenc József-rakparton levő lakásán egy ablakban helyezett el 6 családot, azon kivül Promontoron, Ullmann József méhészszel egy nagyobb szabásu méhest rendezett be. Itt folytatta górcsövi vizsgálódásait, különös sulyt fektetvén az anya magtáskájának müködésére, a peték megtermékenyitésére és az ébrény fejlődésére.

Vizsgálódásainak eredményét képező elméleteiről a német, osztrák és magyar méhészek budapesti vándorgyülése alkalmával tartotta első nyilvános előadását. Föllépése nagy riadalmat okozott. Bécsben ugyanezen themáról értekezett. Hazánk és a külföld szaklapjaiban számos közlemény tanuskodik a jeles férfiu tudományos képzettségéről. Mindazok, akik a jelenleg Nyitrán tartózkodó szerény tudóst ismerik, tisztelik és becsülik is őt, mert benne hazánk oszloposát látják, ki speciális képességével nagyjelentőségü szolgálatot tett méhészetünknek.

Kovács Antal. (140. ábra.)

Fiatalabb méhész-generaciónknak föltétlenül a legjelesebbjeihez tartozik, s ezek között is a vezérlő szerepet tölti be Kovács Antal, országos méhészeti felügyelő.

Szegeden született, 1854-ben. Ideális lelke a néptanitói pályára vonzotta. A midőn erre készült volna, a hetvenes évek elején a szegénynevelés ügyében megindult országos áramlat Kovácsot a balaton-füredi Szeretetházba vitte, hogy az intézet vezetésében magát gyakorlatilag kiképezze és a fölállitni tervezett szeretetházak egyikének igazgatása reá bizassék. B.-Füreden az elhagyatott árvákat meleg szeretettel ölelte nemesen érző keblére,

atyai jósággal nevelte, tanitotta őket és oktatta kertészetre, szőllő-
müvelésre, háziiparra, méhészetre, stb. Sajnos azonban, hogy az
ország akkori kedvezőtlen pénzügyi viszonyai miatt a szegény-
nevelő intézetek fölállitását — melyeknek igazgatóiként Kovács és
elvtársai voltak kiszemelve — el kellett ejteni. Kovács ekkor —
bár nehéz szivvel vált meg e pályától, de jövőjéről kellvén gon-
doskodnia — a temesmegyei Kepet községben fölajánlott állami
tanitói állást fogadta el.

A méhészkedést itt már kedvezőbb viszonyok között folytatta
és szép eredményeket is ért el.

Időközben áthelyezték Buziásra, az áldva emlegetett Grand
Miklós igazgatta állami iskolához, hol a két jeles tehetség szere-
tetben és tiszteletben egybe forrva,
Magyarország méhészetének ve-
zérlő csillagai lettek. Néptanitói
müködésének szép sikerét mi sem
bizonyitja fényesebben, mint ama
körülmény, hogy többször részesült
miniszteri kitüntetésben és isko-
lája a megyében a legjelesebbek
egyike volt.

Kovács egyik főérdeme, hogy
Buziásra kerülvén, a volt Dél-
magyarországi Méhészegyesület
magyarositó szellemévé vált és
nemes irányu törekvéseivel, párat-
lan szorgalmával és lelkes odaadá-
sával magyarrá is tette az egye-
sületet.

Amikor Grandot állami méhé-
szeti vándortanitóvá nevezték ki,

140. ábra.

az iskolai igazgatói állást Kovács nyerte el, kinek méhészeti
ténykedése akkor már országos jelentőségü volt. A Délmagyar-
országi Méhészegyesület főtitkára, a Magyar Méh főmunkatársa,
majd pedig szerkesztője lett. Az egyesületi élet vezetésében, a
méhészeti kiállitások rendezésében nélküle alig valamit, vele pedig
csak dicsőséget aratott az egyesület.

A Magyar Méhben megörökitett szellemi munkássága gazdag
kincstára a mély szakértelemnek. E közlöny az ő szerkesztése
alatt zamatos magyarságával, tapintatos irányával, mindenre figyel-
met vető körültekintésével kedvelt barátja, hű tanácsadója volt
a méhészeknek.

Kovács, ki a magyar méhészeti szakirodalmat igy alkotta meg, mint méhész, éveken át gazdagon és oly mélyre ható szakértelemmel művelte azt, hogy tételeinek mégis nemes egyszerüséggel való fejtegetésével, könnyed nyelvezetével és gyönyörködtető előadásaival olvasóinak és hallgatóinak figyelmét egyaránt lebilincselte és ilyképen a méhészetet terjesztette.

Grand Miklósnak méhészeti felügyelővé történt kineveztetésével Kovács Antal lett helyében vándortanitó. Most nyilt meg előtte áldásos működésének a valódi pályája, melyen az ifju és törekvő méhész becsülést és elismerést aratott. Örömmel emlékszem vissza a méhészet ügyeért buzgó lelkes tevékenységére, remek előadásaira, szép sikerü működésére. Mint Grand hű barátomnak jobbkeze, gondos munkása és föltétlen hive, az utolsó években — amidőn a nemes férfiu ereje lankadni kezdett — nélkülözhetetlenné vált Kovács. A kormány elismerte szorgalmát, képességét és az ügy iránti lelkesedettségét; miértis több izben elismerő okiratokat, a kiállitásokon pedig szebbnél szebb érmeket és dicsérő okleveleket nyert; melyeket azonban a szerény férfiu elrejtve tartogat.

Ezen érdemeinél fogva szemelte ki a kormány Kovács Antalt, a korán elhunyt vezér, Grand Miklós utódául, az ország méhészeti felügyelőjévé. A magas bizalom méltán jelölte ki őt e diszes állásra, mert az ezzel járó munkára a fiatal erő oly nélkülözhetetlen, s Kovács valóban kiváló szakképzettséggel iparkodik annak dicséretesen meg is felelni.

Nyugodtan tekinthetünk tehát azon örökségre, melyet a nagymestertől átvett, s biztosak lehetünk aziránt, hogy magyar méhészetünk élén kötelességét hiven teljesitő oly bajnokunk van, aki az elmélet és a gyakorlat terén helyt állva: annak terjesztése körül Grand nemes példáját követi és ügyünknek s önmagának egyaránt tiszteletet és becsületet szerez.

Szensz József. (141. ábra.)

Temesmegyében, Német-Bencseken született 1818-ban. Atyja korán elhalálozván, az árva fiu jövőjéről a község derék lelkésze gondoskodott, ki fölismervén benne a kiváló tehetséget, a tanitóképző intézetben ingyenes helyet szerzett neki. Szensz 1834-ben kiváló eredménynyel végezvén a tanitóképző intézetet, Katalinfalván kezdett működni. Innét azonban Szegedre ment, hogy a magyar nyelvet elsajátitsa. Azután Lovrinban, majd Máslakon tanitóskodott. Itt lepték meg az 1848-iki események, melyek a fiatal embert is magukkal ragadták, de Szensz még idejében visszavonult azoktól és ujból Lovrinban vállalt tanitói állást. Nyughatatlan természete azonban nem türte sokáig egy helyen, s igy Perjámosra került kántortanitónak.* Ezt az állást is otthagyta, hogy most meg buzakereskedéssel foglalkozzék. Végre 1863-ban a billeti uradalomban kaszpár lett, s ezzel megfelelő alkalmazást szerzett magának.

Szensz 1864-ben kezdett a méhészethez, melynek valódi apostola lett. Népies előadásaival — különösen a németek között — hóditni tudott. Ahova ő ment, oda sereglettek az emberek, mert mindenki hallani akarta a népszónokot. Előadásai, melyeket talpraesett humorral és hasonlatokkal füszerezett, fölvillanyozták hallgatóit, kik mindmegannyi követői lettek Szensznek.

Délvidékünk azon időbeli méhészeti szaklapja is tanuskodik azon tetterőről, mely e kiváló tehetségü férfiuban rejlett. Számos cikkelye elévülhetetlen értéküek; melyekkel és egyéb irányu méhészeti tevékenységével Délvidékünk történetében örökemlékezetüvé tette nevét. Grandnak ő volt Torontálmegyében a legerősebb oszlopa; méhészetünk javáért mindig az első sorban küzdött. Nekem pedig kedves jó barátom, akit nemes buzgalmáért és puritán jelleménél fogva nagyra becsülök és tisztelek. Sokszor volt nálam az öreg ur és én is viszont ő nála, más egyébről sem tanakodva, mint a méhészetről. Oly mély tudományosság rejlik az agg főben, hogy valóban élvezet vele érintkezni.

141. ábra.

Most már azonban szemei és lábai is annyira elgyöngültek a jó öreg urnak, hogy méhészkedni többé nem bir. De azért nemes szive még mindig hévvel dobog jó ügyünkért; s ha saját maga képtelen is velünk, méhészekkel levelezni, teszi azt müvelt leánya: Antónia utján, ki az áldott öregnek bizalmasa, tolmácsa.

Bár csak volna sok ilyen apostolunk! Akkor tudom, hogy méhészetünk rohamosan terjedne.

Abend András. (142. ábra.)

Azon ritka egyéniségek közé tartozik, kik önmagukra utalva is, kiváló szakemberekké válnak. Abend tisztán önmagában, önmagából fejlődött jeles méhészszé, ki valóban elismerésre méltó sikerrel tölti be tisztét, melylyel érdemeinél fogva megbizást kapott.

Aradon, 1827-ben született. A méhészet iránt már ifju korában vonzalmat tanusitott. Nősülése után Csanádmegye Kevermes községében, 1853-ban egy pár rajra, — s véletlenül egy rossz Dzierzon-kaptárra tett szert. A hitvány kaptárt utánozni és javitva módositni kezdette, sőt keretekkel is ellátta, anélkül, hogy valaha keretet látott volna. 1860-ban már virágzó méhese volt, melynek jelentékeny jövedelméből életének anyagi terhein könnyitett. A dolog nagyon jól ment 1863-ig. A sanyaru esztendőben azonban

142. ábra.

a 105 méhcsaládot 25-re kellett egyesitenie, s ezekből is csak 14 telelt ki, de oly silány állapotban, hogy Abend ezekben sem bizott. Az 1864-iki év annál nagyobb meglepetést hozott. A 14 törzsből — a kitünő év folytán — 100 erős család lett, melyek a mézfölöslegből még 550 frt. jövedelmet is adtak. De hogy ezek léte ujból kockáztatva ne legyen, méheinek nagyobb részét eladta szomszédainak, azon kötelezettséggel, hogy a méheket ápolni is fogja. Ilyképen méhészmestere lett a szomszédos Arad-, Békés- és Csanádmegyék területének, két ló- és kocsitartást kapván a földbirtokosoktól, kik Abendet szivesen látták, s évi 1200 frttal dijazták.

Igy tartott ez 1885-ig, amikor a közfigyelem Abend András felé fordult s a VI-ik kerület (Erdély) méhészeti vándortanitójává lett kinevezve. De előbb Grandot és engem is meglátogatott, mert a földmüvelési miniszter szakemberektől kivánt Abend képessége felől fölvilágositást és véleményt hallani. Abend 10 napot töltött nálam és már méhesemen dolgozott, amikor egy hosszabb utról haza érkeztem. Főméhészemtől azt kérdezvén: ért-e vendégünk a méhek kezeléséhez, ez röviden csak azt mondá: „tud annyit, hogy itt nem tanulhat többet." És csakugyan meg voltam lepve, hogy mily biztos fogásokkal és nyugodtsággal kezeli Abend a méheket, főleg pedig, hogy mily ügyességet mutatott a kidobolásnál, melyet a lünneburgiak módjára 8 perc alatt eszközölt. Az üvegharangok kiépittetése szintén kiváló virtusaihoz tartozik; ebeli ügyességét az általam ismert méhészeknek egyike sem képes túlszárnyalni.

Különben előadásai is talpraesettek, mert a méhek életébe tisztán lát, s minden irányu müködésüket jól ismeri. Számtalan cikkelyt is irt Magyarország minden méhészeti szaklapjában, képzettségének ily módon is szép emléket állitván.

A kiváló méhész most is áldásosan müködik Erdélyben, hol már számos tanitványa törekszik a mestertől elsajátitott ismereteket alkalmazni.

Kühne Ferenc. (143. ábra.)

E jeles férfiu Bécsben született, 1845-ben. Atyját az 1848-iki mozgalmakban való részvéte miatt 15 évi rabságra itélték, minek következtén az anya, gyermekeivel együtt, a legsanyarubb helyzetbe jutott. Ferencet, az életrevaló fiut, nagybátyja egyideig tanittatta ugyan a kereskedelmi pályára, de a jószivü rokon elhalálozván, ismét támasz nélkül maradt a család. Kühne ekkor egy könyvkötőhöz szegődött inasnak, hol gonddal teljes nélkülözésekben keserü élete volt s a megaláztatásoknak még jobban ki volt téve. De a bécsieket jellemző jó humorral ezen is tulesett, s fölszabadulván, vándorbottal a kezében, bejárta a világot. Végre a hatvanas években Budapestre vetődött és 1870-ben az országos tébolydában mint könyvkötő mester és tanitó, nyert alkalmazást.

Ez volt Kühne életének fordulópontja; mert itt érvényesithette szellemi képességét, hatványozhatta emberismereteit és türelmét, amennyiben folyton elmebetegek körül forgolódván, ezek lelki állapotához alkalmazkodott s ilyképen igyekezett rögeszméiket gyógyitni.

A méhészetet 1871-ben kezdette meg Kühne egy méhkassal, melyet dr. Niedermann, a tébolyda igazgatója, egy elmebetegtől kapott. Most kezdődött csak Kühne számára a valódi élvezet. Báró Berlepsch munkájából meritvén alapelveit, rövid időn tájékozottságot szerzett a méhészet elméletében és gyakorlatában. Elmebetegeivel mozgószerkezetü kaptárokat készittetett, s 5 év alatt már 100 családra növelte méhesét.

Itt ismerkedett meg vele Kriesch János, müegyetemi tanár, ki Kühne biztatására alapitotta meg 1879-ben az Országos Méhészegyesületet, melyhez a fölhivást Kriesch, Kühne, Dömötör és dr. Pertschy irták alá.

Boldogult Göndöcs Benedek 1880-ban egy 200 frtos tisztelet-díjjal jutalmazandó méhészeti káté megirására hirdetett pályázatot, melyet több versenyző közül Kűhne nyert meg. Kütünő munkája 10.000 példányban van az országban elterjedve.

Az 1885-ik év messze kiható változást hozott Kűhne életé-ben. Az elmebetegek intézetét, hol 16 évig szolgált az ember-baráti kötelességnek, elhagyta, hogy Budapesten kereskedelmi méhtelepet létesitsen. Vállalata jól sikerült; szorgalma, becsületes-sége és pontossága. által az ország méhészeit magához vonzotta, s ezzel a forgalmat a telep számára biztositotta. A külföldön is tiszteltté lett, s szép tárgyaival számos elsőrendü kitüntetésben részesült. 1879 óta rendes látogatója a vándorgyüléseknek, s bárhol is tartassanak azok, Kűhne mindig jelen van; melyekről azután érdekes közléseket ir szak-lapjainkban.

143. ábra.

De ami különös tiszteletre érde-mesiti Kűhnét, azon körülmény, hogy német születésü lévén, a magyar nyelv megtanulásában vasszorgal-mat tanusitott; s célt is érve, elő-adásait hazánk nyelvén szereti leg-inkább tartani. Méhesén, melyet nagylelküen az egyesület rendelke-zésére bocsátott, minden hozzá for-dulónak szives készséggel, megnyerő előzékenységgel és mindenre kiter-jedő alapossággal ad fölvilágositást; oktat, lelkesit, buzdit mindenkit e nemes foglalkozásra és eként az egyesületnek mintegy önkéntes mé-hészeti tanitója.

Igy iparkodik Kűhne hazánk méhészetét előmozditani; ki — mint Self made man — kiváló becsületes jellemével a semmiből tekintélyes egyéniséggé emelkedett. Bár sokan követnék nemes példáját!

Binder Iván. (144. ábra.)

A kereskedelemügyi magy. kir. minisziteriumban a magyar kereskedelmi muzeum dijszabásügyi előadója és a Magyar Méh jelenlegi szerkesztője. Született Győrött, 1846-ban.

A méhet már gyermekkora óta ismeri és szereti. Első isko-lája Kozma Sándor, 48-as orsz. képviselő méheskertje volt. Ebben töltötte éveken át majdnem minden szabadidejét, itt élvezte a

méhek legnagyobb örömét, a rajzást, s részt vett azok befogá-
sában és elhelyezésében; de itt szenvedte az első méhszurások
fájdalmát is, melyektől azonban már akkor sem rettegett.

A Dzierzon-féle kaptárokkal csak később ismerkedett meg,
amidőn, mint tüzér, Bécs-Ujhely közelében, Steinfelden az ágyu-
kisérleti telepen volt. Szive óhaját csak 1878-ban, mint állam-
vasuti tisztviselő, érhette el, amikor méhest épitett és az okszerü
méhészetet 19 családdal megkezdte. Akkor már müvelt méhész
volt, ismerte a méhészeti irodalmat, melyből szép könyvgyüjte-
ménye is volt. Bol-
dogságát azonban az
1885-ben, a kiállitás
után föllépett költés-
senyv — mely ak-
koriban a fővárosi
méhesek legtöbbjé-
ben kiütött — meg-
semmisitette. 52 szép
törzse — dacára,
hogy mindent meg-
próbált — tönkre
ment.

Mint az Országos
Méhészegyesület
tagja, az egyesület-
nek minden mozgal-
mában részt vett.
Kühnevel 1889-ben
meginditotta a Blät-
ter für Bienenzucht
cimü méhészeti lapot.

Ugyanezen évben,
midőn mint egyesü-
leti pénztáros — lát-

144. ábra.

ván, hogy az egyesület 1500 frt. tagsági dij jövedelme mellett
okvetetlenül tönkre megy, ha a titkárt 800, a szerkesztőt pedig
400 frttal fizeti — ugy a titkári teendőket, mint a magyar lap
szerkesztését, dijtalanul elvállalta. Az ő inditványára létesült az
egyesületi mintaméhesalap. Kühnevel ő kezdeményezte az annyira
kedveltté lett tanulmányi kirándulásokat. Végre: méhesét és házát
is megnyitotta a méhészeknek, oly módon, hogy a vasutigazgató-
ságoknál ingyen szállást és oktatást ajánlott föl a méhészetet
tanulni kivánó vasuti öröknek. Binder inditványára szerveztek a

német, osztrák és magyar méhészek vándorgyülése számára egy állandó magyar elnöki állást.

A hazai méhészek egyesületeinek egygyé tömörülése körül megindult mozgalomban tevékenyen vett részt. Épugy közremüködött az 1892-iki kongresszus és kiállitás rendezésében. Neki köszönhetik a magyar méhészek, hogy dr. Dzierzon — 82 éves agg kora dacára — eljött akkor hozzánk; mert amikor látta, hogy nagymesterünknek fájós karja miatt aggodalmai vannak, magára vállalta, hogy az öreg urat személyesen elhozza.

Binder 1893-ban saját költségén három hétre kiutazott Németországba, a mézértékesités tanulmányozása végett, s ezen utat, az egyesület megbizásából, a következő évben ujból megtette. Az egyesületi életben páratlan buzgóságu; mert mióta az egyesületnek tagja, egyetlen ülésről sem hiányzik. Mint a Magyar Méh jelenlegi szerkesztője, jeles tollával kiválóan érdekes cikkelyekben örökitette meg nevét. Különösen tanulságos volt nemcsak a kezdőkre, hanem a tapasztalt méhészekre is „a gyalupad mellől" cimü cikksorozata, melylyel kifogástalan és teljes mértékben müvelt méhésznek bizonyult. Hazánk méhészetének e jeles organumát örömmel látjuk Binder kezében, ki tapintatos irányával és buzgalmával az ügynek kiváló szolgálatokat tesz.

Bodor László. (145. ábra.)

Kolozsvártt született, 1843-ban. Gymnásiumi és jogi tanulmányait is ott végezvén, szülővárosában már az 1867-iki alkotmányos tisztujitás alkalmával városi ügyészszé választották. 1872-ben ugyanott kir. alügyészszé, 1884-ben pedig törvényszéki biróvá nevezték ki.

A méhtenyésztés érdekében kifejtett áldásos müködése ezen időben kezdődött. Ő tette ugyanis lehetővé, hogy a szegényebb sorsuak is méhészkedhessenek Dzierzon-féle kaptárokkal. A kolozsvári fegyházban célszerü és az országos rendszer szerint olcsó méhkaptárokat készittetett és azokat óriási mennyiségben terjesztette az országban. A Bodor-féle kaptár a békés-gyulai kiállitáson volt előszőr bemutatva, ahol 10 arany jutalmat nyert, az összes gyártmány eddig 16.000 darab. Ezen számból kiviláglik, hogy milyen célszerü és kedvelt e méhlak.

Az Erdélyrészi Méhészegyesület — méltányolva Bodor érdemeit — 1885-ben alelnökévé választotta őt. Mint ilyen, 1886-ban megalapitotta az egyesület szaklapját: a Méhészeti Közlönyt. 1885-től 1893-ig vezette, mint alelnök, az egyesület ügyeit. Az ekkor tartott tisztujitáson ismét megerősitették diszes állásában;

melyről azonban sokoldalu elfoglaltsága miatt végleg leköszönt. Erre Turcsányi Gyulára esett a választás, ki azonban betegeskedésének okából 1895-ben lemondott az alelnöki tisztről. Most ujból Bodort emelték az alelnöki állásra, minthogy az ezredéves kiállitás lelkes és szakavatott férfiut igényel az egyesület élén, ki is kipróbált képességével hivatva van ama hazarész méhészeti érdekeinek nagy szolgálatokat tenni.

Az egyesület közlönyét Bodor 1886-tól 1891-ig szerkesztette; amikor is tulhalmozott teendői közepette lemondván erről, Turcsányi vette azt át. De rövid idő mulva ismét a jeles férfiu kezébe került vissza a szaklap, melyet azóta avatott tollal megint szerkeszt.

Az Erdélyrészi Méhészegyesület büszke lehet arra, hogy ily lelkes buzgalommal törekvő, a nemes ügynek önzetlenül és hévvel szolgáló férfiut vallhat magáénak; büszke lehet, hogy Bodor — ki különbeni hivatásánál fogva az élet legkomolyabb irányának: a magyar igazságszolgáltatásnak szentelte életét — az eszményieknek, t. i. a népek existentiája javitásának a kérdésével is nemcsak behatóan foglalkozik, hanem humanisztikus irányához méltóan, e téren is a legszebb eredményekkel dicsekedhet.

145. ábra.

Szentgyörgyi Lajos. (146. ábra.)

Hazánk hegyes-bérces erdélyi részében Szentgyörgyi, mint méhész, tagadhatatlanul tekintélyes állást foglal el. Bárhol is voltak méhészeti összejövetelek az országban, mindenütt találkoztunk e buzgó férfiuval, aki a népoktatásügynek époly hivatott munkása, mint amily lelkes apostola a méhészetnek.

Szentgyörgyi Lajos az udvarhelymegyei Kőrispatakon született 1838-ban. A nagy-enyedi református kollegiumban hét gymnásiumi osztályt és ugyanott tanitóképző-intézetet kitünő sikerrel végzett. 1861-ben már Kolozsvárott látjuk főtanitói, majd igazgatói minőségben, mely tisztének előljárói legnagyobb megelégedésére most is megfelel.

A természetnek már a kollegiumban nagy barátja volt, s kedvvel foglalkozott a gyümölcsészettel, mely szakmában Jancsó Józseftől, a hirneves tanártól kapta az alapismereteket. E téren annyira kiképezte magát, hogy az erdélyi gazdasági egyesület gyümölcsészeti és szőllőszeti szakosztályát 23 éven át vezette.

De emellett a méhészettel is nagy örömmel foglalkozott; hiszen már 1865 óta hirdeti — habár szükebb körben is, de lelkesedéssel — ennek áldásos igéit.

Az 1880-ban keletkezett Erdélyi Méhészegyesületnek 12 éven keresztül szép sikerrel müködő főtitkára volt. Az egyesület vidéki

köreit ő szervezte, s fáradtságot, időt nem kimélve, személyesen buzditott mindenütt, de a legnagyobb hévvel ott, hol a lelkesedés megmegcsappant. Az ügy iránt ennyire érdeklődő odaadásával és megnyerő szives modorával párosult szakértelemmel első helyre emelte hazája azon részének apisticáját.

Méltó érdemeinek elismeréseül ugy az erdélyi, mint az országos méhészeti egyesület tiszteletbeli tagnak választották.

Sajnos, hogy a nagyérdemü és jellemes férfiu — holmi félreértések következtében — a méhészeti közélettől visszavonult. És most paradicsomában, otthonában és iskolájában terjeszti a méhészet igéit.

146. ábra.

Örömmel gondolunk vissza délmagyarországiak Temesvárra, az 1891-iki méhészeti kiállitásra, melyen Szentgyörgyi is megjelent és higgadt érveléseivel, okos fejtegetéseivel s mély szakértelmével hóditni tudott. Öszinte szivből kivánom a lelkes méhésztársnak, hogy hazánk ama kies részének érdekében még sokáig müködjék.

Liebner József. (147. ábra.)

Azon ritka jelesek sorát diszíti, kik vagyonos helyzetük gondtalansága és kényelme közepette is nemcsak méltányolni tudják a méhészet nagyfontosságát, hanem hirt, nevet is szereznek maguknak e téren. Kakucsi nagybirtokos volta mellett hazánk legnagyobb és legkiválóbb méhészeinek egyike ő.

1850-ben született és mint vagyonos szülők egyetlen gyermeke, gondos nevelésben részesült. A méhek iránt már zsenge korában nagy hajlamot tanusitván, mihelyt ebben otthonos lett, 400 kaptár élén látjuk Liebnert, melyeket nem sokára 700-ig szaporitott.

Rendszere sok tekintetben hasonló a Neiszeréhez. A bekövetkezett mézeléskor Liebner ugyanis a költőtér két szakaszát, vagyis keretsorát a mézürbe függeszti, emezt pedig a költőtérbe helyezi; azaz: a két keretsorból álló fiasitás fönt, az egy szakasz mézür pedig lent van. Az igy elhelyezett mézürt Hannemann-féle rácscsal választja el a költőtértől. Liebner az ilyképen elért eredményekkel annyival is inkább nagyon meg van elégedve, minthogy homokos vidéken lakván, egyedüli kiadó mézelése az akácfavirágból lehet, melynek megszüntével vajmi csekély mézforrással szolgál ott a természet.

147. ábra.

Liebner különben kiválóan müvelt méhész, ki a tudomány iránt lelkesül és hazánk méhészetét elméleti részében is támogatja. De ott látjuk őt azon téren is, hol méhészetünk képviseletéről van szó. A versenyeken szintén meg szokott jelenni, hogy kiváló termékeivel győzedelmeskedjék.

Nagy János. (148. ábra.)

Méhészetünk e legszerényebb, de azért kiváló szakképzettségü és szorgalma folytán szép tehetségü munkásának az életrajzát is közölni kivánom; aki minden tüntetést mellőzve, egyedül a kitüzött célnak, nemes föladatának él: minden téren oktatni, hogy népünket müvelhesse, s hazánk szellemi és anyagi tőkéjét gyarapithassa.

Nagy János Torontálmegye Ó-Telek községében, 1857-ben született. Atyja foglalkozását követve, ő is néptanitó lett. Az ezen hivatással oly szépen összehangzó méhészkedésben óhajtván magát teljesen kiképezni, vágyai Grand Miklóshoz vonzották Buziásra, hol egy tanfolyamot is végig hallgatott s a nagy mesternek legkedvesebb tanitványa volt. Grand, ki a vándortanitói intézmény fejlesztését és kiterjesztését szem előtt tartotta, addig is,

148. ábra.

mig ily irányu javaslatát a kormány elfogadta, Nagy Jánost azzal bizta meg, hogy környezetében terjessze a méhészet ismereteit. Nagy derekasan meg is felelt e megbizatásnak, mert minden igyekezetét arra forditotta, hogy állomási helyein és vidékén az okszerü méhészetnek minél több követőt nyerjen meg. Sok virágzó méhészet az ő ügybuzgó és akadályt nem ismerő igyekezetének köszöni igy lételét.

Áldásos müködését és szellemi képzettségét Weber Ede, a balaton-füredi Szeretetház első igazgatója élénk figyelemmel kisérte, s a vasszorgalma és humanismusa által jó hirben levő ifjut a budapesti gyermekmenedékhely istvántelki kertész képző intézete részére megnyerte. Nagy János a nevezett intézetben is, mint annak vezértanitója, nagy kedvvel ápolta a méhészetet, mely az ő sürgetésére lett az intézetben államköltségen fölállitva. Alig két évi ottani müködése után azonban visszavágyott Torontálmegye gazdag vidékére s Dobricára lett ismét állami tanitóvá kinevezve. A hazafiui érzelmeknek ezen község és környéke idegen ajku lakossága közt való gyöngéd ápolása mellett, az okszerü méhészet terjesztése körül ismét oly buzgalmat fejtett ki, hogy majdnem kizárólag neki köszönhető a Dzierzon-kaptároknak e kieső, de a méhészetre nagyon előnyös területeken való elterjedése.

A leglelkesebb agitációt az iskolai méhesek létesitéseért fejtette ki. Minden alkalmat, különösen pedig az egyesületi közgyüléseket használta föl arra, hogy eszméje a megvalósuláshoz közeledjék. Ezt fejtegető fölolvasásait gyujtó lelkesedéssel tartotta; s hogy reális oldaláról is üdvösnek bizonyitsa az intézményt, minden állomásán rendezett be iskolai méhest.

De nemcsak a méhészeti tanitás, hanem a szakirodalom terén is hervadhatatlan érdemei vannak a szerény méhésznek. Az 1885-től 1892-ig terjedő években állandó és közkedveltségü munkatársa volt a Magyar Méhnek. De habár minden számban, néha 2—3 dolgozata is jelent meg, igen ritkán irt a saját neve alatt, hanem névtelenül kivánta cikkeit közöltetni. Azonkivül a Néptanitók Lapjában, a Magyar Földben és a Budapesti Hirlapban is irogatott. „A méhtenyésztés elemei" cimen 1888-ban egy füzetet adott ki, melyet a kezdők részére és a méhészetnek az iskolában való tanitására irt. A füzet második, átdolgozott és bővitett kiadásban most jelent meg. Végre pedig dolgozatainak és értekezéseinek összegyüjtését és kiadását rendezi.

Nagy János még fiatal ember, ki előljárói bizalmából jelenleg Pancsován müködik, s mint népnevelő, ritka buzgósággal ösztönzi az ifjuságot a kötelességtudásra, szorgalomra és a haza iránti ragaszkodásra. Mint méhész pedig, bár kisebb szabásu, de dicséretes gonddal kezelt méhesén leli életének gyönyöreit.

Öszinte kivánságom, e szerény, önzetlen és lankadatlan szorgalmu férfiut a méhészeti szakoktatás szolgálatában, a felügyelő oldala mellett látni. Tudom, hogy képzettségével és buzgóságával hazánknak kiváló szolgálatokat tenne.

Ezzel befejeztem hazánk jelesebb méhészei életrajzának közlését. Sajnálom, hogy adatok hiányában és a helyszüke miatt többeket ki kellett hagynom, akik erre még érdemesek lettek volna. Ezeknek az érdemei is mindenesetre elismerésre méltók és hogy a hálának nyomai el ne tünjenek, ha már életrajzukat nem közölhetem, legalább fölemlitem őket. Ilyenek:

Valló János, boldogult Nagy Zsigmond, Dömötör László, Tanos Pál, Sőtér Kálmán, Tóth János, dr. Hummer Nándor, Kócsi Mayer Gyula, boldogult Kozocsa Tivadar, Borszéky Soma, Gergelyi Kálmán, Csiky János, Neiszer György, Tittel Henrik, dr. Matuska István, boldogult Gönczy Pál, dr. Hilbert István, dr. Lendl Adolf, Töltényi Árpád, Turcsányi Gyula, Reiter János, Nedelka István, Hill Ferenc, dr. Niamesny Gyula, Mály István, Mayer Károly és Reitter Károly.

Tizenegyedik Szakasz.

SAJÁT ÉLETRAJZOM.

unkám befejezéseül saját életleirásomat is közlöm e sorokban.

Nem tüntetési viszketegből teszem ezt, mert ez irányban számos megkeresést visszautasitottam már. Ha viszontagságos és kalandos, küzdelmekben és változatos jelenségekben folyó életemet és tevékenységemet mindazonáltal vázolom: teszem ezt barátaim kivánságára; de azért is, hogy hazám ifjuságának bizonyitsam, miként: kötelességtudással, szorgalommal és becsülettel — aki férfi — a legsulyosabb viszonyok között is meg tud élni.

Temesvárott születtem, 1838-ban. Boldog emlékü, felejthetetlen atyám, báró Ambrózy György, országgyülési követ és később Temesvármegye alispánja volt. Szigoru nevelésben részesitett. Bécsben nagy kedvvel készültem az ezen időben egyedül lehetséges katonai pályára, s 1855-ben, 17 éves koromban, a 2-ik dzsidás ezrednél hadnagy lettem. Rövid idő mulva az Olaszországban állomásozó első huszárezredhez tétettem át magamat, hol nemsokára főhadnagyi rangra léptettek elő.

Itt ismerkedtem meg házigazdámnál: Pietro Gardininál, Coneglianóban a méhekkel, s azután folyton tünődtem a sok érthetetlen fölött, amit láttam. Mar akkor elhatároztam, hogy — ha mint obsitos, haza megyek — lovat és méhet tenyésztek.

Eljött az 1859-ik év és vele az olasz hadjárat, melyben részt vettem, s kitüntettem magamat. 1865-ben azonban quietáltam és haza jöttem.

Amidőn jó atyámat Vasmegyében, Szombathelyen meglátogattam, megismerkedtem Sághy Mihálylyal, akitől egyet-mást tanultam a méhészetből. A honn maradáshoz azonban nem volt még türelmem, mert Magyar-Óvárra és Hohenheimba készültem. Végre a lipcsei egyetemen Blunschli hirneves nemzetgazda előadásait is hallgattam.

Haza érkezve, egyideig atyám birtokait kezeltem, de — fájdalom — csak igen rövid ideig, mert szeretett atyám, legkegyesebb jóakaróm, rövid szenvedés után megboldogult.

Hogy tapasztalataimat bővitsem, 1867 elején kimentem a külföldre, beutazva Európának legtöbb államát.

Hosszasabb utazás után haza jövén, első intézkedésem volt méheket vásárolni. Vettem is 300 családot a nálunk dívó kupos kasokban. De kezdetben jó éveim voltak, s a méhekkel nem igen törődtem; különben is érkezésem sem volt, mert gazdaságom körül kellett igen sokat rendezgetnem, ami időmet szerfölött igénybe vette.

Jöttek azonban az 1869—1870-iki rengeteg rossz évek, melyek nagy gondot okoztak nekem, mert katonai pontossághoz szokott természetem rendetlenségeket nem tűrt. 1870-ben tehát — a sötét jövőtől való aggodalmaim által ösztönöztetve — a méhészet okszerü üzésére határoztam el magamat.

De előbb tanács végett kimentem Eichstadba, Schmid Andráshoz, onnét ellátogattam Lünneburgba, Dathehoz és fölkerestem Dzierzont. Bő tapasztalatokkal jöttem haza; s miután Günthernél mintakaptárokat rendeltem, 1871-ben már próbarajokat küldöttem a külföldre, melyeket Gegenfurtner és Heigl, Bajorországból hozott főméhészeim csomagoltak el.

Sajnos, hogy már az első évben nagy hibát követtem el. Az akkoriban dívó izlésnek akarván ugyanis hódolni, méheimet — a külföldi méhészek tanácsára — krajnaizáltam. De 1873-tól kezdve már csak bánáti méheket szállitottam ki és pedig óriási eredménynyel. Ezer, meg ezer rajt és királynét inditottam utnak, s jöttek érettük a tallérok. Ámde a méhészetből eként befolyó szép jövedelmet gazdaságom elnyelte, mert az 1872., 73., 75., 76., 77., 79., 80. és 1881-ik évek romboló hatással voltak mezőgazdaságunkra. E válságos esztendők szomoru következményeül nagybirtokainknak jó része tönkre ment; sőt a gyarmathai, velem határos birtokok kétszer is cseréltek gazdákat, akik valamennyien koldusbotra jutottak.

Ezen időre esik erőt megfeszitő, minden oldalu elfoglaltságom. A bánáti ág. ev. egyház felügyelőjévé választott, mely tiszteletbeli állást most is betöltöm.

1874-ben megalakitottam 90 taggal a temesmegyei gazdasági egyesületet, melynek maiglan elnöke vagyok és melynek vagyonát 20.000 frttal és egy 10 holdas amerikai szőllőteleppel gyarapitottam.

Boldogult Grand Miklós barátom kezdeményezésére 1875-ben keletkezett a Délmagyarországi Méhészegyesület az „Ungarische Biene"-vel s megindult délvidéki méhészetünk érdekében a szellemi munka. Ezen egyesület közlönyében kezdettem először cikkezni; itt voltak első összeütközéseim, melyek — sajnosan — nem mindig glacékeztyükkel folytak.

Azon időtől kezdve alig volt vándorgyülés, amelyen meg nem jelentem volna, rendesen előadásokat is tartván azokon. A német és osztrák méhészek vándorgyülésein is gyakran részt vettem a külföldön, s szintén tartottam értekezéseket a méhészetről.

24 évi méhészkedésem idejében a kiállitások legtöbbjén ugy e hazában, mint a külföldön, versenyeztem; s alig volt kiállitás, melyen nagyobb dijat ne nyertem volna.

A Délmagyarországi Méhészegyesület oravicabányai vándorgyülésén, 1876-ban, az egyesület elnökévé választottak; e megtiszteltetést azonban nem fogadhattam el.

Ugyanazon évben, t. i. 1876-ban mentem ki Szerbiába, a török zsarnokság és buta szükkeblüség ellen és a szerbek szabadsága mellett harcolni. A fejedelem által kitüntetve, a legviszontagságosabb élmények emlékeivel jöttem haza, hogy itt a lét és nem lét körüli küzdelmet folytathassam.

Az 1878-ban megalakult Országos Méhészeti Egyesület első közgyülésén Budapesten, az elnökválasztás alkalmával, boldogult Göndöcs Benedekkel szemben egy szavazattal kisebbségben maradtam. De hiszen nem is számitottam e tisztségre, sőt — mint Oravicabányán tettem — el sem fogadtam volna. Ugyanakkor tiszteletbeli elnökévé választott meg az egyesület.

Következtek azonban az izgalmas idők, a Méhészeti Lapokban polemiát keltve, melyek mind hevesebbekké válván, elhidegülést keltettek bennem, sőt a Magyar Méhben folytatnom kellett a harcot.

Majd pedig az Országos Méhészeti Egyesület Békés-Gyulán tartott vándorgyülésén, a német és osztrák méhészek vándorgyüléséhez való csatlakozást inditványoztam, mely nagy visszatetszést szült. De az indokolatlan kifakadásoknak nem tulajdonitottam oly jelentőséget, hogy azokra sulyt fektessek; mert népszerüséget soha sem hajhásztam, s ennélfogva azon utról, melyet helyesnek véltem, le sem tértem. A következmények megmutatták,

25

hogy nekem volt igazam, minthogy nem sokára mégis csak megtörtént a csatlakozás. A német, osztrák és magyar méhészeknek Budapesten tartott vándorgyülése kézzel fogható eredménye volt ennek. Európa számos nagyhirü jelese között Dzierzon is megörvendeztetett bennünket jelenlétével, s hirnevünk a méhészet történetében meg lett örökitve.

1880-ban Grand barátommal átvettem a Magyar Méh szerkesztését. 1881-ben pedig megkezdtem méhészeti szakmunkámat, mely a Magyar Méh 1881—1884-iki évfolyamaiban jelent meg és ma, mint ujra átdolgozott egységes munka, a magyar méhészek előtt fekszik.

1882-ben, boldogult gróf Károlyi Gyula, belső titkos tanácsos ur és a magyar szent korona országai vöröskereszt-egyesülete elnökének fölterjesztése folytán az egyesület megbizottjává lettem kinevezve. Ily minőségben szerveztem az ország déli és nyugoti részét; később az egész országra kiterjesztvén müködésémet.

1884-ben fömegbizotti állással megtisztelve, mint elnök-helyettes, Károly Lajos főherceg ő fensége magas személye mellé lettem beosztva. Ezen állásomtól 1895-ben kaptam a legkegyelmesebb fölmentést, hogy háboru esetén a vöröskereszt-egyesület oszlopait a müködő hadseregnél vezethessem.

A szerb-bolgár hadjárat alkalmával, 1884-ben egy hadegészségi oszlopot vittem ki, melylyel október 2-án Lompalánkán kikötöttem, s a Hodzsa-Balkánon át Sófiába és Pirotra vezettem. Itt teljesitettem 4'|₂ hónapig, rengeteg hidegben és a nélkülözésekből s szenvedésekből gazdagon juttató szolgálatot; mely után Szerbián át vissza rendeltettem. Belgrádba sulyos betegen érkeztem meg, hol hazánkfia, dr. Farkas László barátom azzal fogadott, hogy siessek haza, mert bajom komoly természetü. Február 15-én haza érkeztem, s 10 hétig feküdtem a szlivnicai kórházban öröklött kórházi lázban. Erős és edzett természetem azonban győzött és hosszu kínlódás után megint fölépültem.

Ő Felsége, dicsőségesen uralkodó királyunk és Sándor, bolgár fejedelem kegyes elismeréseikben, de leginkább azon erkölcsi érzületben találtam vigaszt, hogy egyesületünk száz meg száz sebesültnek mentette meg az életét, kiket gyöngéden és gyorsan szállitván a kórházba, a szerencsétlenek kínjain mihamarabb enyhitett az orvosi tudomány és e jótétemény áldásos következményeül nagy részük fölépülhetett.

1885-ben a Budapesten rendezett országos kiállitáson részt vettem és a méhészeti kongresszusnak elnöke voltam. Ezen alkalommal Ő Felsége legmagasabb elismerésében részesültem és diszokmánynyal lettem kitüntetve.

1886-ban Franciaországban, Belgiumban és Hollandiában voltam, a viz ellen való védekezést és különösen Franciaországban a hadi kórházak intézményét tanulmányozni.

1887-ben Temesmegye lippai kerülete országgyülési képviselővé választott; e kerületet most is képviselem.

Az Országos és Délmagyarországi Méhészegyesületek között dult testvérharcot 1888-ban végre sikerült beszüntetni. Megállapodtunk abban, hogy a két egyesületet méltányos alapon egyesitjük. Szilárd jellemü férfiak, mint Grand Miklós, Vámossy Mihály, Borszéky Soma, Gergelyi Kálmán, Matuska István, stb. állottak a mozgalom élén.

Az Országos Méhészegyesület az ugyanazon évben lemondott Göndöcs helyébe engem választott meg elnökké. Örömmel fogtam az egyesülés nehéz munkájához. Már-már biztos voltam az eredmény felől, amidőn illetéktelen helyről jövő erőszakot tapasztalván, az egyesülést megakadályoztam, s inkább az elnökségről mondottam le, semhogy a Délmagyarországi Méhészegyesület megaláztatását megengedhettem volna.

Megilletődéssel tapasztaltam akkoriban a felém fordult barátság jeleit. Főleg az Erdélyrészi Méhészegyesület nagylelküsége felejthetetlen, amidőn az egyesületi elnökséggel kivántak megtisztelni.

De a már tervben volt Magyar Méhészek Egyesülete hazánk legkiválóbb méhészeinek támogatásával 1889-ben megalakulván, engemet elnöknek, Vámossyt és Borszékyt alelnököknek választott meg.

A Délmagyarországi Méhészegyesület erre kimondotta, hogy a Magyar Méhészek Egyesületével összeforr, mely eképen megerősödve és Vámossy, Grand, Borszéky és Kovács által minden érdek nélkül és önzetlenül szolgálva, az ország bizalmát csakhamar megnyerte.

1891-ben azonban — óriási teendőim miatt, melyeknek közepette az egyesület ügyeit ugy, amiként szerettem volna, vezetni, intézni már nem juthatott időm — az elnöki és szerkesztői tisztségről lemondottam. De azért föltétlen hive maradtam a viruló egyesületnek, mely méltóságos Gönczy Pál, vallás- és közoktatásügyi nyugalmazott államtitkárt, hazánknak érdemekben és államférfiui bölcsességben gazdag és igy egyik legkiválóbb fiát választotta meg helyettem elnökül. Sajnos, hogy örömünk rövid tartamu volt; mert hazánk e nagy jelese 1892-ik év elején örökre behunyta szemeit.

Ami az én diplomaciához kevéssé alkalmas természetemnél fogva nekem nem sikerült, még ugyanezen évben létrehozták a Magyar Méhészek és Országos Méhészegyesületek vezérférfiai: Vámossy

25*

Mihály, Borszéky Soma, Grand Miklós és másrészt Gergelyi Kálmán és Matuska István, kik méltóságos Máday Izidor, miniszteri tanácsos pártfogása alatt az egyesülést megkötötték. Az ég áldása követi e szép frigyet s annak melegitő hatása alatt fejlődik most azzá, amit a nemzet joggal vár tőle.

És most — még egyszer vissza tekintve méhészeti multamra — nem tagadom, hogy éveken át sokat és gyakran keményen polemizáltam. Elismerem azt is, hogy sokszor túl lőttem a határon, amit most eléggé sajnálok. Azért, ha valakit megsértettem volna, ezennel bocsánatot kérek tőle.

Ami azonban polemiáim tárgyait illeti, azokból egy betüt sem engedek; sőt hajlandó vagyok azokért ujból küzdeni. Igaz, hogy sokkal nyugodtabban, de annál tárgyilagosabban is, mert minden állitást a tapasztalatok bő forrásából, a gyakorlatból tudom bizonyitani, melyből Magyarországon talán senkinek sem állott oly mértékben a rendelkezésére, mint éppen nekem.

Időm a nagy méhészeti elfoglaltságot nem engedi meg többé, mert elvállalt kötelezettségeim erősen elfoglalkoztatnak. S habár csak tiszteletből is — azért az utolsó 14 évben gyakorolt katonai szolgálataim, — hadseregünk hadegészségügyének fejlesztése s a sebesültek érdekében teendő intézkedések körül, saját dolgaimtól elvonnak teljesen; mert előljáróim bennem a közös hadseregnek müködő tagját látják, bizalmukkal megajándékoznak s ez képezi életemnek legszebb elismerését és legnagyobb büszkeségét.

Méhészetem jelenleg csak 3—400 családból áll, Dzierzon-féle ikerkaptárokban, — és 70—80 családot szállitok, épitményeikkel együtt, évenként a külföldre. A szüzsejtek előállitásával is foglalkozom, méheim e célból való etetéséhez saját méztermésemet, vagy vásárolt mézet használván, ami elég szép haszonnal jár.

Végre azon nemes gondolkozásu férfiakról kivánok itt megemlékezni, akik mozgalmas és terhes életem pályáján kegyeikkel szerencséltettek, törekvéseimet nagylelküen előmozditották és akiknek örökhálával tartozom.

Elsőnek emlitem gróf Szapáry Gyula ő excellenciáját, a legnemesebb érzületü férfiut, kinek minden szivdobbanása oda irányul, hogy hazánkat és királyunkat önzetlenül és odaadással szolgálhassa, s az ország dicsőségét öregbithesse és akinek érdemei elévülhetetlenek.

Megemlékezem a már boldogult gróf Károlyi Gyula mellett gróf Csekonics Endre és Ivánka Imre, belső titkos tanácsosokról, mint nemes lelkületü előljáróimról, végül méltóságos Máday Izidor, miniszteri tanácsosról, Vámossy Mihály, budapesti ref. főgymnasiumi igazgatóról és bold. Grand Miklósról, akik kezet nyujtva nekem, bizalmukkal és baráti érzelmeikkel megajándékoztak.

Ezzel befejeztem munkámat. Kérem a tisztelt méhészközönséget: fogadja azzal a jóindulattal, melylyel fölajánlani bátorkodtam. Meglehet, hogy munkámra vonatkozólag lesznek kifogások, véleményeltérések, esetleg élesebb kritikák is. De ezek nem fognak nekem fájni; mert lelkiismeretem nyugodt, s tisztában vagyok azzal, hogy mindazt, amit a gyakorlatra vonatkoztattam, tapasztalataimmal tudom igazolni.

Ami pedig munkám külső alakját illeti: arra nézve is oda iparkodtam, hogy azt — a magyar irodalom becsületére — magasabb szinvonalon álló diszes kivitelben mutassam be. Mint aki a méhészeti irodalmat ismerem — ide értve az angol és amerikai méhészeti munkákat is — bátran kijelenthetem, hogy kiállitás tekintetében a versenytől megriadni nincs okom. Valamint papirban, ugy rajzokban is, az ipar és müvészet legkiválóbb termékeit használtam föl. Az illusztrációra 112 eredeti rajzot és 38 másolatot alkalmaztam, mely utóbbiakat Schwetschke és fia, braunschweigi könyvkiadó cégtől vettem át, mert e tárgyu eredeti rajzok nem állottak rendelkezésemre.

És most szivből kivánom, hogy áldja meg hazánkat az Ég; védjen meg bennünket az egyenetlenségtől, adjon erőt, szellemi tehetséget és szorgalmat; gyarapitsa törekvéseink sikerét, hogy nemzetünk a beköszöntött uj ezred munkájához bátorsággal, kitartással és a jövőbe vetett bizodalommal foghasson.

TÁRGYMUTATÓ.

A SZÖVEGBEN ELŐFORDULÓ RAJZOK.

TARTALOMJEGYZÉK.

CPSIA information can be obtained at www.ICGtesting.com
Printed in the USA
BVOW07s1426240314

348598BV00009B/379/P